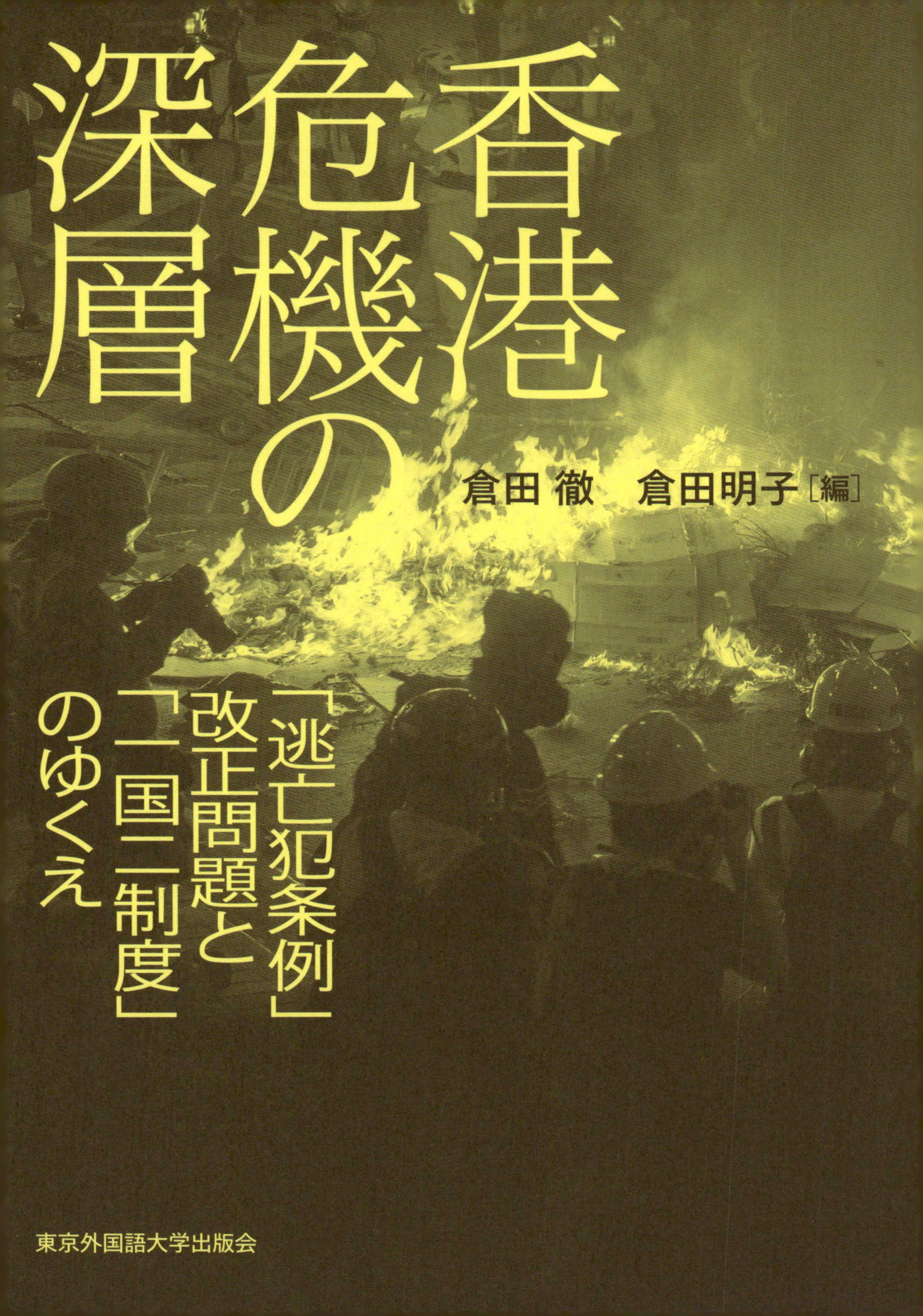

香港危機の深層

「逃亡犯条例」改正問題と「一国二制度」のゆくえ

倉田 徹　倉田明子［編］

東京外国語大学出版会

1

香港デモ

刻々と変動する現場から

2

3

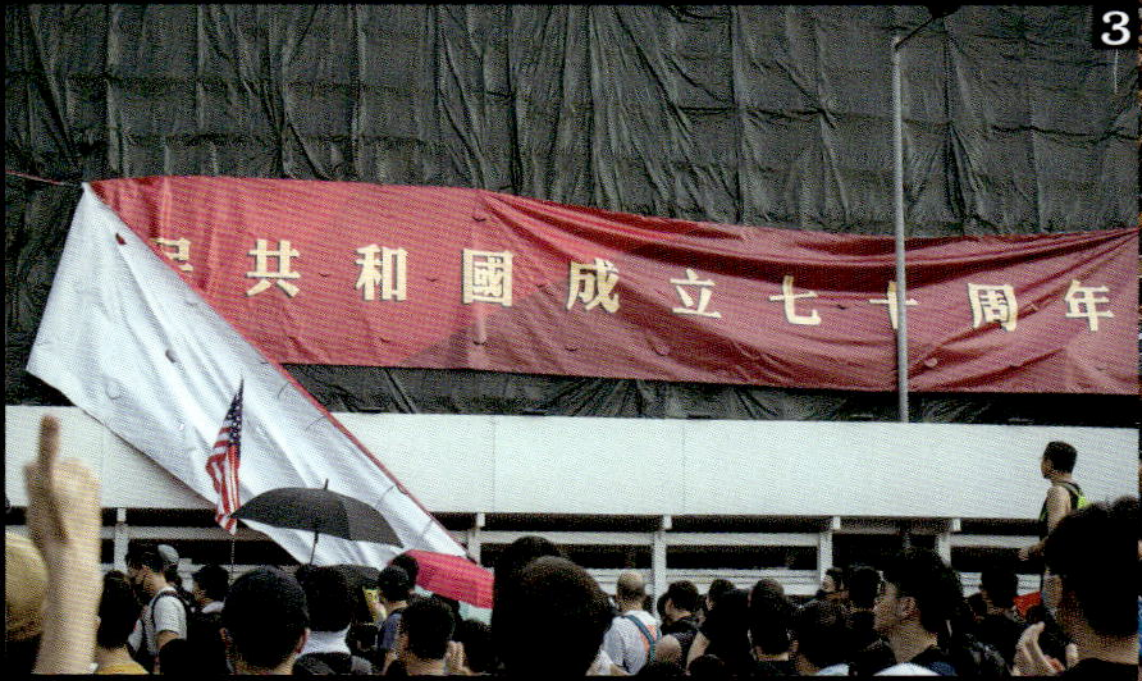

1 反逃亡犯条例運動の始まりとなった2019年6月9日の「103万人デモ」。終着点に近いセントラルの様子。この日は白い服で集まるよう呼びかけられた。

2 同年7月1日のデモ。湾仔の警察本部前。

3 アドミラルティで、10月1日の国慶節のために準備された横断幕をはがすデモ隊。同年9月15日。この日のデモは警察が許可を出さなかったが、参加者が自発的に集まりデモが決行された。

4 2019年9月15日、セントラルの英国領事館前で英国旗を振り、英国政府の支援を求めるデモ参加者。
5 同年8月23日に行われた「香港の道」人間の鎖運動。中央の女性は、米国の人権民主法案への支持を呼びかけるプラカードを下げている。
6 同年9月15日のデモ、湾仔付近の様子。
7 同年9月8日のデモの直後、地下鉄セントラル駅の入り口を破壊するデモ隊。割れるガラスの向こうに見えるのは終審法院。

8 2019年9月15日のデモで、放水車から着色した水を浴びせられるデモ隊。

9 同年9月22日、太子駅前交差点でダンボールに火をつける若い女性。傘をさしているのは、メディアに顔が映り、警察に身分を特定されるのを避けるためである。

10 催涙弾用の銃を持つフル装備の警官。同年9月6日、旺角付近。

11

12

13

■11 世界中から集まった記者たちもガスマスクをつけて取材を続ける。

■12 デモ参加者に食料を配るボランティア。

■13 スローガンが掲げられた香港理工大学キャンパス内（2019 年 9月）。

■14 2019 年 9月15日、湾仔。デモ隊を路上から排除している警官隊と、同行する記者たち。それを眺めたり、撮影したりしているレストランの客。

14

写真提供：ニシナカリエ（1、2、5）、初沢亜利（3、4、6、7、8、9、10、11、12、13、14）

はじめに

中国は、西暦の下一桁が「九の年」に危機を迎えるというジンクスがある。一九八九年には北京で天安門事件が発生し、一九九九年には法輪功信者が北京・中南海（中央政府指導者の住居地区）を包囲したとされる事件が発生した。二〇〇九年には新疆ウイグル自治区で騒乱が発生した。そして、二〇一九年には香港危機の発生により、このジンクスはまたも当たってしまったということになろう。

しかし、二〇一九年に香港が中国の危機の震源地となることは、おそらく前年まではほとんどの者が予想しなかったであろう。民主化や政治・社会の変革を求める街頭の政治活動や様々な社会運動は、政府からの強い圧力によって排除され、ほぼ「鎮静化」したと見られていたからである。

二〇一四年、香港では、行政長官の「真の普通選挙」を求める市民が道路を長期にわたり占拠して民主化を求める「雨傘運動」が発生した。しかし、運動参加者の要求は中央政府に無視され、民主化は実現できなかった。北京が対話に応じないことから、雨傘運動後には香港の若者の「中国離れ」が進み、「一国二制度」の「五十年不変」が期限を迎える二〇四七年以降の香港の前途について、自ら決定することを求める「自決派」や、大陸よりも香港の利益を優先することを説く「本土派」などの新しい政治勢力が台頭し、香港の独立を訴える「独立派」まで出現した。雨傘運動によって政治に目覚めた彼らは、選挙で議席を得ることを目指した。しかし、これらの新しい主張は、中央政府と香港政府を完全に怒らせた。政府は二〇一六年以降、多くの新しい政治勢力の若者を「独立派」と断定した上で、これは「香港は中国の一部」とする香港基本法に違反する主張であるとの理由で、それらの人々の立候補手続きを無効とし、出馬資格を奪った。雨傘運動終結後には関係者多数が逮捕され、中でも「暴動罪」に問われた者には厳罰が科された。香港独立を主張する「香港民族党」は禁止された。こうして、雨傘運動後の政治運動は大打撃を受け、市民運動は「無力感」がキーワードとなった。親政府派の最大政党である民建連が、日本の清水寺で行われるイベントを模して年末に選んだ二〇一八年の香港の「今年の漢字」は「順」であった。抵抗運動に勝利し、政策や法律が順調に成立する状況が出現したはずであった。ところが、そのわずか半年後、香港は「順」はおろか、返還後最大の危機を迎えることになったのである。

そう考えると、今回の危機については、実に多くの謎がある。なぜ、かくも根深い、長期にわたる危機が、突然に香港を襲ったのかということである。

振り返ると、この危機の始まりは政治とは無関係の、一件の殺人事件であった。香港人の若い男が、交際中の女性を口論の末に殺害した事件の容疑者の引き渡し問題が、大国を揺るがす世界的ニュースになったこの香港危機の導火線であった。一体なぜ、問題は不断に大きくなり、ついには「革命」を叫んで警察官と激しく衝突するデモが毎日のように発生する、深刻な事態に至ったのか。

そもそも「逃亡犯条例」改正問題は、刑事事件の容疑者の引き渡しの問題である。通常であれば、一般市民の多くに幅広く影響を及ぼす問題とも考えにくい（現に法改正を支持する側の者はそのように説明していた）。この改正案のどこに、「103万人デモ」（六月九日、人数は主催者側発表）や「200万人デモ」（六月一六日、同）が発生するほどに、市民に広く不安をもたらす法的な問題が潜んでいたのか。そして、香港の人々はなぜ、ここまで司法の独自性にこだわるのか。香港の「中国化」が進んでいると論じられている中で、香港の司法はどの程度、中国大陸とは違う特徴を持っているのか。

また、香港の歴史を遡れば、英国植民地期においては、その不安定さが問題になることは少なかった。

そもそも香港は「金儲けにしか興味がない」であるとか、「ノンポリ経済都市」などと、外から評されてきたのみならず、多くの香港人自身がそう自称する場所であった。民主主義が論争になることも少なく、民主化も英国主導による「上からの民主化」といわれ、政治運動も不活発であるとされていた。かつての香港政治研究は、民主主義を欠いた中での政治的安定確保の要因をそのテーマとしていた。なぜそのような過去の香港政治の特徴が吹き飛ぶほどの「政治化」が発生しているのか。

そもそも、今回の危機も若者が中心の政治運動とされているが、現在の香港政治に不満を持っている層というのは、学歴や年齢層などのデータに照らせば、社会経済的側面ではどのような特徴を持つ人々なのか。政府が指摘するのは、不動産価格の暴騰による住宅難や、経済成長の鈍化に伴う社会的上昇の機会の縮小などといった経済問題である。若者たちは人権や民主、法の支配などの「非物質的価値」を強調し、経済政策によって問題解決を図る政府の主張にはむしろ反感を強めるが、デモの一部には深刻な社会問題についての不満も含まれている。実態としての香港の経済・社会問題はどのような状況にあり、それらの問題の原因はどこにあるのか。

今回のデモには指導者がいないといわれている。過去の香港の抗議活動では、天安門事件当時の民主派の指導者・李柱銘（マーティン・リー）や、反国民教育運動のカリスマ中学生・黄之鋒（ジョシュア・ウォン）、雨傘運動の引き金を引いた香港大学の学者の戴耀廷（ベニー・タイ）など、指導的な人物が次々と現れていた。これに対し今回は、半年も強力な抗議活動が続けられ、世界の注目を集めたにもかかわらず、従来の著名な民主活動家や民主派の政治家たちを除けば、いまだにこの運動からは特定のリーダーが現れていない。組織や指導者なしに巨大な抗議活動を実行することがいかにして可能になったのか。どこで、いつ、誰が、何をするといった決定は、どのようにしてなされているのか。インターネットが重要なツールであるが、その具体的なメカニズムはどういったものなのか。

デモは「香港加油（香港頑張れ）」を多くの者が叫び、後には「光復香港（香港を取り戻す）」というスローガンを使うに至った。団結する香港人の間では、一種の「ナショナリズム」が生まれつつあるようにも思われる。しかしながら、今回の危機の発生後であっても、各種の調査を見る限り、香港人の多数派は決して中国からの独立を強く志向しているようには見えない。このように複雑な香港人の独自のアイデンティティは、どのような歴史の中で育ってきたのか。一方、中国政府や中国人は、今回の香港の運動を万事「香港独立」の運動として、早くから強く感情的に非難しているが、なぜ北京は香港の運動を「独立」と絡めて論じるのか。そうした香港認識は、香港人アイデンティティの成長に伴って生まれたものなのか、はたまた、中国共産党政権の香港認識の古くからの特徴なのか。

また、今回に限らず、香港では大規模な社会運動や、街頭での抗議活動が、活発にかつ頻繁に行われてきた。返還後だけでも、二〇〇三年の「国家安全条例」反対の「50万人デモ」、二〇〇七年のスター・フェリーの埠頭取り壊し反対運動、二〇〇九年の高速鉄道の建設反対運動、二〇一二年の反国民教育運動と続き、二〇一四年には世界的ニュースとなった雨傘運動が発生した。日本ではデモがこれほど多くの人々を集め、政治を動かすことは近年では一般的ではない。香港においては、様々な政治・社会運動が、どのような人々の動きによって、デモなどの形へと昇華していくのか。そこではどういった人々の意識や感情が動いているのか。一般の市民は、どう政治情勢を認識して、当事者としてデモに向かうのか。

とりわけ、「逃亡犯条例」改正反対デモは、当初から「絶望」が一つのキーワードとなり、白や黒といった葬送を思わせる服装が選ばれ、完全に覆面をした者による破壊活動も行われ、全体として暗く重苦しい雰囲気がただよった。一見、平和と繁栄を謳歌しているように見える世界的大都会・香港の若者は、なにゆえここまで悲壮感に支配されるに至ったのか。そして、「勇武派」と称される者たちは、なぜ愛する香港を破壊するような暴力行為にまで及ぶのか。彼らの論理と心理とはいったいどういうものなのか。

また、今回のデモの一つの大きな特徴は、地理的な拡散である。従来、多くのデモは政府機関や大企業が集中する香港島で行われてきた。今回の「103万人デモ」と「200万人デモ」も、ビクトリア公園から政府庁舎前へ、という「定番コース」を歩くものであった。しかし、デモは七月以降、九龍半島や、郊外の新界でも発生するようになった。その中でも衝撃的だったのは、七月二一日の、新界・元朗駅での「白服の男」の集団による無差別襲撃事件であろう。この事件の背景には、香港島や九龍と異なり、新界に残る伝統的な農村とその文化、そしてニュータウンの混在という、独自の問題がある。平和な郊外の新界が、なぜ政治運動の舞台となったのか。あえて郊外でデモをすることは何を意味するのか。

そして、今回のデモは世界的ニュースとなったが、中でも台湾では大きな反響を呼んだ。低迷していた蔡英文総統の支持率は急回復し、二〇二〇年の総統選挙戦の情勢にも大きく影響した。今回の香港デモの最大の受益者は蔡英文であるとの議論も広く存在する。しかし、歴史的には、台湾と香港は常に「運命共同体」の意識で相手を見てきたわけではない。かつて両者は相互にライバル視し、状況によっては論戦もしてきた。戦後史の中で、台湾と香港はどのような関係を展開してきたのか。そして、現在多くの台湾人と香港人が共鳴するのは、どのような背景によるものなのか。

これらの問題群に迫るために、本書は編まれた。執筆者は多くが香港研究に従事する大学の研究者である。その専門性はそれぞれ社会科学、人文科学の幅広い分野に及んでいる。それに加え、今回はジャーナリスト、学生、一般市民も執筆に加わった。現象としての大規模デモや激しい抗議活動の表層をなぞるだけではなく、制度・環境・歴史・感情など、容易には可視化されないものの、デモ発生や拡大の要因として不可欠なもの、すなわち今回の危機の深層に、本書は少しでも迫ろうと苦闘した。

区議会議員選挙での民主派の大勝利という歴史的事件の余韻の中で、筆者はこの序文を執筆している。危機は大きな転機を迎えたが、まだ去っていない。物語の完結を待たずに出版される本書には、「はじめに」はあるが、「結論」はない。今、この危機がどのような結末に至るのか、誰にもわからないからである。一つのデモは永久には続くまい。しかし、半年にわたり危機が続いたということは、問題は決して単一のテーマにとどまるものではなく、危機が構造化していることのあらわれであろう。香港では「北アイルランド化」や「ウクライナ化」といった、混乱長期化の不吉な予言も出現している。

しかし、結論がないからといって、本書の出版の経緯など、通常は巻末で読者の皆様にお話しすべきことについて書かずに済ますわけにはいかないので、今ここにそのための紙幅をいただきたい。

本書の企画が浮上したのは七月三一日であった。同日、本書の執筆者の多くが参加している、学際的な私的研究会「香港史研究会」の定例会が、東京外国語大学の府中キャンパスで開催されていた。偶然会場近くを通りがかった、東京外国語大学出版会編集長の岩崎稔先生から、香港問題に関して緊急出版を行うというご提案を、編者二名に対して頂戴した。その場にいた数名のメンバーに打診したところ、いずれも二つ返事で執筆を了解してくれた。何人かの方には後にお願いして加わっていただき、合計一〇章の本書となった。編者からの執筆依頼を断られた方は皆無であった。かくも多くの方々が、短い時間のうちに、ご多忙の中で寝る間も惜しんで執筆して下さったのが本書の各章である。アイデアを下さった岩崎先生に感謝申し上げたい。また、執筆者それぞれのご尽力にも深く感謝している。香港に対して、返還以来最大の関心が向けられている今こそ、研究成果を少しでも皆様にお届けしようという、日本の香港研究の意地の結晶である。

出版の過程では、執筆者や、コラムでのインタビューに応じてくれた周庭（アグネス・チョウ）さんはもちろんのこと、多くの方にお世話になった。写真家の初沢亜利さんは、今回のデモを機に編者が知り合うことのできた新しい友人である。香港でデモの最前線に立ち、素晴らしい映像記録を残しておられる。今回、表紙の写真などの提供をお願いしたところ、ご快諾を賜った。また、同じく写真家のニシナカリエさんは、大規模デモを六月の当初から記録していた、数少ない日本人のフォトグラファーであり、同じく快く口絵写真の提供を応諾して下さった。

本書は極めてタイトなスケジュールの発刊を目指したため、校正者の朝日明美さんには多大なご負担をおかけした。そして、出版作業すべてを統括して下さった東京外国語大学出版会の大内宏信さんには、感謝してもしきれないほどのご尽力を賜った。このお二人のおかげで、本書は緊急出版とはいえ、学術書として十分な質を保てていると思う。もちろん、仮に誤謬や誤植等が存在した場合は、その責は編者に帰するものである。

なお、本書は科学研究費補助金・基盤研究（B）「香港に見る中国的価値観の受容と抵抗：周辺地域への示唆」の研究活動の成果の一部である。

本書を通じて、日本の読者の皆様の香港に対する関心をより強められたらと願っている。「九の年」に混乱の源となった、学生運動、法輪功、ウイグル族に対する、後の中国政府による「仕返し」が、香港で繰り返されることを防ぐためには、世界が香港を見つめ続けることが必要だからである。

二〇一九年一一月二九日

倉田　徹（立教大学法学部）

香港危機の深層
「逃亡犯条例」改正問題と「一国二制度」のゆくえ

目次

本文レイアウト・地図　小塚久美子

香港地図

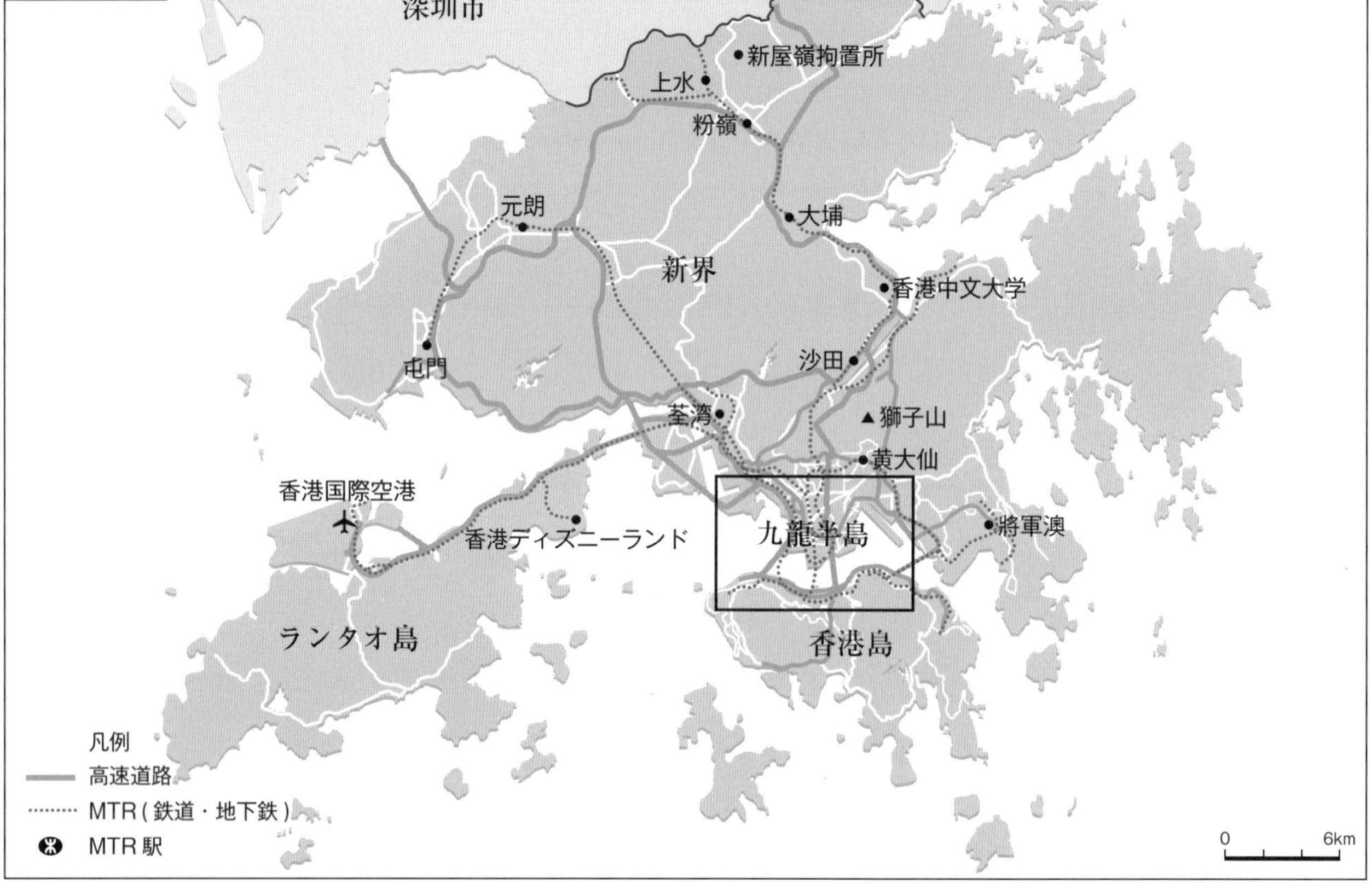
深圳市
新屋嶺拘置所
上水
粉嶺
元朗
大埔
新界
香港中文大学
屯門
沙田
荃湾
獅子山
黄大仙
香港国際空港
香港ディズニーランド
九龍半島
將軍澳
ランタオ島
香港島
凡例
高速道路
MTR（鉄道・地下鉄）
MTR 駅
0
6km

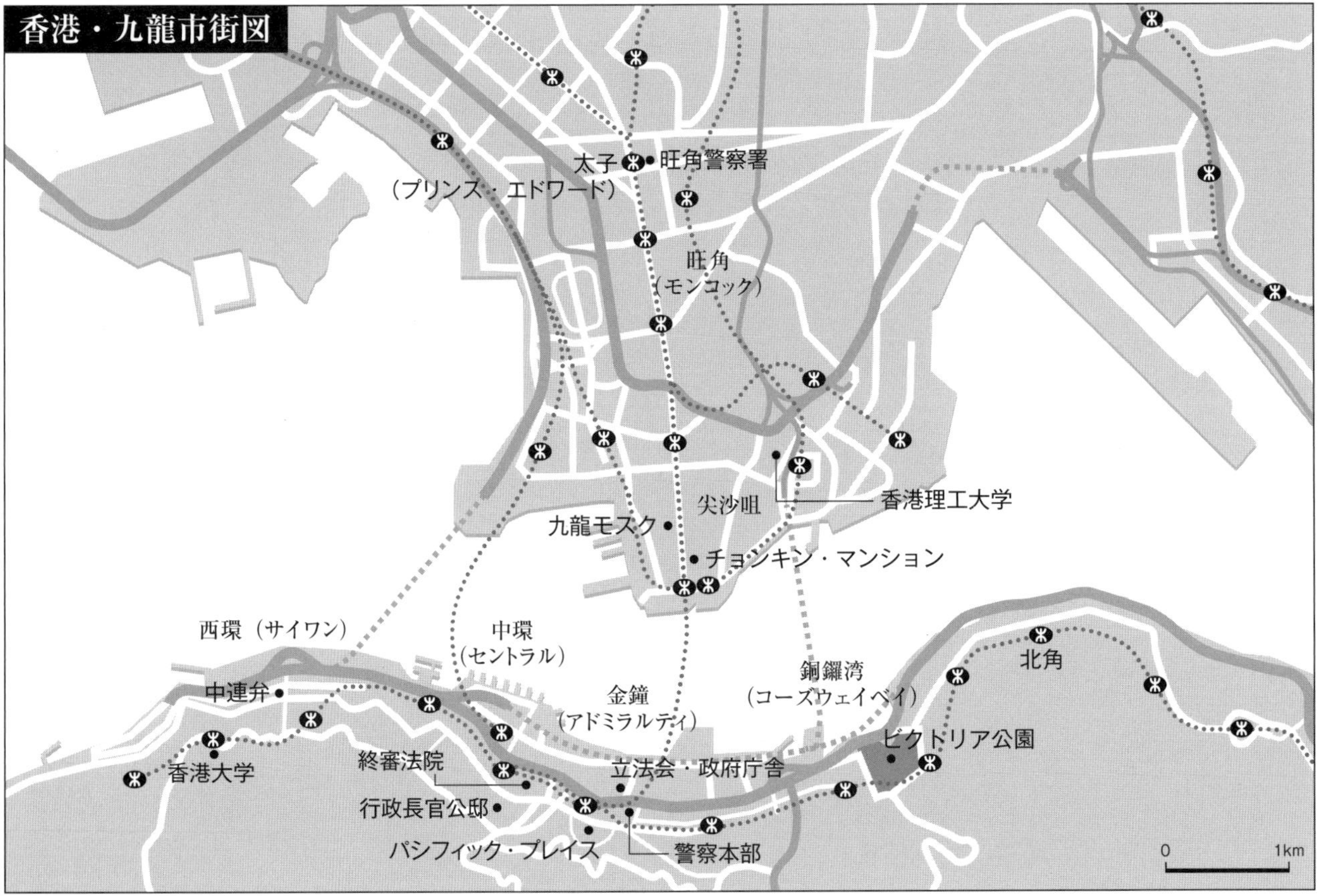
香港・九龍市街図
太子
旺角警察署
（プリンス・エドワード）
旺角
（モンコック）
尖沙咀
香港理工大学
九龍モスク
チョンキン・マンション
西環（サイワン）
中環
（セントラル）
銅鑼湾
（コーズウェイベイ）
北角
中連弁
金鐘
（アドミラルティ）
ビクトリア公園
香港大学
終審法院
立法会・政府庁舎
行政長官公邸
パシフィック・プレイス
警察本部
0
1km

1

逃亡犯条例改正問題のいきさつ

―法改正問題から体制の危機へ―

倉田　徹

デモ参加を呼びかける民間人権陣線のバナー。この日は香港史上最大の「200万人デモ」になった（2019年6月16日、ビクトリア公園にて倉田明子撮影）

1. はじめに

本章では、逃亡犯条例改正問題の展開を、時系列に沿って確認していく。それによって特に明らかにしたいのは、雪だるま式に問題が拡大していった過程である。一件の殺人事件という政治性の薄い出来事が、なぜ短い時間に世界を巻き込む危機にまで発展してしまったのか。危機発生の原因を理解するためには、そこに至る経緯を知る必要があろう。

本章は主に、条例改正問題が浮上する前の二〇一八年まで遡って記す。そうすることで、二〇一九年六月九日の「103万人デモ」の発生で世界的なニュースになる以前からの情勢の展開が、いかに急速で、かつ大きな変化であったかを理解することができると考えるからである。

結果論として、大規模なデモが発生した背景には、それだけ政府に対する不満が蓄積されていたと説明することは容易である。しかし、二〇一八年の状況から見れば、危機の発生は明らかに予想外で、あまりにも急であった。そして、拡大した危機の現在位置は、すでに香港全体、果ては中国や世界の秩序という意味での体制の危機にあると、筆者は考える。

2. 条例改正問題浮上前の政治状況

条例改正問題の浮上直前まで、香港の抵抗運動は極めて低迷した状況にあった。民主化を求めた二〇一四年の「雨傘運動」が成果なく終わると、政府との対話への意思を失った若者からは、大陸の影響力を排し、香港優先を志向する「本土派」や、さらには香港の独立を主張する勢力まで現れた。しかし、こうした勢力は政府によって政界から排除された。二〇一六年以降、政府が「独立派」と見なす者は、「香港は中国の一部」と規定した香港基本法第一条に反するとの理由で、選挙への立候補を認められなくなった。当選した者も、就任宣誓の際に抗議活動を行ったなどの理由で、議員資格を奪われたりした。これら前代未聞の「DQ（Disqualification　失格、資格取り消しの意）」の多用で、政府は雨傘運動後の若者の政治運動を、議会の場から排除した。

こうした反対勢力に対する強硬な姿勢は、梁振英（CY・リョン）行政長官の個性にも一因があると見られていた。このため、二〇一七年七月一日に、ソフト路線を前面に出した林鄭月娥（キャリー・ラム）が行政長官に就任すると、当初は政府と民主派の関係も改善した。しかし、二〇一八年に入ると、「独立派」に対する攻撃は、前任者の時代よりもむしろエスカレートした。一月二七日、立法会補欠選挙に立候補手続きをしていた、雨傘運動の主要メンバーの一人である周庭（アグネス・チョウ）は、政府からDQとされた。周庭らは、香港の将来を住民投票によって自主決定することを主張する「自決派」に属していたが、政府は、住民投票の選択肢に独立も含むことを理由に、自決派は基本法を擁護する意思がないと見なした。[1]

また、七月一七日には、警察は「香港初の香港独立を目指す政党」を自称して二〇一六年三月に結成された「香港民族党」を、国家の安全に危害を与える団体であるとの理由で、社団条例に基づいて非合法化することを政府に提案した。政府はこれに基づき、九月二四日、香港民族党

出馬準備を進めていた周庭の街宣の様子（2018 年 1 月、倉田明子撮影）

を非合法化することを発表した。この問題に関し、香港外国人記者クラブが同党の陳浩天（アンディ・チャン）召集人を招いてセミナーを開催することを企画した。中国外交部駐香港特派員公署はこれを中止するよう求めたが、八月一四日に予定通りセミナーは決行された。すると、香港政府は九月末、陳浩天のセミナーの司会をした、英国人の『フィナンシャル・タイムズ』紙記者であるビクター・マレットの就労ビザ更新を拒否した。一一月八日には、すでに香港を離れたマレットが香港を再度訪問した際、入国を拒否した。

政府の圧迫による打撃もさることながら、反対勢力自身も市民の支持を失っていた。三月一一日に行われた立法会の補欠選挙では、九龍西選挙区で民主派候補が親政府派候補に敗れた。一般に市民の六割の支持を得るといわれた民主派が、補選で親政府派に敗れたのは史上初めてのことであった。民主派は一一月二五日にも立法会補選で敗北した。本土派が立法会から排除され、若者が政治に関心を失い、投票率が低下したことが敗因とされた。「天安門事件」以来の対中不信によって苦戦を重ねながら、資金力を背景に着実に草の根に浸透してきた親政府派は、ついに民主派と普通選挙でも勝負できる実力をつけたのである。

民主派は近年、長時間の演説や大量の修正案提出等の審議の引き延ばし戦術によって、多くの法案を廃案に追い込んできた。しかし、二〇一六年の立法会議員選挙で当選した民主派などの六議員が、就任宣誓を正しく行わなかったとして政府に訴えられ、議員資格を停止された。これによって民主派が議席を減らし、勢力を弱めると、その間に親政府派が主導して議事規則が改定され、立法会での発言回数や時間が制限された。二〇一八年には、大陸と結ぶ高速鉄道の香港西九龍駅に大陸側の入管施設を設置することなど、「一国二制度」のあり方から見て論争性の高かった政策が、親政府派の数の力で次々と可決された。

このように、雨傘運動で爆発した香港の抵抗運動は、二〇一六年以来の政府の本格的な反撃によって勢いを削がれ、二〇一八年には、政府や親政府派の政治勢力にとっては万事が順調に進んでいるように見えたのである。

3. 改正案の提案

そのような中で、二〇一九年二月に逃亡犯条例の改正の提案は突如行われた。

二〇一八年二月一七日、香港人の男性・陳同佳が、交際中の女性・潘暁穎を、旅行先の台湾で殺害した。陳同佳は潘暁穎の遺体を遺棄し、事件発覚前に香港に逃げ帰った。一九九七年に制定された現行の逃亡犯条例では、香港は「香港以外の中華人民共和国」の地に容疑者を引き渡すことができないとされており、このため香港は、中国がその一部と見なしている台湾に陳同佳を引き渡すことはできない。陳同佳は女性のカードを盗んで現金を引き出していたため、香港で「マネー・ロンダリング罪」に問われ、逮捕されたが、殺人罪で彼を裁くことはできない状態であった。

香港紙の報道によれば、潘暁穎の父は台湾政府の各部門に対し、陳同佳の処罰を実現するための請願を行い、台湾の行政院大陸委員会も二〇一八年三月・五月・一二月に司法協力を香港政府に求めたが、香港政府からは回答がなかった。潘暁穎の父は香港の親北京派政党・民主建港協進連盟（民建連）と、中央政府の香港出先機関である中央政府駐香港連絡弁公室（中連弁）に支援を求めた。民建連は支援を約束し、香港政府は対応の検討を開始した。[2]

二〇一九年二月一二日、香港政府保安局は、逃亡犯条例の改正を突如提案した。保安局が発表した文書では、香港政府は一九九七年の条例制定以来、オーストラリア、フランス、ドイツ、韓国、シンガポール他二〇カ国・地域と引き渡し条約を締結し、政治犯や人種差別などに基づく引き渡しはしないなど、十分に人権に配慮した制度に基づいて引き渡しを実施してきたと説明した上で、台湾の殺人事件が裁けないことを例に挙げて制度の欠陥を指摘し、こうした問題を解決するために、逃亡犯条例の「香港以外の中華人民共和国」に引き渡ししないとの規定を削除することを提案した。[3]

問題となったのは、この提案が事件の解決を標榜しつつも、実態としては台湾のみならず、中国大陸とマカオに容疑者を引き渡すことを可能とするものであった点である。特に、大陸への引き渡しは、香港にとっては極めてセンシティブな問題である。

政府はなぜ突如この改正を提案したのか。その動機については、主に二つの見方がある。すなわち、林鄭月娥行政長官の判断か、中央政府の指示によるものかである。前者は中央政府・香港政府の公式見解とも一致する。しかし、「一国二制度」の下で、香港には「高度の自治」があるから、法案の提出は香港政府の決定事項である。しかし、この法改正の受益者は主に大陸当局である。三月一三日には、中国公安部の陳智敏元副部長が、大陸から香港に逃げている重要な犯罪人は三〇〇人以上おり、すべて名前も明らかになっている、自分の在任中に香港政府の黎棟国保安局長と引き渡しについて議論してきたが、実現しなかったと述べている。[4] 引き渡し問題が中央政府の長年の懸案であるならば、事件を「奇貨」として、法改正によってそれを解決することを、中央政府が背後で指示した可能性も考えられよう。少なくとも、潘暁穎の父は、中連弁と親北京派の民建連に接触をしていた。民建連は奇しくも保安局が改正案を提案した同じ二月一二日に、潘暁穎の遺族を伴って会見し、条例の改正を訴えていた。中央政府とも関係の深い政治学者である劉兆佳全国港澳研究会副会長も、確実に背後で中央政府が支持しているはずとの分析をしていた。[5] ただし、香港の政財界で当初流れた情報では、改正は北京の指示というよりも、林鄭月娥が中央政府に「忖度」して行った提案であるとの見方が有力だったようである。「北京の至上命令ではない」との見方は、後に、香港の財界人などの本件への対応に影響を与えることになる。

4. わき上がる反対の声

民主派は当初から、この提案が「大陸に犯人を送るパンドラの箱を開けるものになる」と警戒した。[6] 中でも重要な役割を果たしたのが、民主党の最古参議員である涂謹申（ジェームズ・トー）であった。彼は返還前の一九九六年、立法評議会が逃亡犯条例を初めて審議した際、その法案委員会の主席を務めていた。涂謹申は、当時は中国政府も引き渡しの対象に中国大陸を含むことを希望していなかったとする。その理由は、香港の裁判所が中国の引き渡し請求を公式に拒否する事態が発生する懸念と、死刑を引き渡し対象外とする同条例の規定から、死刑の可能性のある容疑者が大量に香港に密航することであったという。こうした経緯を知る涂謹申は、民主党員に対して、本件がこれから大問題になると予告した。[7] 民主派は、天安門事件の追悼集会の開催など、仮に大陸で行えば必ず罰せられるような共産党批判の活動を、「一国二制度」の壁に守られ、香港で日常的に実施している。仮に彼らに何らかの容疑がかけられ、大陸に引き渡されれば、厳罰は逃れがたい。当然、改正実現の暁には、民主派の活動の萎縮は確実であった。

同様の脅威は、メディアや学術界に多数存在する民主派に近い人々にも及ぶ。中国のキリスト教を研究する邢福増香港中文大学教授は、もし大陸の政府非公認教会（いわゆる「地下教会」）を支援すると、何らかの経済犯罪の罪状で引き渡しされるかもしれないとの不安を述

2017年の「7・1デモ」に参加する林栄基（右）。左は当時の民陣の召集人で現在立法会議員の区諾軒（2017年7月、倉田明子撮影）

べている。[8] 逃亡犯条例は政治犯の引き渡しをしないと規定しているが、民主派は経済犯罪などを名目とした「別件逮捕」を恐れた。現に、二〇一五年、香港で中国の政権を批判する書籍を売っていた「銅鑼湾書店」関係者が次々と失踪し、後に中国大陸で拘束されていることが判明したが、うち一人が問われた「罪」は、一〇年以上前のひき逃げ事件であり、残る四名は、大陸で販売が禁止されている書籍を売ったという「違法経営罪」に問われていた。失踪したうちの一人であり、後に拘束の経緯を詳細に証言した店長の林栄基は、四月二五日、条例改正を脅威と見て台湾に移住した。

一方、改正案には民主派のみならず、通常は保守的で政府を支持する財界人からも様々な懸念の声が上がった。香港資本の声を代表する政党である自由党の田北俊（ジェームズ・ティエン）名誉主席は、財界は賄賂罪に関心を持っており、大陸の法廷に引き出されるこの改正案は、二〇〇三年に「50万人デモ」の発生と田北俊らの反対で廃案に追い込まれた「二三条立法」よりも強力であると指摘した。[9] 香港基本法二三条の規定により、香港には国家機密窃取や国家政権転覆などを禁じる法律の制定が義務づけられている。このため「二三条立法」は、自由への脅威の象徴的存在と見られてきたが、同法違反は少なくとも香港の司法で裁かれる。引き渡しはそれ以上の脅威であると田北俊は論じたのである。周知の通り、中国ビジネスには政府関係者とのコネクションが必須であり、その過程でしばしば贈賄も行われる。そういった「腐敗」やビジネストラブルを罪に問われることは、中国ビジネスに従事する香港財界人にとっての現実的脅威であった。財界が感じる脅威の程度は、大陸との日常的な関係を断っている民主派よりも切実であったかもしれない。現に、二〇一四年の「占領中環（セントラル占拠運動）」を提唱し、香港で服役した戴耀廷（ベニー・タイ）香港大学副教授は、大陸に足を踏み入れない自分を大陸での犯罪を理由に大陸に引き渡すのはそう簡単ではないであろうと述べている。[10]

脅威は香港在住の中国国有企業関係者にも及ぶ。中国資本は条例改正によって香港という「避難所」を失うと恐れた。香港政財界の有力者たちは、三月の全国人民代表大会（全人代）、全国政治協商会議（政協）の開催に合わせて北京を訪問した際に、それぞれのルートで北京での香港担当部門である国務院香港マカオ弁公室（港澳弁）などの中央政府関係者と接触し、条例改正が中央政府の命令ではないとの返答を得たと報じられている。中共中央港澳工作協調小組の長を務め、北京における香港マカオ担当の最高指導者である韓正副総理と香港地区選出の人民代表の会談は、本来は広東省、香港、マカオの経済協力プロジェクトである「粤港澳大湾区」構想について議論する予定であったが、条例改正への憂慮を韓正に伝える場になってしまったという。[11]

実際に引き渡しの脅威に直面し、法的手段をとる者も現れた。香港の大富豪である劉鑾雄（ジョセフ・ラウ）華人置業主席は、贈賄とマネー・ロンダリングの罪で、マカオの裁判所から懲役五年三カ月の実刑判決を受けていたが、香港在住のため引き渡されていなかった。条例改正に対し、劉鑾雄は四月一日、人権の観点から問題があるなどと主張して、裁判所に条例改正案に対する司法審査請求を行った。

経済界の憂慮は、引き渡しそのものに対する脅威にとどまらず、引き渡しの恐怖から派生する自由の縮小も大きな問題であった。香港の著名な株式評論家のデイヴィッド・ウェッブは、例えば、大陸当局が引き渡し制度を利用して、華為（ファーウェイ）のライバル企業の者を逮捕することが可能になるのではないかと述べている。[12]また、中国資本の企業の問題を数多く暴露してきた調査会社の創業者は、中国企業の悪い情報を報告書に書くと、国家機密漏洩罪に問われるのではないかとの懸念を述べている。これまでも、彼らが中国企業の利益の水増しなどを調査しようとすると、企業は監督機関に訴えるなどして黙らせようと試みてきたとして、条例改正案成立後はシンガポールまたは英国に拠点を移すことも検討すると述べた。大和証券キャピタル・マーケッツ香港のエコノミストは、今後人民元の予測をする際にはさらに気をつけると述べている。[13]自由・公正に経済情報を流通させることが不可能になれば、香港の国際金融センターとしての信頼や、競争力にも問題が生じるおそれがあった。

5．民主派の抵抗、審議の混乱

財界からも強い懸念の声が上がったことを受け、三月二六日、政府は条例改正案の一部修正を発表した。政府は破産や証券先物取引などの九つの罪を引き渡し対象のリストから削除し、また、引き渡し対象を懲役三年以上の刑が想定される罪を犯した容疑者に限定した。その上で、政府は四月三日に条例案を立法会に提出した。しかし、財界の憂慮への回答と見られるこの修正でも、賄賂罪は引き渡し対象に残された。また、民主派に近い者がこれまでに提案してきた、引き渡し対象を台湾のみとして大陸には適用しないという修正案や、域外犯の香港での捜査を可能にすること、潘暁穎事件だけを対象にした時限立法とすることなどの提案はことごとく採用されなかった。

政府は修正案提出の理由を、潘暁穎事件の解決と、台湾などへの引き渡しが不可能という法の穴を埋めるためと説明していた。しかし、この説明は合理性を疑われた。まず、引き渡しの実現には台湾が受け入れることが必要である。しかし、台湾を「中華人民共和国の一部」と見なす逃亡犯条例の文言に台湾当局は反発し、条例改正によって陳同佳の引き渡しを受けることを拒否する姿勢を示した。三月一二日、台湾立法院は、台湾と香港の間だけに限定した引き渡しの協議を求める議案を全会一致で可決した。したがって、条例改正が実現しても、潘暁穎事件の解決と引き渡しの実現にはつながらないことになる。

また、「法の穴」との議論については、逃亡犯条例起草当時の事情を知る者から、「香港以外の中華人民共和国」には送らないとの規定は法の穴ではなく、意図的につくられたものであるとの証言が相次いだ。例えば、香港基本法の起草に携わった陳弘毅（アルバート・チェン）香港大学教授は、基本法起草当時、香港側に懸念があったため、大陸への引き渡しができないようにしたと述べている。[14] 英国も引き渡しには慎重であった。民間の研究グループ「香港前途研究計画」が英国政府の文書などを研究したところによると、中国政府は天安門事件以来、香港の政治犯を引き渡しの対象とすることを一貫して求めていた。一九九〇年には、中国側は返還後の香港にいる中国の反政府活動家をどう扱うかを研究し始めたという。しかし、英国政府は香港政庁に対して、この件で中国から要求が行われた場合は、表面上積極的に応じつつ、実際は慎重にやる「面従腹背」で対応すべきと提案していた。[15] 逃亡犯条例が可決成立した一九九六年三月一九日の立法評議会では、当時の黎慶寧（ピーター・ライ）保安司は、大陸への引き渡しについては大陸側との議論の過程にあり、現段階では市民が関心を持つ、個人の権利が十分保障されるべきであるとの問題に政府も関心を持っていると述べるにとどめると答弁している。[16]

そして四月二九日、殺人容疑者の陳同佳に対し、高等法院はマネー・ロンダリング罪で懲役二九カ月の判決を言い渡した。殺人罪は問われなかったが、陳同佳は少なくとも一〇月までは収監されることとなり、七月可決成立を急ぐ政府の論拠は崩れた。

民主派は反発を強めた。民主派団体「民間人権陣線」は、三月三一日には最初の逃亡犯条例改正反対デモを実施し、主催者側発表一・二万人、警察発表五二〇〇人を集めた。四月三日、政府が逃亡犯条例案を立法会に提出すると、民主党は林鄭月娥が強引に改正案を提出したことを不満として、党として初めて辞職を要求した。[17]

林鄭月娥は就任当初、前任の梁振英と違うソフト路線を前面に出し、民主派とは比較的良好な関係を持っていた。二〇一八年三月二〇日の民主党の資金集めパーティには林鄭月娥が出席し、私費で三万香港ドル（四〇万円以上）を寄付した。しかし、度重なる民主派に対する圧力によって徐々に関係は悪化し、逃亡犯条例改正案はそれを決定的なものとした。二月二〇日に林鄭月娥が開いた新春パーティは、民主派の全員が欠席した。

民主派が本気で抵抗を始めたことで、条例改正問題は大いに過熱した。改正案は立法会で委員会審議に付され、四月一七日、委員会の初めての会議が開かれた。慣例に基づき、司会は議員歴の最も長い民主党の涂謹申に任された。第一回の会議は、通常は正副議長を選出してすぐ終わるものであるが、涂謹申と民主派の議員は、意図的に審議の手続きについて延々と質疑応答するなどして議事を引き延ばし、議長の選出や改正案の内容説明などの手続きに入らないまま会議を終えた。五月一日の二回目の会議も、涂謹申は同様の手法で、何も決めずに終えた。先述の通り、立法会での審議引き延ばしは、二〇一七年の議事規則改定で困難になっていたが、委員会の審議手続きについてはまだ引き延ばしの余地があったのである。親政府派の立法会議員はこれにしびれを切らし、五月四日、法案委員会の上位にあるとされる内務委員会から、法案委員会に対して、司会を親政府派の石礼謙（エイブラハム・シェク）立法会議員に交代するように指示した。五月六日、法案委員会が開催され、石礼謙が司会につくことが決定された。しかし、民主派はこの会議の有効性を認めない立場をとり、司会は涂謹申が務めるべきであるとして、立法会の許可がないまま、同日に民主派だけで別途委員会を開催した。こうして、それぞれ、自身が正統と主張する二つの委員会が並立するという「南北朝」のような異常事態が生じた。五月一一日には、親政府派の委員会が予定されていた会議室を民主派が事前に占拠し、両者間で衝突が発生し、負傷者を出して会議が中止となった。同様のことは一四日にも発生した。こうして、民主派が実力行使をして審議を止めたことで、香港社会を覆っていた無力感が解消されていくとともに、条例改正案に対する世論の関心はどんどん高まっていった。

6. 国際社会の関心の高まり

さて、逃亡犯条例の改正には、当初から国際社会も関心を寄せていた。米国のカート・トン香港総領事は二月二六日、条例改正案成立後には米国から香港への容疑者の引き渡しの実施に影響が出るかもしれないと述べている。四月八日には英国のアンドリュー・ヘイン香港総領事が香港政府に懸念を伝え、四月中旬にはカナダ政府のグローバル連携省が香港政府に対して重大な疑問を提起したと報じられた。

引き渡しの対象には香港に住んだり、滞在したり、経由したりする外国人も含まれる。特に、華為の孟晩舟副会長を二〇一八年一二月一日に米国の要請で逮捕したカナダは、その後、中国国内に滞在するカナダ人が多数逮捕されるなど、中国政府からの「報復」を思わせる問題に直面していた。返還前に多くの香港人の移民先となったこともあり、香港には三〇万人のカナダ国籍保持者が在住しているともいわれる。外国人や外国政府にとっても、条例改正案は直接的脅威と見なされた。

しかし、そうした香港問題における欧米諸国の厳しい姿勢は、条例改正案によって始まったものではない。特に雨傘運動後の香港政治の展開を受けて、過去数年、欧米諸国の「一国二制度」に対する評価は厳しさを増していた。二〇一五年末に発生した「銅鑼湾書店事件」では、失踪した五人のうち桂民海はスウェーデン、李波は英国の国籍を持っていた。英国は毎年上期・下期にそれぞれ香港報告書を作成している。二〇一五年下期の報告書は、英国人である李波が、香港法の下での適切な手続きを一切経ずに、香港から本人の意思に反して大陸に送られたと考えられると言及し、これは「中英共同声明」に対する重大な違反にあたり、香港住民に香港法に基づく保護を保障した「一国二制度」の原則を揺るがすと非難した。しかし、中国の王毅外相は、香港基本法と中華人民共和国国籍法に基づき、中国の血統を持つ李波はまずは中国公民であると反論した。

返還二〇周年を前にした二〇一七年には、英国は香港がさらに民主的になることを望む、香港返還を決めた一九八四年の「中英共同声明」での香港に対する約束は返還前と同様にしっかりと守っていく、高度の自治、法の支配、司法の独立、自由は香港の成功の重点であるなどとする声明を発表した。これに対し中国外務省は、香港問題は中国の内政である、二〇年を経て共同声明はすでに歴史となっており、何ら現実的な意味を有さない、英国は返還後の香港に対して主権・統治権・監督権を持たないと認識すべきであると反論した。英国外務省は即座に反論し、共同声明は国連に登録された法的拘束力ある条約であり、締約国の一つとして英国はその執行を監督すると述べた。一〇月一一日には、英国保守党人権委員会のベネディクト・ロジャース副委員長が香港で入国を拒否された。ロジャースは元香港紙記者で、香港訪問時に獄中の雨傘運動の指導者である黄之鋒（ジョシュア・ウォン）ら、若い政治活動家に面会する可能性が疑われたとも報じられた。

二〇一八年には先述のマレット記者の入国拒否もあり、英国外務省は九月六日に発表した二〇一八年上期の香港報告書で、特に香港独立に関する議論における言論の自由への懸念を表明した。これに対し、中国外交部駐香港特派員公署は会見で、英国政府に報告書の発表をやめ、香港内部の問題への干渉をやめよと警告した。九月二四日に香港民族党の禁止が決定されると、米国、英国、EUが結社の自由の尊重を求めるコメントを出したが、中国外交部はこれを、外国政府がでたらめをいうべきではないと非難した。

二〇一八年には、米国は「実力行使」の可能性に言及した。米国は一九九二年制定の「香港政策法」により、香港が大陸と異なる自治を有していると米国政府が判断した場合、香港を大陸とは別個の独立した関税区として扱うと規定している。独立した関税区の扱いをもし米国が取り消すと、米国は香港を中国と同じ経済地域と見なし、あらゆる面で香港に対して厳しい政策をとることとなり、国際金融センターとしての香港の地位に大打撃となるとも見られる。

米国議会の米中経済・安全保障審査委員会は二〇一八年一一月一四日に発表した年次報告書において、北京が香港の政治制度、法治、言論の自由を侵食し続けており、香港が徐々に大陸の他の都市と変わらなくなっていると、「一国二制度」の現状に対する疑念を示した。報告書では、二〇一七年に香港政府が返還後初めて米国への容疑者引き渡しを拒否したことを「北京の直接の支配」によると指摘し、香港に対する軍事転用可能な技術の輸出規制を大陸並みにすることを商務省が検討すべきと論じた。

こうして、返還後問題なく続いてきた米国の香港への特別待遇が見直される可能性が浮上すると、香港財界にも動揺が生じた。自由党の鍾国斌（フェリックス・チョン）立法会議員は、もし香港が中国の普通の一都市と見なされれば「ゲーム・オーバー」だとして、香港政府からワシントンに職員を派遣したり、在香港の米国外交官に説明したりすべきであると主張した。一二月一七日、北京を訪問した林鄭月娥に対し、李克強首相は、国際情勢が複雑化している中で、香港が自由貿易港、独立した関税区として安定した経済成長をしていることは容易ならぬことであると特に言及した。

二〇一九年三月二一日、米国政府は二〇一九年版の香港政策法報告書を発表した。その内容では香港の自治が弱まっていることを指摘し、前年までは香港に特別待遇を与えるのに「十分以上（more than sufficient）の自治」があると評していたものを、「十分だが、減退している（sufficient - although diminished）」との表現に改めている。

香港の民主派は条例改正問題についても、米国の関心を求めた。これに米国は強く反応した。三月二二日には、訪米中の陳方安生（アンソン・チャン）元政務長官らが、マイク・ペンス副大統領との会談を実現している。

7. 中央政府の介入、親政府派の服従

民主派の頑強な反対に加え、財界と国際社会も強い関心や反発を示したことで、逃亡犯条例改正問題をめぐる世論の動きはさらに活発になった。四月二八日に民主派が行った二回目の条例改正反対デモは、主催者側発表一

三万人、警察発表二・二八万人と、いずれの数字も雨傘運動以後で最多の参加者となった。動揺は保守派にも幅広く広がった。財界寄りの議員では、自由党の鍾国斌は四月二七日、政府は七月の可決を急ぐべきではないと発言している。[18]また、実政円卓の田北辰（マイケル・ティエン）立法会議員は四月二八日のデモの大規模化に驚きを示し、もし陳同佳が釈放され、香港から逃亡するならば、法案を支持しないと述べた。[19]田北辰は五月一五日、林鄭月娥行政長官に宛てて改正案に書簡を送付し、香港永住民の資格を持つ者は引き渡さずに香港で裁くこと（「港人港審」）などを提案した。政府寄りの新聞である『星島日報』も、四月二八日の社説で審議の延期を主張し、北京の御用学者とも見られる陳弘毅香港大学教授も五月三日のブログで、改正案に対しては社会に憂慮があるため、最も凶悪な犯罪に限定することや、遡及しないことなどの制限が必要であると指摘し、「港人港審」に賛同を示した。[20]

通常は政府を支持する立場の有力な財界系の議員・政党関係者や、保守派の学者からも政府案への異論が相次いだことで、政府は火消しを迫られた。五月七日、鄭若驊（テレサ・チェン）法務長官、李家超（ジョン・リー）保安局長がそろって会見し、様々な代案をことごとく否定した。例えば、法廷弁護士団体「大律師公会」は、域外犯規定の新設で台湾の件を香港が裁けるようにすることを提案していたが、政府は香港外の事件を香港が捜査することの難しさを指摘し、また、域外犯規定はコモン・ローの属地原則に反するとも主張した。「港人港審」については、逃亡犯条例が引き渡しの対象とする四六の罪をすべて「港人港審」にすることは、刑法の大改正となるため軽率には行えないと政府は主張した。香港大学の憲法学者である陳文敏（ジョセフ・チャン）教授による、国際人権B規約未批准国には引き渡さないとの提案は、政府は未批准のマレーシア、シンガポールとすでに引き渡し条約を結んでいると反論した。

政府案への批判や対案が次々と出される状況の下で、五月五日にはドナルド・トランプ米国大統領が対中関税の引き上げをツイッターで発表するなど、米中関係もさらに緊張に向かい、香港問題も米国のカードとなり得る状況となった。ここに至り、北京の中央政府が条例改正案に対する支持の態度を明確化した。五月一七日、王志民中連弁主任は香港の全人代メンバーや政協の委員を集め、香港政府の改正案を断固支持すると述べた。王志民は米国など外国による改正案に対する批判を譴責《けんせき》し、親政府派の者は団結して改正案を支持するよう要求した。また、五月二一日、中央港澳工作協調小組長の韓正副総理は、北京で改正案支持の発言をした。

先述の通り、改正案は林鄭月娥が自らの判断で提出したものと見られていたため、香港内部でも財界人などの反対が表面化しやすい状況があった。しかし、中央政府の最高指導者層までもが発言したことで、親政府派は矛を収めた。田北俊自由党名誉主席は五月一七日にラジオ出演し、「殺人犯一人のためにここまで大きなことをやるなど考えられない。（条例改正が）香港政府の意見であるわけがない。もちろん中央政府がやれといったのだろうが、中央政府もそれを認めず、林鄭月娥行政長官も認めてこなかった。今日ついに（中連弁が）発言した以上、親政府派はおとなしく従う可能性が高いと思う」と述べている。[21] 実際、その通りの展開となった。政府案に問題があるとして様々な代案を提起していた陳弘毅は五月二三日、『サウス・チャイナ・モーニング・ポスト』紙のインタビューに答え、かつて自身がブログで賛同した「港人港審」について、北京がこれを中国の主権に対する挑戦ではないかと疑うとの理由で、これ以上こだわらないと述べている。[22] マカオへの引き渡しに直面し、司法審査請求をしていた劉鑾雄華人置業主席は五月二四日、司法審査請求を取り下げた。劉鑾雄の妻で華人置業執行役員の陳凱韻（キンビー・チャン）は、条例改正案について「当然香港政府の決定を尊重し支持する」と述べている。[23]

このように、北京が意思表示し、それまで反抗的であった親政府派が従うという構図は、二〇一七年に林鄭月娥が行政長官選挙に出馬したときと類似している。当時は財界に支持者が多い曽俊華（ジョン・ツァン）財政長官が林鄭月娥のライバルであったが、中央政府は早い段階で林鄭月娥支持を明確にして、財界の票をまとめた。香港財界は北京の威光にひれ伏し、香港政府は北京の威信に依存する構図が、すでに香港政治において常態化していたといえるであろう。

しかし、それを公にすることは、香港が自治を欠いていると世に知らしめるに等しい。なぜこの段階で中央政府が介入したのか。これについては、林鄭月娥は外国の干渉を理由にして正当化した。五月二一日の記者会見で、林鄭月娥は「今年二月一五日以降、我々が社会で条例の改正が必要と議論してきたのは、……全て香港政府が自ら主導し、指示してきたものである。しかし、後に……外国政府や外部勢力が介入し、この件を利用して中央政府と香港特別行政区の関係を破壊し……、さらには大陸の司法・人権制度を意のままに批判し始め、……香港内部の問題ではなく、『一国二制度』や、ひいては基本法の政治体制の側面にまでエスカレートした。この状況の下で、中央政府の香港出先機関や、北京の香港マカオ弁公室が、発言を行わねばならないのは、私は当然のことであると思う[24]」と述べている。

8. 香港政府による強行突破の試みと抵抗運動の激化

中央政府の明確な意思表示により、親政府派がおとなしく従うようになったため、立法会で多数派を形成して改正案を可決させられると考えた政府は、非常手段の行使を決定した。先述の通り、立法会の法案委員会は、民主派の抵抗によって分裂状態に陥っていた。そこで、政府は立法会に対し、委員会審議を中止し、六月一二日に改正案を直接本会議で審議するよう要求した。もともと立法会では、親政府派の内部にも、委員会を迂回する非常措置に対しては賛否両論が存在したが、中央政府の支持の下、香港政府が強硬な姿勢を示したことで、親政府派はこの方式を受け入れた。民主派はこれに大いに怒った。五月二二日、民主派の政党、政治団体や労組、学生団体、NGOなどが参加し、毎年「七月一日（香港返還記念日）デモ」を実施している民主派の連合組織「民間人権陣線」は、政府が設定した本会議審議入りの日の直前の日曜日である六月九日に、三〇万人規模のデモを実施すると宣言した。

政府と民主派の正面衝突の日程が定められると、抵抗運動は勢いづいた。五月後半からは、中学・高校・大学などの教師と学生、同窓生などを単位として、ネット上で反対署名運動が展開された。署名は瞬く間に各種団体や「家庭の主婦」などの単位でも行われるようになり、かつての生活体験から中国の司法は信用できないとする大陸からの「新移民」の署名運動も展開された。全香港的に展開されたこの署名運動によって、多くの市民がデモ参加へと勇気づけられた。

また、様々な団体が改正案反対の声明を発した。政府に批判的なメディアや人権などの団体はもちろんのこと、保守的で政府寄りと見られる団体も改正案反対を明言するに至り、衝撃をもって受け止められた。保守的なキリスト教団体とされる「香港浸信会連会」は六月七日、改正案を「邪悪」と称して撤回を求める声明を出した。主要な保守派宗教団体の声明に、この後多くの宗教団体も続いた。六月五日には、政府寄りで中央政府の影響を強く受けていると見られる事務弁護士団体「香港律師会」が改正の延期を提唱した。通常は保守的な団体が次々と政府案への異論を唱えた背景には、これら団体の所属メンバーの間に改正案に対する不安が大いに広がり、幹部も無視できなくなっていたことが考えられる。

六月四日、ビクトリア公園で開催された毎年恒例の天安門事件追悼集会には、主催者側発表で過去最多タイの一八万人以上が参加した。雨傘運動後、中央政府が対話に応じないことに失望した香港の若者の間では「中国離れ」が進み、自決や独立を志向する者が増えた。天安門事件についても、香港の上の世代がこれを「同胞」の問題として重視するのに対し、若者の中には中国の民主化運動を香港と関係のない「隣国」の問題とまで称するほどに、冷めた見方をする者も現れていた。若者は追悼集会が掲げる「民主的中国の建設」とのスローガンに反発した。香港の民主化運動にすら挫折したのに、香港がどうやって中国の民主化を実現するのかという疑問からである。二〇一五年以降、雨傘運動の中心的組織の一つである学生会の連合組織「学連」は、団体としての追悼集会への参加を取りやめた。大学学生会は民主派の追悼集会の時間に合わせて、独自に別の集会を分裂開催するようになっていた。これによって、天安門事件追悼集会の参加者は、二〇一七年には一一万人（主催者側発表）まで減少していた。しかし、今回学生会は、六月二日に合同での討論会を開催し、四日はイベント開催を避けた。雨傘運動の弱体化を招いた内部分裂を回避する意志が働き、大同団結による大規模動員の基礎ができた。

国際社会の反発も強まった。米国の世論も反応し、『ウォール・ストリート・ジャーナル』は五月一七日、改正案は「香港への致命的一撃（knockout blow）」になる可能性があるとして反対を明言した。米国議会では、雨傘運動以後繰り返し議会に提案されながら廃案となってきた「香港人権民主法案（Hong Kong Human Rights and Democracy Act）」を、再度審議する動きが始まった。五月二四日には英国駐香港総領事らＥＵメンバー国代表団が、返還後初めて行政長官に直接外交上の申し入れを行い、ＥＵの憂慮を伝え、審議の延期を求めた。五月三〇日、英国のジェレミー・ハント外相とカナダのクリスティア・フリーランド外相は共同声明を発表し、改正案は香港の自由に悪影響を与えると指摘した。

こうして、旧来の民主派と若者の新勢力が一致し、中間派や保守派の政治的には不活発な市民も巻き込み、本心では改正案を支持したくない財界や親政府派は曖昧な行動をとり、さらに国際社会も全面的に改正案に反対するという、いわば香港社会の総動員の条件の中で、決戦の六月が来たのである。

9. デモの爆発と改正案審議の停止

六月九日からの一週間は、香港史に残る劇的な展開であった。

六月九日、民間人権陣線が呼びかけたデモは、返還後最多の一〇三万人（主催者側発表、警察発表では最高時二四万人）を集めた。銅鑼湾（コーズウェイ・ベイ）のビクトリア公園から、金鐘（アドミラルティ）の政府本庁舎まで、地下鉄で二駅、三キロメートルほどの道程であるが、先頭が午後二時過ぎに公園を出発したデモの最後尾が目的地に到達したのは夜一〇時過ぎであり、デモ参加者は指定された路線をはみ出して、隣の道路も埋め尽くした。

しかし、これほどの規模のデモに対しても、政府は動じない姿勢を見せた。政府にとってはこの規模のデモも「想定内」であったとも報じられる。デモ終了後間もない夜一一時七分、政府は声明を発表し、デモが平和裡に言論の自由を行使したと評価しつつも、従来の政府の立場を繰り返した上で、改正案を六月一二日から立法会で審議すると改めて表明した。これを受けて、深夜にはマスクをした者が立法会への突入を試みて警察と衝突し、逮捕者を出した。

六月一一日、梁君彦立法会主席は、臨時会議の開催などによって短期に集中的に審議を行い、六月二〇日に採決を行うという審議日程を提案した。政界では当初は七月の夏休み前までの成立、後には六月二七日が採決の予定日との情報が流れていた。なぜ政府は、当初から多くの者によって急ぎすぎと非難され、十分な審議や諮問の時間をとるべきとの批判の絶えなかった日程を、デモの後にさらに早めるほどに急いだのか。おそらくこれは、六月二八日・二九日に予定されていた大阪でのG20サミットと関係があるのではないか。G20では習近平国家主席とトランプ大統領の会見が予定されていた。条例改正問題が首脳会談で話題にならないようにするためには、その前に採決を終えておく必要があった。二〇日採決の日程を組めば、立法会の混乱などで審議が延びた場合も数日の余裕ができる。

しかし、「103万人デモ」によって、審議をやめたり遅らせたりするどころか、むしろ審議を速めるという提案は、反対派には当然あからさまな挑発と受け止められた。民間人権陣線は当初から、強行採決に対しては立法会包囲で応じると宣言していた。一一日夜には立法会周辺に人が集まり始め、警察は金鐘駅周辺の若者多数を、遊蕩罪（公共の場を目的なくうろついた罪）の疑いなどの理由で身体検査した。

審議入りの六月一二日、立法会は警察の推計で約四万人といわれる市民によって包囲された。会議は午前一一時から予定されていたが、開催不能となった。立法会を包囲した群衆の一部は、午後三時に警察に向かって突撃し、事前に警察が立ち入り禁止としていた立法会周辺区域になだれ込んだ。警察はこれに催涙弾一五〇発、ゴム弾数発、ビーンバッグ弾（お手玉のような形状の銃弾）二〇発[25]などを用いて応戦した。催涙弾の使用数は雨傘運動の二〇一四年九月二八日の八七発を大きく上回り、激しい衝突となった。ゴム弾の流れ弾で撃たれた香港メディアの運転士は一時心停止に至るなど、多数の負傷者を出した。英国BBCはこの様子を「戦場のよう」と伝えるなど、この衝突は世界の注目を集めた一方、林鄭月娥は「組織的暴動の発動」とこの行動を非難した。

立法会への突入は、民間人権陣線などの指導者や組織ではなく、ネット上での呼びかけに応じた者による行動であった。デモ参加者は通信アプリ「テレグラム」などを使い、匿名で連絡を取り合って行動するようになっていた。そこで「午後三時に突入」との戦術が一定の支持を集め、決行に至ったのである。この直前の数日にはテレグラムの参加者が大量に増え、一部のグループは四万人以上になっていたという[26]。

こうして、合法的に実施される平和な巨大デモと、明確な指導者や組織がなく臨機応変に行動する比較的小規模で急進的な直接行動とが併存する状況がつくられたが、この時点で逃亡犯条例改正案を止める上でより強い効果を発揮したのは、結果的には後者であったといえる。先述の通り、九日の「103万人デモ」は無視されたのに対し、一二日の立法会包囲と周辺の混乱により、立法会は開会不能の状態が一三日・一四日も続いた。一二日夜に放送されたテレビ講話で、林鄭月娥が自分を「優しい母親」に例え、子どものわがままを許し続けるわけにはいかないと述べたことは、多くの市民から不遜な態度と見られて反発を招いた。警察の武力によるデモ参加者への攻撃に対しても、市民の不満が大いに強まった。一四日には複数の行政会議メンバーが改正案の延期を主張するなど、政府内部にも動揺が見られた。北京からは韓正副首相が深圳に入り、林鄭月娥は秘密裏に会談したとも伝えられた。[27]

そして六月一五日午後、林鄭月娥は記者会見し、改正案審議を一時停止（中国語「暫緩」）することを発表した。林鄭月娥は、台湾が陳同佳の引き渡しを拒むとしているため、急ぎ審議する理由がなくなったとして、少なくとも年内は審議を再開しないことを表明したのである。

こうして、香港市民の抵抗運動は、逃亡犯条例改正案を止めることに成功した。このことは驚くべき結果であった。習近平体制の下、強硬路線を強める中央政府・香港政府が、これほど明らかに民意の圧力に屈した例は他にない。六月一五日の『ニューヨーク・タイムズ』はこれを「習近平体制下の中国として最大の政治的敗北（The biggest political retreat by China under Xi）」と評した。デモ参加者にとっても、改正案を止めたことは意外ともいうべき「成果」であった。香港の四大学の

6月12日の衝突後、立法会（奥の建物）周辺への立ち入りは制限された（6月15日、倉田明子撮影）

研究者が六月九日のデモ参加者に現場で行ったアンケート調査では、デモは譲歩を得られないと予想した者が三六%、小幅な譲歩を得るにとどまると考える者も三六%であったのに対し、改正案が撤回されると考えた者は一二%のみであった[28]。ここまでに書いてきたように、それが可能になったのは、通常とは異なる規模の反対の声が上がったからである。民主派や本土派などを支持する反政府の市民のみならず、政府に近いビジネスマンや、通常は政府寄りの保守的な人々、中国と付き合いの深い親中派も少なからず反対に回り、極めて大きな反対派の団結ができたことに加え、欧米諸国も返還後最も厳しい態度で反対を示した。いわば「総動員」が行われたことで、奇跡的ともいえる状況が生まれたのである。

10. Be water：多様な抗議行動の出現

しかし、この改正案の「一時停止」は、香港市民の不満や怒りを収めるものではなかった。審議停止発表の翌日の六月一六日、民間人権陣線が主催したデモは、政府の譲歩にもかかわらず巨大化し、主催者側発表で二〇〇万人を集める、返還前後を通して香港史上最大の規模に達したのである。警察は、主催者側が申請した所定のルートで歩いた者がピーク時に三三・八万人であったと発表したが、これは明らかに少なく見積もった数字である。そもそもデモ隊は、所定のルートとされた道路では収まっていなかったからである。出発地のビクトリア公園と、終点の政府庁舎前付近を結ぶ東西の幹線道路は、所定のルートの一本だけでなく、合計五本の道が全て人で埋まった。主催者と警察以外に、学者では許樹源香港大学電機電子工程系講座教授が少なくとも一五〇万人、謝智剛理工大学電子工程講座教授が約一二六万人と参加者数を推計している[29]。

なぜデモは、さらに巨大化したのか。もちろん、重要な要因は、市民の怒りの感情の強さである。ネット上でのデモに関する議論を観察したビッグデータをもとに、デモ参加人数の予測を行っているメディア関係者の李鴻彦のチームは、六月九日と一六日のデモの前夜、予想参加人数をそれぞれ「七五万人以上」「一四四万人に達する」と予想していた。システム開発者の梁元邦は、四月には通常は政治を全く論じない子育てサイト「Baby Kingdom」すら逃亡犯条例改正案について議論を始めるなど、すでに市民の不満の高まりを感知していたという。六月一五日の林鄭月娥の会見では審議の停止を発表した一方、謝罪の言葉がなかった。システムは、会見後に「デモ（「遊行」）」で検索する者がむしろ増えたことを検知した。[30]

もう一つの要因は、六月一五日に最初の自殺者が出たことであった。同夜、香港島のショッピング・モール「パシフィック・プレイス」の外壁工事足場に梁凌杰という男性が上り、抗議のスローガンを掲げた。梁凌杰が飛び降り自殺の素振りを見せると、多くの者が現場に集まり説得を試みたが、梁凌杰は夜九時頃、多くの人々の目の前で転落し死亡した。この事件はネット上で瞬く間に広がり、多くの市民が追悼と抗議のために翌日のデモに向かったとされる（偶然ながら、六月一五日は一九六〇年の安保闘争で、樺美智子が国会前で死亡したのと同じ日付である）。民間人権陣線は一六日のデモの参加人数を、梁凌杰を加えて「二〇〇万＋一人」と発表した。

そして、このデモの際に、民間人権陣線は「五つの要求」を発表した。すなわち、①逃亡犯条例改正案の完全撤回、②六月一二日の立法会外での衝突を「暴動」と称した政府の見解を撤回すること、③デモ参加者を逮捕・起訴しないこと、④警察の権力濫用の責任追及のための第三者委員会「独立調査委員会」の設置、⑤林鄭月娥行政長官の辞職、である。これらのうち①・②・③・⑤は、梁凌杰が死の直前に掲げたバナーの内容に沿ったものであった。逃亡犯条例改正案反対の運動は、ここにきて警察と政府の対応に対する不満・怒りへと、テーマの面で広がることになった。

ところで、ここまでのデモの展開は、一部において雨傘運動と類似したものであった。特に、六月一二日の立法会外の衝突では、雨傘運動の際に最大の拠点として二カ月半にわたり占拠された、政府庁舎前の夏慤道（ハーコート・ロード）が再び占拠され、雨傘運動の再現を思わせる光景が出現した。しかし、今回のデモでは、道路の占拠は一時的に出現しても、長期には及ばない。その理由は、警察が迅速に排除に出るからでもあるが、それ以上に、雨傘運動は失敗であったと考える若者たちが、それを繰り返さないことを当初から強く意識していたからである。雨傘運動は、戴耀廷や黄之鋒らが「大台（メイン・ステージ）」といわれる指導的役割を果たし、平和裡・理性的・非暴力の「和理非」での運動を訴えたが、長期の道路占拠で参加者は疲弊し、後に状況の打破のためにより急進的な行動を志向する「勇武」派に批判され、相互対立に至った。自身の信奉する路線と異なる路線の者の行動に対しては、政府側のスパイや陰謀の存在を疑う相互不信も強まった。こうして、運動は弱体化の末に最後は警察に排除され、大量の逮捕者を出した。その後は指導者や参加者の多数が法的に裁かれ、収監されるなどして政治活動の可能性を奪われた。これを苦い教訓とする今回のデモ参加者は、「不受傷、不被捕、不篤灰、不割席（負傷せず、逮捕されず、密告せず、袂を分かたず）」を共通認識としていった。負傷や逮捕は戦力の損失にあたるので、極力逃げる。そして、雨傘運動では対立した「和理非」も「勇武」も、同じ目標を共有する「兄弟」としてそれぞれの価値を認め合おうという、「兄弟爬山、各自努力（同じ山に登る兄弟同士、それぞれ努力しよう）」というスローガンが当初から使われた。

結果的に、リーダーのいないデモは、多くの者の自発的・多発的な呼びかけによって、行動の面でも、地理的な面でも拡散し、従来の香港のデモには存在しなかったような新しい動きが次々と現れた。六月二一日には、要求に応じない政府にさらに圧力をかけるとして、主にネット上の呼びかけに応じた若者により、道路占拠に加えて警察本部の包囲が行われた。この行動には明確な指導者がいなかったため、デモ参加者も実際に行動があるかどうかを知らないまま現場に行った者が多数いた。テレグラムで警察包囲の情報を得た者が行動しているが、その指示を出している者が誰かは不明であったという。[31] こうした、組織や形を持たず、臨機応変・融通無碍に形を変えるデモのやり方は、かつて香港映画の大スターである李小龍（ブルース・リー）が語った「Be water（水になれ）」との言葉で語られるようになった。形式や思考に執着せず、相手の出方を見て、瞬時に対応するという意味である。その強みは、失敗を初期に修正できることでもあった。六月二四日には、一部の者が税務局と入境事務処のビルの玄関ホールを占拠した。政府職員の通行を妨害し、政府の業務を止めさせて圧力をかける意図であったが、同時にこの行動はこれら施設を利用する市民に迷惑もかけた。このため、行動の後では、デモ参加者にも賛否両論があったという。彼らはその後立法会のデモ許可区域に集合して反省会を開いた。そこでは、行動の初歩的な目標を議論してから決行すべきだったと、この行動を失敗と見なす者もいたという。今後はテレグラムを用いてさらに事前に交流を行うべきとの意見も出た。[32] 翌二五日には一部の者が税務局ビル周辺で謝罪のビラを配布した。

先述の通り、六月二八・二九日には大阪で米中首脳会談が予定されていた。米国のマイク・ポンペオ国務長官は、G20の席上トランプ大統領から香港問題について習近平国家主席に対して提起すると、六月一六日に出演したテレビ番組で述べていた。これに対し、中国外交部は六月二四日、中国はG20で香港問題を議論することを許さないと述べていた。こうした情勢を受け、デモ参加者は国際社会への訴えを強化した。六月二六日には、ネット上での呼びかけに応じた者たちがメンバー一九カ国の領事館を順に回り、請願書を渡した。同夜は香港の自由と民主への各国の支援を求める集会が開催され、多言語で宣言が発表された。六月二五日、ネット上で各国主要紙への全面広告掲載を発案する者が現れ、三〇〇万香港ドル（四〇〇〇万円あまり）を目標としてネット上でクラウド・ファンディングを行ったところ、わずか九時間で六七〇万香港ドル（九〇〇〇万円以上）が集まった。広告は『フィナンシャル・タイムズ』『ニューヨーク・タイムズ』『朝日新聞』などに掲載された。

11. 政府の無策と抗議のエスカレート

このように、デモ参加者たちが六月九日以降、急進的なものや穏健なものを取り混ぜて様々な抗議活動を展開したのに対し、一五日の条例改正案審議停止以後、政府は麻痺に近い状態に陥った。林鄭月娥行政長官は一八日に謝罪会見をした後、長らく市民の前から姿を消した。行政会議や立法会は引き続き閉会状態となった。同改正案だけでなく、国歌を正しく歌わない者を罰する「国歌条例」案や、林鄭月娥肝いりの、住宅用地確保を目的とした大規模埋め立てプロジェクトに関する財政支出の問題も審議できなくなった。前年に「順」を誇った政府の施政は、一転して完全に停止してしまったのである。この政府の無策に対し、支持率は急降下し、政府への不満は蓄積されていった。一方、林鄭月娥は辞職して事態を打開することもできなかった。七月一五日の『フィナンシャル・タイムズ』は、林鄭月娥が繰り返し辞意を伝えたものの、中央政府から「自分でつくり出した混乱を自分で片付けるよう」要求され、辞職を許されなかったと報じた。行政長官の任免権は中央政府にあり、北京は習近平国家主席の「任命責任」が問われるような事態を避けねばならなかったのである。

デモ参加者の団結と対照的に、親政府派は深刻な内部分裂をきたした。六月一五日、改正案審議の一時停止について、林鄭月娥が親政府派の立法会議員を集めて非公開の説明会を行った際、一部の者は激昂して林鄭月娥を口汚く罵《ののし》り、林鄭月娥と行政長官選挙で争って敗れた新民党主席の葉劉淑儀（レジーナ・イップ）は説明会を途中退席した。[33] 雨傘運動の際に当時の梁振英行政長官を批判して、北京から香港選出の全国政治協商会議委員の職を解かれた自由党の田北俊名誉主席は、政府に独立調査委員会の設置と行政会議の改組を求めた。[34] 同党リーダーの鍾国斌は、同党から行政会議に参加している張宇人（トミー・チョン）に辞職を促したが、張宇人はこれを拒絶する書簡を党員に送るなど、政党の内部にも亀裂が生じた[35]。

そうした中で、香港返還記念日の七月一日がやってきた。民間人権陣線は例年と同様に、この日も大型のデモを計画した。これに対し、ネット上では返還記念の「金紫荊像」前広場で行われる国旗・区旗掲揚の儀式を妨害しようという呼びかけがなされた。警察は早くから高い柵で広場を囲い、一般開放を中止して妨害を阻止した。さらに安全を期するため、政府は儀式の会場を屋内のコンベンション・センターのホールに変更し（同ホールで行われていたペット用品展などの通常のイベントは、六月三〇日に強制的に中止させられた）、国旗・区旗掲揚を行政長官や来賓は屋内からモニターで観覧するというアレンジを行った。

民間人権陣線のデモは主催者側発表で五五万人と、恒例の七月一日デモとしては過去最多の動員となった（警察発表では一九万人）。一方、国旗・区旗掲揚式の妨害を当初計画していた「勇武派」は、式典の阻止に失敗した後、話し合いの末、立法会に突入するという戦術をとることを決定した。ガラスを破って立法会に侵入することに成功した者は、議事堂内で落書きを行い、香港特別行政区の紋章を汚損し、歴代立法会主席の肖像画を破壊するなどの行為に及んだ上で、約三時間後に警察の排除を前にして撤退した。投票を行うための装置なども破壊され、立法会はこのまま三カ月以上にわたり会議を行えなくなった。

過去の香港のデモでは、過激化は市民の支持を失うきっかけとなった。このため、警察はわざと立法会への突入を阻止せず、メディアにも意図的に破壊行為を撮影させ、報じさせたともいわれる。しかし、すでに政府が武力鎮圧という暴力を先に使用したと多くの市民が感じる中で、「和理非」と「勇武」の同盟関係が存在していた今回は、暴力が容認されやすい状態であった。むしろ、「暴動罪」に問われる覚悟で、私利ではなく信念のために自らを犠牲にしたと、彼らに同情したり、理解を示したりする世論が今回は強かった。香港城市大学の政治学者である葉健民（レイ・イェプ）は、立法会への突入はデモが嫌われる「民意の逆転」につながると親政府派は大喜びしたが、実際には若者の行動に多くの市民が感動することになったと述べている。[36] 過去のデモでは極めて異例の規模の暴力がこうして使われたことで、これ以降のデモの手段のエスカレートへの道が開かれた。

また、突入したデモ参加者は、「五つの要求」の一部を書き換えた。立法会に突入したうちの一人は、立法会議事堂でマスクを取って自らが香港大学学生会誌『学苑』元編集長の梁継平（ブライアン・リョン）であることを明かした上で、「香港人抗争宣言」を読み上げた。そこでは林鄭月娥行政長官の辞職に代わり、「行政命令で立法会を解散し、ただちに行政長官と立法会の普通選挙を実施すること」が書き込まれた。[37] こうして、一本の法律改正案をめぐる反対運動として始まった逃亡犯条例改正問題は、体制全体の民主化を求める運動へとエスカレートしたのである。

12. 地理的な拡散と衝突の激化

七月はまた、デモの地理的拡散の時期となった。七月六日には、新界西部のニュータウンである屯門で「屯門公園光復デモ」が行われた。この公園では、大陸出身者と見られる女性が官能的な服を着て大音量で歌い、主に高齢男性からチップを受け取るという商売が近年広がり、住民から苦情が出ていた。「光復」は、すでに二〇一二年頃から、大陸からの買い物客の殺到する地域で、これに反対するデモで用いられてきた言葉であり、大陸人から香港を取り戻すとのニュアンスのある言葉である。大陸との経済融合がもたらした市民生活の問題を、政府が長年にわたり真剣に解決しないとの不満が、逃亡犯条例改正案反対運動の勢いを受けたこのデモで爆発した。

一方、七月七日には、逆に大陸からの訪問客にデモへの理解を求めることを主目的とした九龍デモが行われた。尖沙咀のスター・フェリー発着場に近い公園から、ペニンシュラ・ホテル前を経由して弥敦道（ネイザン・ロード）を北上し、大陸と結ぶ高速鉄道の西九龍駅を終点とするデモで、参加者は主催者側発表二三万人、警察発表五万六〇〇〇人に達した。これを皮切りに、ネットユーザーは香港一八区すべてで順にデモを行うことを計画し、七月一三日に上水、一四日に沙田、二一日に大埔（いずれも新界）でもデモが行われた。

こうした地理的な拡散は、全市民的な運動を象徴した。二〇〇三年七月一日の「50万人デモ」は、香港島のビクトリア・パークから中環（セントラル）の政府庁舎前までを歩いた。この香港の政治・経済の心臓部が、従来は政治的なデモの定番コースであった。一方、雨傘運動は政府庁舎前の金鐘に主要なリーダーや「和理非」派が集まるメイン・ステージが置かれたのに対し、九龍半島の繁華街の旺角も占拠された。張彧暋は、金鐘が理性ある公民による「討議民主主義」を代表する一方、旺角では感情的に高揚した大衆が「闘技民主主義」を繰り広げたと論じる。[38] 両者は、時に「和理非」と「勇武」の対立関係にも陥った。これに対し、リーダーのいない今回のデモは、明確な中心地を持たずに各地に広がり、展開された。こうした各地のデモは、これまで巨大デモを主催者として企画してきた民間人権陣線にもよらず、個人によって警察に申請され、ネット上での盛り上がりのままに決行されたのである。

そして、これらのデモは往々にして、終了後に道路の占拠などを行って、警察と衝突した。それによって、一八区の大部分が催涙弾発射を経験する事態となった。政府庁舎前と違い、過密都市の住宅街が「戦場」となったことで、少なからぬ市民が衝突を目の当たりにし、住宅や老人ホームなどにも催涙弾の煙が流れ込む状況が生じた。沙田のデモではショッピング・

2019年の7・1デモ、湾仔の様子（ニシナカリエ撮影）

モールに警察官が突入し、買い物客にも恐怖を与えた。こうした場では、多くの市民が「警察の暴力」に怒り、近所の住民が現場に殺到して警察官を罵倒する場面もしばしば見られた。

その中でも最も深刻な事態は七月二一日に発生した。警察への不満が蓄積する中、同日は民間人権陣線が独立調査委員会の設置を求めるデモを香港島で決行した。デモには主催者側発表四三万人、警察発表一三万八〇〇〇人が参加した。終点で解散した後、一部のデモ参加者は政府庁舎方面に向かい、さらに一部は中連弁のビルを包囲して、壁に落書きしたり、黒いペンキを玄関の中華人民共和国の国章に投げつけて汚損したりという行為に及んだ。すると同夜、深圳との境界に近い新界の町である元朗の鉄道駅に、白い服を着た男の集団が押し入り、通行人や列車の乗客を含め、無差別に多数の者に鉄パイプを持って襲いかかり負傷させた。警察は長時間現場に現れず、後にわずか二名で現れてすぐに撤収するなどの不可解な行動に出た。

白服の集団は新界の古くからの農村の自治組織の関係者と見られる。「新界原居民」は、英国植民地化以前から代々新界に住み続け、英国統治下でも自治を認められていた。こうした自治組織は中国共産党と親しい者が多いことでも知られ、近年は特に中連弁の影響力が増大していた。後に、警察官・親政府派の立法会議員・中連弁幹部などが、この集団と親しい関係を持っていることを示す証拠映像などが次々と暴露され、政府と警察が白服のヤクザ集団を使役してデモ参加者を襲わせたとの怒りが市民の間に大いに広がった。

この事態を受けて、二七日に「元朗光復デモ」の実施が申請されたが、警察はこれを衝突発生の可能性が高いとして、公安条例の規定を引いて禁止した。それでも当日は、無許可を承知で多数の市民が元朗に「買い物」や「散歩」、果ては直前に死去した天安門事件当時の首相の李鵬を追悼する宗教儀式との名目まで繰り出して集結し、デモ申請者の発表で二八万八〇〇〇人が参加した大規模な行進を敢行した。警察は催涙弾を用いて排除を試み、長時間の衝突が繰り広げられた。翌二八日には中環と上環でも無許可デモが行われた。これ以後、無許可でも多くの人がデモを敢行して、警官と衝突する事態は毎週末のように展開され、常態化した。

また、警察署を包囲する抗議活動も各地で展開された。かつて若者の間で本土派のカリスマ的指導者となり、二〇一六年の旺角での騒乱で暴動罪に問われて服役している梁天琦（エドワード・リョン）が選挙の際に用いた、中央政府が大いに嫌悪する香港独立運動を想起させる「光復香港、時代革命（香港を取り戻せ、我らの時代の革命だ）」とのスローガンも多用されるようになった。

他方、「和理非」の地理的拡散を象徴したのは「レノン・ウォール」である。一九八〇年、ビートルズのジョン・レノンが殺害された際、共産体制下のチェコスロバキアのプラハにこれを追悼するメッセージが書き込まれる壁が出現し、自由を求める体制への反乱を象徴した。その「香港版」が、雨傘運動の際に金鐘に出現し、多くの人々が付箋紙にメッセージを書いて政府庁舎前の壁に貼り付けた。今回はこのレノン・ウォールが、香港島、九龍、新界を問わず、駅やバスターミナルなど人通りの多い場所の至る所に出現した。中でも新界の大埔墟駅前の地下通路は極めて大規模で、トンネル全体がメッセージでほぼ埋め尽くされた。

13. ゼネスト・空港デモとさらなる国際問題化

様々な形で開催された抗議集会の中には、市民全体に呼びかける大規模なものもあれば、教師やソーシャル・ワーカーなどの特定の職員の有

大埔墟駅前地下通路のレノン・ウォール（9月7日、倉田明子撮影）

志に呼びかけるものも多く見られた。政府公務員による署名運動や集会さえも行われた。こうした様々な職業の者によるデモの一環として、七月二六日には香港国際空港で航空業界の職員によるデモが行われ、主催者側発表一・五万人、警察発表四〇〇〇人が参加し、場所柄、国際的な関心を呼んだ。

こうした中で、ネット上で八月五日のゼネストが呼びかけられ、多くの業界の者が休業した。加えて、すでに散発的に行われていた、地下鉄のドアの開閉を阻止して列車を止めたり、香港島と九龍を結ぶトンネルの交通を妨害したりといった「非協力運動」も決行された。また、同日は香港各地七地区で同時にゼネスト集会が開催され、主催者側発表で合計一六万人が参加した。航空会社職員や管制官なども多数が欠勤したため、香港国際空港を発着する二〇〇便以上が欠航を余儀なくされた。

デモの拡散と衝突の激化は続き、八月一一日には九龍の尖沙咀で若い女性が右目を撃たれて眼球破裂の重傷を負った。この事件は市民の怒りを大いに増幅させた。八月一二日からは空港でのデモが再度決行され、一万人以上が参加し、警察官が眼を撃ったことに抗議した。空港当局は一二日午後から翌一三日の午前六時までの全便欠航を余儀なくされた。一三日にはデモ参加者が出発ゲートの入り口を封鎖して乗客の搭乗を拒み、再び四〇〇便以上が欠航した。

空港デモは、国際都市の最重要インフラのもろさを露呈するとともに、デモに対する国際的な関心を高めた。先述の通り、逃亡犯条例改正案には外国の反発も強かった。このため、六月以降、東京、大阪や、香港からの移民が多い欧米、オーストラリアなどの大都市でもデモが行われ、国際社会の関心を引きつける努力がなされていた。しかし、国際社会の反応はあったものの、その強さには限界もあった。G20はその一例である。六月二六日、G20サミットで大阪を訪問した習近平国家主席に対し、安倍晋三首相は「一国二制度」の下での自由で開かれた香港の繁栄が重要だとの認識を伝えたとされるが、二七・二八日のG20では香港は議題にならなかった。中でも、米国のトランプ大統領は香港の問題への関心の薄さを露わにしていた。『フィナンシャル・タイムズ』の報道によれば、G20で習近平と会談した際、トランプは米中交渉再開のために、香港問題での介入を減らす意思を習近平に伝えていたとされる。八月一日には、トランプはデモを暴動（riots）と称した上で、これは香港と中国の間の問題であり、香港は中国の一部であるから、彼らが自分で解決すべきであり、アドバイスは必要ないと述べた。これには中国外交部報道官も、香港で起きていることは騒乱と暴動であるという点と、香港は中国の一部であるという点の二点は少なくとも正しいと賛同した。

しかし、空港の大量の欠航が世界で大きく報じられると、中央政府も強硬化し、人民解放軍の出動の可能性が議論される状況が生じた。ここに至ってトランプはツイッターで、一三日には、米国の情報機関によれば中国が部隊を香港との境界に送ったと述べ、一四日には習近平が香港問題に人道的に対処するよう求めた。一八日には、もし中国が暴力的に天安門事件のような事態を起こすならば、貿易交渉は非常に難しくなると述べて中国を牽制した。ここ数年、米国では共和党、民主党を問わず、反中感情が広がったと指摘される。香港の緊張が高まることで、米国の国内世論の香港問題への関心も高まり、従来は興味を示さなかったトランプも、大統領選挙を前にしてこれを無視できなくなったと考えられる。香港のデモは米国をも巻き込んでしまったのである。

八月一三日の空港デモでは、デモ参加者が、潜入していた大陸の『環球時報』紙の記者とされる付国豪に集団暴行を加えた。これには批判の声も多く、政府も空港の指定区域以外でのデモを禁止する措置を裁判所から得て、空港デモは鎮静化した。しかし、九月一日には空港と市街を結ぶほとんどの道路や主要交通機関を妨害するデモが敢行され、再び空港は大混乱に陥った。

14. 中央政府の介入とその限界

長く発言を控えてきた中央政府も、デモの長期化を受けて鎮静化を試み始めた。先述の通り、中央政府と香港政府は警察力でのデモの鎮静化に注力していたが、その実現のためには、まずは麻痺状態に陥った政府の求心力を立て直すとともに、デモの暴力化を嫌う世論を強めることが必要であった。七月二九日、北京の港澳弁の報道官が会見を行った。港澳弁は少数の過激分子の暴力行為を非難し、香港市民にそれを阻止するよう呼びかけ、林鄭月娥行政長官が率いる香港政府の法に基づく統治と、警察の厳格な法執行を支持する旨を表明した。八月七日には張暁明港澳弁主任、王志民中連弁主任が深圳で座談会を開催し、香港選出の全人代代表などの親政府派の政治家五五〇人が出席した。張暁明らは、皆が真剣に包容力を持って林鄭月娥を支持せよと、香港の親政府派に指示した。

しかし、和理非派と勇武派が強く団結した今回のデモでは、暴力を責める世論はなかなか形成されなかった。八月七〜一三日に『明報』が実施した世論調査では、デモ参加者が過度の暴力を使っていると見る者は三九・五%であったのに対し、警察が過度の暴力を使っていると見る者は六七・七%であった。[39] その後さらに暴力はエスカレートしたが、九月五〜一一日の同じ調査では、デモ参加者が過度の暴力とする者は三九・四%、警察は七一・七%と、むしろ警察批判が強まった。[40]

同時に、中国は軍事的威嚇を強めた。空港デモ直後には、深圳のスタジアムに武装警察が集結した様子が外国メディアによって多く報じられた。日本を含む海外の一部評論家は、いよいよ中国は軍事介入を準備していると、天安門事件の再来の危険を指摘し始めた。しかし実際には、軍や武装警察の直接行動は、その後も延々と発生しなかった。天安門事件当時の北京と現在の香港は様々な条件が大きく異なる。インターネットのない時代に、革命第一世代の指導者の決断により、首都で起きた危機に対して採られたのが天安門事件の軍事鎮圧の決断であった。香港はそういった条件がすべて異なる上に、当時の北京とは比較にならないほどの国際性を持つ。万一市街戦が演じられれば、デモ参加者だけでなく外国人にも犠牲者を出して国際問題化するリスクが非常に高い。逆に、デモ参加者の側には、軍が出動した場合は「家に帰って寝る」と述べる者も多く、仮に軍が入っても、デモ参加者に逃走されて意味をなさないという可能性もあった。現に、ロイターの報道では、六月一二日の立法会外での衝突の翌一三日、解放軍駐香港部隊司令員の陳道祥は、米国の東アジア担当のデイヴィッド・ヘルビー国防次官補代理と会談し、解放軍は香港の問題に干渉しないと自ら述べたとされた。港澳弁の会見では、八月一二日には「テロリズムの苗が現れ始めている」との語が用いられ、一四日には『環球時報』の付国豪への暴行を「テロリズムに近い行為」と表現し、九月三日には「テロの香りをかぎ取った」とも述べられた。しかし、いずれも「テロである」と断定する口調ではなく、中央政府が自ら介入せざるを得ないような事態の出現を宣言することは回避している。香港の古株の民主派は、天安門事件当時に北京の学生を支援し、一部は現場で事件に遭遇していた。こうした世代には、事件によって怒りが残されたと同時に、解放軍への恐怖感も共有されていた。しかし、現在の若者にその感覚はない。彼らは解放軍や武装警察の動向を威嚇にすぎないと見透かし、ネット上では「香港の解放軍の出動状況に毎日関心を持とう」と題するフェイスブックのグループがつくられるなど、威嚇ばかりで行動に出られない中央政府や解放軍は、恐怖よりもむしろ揶揄の対象とされたのである。

デモ参加者への威嚇が利かない中で、中央政府は経済カードを切った。八月八日には香港の共産党系紙『大公報』が、李沢鉅（ビクター・リー）長江和記実業集団董事局主席、陳啓宗（ロニー・チャン）恒隆集団董事長、呉光正（ピーター・ウー）九龍倉集団首席顧問などの財界の大物を名指しして、彼らがデモを譴責していないことを批判する記事を掲載した。すると同日以降、四大不動産開発業者（長江実業、新世界発展、新鴻基地産、恒基兆業）をはじめ、企業や大富豪は暴力を非難する声明や全面広告を争って掲載した。八月九日には、中国民航局がキャセイ航空に対し、最近の多くの事件で暴露された安全問題について警告を発出したと声明し、違法のデモに参加したり、これを支持したりした者の大陸便への搭乗を止めることや、乗務員リストを民航局に提供することを要求した。ゼネストや空港でのデモには、多くのキャセイ航空乗務員や職員が加わっていた。中国路線に加え、欧州便などの多くの便が中国上空を飛行する同社はこの圧力に耐えられず、多数の職員を解雇した上、八月一六日にはルパート・ホッグ最高経営責任者と、盧家培（ポール・ロー）最高顧客・商務責任者が辞職した。八月二二日には、香港の地下鉄と郊外列車を独占経営する香港鉄路（港鉄）が「暴徒専用列車」を提供したと非難する記事が『人民日報』に掲載された。売り上げの半分近くを大陸での鉄道や不動産事業で得る港鉄は、これ以後デモ開催予定地の最寄り駅を通過させたり、デモ開催の時間帯に運休させたりする措置をとるようになった。また、デモが長期化する中で、日本政府も八月一四日に返還後初めて治安を理由とした危険情報レベル１「十分注意してください」を発出するなど、海外からの観光客も減り、小売りや飲食などの業界には苦しい状況が生じた。

しかし、これもデモの弱体化に直結することはなかった。まず、多くの市民は景気悪化の責任をデモ参加者よりも政府に帰した。八月の『明報』の世論調査では、経済の悪化の最大の責任はデモ参加者にあると述べた者は八・五％にすぎず、政府にあるとする者が五六・八％に達した。次に、デモ参加者の多くは、大陸からの大量の観光客の流入による「爆買い」型の消費を嫌っており、観光客の減少や小売りの不調はむしろ吉報とすらとらえられた。そして、企業を通じたデモのコントロールについては、確かにキャセイ航空など一部企業でデモに関わった職員が解雇されるなどの事態につながり、デモ参加者からこうした措置は「白色テロ」と恐れられた。しかし、そのような企業は、他方で香港内部での社会からの批判にも直面した。港鉄は政府に接近したことで、デモ参加者から共産党の「党鉄」と非難され、九月には連日破壊の対象とされた。この他にも、露骨に政府支持の立場を示した企業は、不買運動や嫌がらせにも直面した。他方、大塚製薬のポカリスエットは、政府寄りの報道姿勢がデモ参加者から大いに批判されていた香港唯一の地上波無料民放テレビ局・無線電視でのコマーシャルを取りやめ、デモ参加者に愛されたが、中国大陸で批判されて不買運動も発動された。このように、大陸と香港の双方でビジネスを行う企業はいずれも板挟み状態となり、迂闊に政府支持を表明することもリスクとなった。

深刻なのは、八月に至ってデモ参加者の間で「死なば諸共《もろとも》」を意味する「攬炒《ラムチャウ》（抱きついて共に焼かれる）」という「戦略」が流布したことであった。空港デモ直後の八月一八日、中共中央と国務院は、香港北隣の深圳が「中国の特色ある社会主義先行モデル区を建設することを支持することに関する意見」を発表した。香港が政治問題にもたついている間に、隣の深圳を発展させて香港の機能を代替させるとの意図を感じさせた。しかし、自由な情報の流通や資本の移動、公正な法制度といった条件を欠く深圳は、いかにハイテク基地として発展することができても、国際金融センターにはなれないとの見方が香港では大勢を占めている。九月一一日の『ウォール・ストリート・ジャーナル』のある記事は、香港を「中国の銀行が呼吸する肺」と称した。香港が持つ国際金融センターとしての機能は、北京にとって死活的利益であると考えるデモ参加者は、自身を「人質」にして、香港の社会・経済を破壊することで、香港の親中的な既得層や特権層、そして中央政府に諸共に損失を与えることを戦略とするようになった。八月三一日のデモ現場で香港の研究者が行った調査では、「香港に国際社会の制裁などの極端な事態が生じた場合、中央政府の損失が香港より大きい」と述べた者は八七％にまで上っている。[41] 破壊行為も、景気後退も、不動産価格の下落も、大陸客の減少も、小売業の不景気も、アジア最悪の経済格差と特権層の政治権力の独占という体制に絶望してきた市民は、むしろ「世直し」として喜んでしまう。

自身を人質にすることが意味をなす大前提は、国際社会、特に米国が香港の後ろ盾となることである。先述の通り、米国は香港政策法に基づき、香港に自治がないと判断した場合、香港を中国と異なる経済体と見なす現在の政策を放棄し、中国と同じ扱いに変えることが可能である。孔誥烽ジョンズ・ホプキンス大学教授は、中央政府が香港で新疆やチベットのような弾圧を避けたのは、米国が香港の独立関税区の問題を提起したからであると考えている。香港が中国から独立した関税区とされていることは、中国には大いに有利である。二〇〇一年のWTO加盟後も、中国は外資の銀行業を規制している。しかし、香港は完全に自由であるため、中国人は香港の外資銀行を利用することが可能である。また、中国大陸の企業は香港に子会社を設け、香港企業の名義で米国からセンシティブな技術を輸入できる。米国は中国がこれを北朝鮮やイランにも流していると見ているという。[42] 中央政府にとっても、米中貿易戦争の制裁関税など、米中間の直接の経済関係に困難が増える環境の中で、香港を失うことは恐怖であった。

現在は全国政治協商会議副主席を務める董建華元行政長官は、デモは規模も大きく組織も密であるから、必ず背後に黒幕がいるはずであり、多くの証拠が台湾と米国の影を示しているように、デモは外国勢力と関係していると指摘していた。[43] 巨大なピラミッド型の組織である中国共産党の視点からは、「リーダーのいないデモ」というあり方は信じがたいものなのであろう。また、リーダーをあぶり出せば、それを検挙して組織を壊滅させ、一罰百戒によって他の者を黙らせることができると考えるのであろう。そのような発想からか、八月三〇日、警察は活動家の黄之鋒と周庭、三名の立法会議員、学生会のリーダーや他の活動家などを、違法集会扇動などの様々な容疑で次々と逮捕した。

しかし、逮捕された者はいずれも、五年前の雨傘運動の指導者またはそれ以上のベテランの民主派であり、今回の運動の参加者でこそあれ、これを指導するような存在ではなかった。当然ながら、中央政府が香港の行政長官普通選挙に民主派が出馬不能となる方式の採用を決定した二〇一四年の「8・31決定」の五周年に合わせた、翌三一日の無許可デモが巨大な規模で決行されることは、この方法では阻止できなかった。同夜は地下鉄の太子（プリンス・エドワード）駅で、警察が車内で暴力を使って乗客を逮捕する場面が展開された。駅が閉鎖された状態が長く続いたことから、デモ参加者は市民の側に死者が出たことを警察が隠蔽工作しているとの疑惑をかけ、以後デモ参加者が毎日太子駅を訪れて献花しては、隣接する旺角警察署で警察と衝突する事態が続いた。「7・21」（七月二一日の白服の男の襲撃）と並び、「8・31」は警察が非難される重大な事件となってしまった。

こうして、中央政府・香港政府は、譲歩によって事態の展開を図ることをしない一方、効果の薄い強硬策を繰り出しては失敗するという状況が続いた。雨傘運動の際、中央政府・香港政府は「妥協せず、流血せず」と称される長期化戦術をとった。今回の対応も方向性ではそれに類似しているが、デモ参加者は雨傘運動の反省を踏まえて進化していた。

15. 条例改正案の完全撤回表明と収まらないデモ

このように、中央政府、香港政府とも、打てる手は極めて限られていた。九月二日、それを裏付けるように、ロイターは林鄭月娥が財界人との私的会合で語った内容とする音声を報じた（一二日には長時間版も公開）。林鄭月娥はそこでは、もし選択できるならば真っ先に謝罪して辞職したいが、実際は自分がとれる選択肢は極めて限られており、自分には三万人の警察官以外何もない、との発言を行うとともに、中央政府には一〇月一日の建国七〇周年の国慶節までに事態を解決せよとのデッドラインはなく、解放軍を出動する計画は絶対にないとも述べた。林鄭月娥もこれは私的な場で心境を話した内容であると述べて、音声が本物であることを認めた。この発言は、これまでの中央政府と香港政府の、妥協も流血もできない無策ぶりを裏付けるような内容であった。

こうして政府の無策と自治の形骸化が世界に大きく報じられる中で、九月四日、ついに林鄭月娥は、事態を引き起こした逃亡犯条例改正案を撤回することを表明した。立法会が開会され、改正案の審議が始まり次第、法案提出者の政府がこの改正案の撤回を申し出るとの約束である。後日の報道によれば、これは習近平国家主席の許しを得た上での決断であった。[44]撤回の他、林鄭月娥は既存の警察監督組織を強化して警察の問題を調査すること、行政長官を含む高官が市民との対話を行うこと、社会のリーダーや専門家による会議を設置して問題解決の提案を受けることを合わせて「四つの行動」として同時に提案した。これを受けて香港でも一時株価が急上昇し、日本でも各紙が翌朝トップで報じるなど、事態の打開に期待が生じた。

しかし、民意の反応は異なっていた。この対応は「五つの要求」のうち一つを呑んだにすぎない、既存組織は警察に配慮する傾向が強く信頼できない、デモ参加者が早くから提起している「五つの要求」以上に行政長官と話し合うべきことはないなどの理由で、市民の間では政府の提案を歯牙にもかけない態度が目立った。すでに香港の世論の焦点は、逃亡犯条例改正案よりも、デモ鎮圧のために警察が用いた暴力に移っていたのである。林鄭月娥のこの譲歩は、遅すぎる、かつ小幅すぎると見られた。『明報』紙の調査では、林鄭月娥が改正案の撤回など「四つの行動」をしただけでは不足とする者が七五・七%に達し、少なくとも独立調査委員会の設置を求める者が七〇・八%であった。[45]

米国議会は香港政策法の強化版とされる「香港人権民主法案」を審議しようとしていた。同法には香港の人権を害する者の米国入国拒否や資産凍結、さらには香港が普通選挙を実施しない場合の制裁なども盛り込まれる可能性があるとされた。このため、九月八日には、香港の米国総領事館前で集結し、香港人権民主法案の可決を米国議会に求めるデモが多くの人を集めた。大量の香港人が星条旗を振る光景は、北京にとってどれほど忌々しいものであったであろうか。

九月二日から大学生は授業ボイコットを開始したが、香港中文大学のボイコット集会の現場近くには、ヘルメット、ゴーグル、ガスマスクで防備し、雨傘を手にした「香港の民主の女神像」が出現した。このような像の出現は、暴力行為が英雄視されていることの証左である。また、九月後半にはネット上で有志が作成した革命の歌「香港に栄光あれ」が瞬く間に流行し、香港各地のショッピング・モールなどに連夜人々が詰めかけて、大合唱する光景が繰り広げられた。彼らは新たな「国歌」をつくるという、中央政府のタブーをまたも破ってしまったのである。

九月二六日には、林鄭月娥が「四つの行動」で約束した市民との対話集会が初めて開催された。対話集会には二万人以上の参加申し込みがあったが、参加できたのは抽選で選ばれた一五〇人のみであり、さらに抽選で三〇人にのみ三分間の質問時間を与えるというやり方であった。厳重に警備された体育館で集会は開催されたが、一〇〇〇人規模のデモ隊が会場を包囲し、林鄭月娥は翌未明一時半まで会場を離れられなかった。

対話の開始はデモの収束にはつながらず、九月二九日には独裁反対をテーマとした無許可のデモが決行された。警察はデモの出発前から強行に排除に乗り出し、大規模な衝突となり、その過程でインドネシア人の女性記者が右目をゴム弾で撃たれ、失明した。

香港の民主の女神像。中文大学や香港大学、デモの現場などに出現し、10月13日に獅子山の山頂に置かれた後、何者かによって破壊され、その役割を終えた（9月16日、香港大学にて村井寛志撮影）

16. 国慶節の衝突と緊急法の発動

一〇月一日、中国建国七〇周年を祝い、北京で盛大に軍事パレードが行われた。最新兵器が並べられたこのパレードは、本来は世界のニュースの中心になるはずであった。しかし、翌日の日本の新聞の一面に掲載されたのは、習近平国家主席ではなく、一人の無名の香港人の写真であった。

同日の香港では、民間人権陣線が申請したデモは不許可とされた。それでも民主派の有力者らが個人名義でデモを呼びかけ、無許可のままデモ行進は決行された。陳皓桓（フィーゴ・チャン）民間人権陣線副召集人は、デモには一〇万人以上が参加したと見られると述べた。このデモ行進に加え、至る所で激しい抗議活動が行われ、衝突・破壊行為・放火が行われた。鉄道は全駅の約半数にあたる四七駅が閉鎖され、四〇カ所のショッピング・モールが臨時休業した。政府支持派と見なされた商店などは大いに破壊された。

その中で、新界、荃湾では、襲いかかる抗議活動参加者に警官が実弾を発射した。撃たれたのは高校生であった。銃弾はこの高校生の心臓から三センチメートルの場所にまで達し、肺を損傷させた。今回の抗議活動で初めての実弾による負傷者であり、この高校生は一時重体に陥った。盧偉聡警務処長はこの国慶節の状況について、最も暴力的で混乱した一日であり、デモ参加者の目的は破壊だけであると強く非難した。

この状況を受けて、国慶節で北京を訪問した林鄭月娥行政長官は、香港に戻った後一〇月四日に行政会議を開催し、「緊急情況規則条例（緊急法）」を発動し、それに基づいて「覆面禁止法」を五日午前〇時から発効させると決定した。緊急法は一九二二年、「海員大スト」に直面した英国香港政庁が制定した法律である。緊急時および公共の安全に危害がある事態が生じた際には、行政長官が行政会議に諮った上で、公共の利益に合うと考えるあらゆる規則を制定することができるとされている。規則制定には立法会での審議を必要としない。これほど強力な規定であるため、運動の長期化の中で緊急法の発動を求める声は存在していたものの、香港政府はここまで緊急法発動を回避してきていた。

林鄭月娥は四日に会見してこの措置を説明した。林鄭月娥は、「暴徒は組織的・計画的に攻撃と破壊を発動しており、香港を混乱とパニックに陥れている。市民の日常生活は深刻な影響を受けており、様々な業界で働く人たちや、大・中・小規模の企業も香港の将来を非常に憂慮している」として、九月二九日と一〇月一日のデモの過激化を非難した上で、「過去四カ月間、違法に集まり暴力的破壊行為を行うデモ参加者はほぼ全員覆面をしており、その目的は身分を隠し、刑事罰を逃れることにある。彼らはまた覆面のために、ますますやりたい放題になっている。我々は覆面禁止法が過激な違法行為を有効に抑止し、警察の法執行にも役立つと信じる」と述べた。

しかし、冷静に考えて、覆面禁止法が違法デモを抑止するというのは、合理的な発想とはいいがたい。覆面をして破壊行為に及んでいるデモ参加者は、そもそも最高懲役一〇年の暴動罪を、違法と知りながら犯していることになる。それが懲役一年の覆面禁止法で行為をやめるようになるとは考えがたい。むしろ、市民は政府のやり方に不満を強め、覆面をして集会をしたり、人間の鎖をつくったりするイベントを開催した。暴力行為も止まることはなく、地下鉄駅、中国系企業、親政府派の商店の攻撃と、こうした行為を阻止しようとする者への集団暴行が多発した。一〇月五日以降、香港鉄路は設備の破壊により、複数の駅の閉鎖や運転時間の短縮などを余儀なくされ、正常な運行ができない状態が続いた。世論調査でも、覆面禁止法は逆効果とした者が六二・三%に上った[46]。それでも覆面禁止法を発動した背景には、中央政府寄りの左派政党関係者などからの強い要望があり、政府もこれを無視できなくなったものと考えられる。

しかし、本件の焦点は、覆面禁止法よりも、緊急法の発動にあった。政府が超法規的措置をとれる仕組みが五二年ぶりに発動されたことで、香港市民には不安の感情が広がった。緊急法の発動が発表された日、中学生が抱き合って恐怖に泣いたとの報道もある。[47] 緊急法を使えば、覆面禁止法だけでなく、夜間外出禁止やネットの禁止など、より「強力」な措置も可能となる。そうした措置の一つとして想定されたのが、区議会議員選挙の延期・中止であった。

17. 区議会議員選挙

混乱が収まらないまま、四年に一度の区議会議員選挙が迫ってきた。区議会は、香港全体を一八に分けた各区に設置される。一八区合計で四七九名の議員定数があり、そのうち新界の自治組織の長に割り当てられる二七議席を除いた四五二議席は、一八歳以上の有権者が小選挙区制の普通選挙で選出する。立法会や行政長官の選挙制度と比べて、香港で最も民主的な選挙といえる。

人口七三〇万人あまりの香港を四五二区に分けると、単純計算で一選挙区平均の人口は一万六〇〇〇人あまりであり、登録有権者数が人口の半分ほど、さらに投票率が四割程度にとどまることも踏まえると、当選ラインは一〇〇〇~三〇〇〇票程度である。当然、組織化された「どぶ板選挙」戦術が物をいう。このため、区議会では普段から各地域に人と金を投入して支持基盤を構築できる力を持つ親政府派が圧倒的に優勢を誇り、民主派はせいぜい一〇〇議席程度をとるのが限界であった。民主派は全選挙区に候補者を擁立する能力もなく、前回二〇一五年には六八名の親政府派が無投票当選していた。

そもそも、区議会は諮問機関であり、議員の権限はコミュニティの行政についての意見の提供に限られ、実権も持たない。しかし、この地味な選挙が、今回は逃亡犯条例改正問題を受けて、大きく変貌する可能性が示唆されていた。まず、有権者の投票意欲である。香港では投票には事前の登録が必要であるが、二〇一九年の登録有権者数は四一三万二九七七人と、前年の三八一万四三一八人よりも大幅に増加した。新規登録は三〇万人以上と過去最多であった。しかも、そのうち約二〇万人が、登録受付最終日の七月二日に登録したと見られている[48]。デモで刺激された者が一斉に登録に走ったのは明らかであり、民主派支持の有権者の激増が推測された。投票率も大きく上昇すると予想され、組織票に頼る親政府派には不利と見られた。一一月初旬の調査では、林鄭月娥の支持率は一一・三％、不支持率は八二・五％であり[49]、過半数の票を得れば確実に当選できる小選挙区制では、民主派に圧倒的に有利な情勢であった。そして、もし民主派が圧勝した場合、区議会は行政長官選挙委員会の一二〇〇人の委員のうち一一七人を互選することになっているため、次の行政長官選挙にも多大な影響を与える可能性があった。

しかし、民主派圧勝には二つの変数があった。まず、出馬資格取り消し（ＤＱ）の問題である。先述の通り、政府は二〇一六年以降、政府が独立派と見なした者を選挙から門前払いしており、今回は区議会議員選挙としては初めてこの措置がとられる可能性があった。仮に政府がＤＱを乱発し、民主派の候補者多数を選挙から事前に排除してしまえば、民主派の圧勝は回避される。しかし、過去と異なり、現在の市民感情の下でＤＱを行えば、投票所で抗議活動や襲撃が発生して、正常に選挙を行えなくなる可能性があった。その場合には、政府が選挙を延期または中止する可能性も指摘されていた。区議会選挙条例は、非常事態の発生時などには最大一四日間の選挙の延期が可能としている。それ以上の延期をする場合は法改正が必要となり、その際に緊急法が発動される可能性も議論された。しかし、定期的な選挙を実施しないとなれば、デモの激化はもちろん、国際社会から香港が非難されることも必至であった。このように、この選挙は政府にとって、進むも地獄、引くも地獄のジレンマの下で行われることになっていた。

一〇月一七日の立候補受付締切までに、一一〇四人が立候補を届け出た。反政府側は無投票当選を回避するために、民主派や若者たちが候補者調整を行い、全四五二選挙区に候補者を擁立した。問題はDQであった。今回も「本土派」や「自決派」の系譜にある候補者が多数立候補を届け出ており、これまでの事例に照らせばDQされる可能性が高いと見られた者も多かった。実際に、「光復香港、時代革命」のスローガンを選挙公報などで用いた者は、多くが担当の公務員である選挙主任からその意味について問い合わせを受けるなど、政治審査の存在を思わせる動きがあった。しかし、それにもかかわらず、結局政治的理由からのDQはほとんど行われなかった。二〇一八年の「村代表選挙」ではDQされた立法会議員の朱凱迪や、中文大学学生会会長を務め、雨傘運動後には有罪判決を受けた張秀賢など、自決派の著名な候補が、長期の審査を経て、結局出馬を許された。この過程には政府の強いジレンマがにじむ。中央政府はこうした候補の排除を志向したと見られるが、前述の政治情勢に加え、米国議会の香港人権民主法案に、香港の人権を害する者を米国が制裁対象とすることが書き込まれており、仮に特定の候補を政治的な理由でDQとすれば、その判断を下した選挙主任が制裁される可能性もあった。

全候補者で唯一DQされたのが黄之鋒であった。反国民教育運動から雨傘運動にかけて、若くして香港の反政府運動を率いてきた黄之鋒は、欧米では映画もつくられるほどの知名度と人気を誇る。他方、中国で黄之鋒は「独立派」の最悪のリーダーとされている。選挙主任が黄之鋒を出馬させれば、中央政府からどのような叱責を受けるかわからない。他方、出馬させなければ確実に国際的ニュースとなり、香港では抗議活動のターゲットとされ、米国からは入国拒否・資産凍結されるかもしれない（黄之鋒は九月の訪米時に、選挙主任の名簿を制裁対象の候補として米国に渡していた）。政府の中堅幹部にすぎない選挙主任にとって、このような極端に難しい政治判断を迫られることは大きなプレッシャーであったと考えられる。黄之鋒の選挙資格審査を担当した南区の選挙主任の馬周佩芬は、結論を出せないまま一〇月二四日に病気を理由に休暇に入ってしまった。一〇月二四日の候補者説明会まで結論が出なかったため、説明会は抗議活動で大荒れとなり、実行できなくなってしまった。結局、一〇月二九日、黄之鋒は後任の選挙主任である蔡亮によって、DQを言い渡された。黄之鋒は、自分を排除することで、蔡亮が北京の政治的任務を遂行したと批判した。

しかし、選挙活動期間に入った一一月には、デモはさらに激化した。一方では政府の対応がさらに強硬化した。林鄭月娥は一一月四日に上海で習近平国家主席と、六日には韓正副首相と会談した。習近平は林鄭月娥と香港政府への支持を表明した一方、韓正は林鄭月娥に対し、習近平の意向を踏まえて再出発・再前進をせよと、「暴力を止め混乱を制止する」ことが「急務」と指示した。他方、デモ参加者の側では、四日に警察とデモが衝突した将軍澳の現場近くの立体駐車場で、科技大学生の周梓楽が一つ下の階に転落し、八日に死亡した。死者を出したことでデモ参加者の怒りは爆発し、ネット上では一一月一一日からの三日間のストライキと同時に、交通を遮断する呼びかけもなされた。これに呼応して香港島の西湾河で道路を塞ごうと試みていた若者に対し、警察官が実弾を発射し、この若者は一時重体に陥った。以来、暴力的なデモは全香港に大規模に拡大し、警察の鎮圧もさらにエスカレートした。一三日には衝突の現場を撮影していた清掃工の羅長清が頭にレンガを投げつけられて、後に死亡した。中文大学や理工大学などの大学内にも催涙弾が雨あられと撃ち込まれ、理工大学では一〇〇〇人規模ともされるデモ参加者が警察官に包囲され、長期にわたり籠城戦を展開した。

このような「無政府状態」にも近い最悪の混乱の中で、しかし区議会議員選挙は予定通り実施された。当日は混乱による投票時間短縮などを恐れ、朝から多くの投票所に長い列ができるという異例の光景が展開された。そして、投票率が七一・二%と、前回を二〇ポイント以上上回る史上最高を記録する中、民主派が全体の八五%の三八八議席を得る、歴史的な大勝利を収めた。一方、米国では香港情勢の悪化を懸念する議会が「香港人権民主法案」の審議を加速し、上院が一九日にこれを全会一致で採決すると、トランプ大統領も二七日に同法案に署名し、法案は成立した。

この二つの出来事は、中央政府にとって極めて大きな誤算である。中央政府は対香港政策の立て直しを迫られるとともに、米国を強く非難して報復を宣言している。香港のデモ参加者は歓喜にわいている。ボールは政府に投げ返された。中央政府と香港政府の次の一手に、香港と中国のみならず、世界が注目している。

18. おわりに：体制の危機

ここまでが、筆者が現在書き得る展開の記録である。本稿脱稿時点まではデモは収束することはなく、収束の見通しも立たない。出版の時点までにどういうことが起きるかも予断を許さないが、少なくともここまで長期にわたり続いたデモが、現時点で非常に深刻な状況に至っていることは明らかである。仮に表面的なデモの行動が鎮静化するときが来るとしても、それが事態の解決とはいえないかもしれないと筆者は考える。現状は香港の体制の危機であり、その解決の特効薬はなく、むしろ扱いを過てば事態は香港どころか、中国や世界のシステムにも大きな影響を与えかねない。おそらく、香港はすでに新しいモードに変化してしまっている。「一国二制度」の下での香港の統治を支えてきたシステムを、本件発生以前の状態に復旧させることは困難ではないか。

まず、香港人意識の急速かつ大規模な高まりがある。六月に香港大学民意研究計画が行った香港人のアイデンティティについての調査では、自分を広義の香港人（香港人または中国の香港人）と称する者が七六％と、調査開始以来の最高値となり、逆に広義の中国人（中国人または香港の中国人）は二三・二％と過去最低となった。[50]圧迫されているとの意識を共有する香港人は、あたかも一つの民族のような団結を見せている。香港民意研究所の調査では、一四～二九歳の調査対象者の九一％が、中央政府に対する不信任が不満の主たる要因と述べている。[51]「人心の祖国復帰」を永遠の目標としてきた中国政府にとっては、最悪の状況である。

そして、それによって、中央政府が苦心してつくり上げてきた香港での支持者の集団が激しく動揺している。世論調査では、政府高官や親政府派政党の支持率が地を這うレベルにまで低下している。親政府派は選挙を前にして、不人気の政府と距離を置かざるを得ず、政府が政策や法案を通過させることはますます困難になる。

それと同時に、中央政府は今回、香港企業に圧力を加えてデモを制御しようと試みた。ロイターの報道によれば、九月には国務院国有資産監督管理委員会が深圳で一〇〇以上の国有企業代表と会談し、国有企業に香港でさらに積極的役割を果たし、香港の企業への投資を増やし、コントロールを強めよと要求したという。長期的には、香港経済の命脈を国有企業が握ろうとする戦術であろう。しかし、これは必然的に、既存の香港資本の企業との関係を緊張させる。香港の政治体制は、行政長官と立法会の選挙で財界の利益を過剰代表させて、民主派寄りの市民の民意の反映を制限している。しかし、中央政府と香港財閥の同盟関係は揺らいでいる。今回のデモで政府支持の全面広告掲載を迫られた香港財閥のうち、かつてアジア一の富豪とされたカリスマの李嘉誠は、曖昧な言葉遣いの広告のみを掲載して世論の憶測を呼んだ。九月八日、李嘉誠は政府に対して、香港の「未来の主人公」である若者を寛容に扱うよう呼びかけた。これに対し、北京の中央政法委員会は一二日にメッセージングアプリ微信（ウェイシン〈ウィーチャット〉）に文章を掲載し、李嘉誠の発言は犯罪を見過ごすものと非難した。李嘉誠はここ数年、大陸から急速に資本を引き上げていた。中国ビジネスでの恩恵と引き換えに北京との政治的同盟関係を結んできた香港財閥にとって、中国市場が魅力を失うようであれば、同盟のメリットは低下し、面従腹背や抵抗の可能性が高まる。これは政治を確実に不安定化させる。

そして、国際関係も「一国二制度」の前提を覆す方向に進んでいる。中国が返還後の香港に「一国二制度」を適用する決定をした一九八〇年代、想定されていたのは、一方では中国近代化に対する香港の経済的貢献への中国の期待であり、他方では経済発展の帰結として将来的には中国にも民主化がもたらされるという西側諸国の期待であった。現在、経済発展を実現した中国は自国の体制の優越性を誇り、民主化に向かう兆しはない。中国は民主的制度に対する配慮の意志を失い、欧米は中国に対して過去のような寛容な態度を示さなくなっている。そのような時代状況の下、香港問題は「米中新冷戦」の影響下で、先鋭化しやすい環境にある。社会主義と資本主義の二つのイデオロギーの和解と妥協を象徴した「一国二制度」は、二つのイデオロギーが対立を強化する中で、存立基盤を突き崩されている。他方、米中の直接の関係が緊迫すると、その仲介役あるいは「抜け穴」としての香港自体の価値は高まる。このため、北京も迂闊に香港に対して果断な措置をとることはできず、これも政治を不安定化させる要因となる。

そういう中で、主に若者が、現在の体制に対する信頼をほぼなくし、体制を壊す試みに走っている。若者の一部は文字通り命をかけている。激しい衝突や暴力の行使も辞さない人々に、デモは平和に行うべきであるとか、経済に悪影響をきたすというような、体制の維持を前提とした「理性的」な意見は意味を失っている。しかし、こうした過激な思想や行動の広がりに対し、現在の体制は譲歩して鎮静化させることも、弾圧して沈黙させることもできないでいる。

このように、香港政治は従来の安定装置を失ってしまった。今後はこれまでとは異なる条件の下で政治が展開されることになる。もはや、事態はデモが鎮静化するか否かという問題を超えている。この体制の危機を乗り越えるには、相当な時間と、統治者の知恵が必要になると考えられるのである。

1 出馬資格・議員資格の取り消し問題については、萩原隆太「香港における『依法治国』の浸透：『参選風波』をめぐって」倉田徹編『香港の過去・現在・未来：東アジアのフロンティア』勉誠出版、二〇一九年、二五四〜二六四頁に詳しい。

2 『明報』二〇一九年七月一七日。

3 保安局『香港與其他地方在刑事事宜相互司法協助方面的合作』二〇一九年二月（https://www.sb.gov.hk/chi/special/pdfs/Information%20Paper_Chi_190212.pdf〈二〇一九年九月一八日閲覧〉）。

4 『明報』二〇一九年三月一四日。
5 『明報』二〇一九年二月二一日。
6 『明報』二〇一九年二月一四日。
7 『明報』二〇一九年七月一八日。
8 『蘋果日報』二〇一九年四月二五日。
9 『蘋果日報』二〇一九年四月一日。
10 『明報』二〇一九年三月三一日。
11 『明報』二〇一九年七月一八日。
12 『蘋果日報』二〇一九年四月五日。
13 『明報』二〇一九年六月一三日。
14 『明報』二〇一九年三月九日。
15 『蘋果日報』二〇一九年四月五日。
16 『立法局會議過程正式紀錄』一九九七年三月一九日、一一〇〜一一一頁(https://www.legco.gov.hk/yr96-97/chinese/lc_sitg/hansard/970319hc.doc〈二〇一九年九月一九日閲覧〉)。
17 『明報』二〇一九年七月一八日。
18 『星島日報』二〇一九年四月二八日。
19 『星島日報』二〇一九年四月二九日。
20 Chen, Albert, 'A Commentary on the Fugitive Offenders and Mutual Legal Assistance in Criminal Matters Legislation (Amendment) Bill 2019 ("the Bill")', *HKU Legal Scholarship Blog*, 3 May 2019 (http://researchblog.law.hku.hk/2019/05/albert-chens-commentary-on-proposed.html〈二〇一九年九月二一日閲覧〉)。
21 『明報』二〇一九年五月一八日。
22 *South China Morning Post*, 24 May 2019.
23 『明報』二〇一九年五月二五日。
24 「行政長官於行政會議前會見傳媒開場發言和答問内容」香港特別行政區政府新聞公報、二〇一九年五月二一日(https://www.info.gov.hk/gia/general/201905/21/P2019052100412.htm〈二〇一九年九月二一日閲覧〉)。
25 翌日の会見で警察トップの盧偉聡(スティーブン・ロー)警務処長が明らかにした。『明報』二〇一九年六月一四日。
26 『明報』二〇一九年六月一三日。
27 『星島日報』二〇一九年六月一五日。
28 『明報』二〇一九年六月一三日。
29 『明報』二〇一九年六月一七日。
30 『明報』二〇一九年六月二六日。
31 『明報』二〇一九年六月二二日。
32 『明報』二〇一九年六月二五日。
33 『星島日報』二〇一九年六月一六日。

34 『明報』二〇一九年七月一日。
35 『東方日報』二〇一九年七月一〇日。
36 『明報』二〇一九年七月一二日。
37 「〈香港人抗爭宣言〉中英對照版本」（https://medium.com/@shandileung/%E9%A6%99%E6%B8%AF%E4%BA%BA%E6%8A%97%E7%88%AD%E5%AE%A3%E8%A8%80-%E4%B8%AD%E8%8B%B1%E5%B0%8D%E7%85%A7%E7%89%88%E6%9C%AC-6927ca76dd1d〈二〇一九年九月二九日閲覧〉）。
38 張彧暋「雨傘運動」倉田徹・張彧暋『香港：中国と向き合う自由都市』岩波新書、二〇一五年、一九九頁。
39 『明報』二〇一九年八月一六日。
40 『明報』二〇一九年九月一六日。
41 『明報』二〇一九年九月八日。
42 『明報』二〇一九年六月二四日。
43 『明報』二〇一九年八月一日。
44 *South China Morning Post*, 28 September 2019.
45 『明報』二〇一九年九月一六日。
46 『明報』二〇一九年一〇月一六日。
47 『明報』二〇一九年一〇月一〇日。
48 『明報』二〇一九年七月一二日。
49 調査の文言は、「仮に明日行政長官選挙があり、あなたに投票権があった場合、あなたは林鄭月娥を行政長官に選びますか？」との内容（香港民意研究所ウェブサイト、https://www.pori.hk/vote-popularity-of-chief-executive-carrie-lam-cheng-yuet-ngor〈二〇一九年一一月一三日閲覧〉）。
50 香港大學民意研究計劃ウェブサイト（https://www.hkupop.hku.hk/chinese/popexpress/ethnic/eidentity/poll/eid_poll_chart.html〈二〇一九年九月二八日閲覧〉）。
51 『明報』二〇一九年八月三日。

2

香港における法治、法制度および裁判制度

廣江倫子

李國能（アンドリュー・リー）元終審法院首席裁判官による最後の年頭挨拶（2010 年 1 月 11 日）（出所）https://www.info.gov.hk/gia/general/201001/11/P201001110174_photo_1012560.htm

1．香港社会における法治

「法治は香港の核心的価値の一つである」[1]と指摘される。そして、逃亡犯条例の改正案が提案されるやいなや、改正案は、「法治が保障された自由で安全な都市としての香港の名声を深く傷つける」[2]との強い懸念が、香港の法曹界から表明された。二〇一九年六月の二〇〇万人デモに先立って、法曹関係者は、香港中心部でデモを挙行し、香港で司法関係者を象徴する黒い服を着て約一時間かけて行進した後、香港政府本部前で約三分間、無言のまま立ち反対の意思を示すなど、強い危機感を示した。[3]

逃亡犯条例の改正案が、なぜ香港の法治を損なうと危惧されているのか。それには、まず、西洋と中国に代表される東アジアの法治に対する概念の違いを明らかにする必要がある。

【図1】「法治は香港の発展と安定の土台である」
—香港大学法学部図書館横にて

（出所）筆者撮影。

日本を代表する法哲学者である森村進一橋大学名誉教授は、西洋と東アジアの伝統的な法概念をあえて単純化し次のような対比を試みている。すなわち、西洋の法学の世界では、法治とは国家の権力を法によって制約するものと解されている。これに対して中国に代表される伝統的な東洋の法治国の概念では、公務員が法に従うべき義務よりも、一般の国民の順法精神が重視されがちであることが指摘される。「特に中国では今でも権力分立と司法権の独立という発想が受け入れられておらず、裁判所は共産党の支配下にあるから、西洋的な『法の支配』は目指すべき理想とは考えられていない。中国でいう『法治』とは『法の支配』というよりも『法による支配

【表 1】法治（Rule of Law）の遵守に対する評価の推移（1997 年上半期～2018 年下半期）

調査期間		調査期間	
1997 年上半期	7.17	2008 年上半期	6.69
1997 年下半期	6.97	2008 年下半期	6.87
1998 年上半期	6.62	2009 年上半期	6.78
1998 年下半期	6.80	2009 年下半期	6.74
1999 年上半期	6.68	2010 年上半期	6.88
1999 年下半期	6.24	2010 年下半期	6.61
2000 年上半期	6.52	2011 年上半期	6.99
2000 年下半期	6.15	2011 年下半期	7.13
2001 年上半期	6.27	2012 年上半期	7.18
2001 年下半期	6.38	2012 年下半期	7.26
2002 年上半期	6.65	2013 年上半期	6.99
2002 年下半期	6.59	2013 年下半期	6.95
2003 年上半期	6.59	2014 年上半期	6.91
2003 年下半期	6.47	2014 年下半期	6.65
2004 年上半期	6.43	2015 年上半期	6.67
2004 年下半期	6.57	2015 年下半期	6.56
2005 年上半期	6.72	2016 年上半期	6.45
2005 年下半期	6.79	2016 年下半期	6.19
2006 年上半期	6.89	2017 年上半期	6.63
2006 年下半期	6.74	2017 年下半期	6.98
2007 年上半期	7.00	2018 年上半期	6.52
2007 年下半期	7.07	2018 年下半期	6.21

（注）（質問）If you were to use 0-10 to evaluate whether Hong Kong is a society governed by the rule of law, with 10 indicating absolutely yes, 0 indicating absolutely not, and 5 indicating half-half, how would you rate Hong Kong?（香港は法治が適用されている社会かどうかを 0 から 10 の指標で表すとすると、10 がまったくそう思う、0 がまったくそう思わない、5 がどちらともいえないとすると、あなたは香港をどのように評価しますか？）
（出所）「香港大学民意網站　HKU POP SITE（香港大学世論調査）」（https://www.hkupop.hku.hk/english/popexpress/judiciary/socq44/halfyr/datatables.html）を参考に筆者作成。

(rule by law)』である」[4]

東洋の法は、まずは国家による統治の手段と考えられた。そのため法の内容としては、刑法と行政法が中心であった。そこでは、権利義務関係の中で人民が負う義務が重視され、しかもその義務の内容はしばしば不確定だった。これとは対照的に、西洋の法の伝統では、私人間の関係を規律する私法が中心であり、権利を義務よりも重視する傾向がある。西洋の法の中心は民法であって、公法の多くの概念も民法上の概念をもとに作られたものだった。[5]

森村進教授によると、西洋と中国のこのような法概念の相違は、裁判観の相違とも結びつく。伝統的な中国の刑事裁判では、今日でいう裁判所と検察、警察の機能が分離されず、同一の機関が犯罪の捜査と訴追と裁判を行う糾問主義がとられた。そこでは、民事訴訟においても、裁判官に訴訟進行の大きな権限を与え、裁判官が積極的に訴訟を指導し、情理をふまえて争いを解決することが期待される。これとは対照的に、西洋では訴追者と被告人が中立的な裁判所で対立するという当事者対抗主義あるいは弾劾手続が古代から一般的だった。これはヨーロッパ大陸よりも英米のほうが一層その傾向が強いとされる。[6]

右に整理した西洋の法治に照らすと、ワールド・ジャスティス・プロジェクト(World Justice Project)の法治(rule of law)指数世界ランキングからは、いまだに香港と中国の法治には大きな差異があることがわかる(【表2】)。対照的にかつての宗主国である英国との差異はほぼない。

この法治指数は、八項目から各国のランキングをそれぞれ計算し、総合したものを世界ランキングとしている。その八項目とは、政府権力の制限、汚職のなさ、開かれた政府、基本的人権の保障、治安、規制の執行力、民事司法、刑事司法である。【表3】から、香港と中国の間には、「政府権力の制限」と「基本的人権の保障」の二項目について、とりわけ大きな順位の開きがあることが見て取れる。そして、この二項目についても、かつての宗

【表 2】ワールド・ジャスティス・プロジェクト、法治指数世界ランキング 2019

順位	国名・地域名	順位	国名・地域名	順位	国名・地域名
1	デンマーク	11	オーストラリア	21	スペイン
2	ノルウェー	12	イギリス	22	ポルトガル
3	フィンランド	13	シンガポール	23	ウルグアイ
4	スウェーデン	14	ベルギー	24	コスタリカ
5	オランダ	15	日本	25	チリ
6	ドイツ	16	香港		
7	オーストリア	17	フランス		
8	ニュージーランド	18	韓国		
9	カナダ	19	チェコ共和国		
10	エストニア	20	アメリカ	82	中国

（出所）“WJP Rule of Law Index 2019”（https://worldjusticeproject.org/sites/default/files/documents/WJP-ROLI-2019-Single%20Page%20View-Reduced_0.pdf）を参照に筆者作成。

【表 3】ワールド・ジャスティス・プロジェクト法治指数の 8 項目ならびに香港、中国、日本および英国の項目ごとの世界ランキング

8 項目の大分類	香港	中国	日本	イギリス
政府権力の制限	31	119	23	11
汚職のなさ	9	48	13	11
開かれた政府	15	96	22	10
基本的人権の保障	33	121	17	11
治安	4	30	5	21
規制の執行力	10	78	16	11
民事司法	12	60	9	18
刑事司法	15	57	10	9
世界ランキング	16	82	15	12

（出所）“WJP Rule of Law Index 2019”（https://worldjusticeproject.org/sites/default/files/documents/WJP-ROLI-2019-Single%20Page%20View-Reduced_0.pdf）を参照に筆者作成。

主国・英国との差異は、中国とのそれよりも大きくない。

逃亡犯条例の改正案は、香港バリスタ（法廷弁護士）協会によると「この約九〇年間で初めて、香港にいる人が香港から中国に移送され、裁判を受け、刑罰を科されることを意味する」[7]。まさにこの点に懸念が集中し、改正案は、香港の「生活を変えるポテンシャルを持つ」[8]と法曹界から指摘された。それでは、中国に返還されながらも、中国とは大きな違いがある香港の司法制度は、どのようなものなのか。以下に、裁判制度と法制度を概説し、香港の特色を明らかにしていく。

2. 香港の裁判制度

英国植民地時代の香港では、英国とほぼ類似する裁判制度が構築されていた。返還後はどのように変化したのだろうか。結論からいうと、英国植民地時代とほぼ変わらない制度が現在も維持されている。

返還後に香港で実施される「一国二制度」を法制化し、香港のミニ憲法と例えられるのが香港特別行政区基本法（香港基本法）である。

香港基本法二条によると、香港の裁判所は独立の司法権と終審権を持つ。したがって、中国の法院の判決は最高人民法院の判決であっても香港の裁判所に対して拘束力を持たず、また、香港で起こされた訴訟が最終的に中国の法院に上訴されることはない。

香港裁判所の体系は、終審法院（Court of Final Appeal）、高等法院（High Court：高等法院は、控訴院（Court of Appeal）と、第一審裁判所（Court of First Instance）から構成される）、地区法院（District Court）、マジストレート裁判所（Magistrates Courts）、死因裁判所（Coroner's Court）、児童法廷（Juvenile Court）に

分かれている。このうち、終審法院のみが返還を機に新設された。返還以前は、香港域内に最終審級の裁判所はなく、英国枢密院司法委員会が最高裁判所の役割を果たしていた。この他は返還以前の裁判所が名称を若干変更して存続している。以下、香港の各裁判所について概説していく。

まず、終審法院が返還後の香港の最高裁判所にあたる。香港基本法二条は香港が独立した司法権と終審権を享有することを、香港基本法八二条は独立した終審権が終審法院に属することを規定する。終審法院は、控訴院および第一審裁判所からの民事・刑事の上訴事件を扱う。

次に、控訴院は第一審裁判所および地区法院からの民事・刑事の上訴事件を扱う。かつ、各審判所と条例によって設立された団体からの上訴を扱う。香港法院の上訴関係については【図3】および【図4】を参照されたい。

第一審裁判所は民事・刑事事件に対する司法管轄に制限を持たない。マジストレート裁判所、少額請求審判所（Small Claims Tribunal）、猥褻物審判所（Obscene Articled Tribunal）、労働審判所（Labour Tribunal）および小規模雇用問題

【図 2】香港政府による香港基本法の紹介サイト

（出所）https://www.basiclaw.gov.hk/en/index/index.html

> 香港基本法 2 条
> 全国人民代表大会は、本法の規定に基づいて、高度の自治を実施し、行政管理権、立法権、独立した司法権と終審権を享有する権限を香港特別行政区に授与する。

> 香港基本法 81 条
> 2 項　香港特別行政区成立以前に香港で実施されていた司法体制は、香港特別行政区終審法院の設立に伴う変更を除いて、保留される。

> 香港基本法 82 条
> 香港特別行政区の終審権は香港特別行政区終審法院に属する。……

【図 3】香港法院上訴関係図（1）（高等法院、地区法院および土地審判所からの上訴制度）

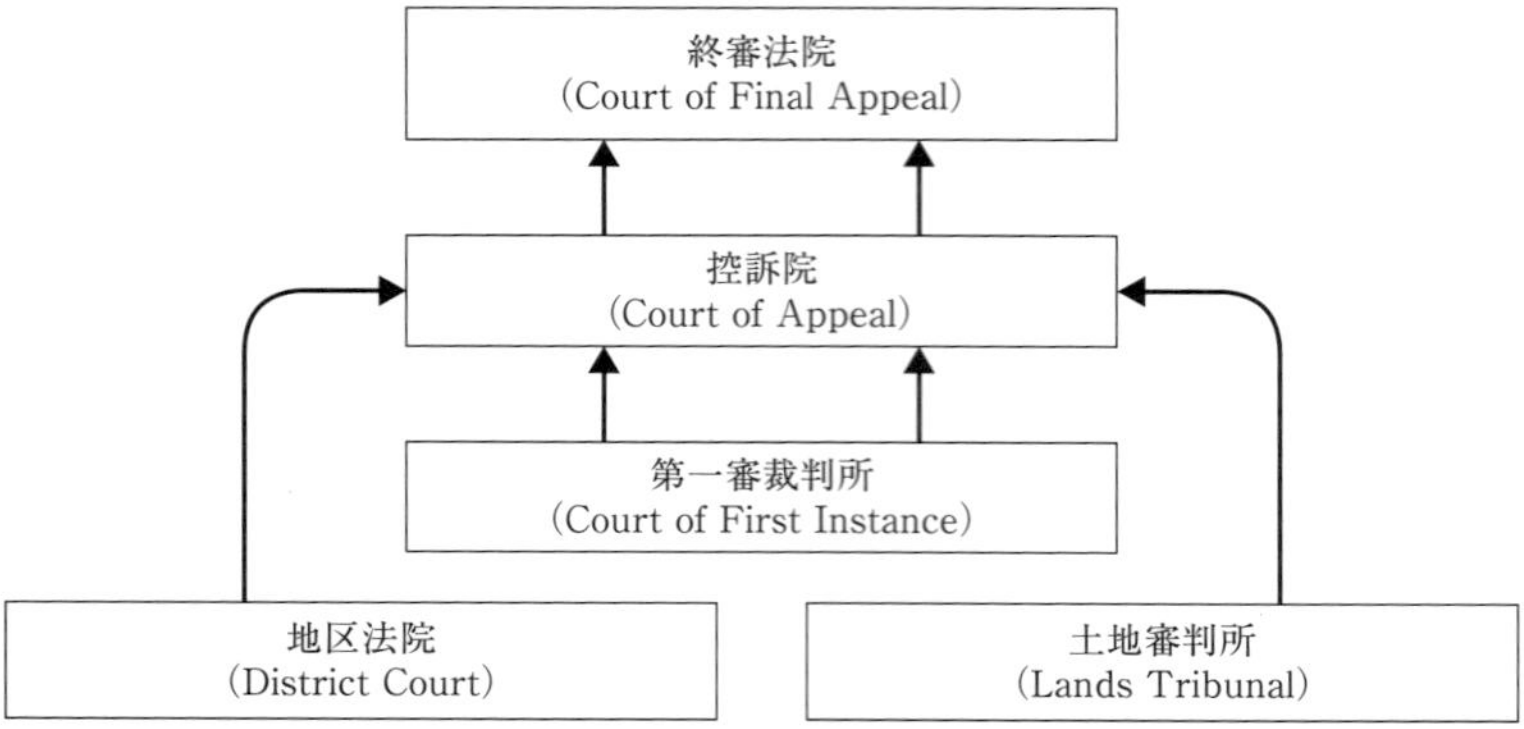

（出所）「Judiciary（香港司法機構ホームページ）」（http://www.judiciary.gov.hk/en/crt_services/pphlt/html/hc.htm）を参考に筆者作成。

【図 4】香港法院上訴関係図（2）（マジストレート裁判所および各種審判所からの上訴制度）

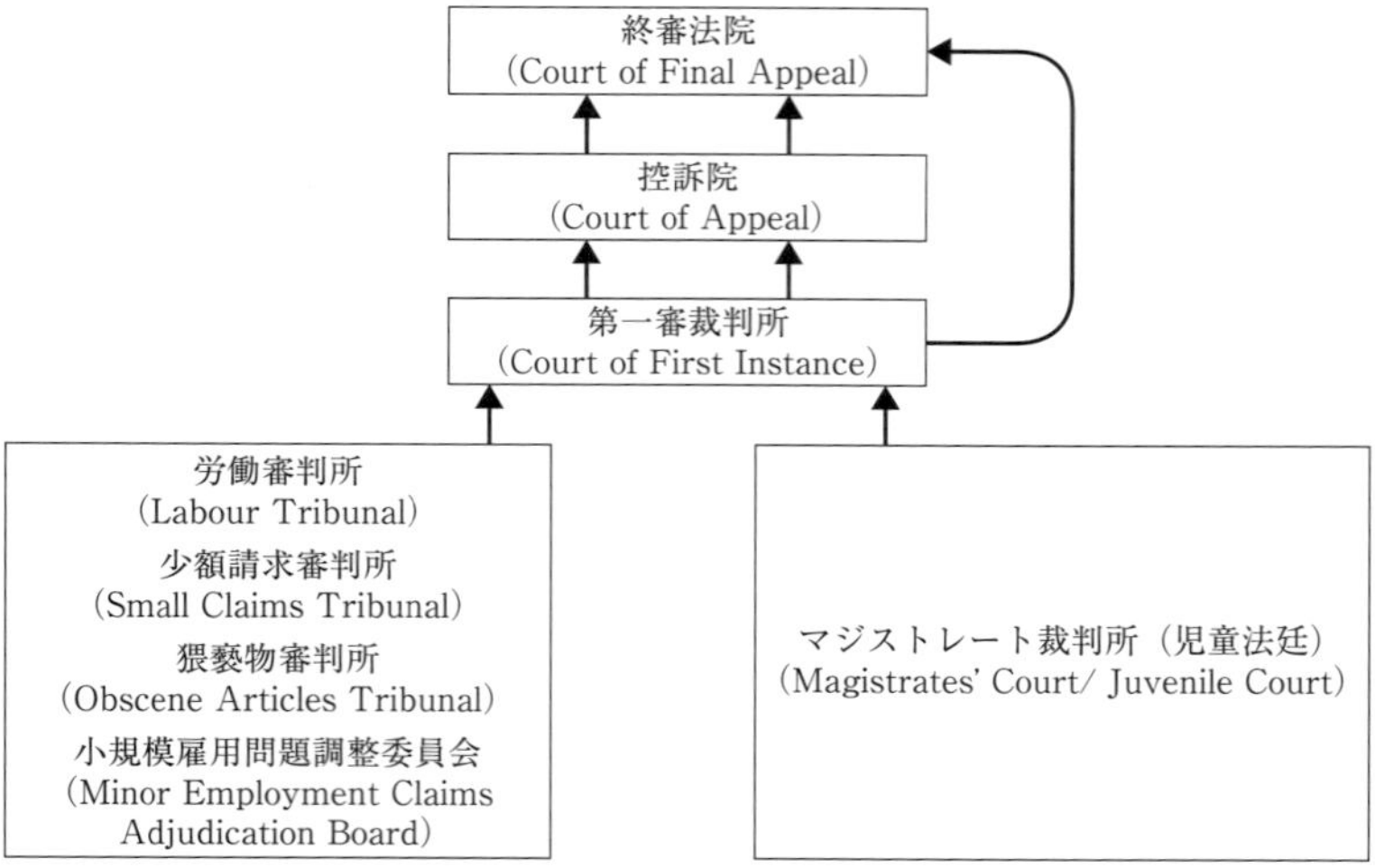

（出所）「Judiciary（香港司法機構ホームページ）」（http://www.judiciary.gov.hk/en/crt_services/pphlt/html/hc.htm）を参考に筆者作成。

調整委員会（Minor Employment Claims Adjudication Board）からの上訴を扱う。刑事事件に関して、第一審裁判所は裁判官とともに七人（裁判官から特別な指示がある場合は九人）の陪審員が出席する。

地区法院は五万以上一〇〇万香港ドル以下の民事事件および懲役七年までの刑事事件を扱う。家族法院（Family Court）は、主に離婚訴訟および子どもの扶養・福祉に関する事件を扱う。

香港には七つのマジストレート裁判所が存在する。マジストレート裁判所は懲役二年および罰金一〇万香港ドルに値する起訴犯罪と略式犯罪を審理する。しかし、多くの条例が、マジストレート裁判所に懲役三年および罰金（五〇〇万香港ドルまで）刑を科す権限を与えている。児童法廷は、殺人事件以外の、一六歳以下の少年への告訴を扱う。児童法廷はまた一八歳以下の少年に対して管理保護命令を出す権限を持つ。児童法廷はマジストレート裁判所に併設されている。

この他、審判所がある。例えば、土地審判所、労働審判所、少額請求審判所、猥褻物審判所、死因裁判所がある。審判所はそれぞれの裁判管轄権の範囲内で判決を下している。

以上、香港の裁判所を概観した。香港の裁判所制度は返還された現在でも、極めて英国の裁判所制度と似通った構造をとどめている。

次に、裁判官について概説する。裁判所制度と同様に、裁判官制度もまた、英国植民地時代と基本的に同様の制度が残されている。

まず、香港にも英国と同様に職業裁判官は存在しない。裁判官への任命は法曹界の他の職業（特にバリスタ〈法廷弁護士〉）を経た後になされる。香港基本法八八条の規定により、裁判官は、司法人員推薦委員会（Judicial Officers Recommendation Commission）の推薦に基づき、行政長官によって任命される。香港基本法四八条六項は、香港特別行政区行政長官は下記の職権を行使するとして、法的手続に従って各法院の裁判官を任免す

【表 4】香港の裁判所、裁判官数および事件審理数（2017 年）

裁判所	常任裁判官数		事件審理数
終審法院 (Court of Final Appeal)	4 (注)	終審法院首席裁判官（Chief Justice）1 終審法院常任裁判官（Permanent Judges of the Court of Final Appeal）3	138
控訴院 (Court of Appeal)	13	高等法院首席裁判官（Chief Judge of the High Court）1 副首席裁判官（Vice-Presidents）3 控訴院裁判官（Justices of Appeal）9	718
第一審裁判所 (Court of First Instance)	28	高等法院裁判官（High Court Judges）28	19,583
地区法院 (District Court)	45	地区法院首席裁判官（Chief Districe Judge）1 家庭裁判所首席裁判官（Principal Family Court Judge）1 地区法院裁判官（District Judges）43	45,340
マジストレート裁判所 (Magistrates' Courts)	84	マジストレート裁判所首席裁判官（Chief Magistrate）1 首席マジストレート裁判官（Principal Magistrates）9 マジストレート裁判官（magistrates）63 特別マジストレート裁判官（special magistrates）11	338,977

（注）非常任裁判官を除く。
（出所）「香港司法機構年報 2017（Hong Kong Judiciary Annual Report 2017）」（http://www.judiciary.hk/en/publications/annu_rept_2017/eng/list_of_judge.html）を参照に筆者作成。

【表 5】日本の裁判官の定員（2018 年度）

官職名等	定員（人）
最高裁判所長官・最高裁判所判事・高等裁判所長官	23
判事	2,085
判事補	952
簡易裁判所判事	806
計	3,866

（出所）「裁判所データブック 2018」（http://www.courts.go.jp/vcms_lf/db2018_P22-P32.pdf）を参照に筆者作成。

ることを規定している。司法人員推薦委員会は司法人員推薦委員会条例によって設立された独立の団体である。

香港の裁判官については、香港以外のコモン・ロー適用地域の裁判官を招聘できる。香港基本法八二条によると、終審法院においても、域外の裁判官の招聘が認められている。終審法院首席裁判官および高等法院首席裁判官は、外国国籍を持たない香港人（香港居留権を持つ中国公民）であるべきことが規定されるが（香港基本法九〇条一項）、その他の終審裁判官には外国籍裁判官の招聘を認めている。さらに、すべての審級において、裁判官に外国国籍保持者が就くことを認めている。また返還以前に司法機関に就いていた外国国籍保持者の待遇が悪化しないことも保障されている（九三条二項）。

裁判官のうち、とりわけ終審法院裁判官と高等法院首席裁判官の任免にあたっては、香港基本法九〇条二項が

【表6】司法人員推薦委員会の構成

委員長	終審法院首席裁判官
委員	裁判官２名
	バリスタ（法廷弁護士）１名
	ソリシタ（事務弁護士）１名
	法曹関係者以外３名

（出所）筆者作成。

香港基本法92条
香港特別行政区の裁判官と司法要員は、本人の司法と専門面の才能に基づいて選任しなければならず、他のコモン・ロー適用地区から招聘することもできる。

香港基本法88条
香港特別行政区法院の裁判官は、香港の裁判官と法曹界およびその他の知名人からなる独立した委員会の推薦に基づいて、行政長官が任命する。

香港基本法82条
…終審法院は必要に応じてその他のコモン・ロー適用地区の裁判官を招聘して裁判に参加させることができる。

香港基本法90条
1項　香港特別行政区終審法院と高等法院の首席裁判官は、外国に居留権をもたない香港特別行政区永住居民のなかの中国公民でなければならない。
2項　本法第88条、第89条で規定された手続のほか、香港特別行政区の終審法院裁判官と高等法院首席裁判官の任免は、行政長官が立法会議の同意を求めるとともに全国人民代表大会常務委員会に報告して記録に留めなければならない。

特別の要件を課している。すなわち、行政長官が立法会の同意を求めるとともに中国全国人民代表大会常務委員会（全人代常務委）に報告して記録にとどめなければならない。具体的には、首席裁判官および常任裁判官の任命権限は、司法人員推薦委員会の推薦に従った行政長官にある（終審法院条例六条、七条）。行政長官は、終審法院裁判官、非常任裁判官および他のコモン・ロー適用地区からの裁判官の任命あるいは解任において、立法会から同意を得る（終審法院条例七A条（a）、香港基本法七三条）。香港基本法七三条七項は、香港特別行政区立法会は次の職権を行使する、として、「終審法院裁判官および高等法院首席裁判官の任免に同意する」と規定す

> 香港基本法8条
> 香港の従来の法律、つまりコモン・ロー、衡平法、条例、付属立法と慣習法は、本法と抵触するか、あるいは香港特別行政区立法機関が改正したものを除いて、保留される。

【図5】香港法例―香港法検索サイト：英語、中国語（簡体字または繁体字）で検索できる

（出所）https://www.elegislation.gov.hk/

【図6】Hong Kong Legal Information Institute（HKLII）―香港判例検索サイト：英語、中国語（簡体字または繁体字）で検索できるが、英語に比べると中国語の判例はまだ少ない

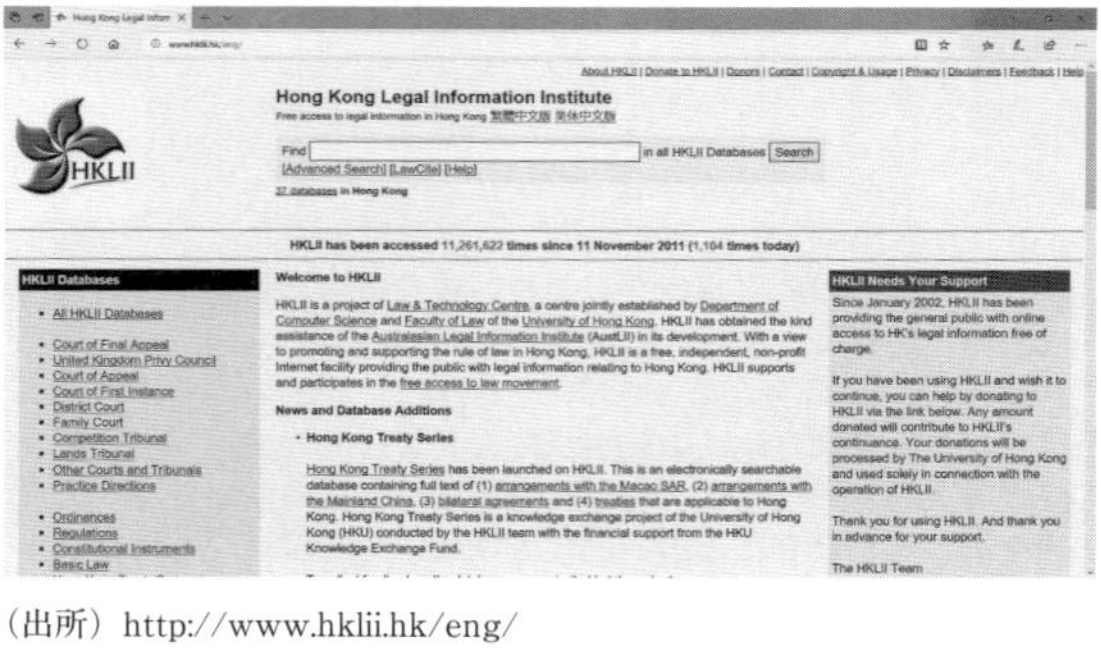

（出所）http://www.hklii.hk/eng/

る。香港基本法九〇条に従って、行政長官は任命あるいは解任を全人代常務委に報告し記録にとどめる（終審法院条例七Ａ条（b））。

3. 香港の法制度

香港法において、ミニ憲法としての役割を果たしているのが、香港基本法である。その最大の特色は、「一国二制度」の基本原則を法律として規定していることにある。

香港基本法八条によると、香港法も返還後も変わらずコモン・ロー系に属する。香港基本法一八条によると、中国の法律は、香港基本法付属文書三に列

香港基本法付属文書 3　香港特別行政区で実施される全国的な法律

下記の全国的な法律は、1997 年 7 月 1 日から香港特別行政区が地元で公布するか立法化して施行する。

1. 『中華人民共和国国都、紀年、国家、国旗に関する決議』
2. 『中華人民共和国国慶日に関する決議』
3. 『中央人民政府の中華人民共和国国章を公布する命令』及び付録（国章の図案、説明、使用方法）
4. 『中華人民共和国政府の領海に関する声明』
5. 『中華人民共和国国籍法』
6. 『中華人民共和国外交特権及び免除条例』

〈1997 年 7 月 1 日第 8 回全国人民代表大会常務委員会第 26 回会議決定〉

以下の法律の追加
1. 『中華人民共和国国旗法』
2. 『中華人民共和国領事特権及び免除条例』
3. 『中華人民共和国国章法』
4. 『中華人民共和国領海及び接続水域法』
5. 『中華人民共和国香港特別行政区駐軍法』

以下の法律の削除
『中央人民政府の中華人民共和国国章を公布する命令』及び付録（国章の図案、説明、使用方法）

〈1998 年 11 月 4 日第 9 回全国人民代表大会常務委員会第 5 回会議決定〉

以下の法律の追加
『中華人民共和国排他的経済水域及び大陸棚法』

〈2005 年 10 月 27 日第 10 回全国人民代表大会常務委員会第 18 回会議決定〉

以下の法律の追加
『中華人民共和国外国中央銀行財産への司法強制措置免除法』

〈2017 年 11 月 4 日第 12 回全国人民代表大会常務委員会第 30 回会議決定〉

以下の法律の追加
『中華人民共和国国歌法』

記されるものを除いて、香港で実施されない。付属文書三「香港特別行政区で実施される全国的な法律」を見ると、香港で実施される中国の法律は、国防、外交その他香港特別行政区自治範囲内に属さないものに限られることがわかる。したがって、ごく少数の中国の法律を除いては、基本的に返還以前の法律が残されている。このため、香港法は英国法との類似性を強く有し、社会主義法系に属する中国法の内容とはかなり異なっている。

ただし、香港基本法一八条四項によると、全人代常務委が戦争状態宣言を決定したか、あるいは香港内で香港政府が制御できない、国家の統一または安全に危害を及ぼす動乱が発生して香港が緊急事態に入ることを決定した場合、中央政府は、関係ある全国的な法律を香港で実施する命令を発布することができる。長らくこの条文が注目されることはなかったが、二〇一九年六月以降、香港における抗議活動が激化する中で、この条文の実施が取り沙汰されるようになっている。

香港基本法 18 条
1 項　香港特別行政区で実施される法律は、本法および本法 8 条で規定された香港の従来の法律と香港特別行政区立法機関の制定する法律とする。
2 項　全国的な法律は、本法付属文書 3 に列せられたものを除いて、香港特別行政区で実施しない。……
3 項　……　付属文書 3 に列せられる法律は、国防、外交と関係のある法律および本法で香港特別行政区の自治の範囲に属さないと規定されたその他の法律に限られる。
4 項　全国人民代表大会常務委員会が戦争状態宣言を決定したか、あるいは香港特別行政区内で香港特別行政区政府が制御できない、国家の統一または安全に危害を及ぼす動乱が発生して香港特別行政区が緊急事態に入ることを決定した場合、中央人民政府は関係ある全国的な法律を香港特別行政区で実施する命令を発布することができる。

香港基本法 84 条
香港特別行政区法院は、…その他のコモン・ロー適用地区の司法判例を参考にすることができる。

香港基本法 9 条
香港特別行政区の行政機関、立法機関、司法機関は、中国語のほか、英語も使用することができる。英語も公用語である。

香港の立法機関が制定した法律は、全人代常務委に報告され、記録に留められるが、これは当該法律の発効には影響しない。例外的に、全人代常務委は、香港の立法機関の制定した法律が基本法の中央の管理する事務あるいは中央と香港の関係に関する条文に合致しないと認めた場合、香港基本法委員会の意見を求めた後に、その法律を送り返すことができる。

コモン・ロー体系の大きな特色の一つに、判例法主義がある。すなわち、コモン・ロー体系では、「法の基本的部分の大部分が制定法によってでなく判例法によって規律されていること、および、法律家が新しい法律問題に直面した場合にその立論の基礎をまず従来の判例に求め、それを類推し、拡張し、反対解釈し、……というやり方で解決をえようとする傾向が強い」[9]。返還後の香港においても、英国やカナダといった他のコモン・ロー適用地域の判例が大いに参考にされており、中国のあり方とは一線を画している。

法律言語に関して、香港基本法九条によると、英語も公用語である。公用語条例（Official Languages Ordinance）（一九九五年七月改正）は、いかなる裁判所の法廷でも当事者や弁護人、証人は、公用語のいずれかあるいは双方、あるいは裁判所が許可する他の言語を使用することができるとする。香港法はコモン・ロー系に属し、英国法に極めて類似した内容である。そのため法律や判例の多くが英語であり、第2章コラムで触れるように、外国国籍を有する裁判官が必ず参加する終審法院での審理は基本的に英語で行われている。香港法において英語は引き続き重要な役割を持つ。

4. 中国法の影響

(1) 香港基本法二三条（国家安全条例）

香港基本法二三条は、国家安全を脅かす行為について、これを禁止する立法を香港特別行政区自らが行うことを規定している。香港基本法二三条が立法化を義務づける犯罪類型は、反逆、分裂、反乱扇動、転覆、国家機密窃取ならびに外国政治団体との連携である。このうち、分裂と転覆は、コモン・ロー上にはない概念、つまり、従来の香港法には存在しなかった犯罪類型である。

二〇〇二年、香港政府は、基本法二三条の立法化に着手した。しかし、香港立法会における採択直前に、香港において基本法二三条立法に反対するデモが発生、主催者発表で五〇万人が参加した香港返還以来最大の抗議デモを重く見た香港政府は、採択の無期限の延期を発表した後、法案の撤回が正式に発表された。しかしながら、二〇一九年六月以降香港における抗議活動が激化する中で、国家安全条例の制定が再三取り沙汰されるなど、予断が許されない状況にある。

香港基本法23条
香港特別行政区は反逆、国家分裂、反乱扇動、中央人民政府転覆、国家機密窃取のいかなる行為をも禁止し、外国の政治的組織または団体の香港特別行政区における政治活動を禁止し、香港特別行政区の政治的組織または団体の、外国の政治的組織または団体との関係樹立を禁止する法律を自ら制定しなければならない。

(2) 香港基本法一五八条（香港基本法解釈権）

香港基本法の条文の中でも、とりわけ、返還後から常に議論を巻き起こし、法曹界のみならず香港社会からも注目されてきたのは、長らく、香港基本法一五八条が規定する香港基本法解釈権だった。

香港基本法一五八条は、香港基本法解釈権を全人代常務委と香港法院それぞれに与えている。当初、香港基本法解釈権は一五八条の条文の通り、以下のように香港法院に広い権限を認めたものと理解されていた。すなわち、香港法院は自治範囲内の条項、つまり「高度の自治」範囲内の条項、および香港基本法の「その他の条項」を自ら解釈できる。しかし、「その他の条項」の中において「中央人民政府が管理する事務」および「中央と香港特別行政区の関係」に該当する条文を、事件の審理にあたり解釈する必要が生じる場合には、最終的な判断が下される以前に、終審法院を通じて、全人代常務委にその解釈を要請しなければならない。

実践においては、しかしながら、全人代常務委は、香港基本法解釈権の行使を、事例は少ないものの（【表7】参照）、香港統治の効果的な手段として活用している。そして、それは、内容において事実上ほぼすべての香港基本法条文を解釈し、時期において香港法院で審理中の事件に対しても自発的に解釈を行い、香港基本法においては香港基本法一五八条二項の条文に制限されないなど、予測不可能ともいえる様態を呈している。

(3) 逃亡犯条例改正案

現行法の下で、逃亡犯罪人の引き渡しを規定する法律は刑事相互法律協力条約（Mutual Legal Assistance in Criminal Matters Ordinance, Cap. 525, "MLAO"）と逃亡犯条例（Fugitive Offenders Ordinance, Cap. 503, "FOO"）である。逃亡犯条例は、他の司法管轄権内で犯罪を犯した人の引き渡しを規定している。刑事相互法律協力条例は、外国の司法が香港政府に、当該外国で罪を犯した人の証拠を、捜索や差し

> 香港基本法158条
>
> 1項　本法の解釈権は全国人民代表大会常務委員会に属する。
>
> 2項　全国人民代表大会常務委員会は香港特別行政区の法院に、事件の審理にあたって、本法の香港特別行政区の自治範囲内の条項について自ら解釈する権限を授与する。香港特別行政区の法院は事件を審理するとき本法のその他の条項についても解釈することができる。ただし、香港特別行政区の法院が事件を審理するにあたって、本法の中央人民政府の管理する事務または中央と香港特別行政区との関係に関する条項について解釈する必要があり、当該条項の解釈が事件の判決に影響する場合、当該事件に対し上訴できない最終判決を行う前に、香港特別行政区終審法院が全国人民代表大会常務委員会に関係条項について解釈するよう要請しなければならない。全国人民代表大会常務委員会が解釈を加えた条項を香港特別行政区の法院が引用する場合、全国人民代表大会常務委員会の解釈に依拠しなければならない。ただし、それ以前に行った判決は影響を受けない。
>
> 3項　全国人民代表大会常務委員会は本法を解釈する前に、それに所属する香港特別行政区基本法委員会の意見を求めるものとする。

【表7】全人代常務委の香港基本法解釈が行われた事例

年月日	事件名（解釈名）	事件の概要（テーマ）	終審法院での審理の存否	全人代常務委解釈の要請主体
1999年6月26日	居留権事件（香港基本法22条4項および24条2項3号に関する解釈）	中国から香港への移民を制限する香港基本法22条4項を根拠とする入境条例は、香港居民から出生した子女は香港居留権を享有すると規定する香港基本法24条2項3号に違反し香港基本法に違反するかどうかが争われたが、終審法院判決の後の全人代常務委解釈により、従来の制限が復活した。（移民）	○（1999年1月29日判決）	香港政府
2004年4月6日	行政長官および立法会の普通選挙に関する解釈（香港基本法付属文書1の7条および付属文書2の3条に関する解釈）	行政長官および立法会の選挙制度について、民主派による普通選挙の導入要求が高まる中で全人代常務委解釈によって、現存制度の存続が確定した。（民主化）	×	なし
2005年4月27日	行政長官の任期に関する解釈（香港基本法53条2項に関する解釈）	行政長官が任期途中で辞職した場合の後継者の任期に関して、任期確認のための訴訟が民主派から提起される直前に全人代常務委の香港基本法解釈がなされ、中国が予定していた「剰余任期」が確定した。（民主化）	×	香港政府

年月日	事件名（解釈名）	事件の概要（テーマ）	終審法院での審理の存否	全人代常務委解釈の要請主体
2011年8月26日	コンゴ事件（香港基本法13条1項および19条に関する解釈）	香港法院で訴えられた外国政府に対して香港法院がとる主権免除の種類が争われ、香港基本法解釈の結果、主権免除に関して、香港は返還以前の制限免除主義から、中国と同じ絶対免除主義に変化していることが明らかにされた。（中国のアフリカ投資）	○（2011年9月8日判決）	終審法院
2016年11月7日	立法会議員宣誓無効事件（香港基本法104条に関する解釈）	香港法院において審理中に行われた香港基本法解釈の結果、香港基本法104条が規定する宣誓とは、法定の手続と条件にのっとり、法定の形式と内容に合致する宣誓を指し、宣誓を拒絶した場合には公職資格を失うとされた。結果、立法会の宣誓において中国に敵対する発言、行為を行った議員は失職することとなった。（民主化）	×	なし

（出所） 廣江倫子『香港基本法解釈権の研究』信山社、2018年、150-153、155頁より一部改変の上、引用。

押さえの方法で集め、他の方法で支援する（例えば、当該容疑者の資産を凍結したり没収するなど）ように、要請することを可能にしている。[10]

本書第1章の通り、二〇一九年二月、保安局は前記条例の改正案を提出した。提出された条例草案の正式名称は、逃亡犯罪人および刑事相互法律協約立法草案（The Fugitive Offenders and Mutual Legal Assistance in Criminal Matters Legislation（Amendment）Bill 2019：二〇一九年逃犯及刑事事宜相互法律協助法例（修訂）條例草案）である。

改正案は、逃亡犯条例に対して、地理的な制限の撤廃を行い、その効果は、中国の他の地域、とりわけマカオ、台湾および中国、そして現時点で相互主義的な引き渡し協定を結んでいない地域が、香港とアドホック（暫定的）な協定を結び、引き渡すことを許すものである。刑事相互法律協力条例に対しても、逃亡犯条例と同様の制限の撤回を行い、刑事事件に対する支援を、中国の他の地域と行えるようにしている。[11]

改正のポイントは次の二点である。第一に、香港が長期の引き渡し協定を締結していない外国からの引き渡し要請に対するアドホックな事例ごとの協定に対して、立法会の精査を削除し、その代わりに、行政長官に当該外国からの要請に対する証明書の発行権限を付与する。第二に、アドホックな事例ごとの協定を、逃亡犯の引き渡しあるいは相互司法協力のために、香港が長期の協定を締結していない地域（例えば中国や台湾）と締結できるようにする。[12]

要するに、二つの条例の改正点は、香港にいる人を、香港居民であろうが香港を通過点とする人であろうが、事例ごとのアドホックな協定の下で、中国大陸に引き渡せるようにする効果を持つ。しかしながら、台湾との関係、立法会での精査の削除への不安、中国の司法制度、および中国の人権保障状況に対する不信といった様々な懸念が示され、その後周知の通りの経過を経て、改正案は廃案となった。

1 陳弘毅『法治、人権與民主憲政的理想』商務印書館、二〇一二年、一頁。

2 Observations of the Hong Kong Bar Association on the Security Bureau's Proposal to Amend the Mutual Legal Assistance in Criminal Matters Ordinance, Cap. 525 ("MLAO") and the Fugitive Offenders Ordinance, Cap. 503 ("FOO")（https://www.hkba.org/sites/default/files/Security%20Bureau%27s%20%20Proposal%20to%20Amend%20the%20Mutual%20Legal%20Assistance%20in%20Criminal%20Matters..Fugistive.FOO%20and%20MLA%20%28Final%29%28website%29.pdf）

3 『朝日新聞』二〇一九年六月六日（https://www.asahi.com/articles/ASM6640VZM66UHBI00Q.html）。

4 森村進『法哲学講義』筑摩書房、二〇一五年、六三～六四頁。

5 前掲書4、六八頁。

6 前掲書4、六八～六九頁。

7 A BRIEF GUIDE TO ISSUES ARISING FROM THE FUGITIVE OFFENDERS AND MUTUAL LEGAL ASSISTANCE IN CRIMINAL MATTERS LEGISLATION（AMENDMENT）BILL 2019（"THE BILL"）（https://www.hkba.org/sites/default/files/A%20Brief%20Guide%20to%20issues%20arising%20from%20the%20Fugitive%20Offenders%20And%20Mutual%20Legal%20Assistance%20in%20Criminal%20Matters%20Legislation%20%28Amendment%29%20Bill%202019%20%28"The%20Bill"%29_0.pdf）

8 A BRIEF GUIDE TO ISSUES ARISING FROM THE FUGITIVE OFFENDERS AND MUTUAL LEGAL ASSISTANCE IN CRIMINAL MATTERS LEGISLATION（AMENDMENT）BILL 2019（"THE BILL"）（https://www.hkba.org/sites/default/files/A%20Brief%20Guide%20to%20issues%20arising%20from%20the%20Fugitive%20Offenders%20And%20Mutual%20Legal%20Assistance%20in%20Criminal%20Matters%20Legislation%20%28Amendment%29%20Bill%202019%20%28"The%20Bill"%29_0.pdf）

9 田中英夫『英米法総論　上』東京大学出版会、一九八〇年、一五頁。

10 A BRIEF GUIDE TO ISSUES ARISING FROM THE FUGITIVE OFFENDERS AND MUTUAL LEGAL ASSISTANCE IN CRIMINAL MATTERS LEGISLATION（AMENDMENT）BILL 2019（"THE BILL"）（https://www.hkba.org/sites/default/files/A%20Brief%20Guide%20to%20issues%20arising%20from%20the%20Fugitive%20Offenders%20And%20Mutual%20Legal%20Assistance%20in%20Criminal%20Matters%20Legislation%20%28Amendment%29%20Bill%202019%20%28"The%20Bill"%29_0.pdf）

11 A BRIEF GUIDE TO ISSUES ARISING FROM THE FUGITIVE OFFENDERS AND MUTUAL LEGAL ASSISTANCE IN CRIMINAL MATTERS LEGISLATION（AMENDMENT）BILL 2019（"THE BILL"）（https://www.hkba.org/sites/default/files/A%20Brief%20Guide%20to%20issues%20arising%20from%20the%20Fugitive%20Offenders%20And%20Mutual%20Legal%20Assistance%20in%20Criminal%20Matters%20Legislation%20%28Amendment%29%20Bill%202019%20%28"The%20Bill"%29_0.pdf）

12 Observations of the Hong Kong Bar Association on the Security Bureau's Proposal to Amend the Mutual Legal Assistance in Criminal Matters Ordinance, Cap. 525 ("MLAO") and the Fugitive Offenders Ordinance, Cap. 503 ("FOO")（https://www.hkba.org/sites/default/files/Security%20Bureau%27s%20%20Proposal%20to%20Amend%20the%20Mutual%20Legal%20Assistance%20in%20Criminal%20Matters..Fugistive. FOO%20and%20MLA%20%28Final%29%28website%29.pdf）

香港終審法院—法治の守護者—

廣江倫子

英国枢密院司法委員会から香港終審法院へ

香港返還に伴い香港終審法院（Hong Kong Court of Final Appeal, CFA）が設立された。終審法院は香港域内の最終審級の裁判所、つまり最高裁判所である。いうまでもなく香港終審法院は、中国最高人民法院から完全に独立している。

香港基本法の規定を見ると、二条は香港が独立した司法権と終審権を享有すること、香港基本法八二条は、その独立した終審権が終審法院に属することを規定している。

香港において、終審法院首席裁判官の存在は広く知られている。おそらく日本では、法学部生でさえ、最高裁判所長官が誰かを知っているものはごくわずかだろう。しかし、香港においては、終審法院首席裁判官への認知度は高い。これを裏付けるように、香港大学が実施する

> 香港基本法 2 条
> 全国人民代表大会は、本法の規定に基づいて、高度の自治を実施し、行政管理権、立法権、独立した司法権と終審権を享有する権限を香港特別行政区に授与する。

> 香港基本法 82 条
> 香港特別行政区の終審権は香港特別行政区終審法院に属する。終審法院は必要に応じてその他のコモン・ロー適用地区の裁判官を招聘して裁判に参加させることができる。

【図 1】香港終審法院ホームページ—開廷日も検索でき、審理の傍聴は自由

（出所）https://www.hkcfa.hk/en/home/index.html

世論調査には、行政長官に対する支持率と並んで、終審法院首席裁判官への支持率を問う項目がある。【表1】は、歴代行政長官および英国統治時代の総督、そして、歴代終審法院首席裁判官に対する支持率の推移を示している。これを見ると、歴代終審法院首席裁判官は、歴代行政長官および総督に対してよりも、高い支持率を誇っていることがわかる。

香港返還までは、英国枢密院司法委員会が、香港裁判所制度における最上級審だった。これは、他の英国植民地諸国と同様である。

【表2】は、香港返還直前の一九九七年における、英国枢密院司法委員会への、香港を含むコモンウェルス（英連合）諸国からの上訴件数を示している。香港からの上訴件数は、他の地域と比較すれば多いものの、年間一五件前後に収まっている。後述する香港終審法院における審理件数と比較すると、香港の事件が、当時の香港の最高裁判所であった英国枢密院司法委員会においてまで審理されることは極めてまれだった。

英国枢密院司法委員会の歴史を振り返れば、元来、英国植民地の裁判に対する上訴は、正義の源泉と観念される国王に対し、植民地の裁判所の判決を再審査してもらいたい旨の請願をするという形でなされていた。国王は、これを枢密院に諮問し、枢密院の助言に基づいて決定した。一八三三年の司法委員会法の成立によって、枢密院

【図2】馬道立（ジェフリー・マー）終審法院首席裁判官の年頭演説（2019年1月14日）

（出所）https://www.info.gov.hk/gia/general/201901/14/P2019011400413.htm

【表 1】歴代行政長官・総督および歴代終審法院首席裁判官の支持率の推移　(%)

在任期間	林鄭月娥（キャリー・ラム） 第 4 代行政長官（2017 年—現在）	梁振英 第 3 代行政長官（2012 年—2017 年）	曽蔭権（ドナルド・ツァン） 第 2 代行政長官（2005 年—2012 年）	董建華 初代行政長官（1997 年—2005 年）	クリス・パッテン 植民地最後の総督（1992 年—1997 年）	李國能（アンドリュー・リー） 初代終審法院首席裁判官（1997 年—2010 年）	馬道立（ジェフリー・マー） 第 2 代終審法院首席裁判官（2010 年—現在）
12 カ月	55.3	50.0	67.4	58.8	61.5	59.3	64.6
24 カ月	48.9	44.7	62.9	57.6	58.2	60.1	63.7
36 カ月		42.6	64.9	53.7	56.4	56.4	68.5
48 カ月		41.6	53.2	53.9	53.1	59.0	62.9
60 カ月		38.5	52.9	54.0	57.7	63.7	66.0
72 カ月			53.8	44.1		60.9	66.0
84 カ月			48.4	44.2		63.8	66.8
96 カ月				47.4		60.2	
108 カ月						61.0	
120 カ月						67.5	
平均支持率（注 1）	52	44	58	52	57	61	65

（注 1）小数点以下四捨五入。

（注 2）質問は以下の通り。Please use a scale of 0-100 to rate your extent of support to（the Chief Executive Carrie Lam, the Chief Executive Leung Chun-ying, the Chief Executive Donald Tsang Yam-kuen, the Chief Executive Tung Chee-hwa, the Governor Chris Patten, the Chief Justice Andrew Li Kwok-nang, the Chief Justice Geoffrey Ma Tao-li), with 0 indicating absolutely not supportive, 100 indicating absolutely supportive and 50 indicating half-half. How would you rate（the Chief Executive Carrie Lam, the Chief Executive Leung Chun-ying, the Chief Executive Donald Tsang Yam-kuen, the Chief Executive Tung Chee-hwa, the Governor Chris Patten, the Chief Justice Andrew Li Kwok-nang, the Chief Justice Geoffrey Ma Tao-li）?（行政長官林鄭月娥、行政長官梁振英、行政長官曽蔭權、行政長官董建華、パッテン総督、首席裁判官李國能、首席裁判官馬道立）へのあなたの支持の度合いを 0 から 100 までの数値で評価してください。0 がまったく支持しない、100 が完全に支持する、そして 50 がどちらともいえないとします。あなたは（行政長官林鄭月娥、行政長官梁振英、行政長官曽蔭權、行政長官董建華、パッテン総督、首席裁判官李國能、首席裁判官馬道立）をどのように評価しますか？）

（出所）「香港大学民意網站　HKU POP SITE（香港大学世論調査）」(https://www.hkupop.hku.hk/english/popexpress/ce2017/cl/halfyr/datatables.html, https://www.hkupop.hku.hk/english/popexpress/ce2012/cy/halfyr/datatables.html, https://www.hkupop.hku.hk/english/popexpress/ce2005/donald_new/halfyr/datatables.html, https://www.hkupop.hku.hk/english/popexpress/ceall/cerq/halfyr/datatables1.html, https://www.hkupop.hku.hk/english/archive/poppolls/chris/hyear/datatables1.html, https://www.hkupop.hku.hk/english/popexpress/judiciary/geoffrey/halfyr/datatables.html, https://www.hkupop.hku.hk/english/popexpress/judiciary/andrew/halfyr/datatables.html）を参考に筆者作成。

【表 2】コモンウェルス諸国からイギリス枢密院司法委員会への上訴件数（1997 年）

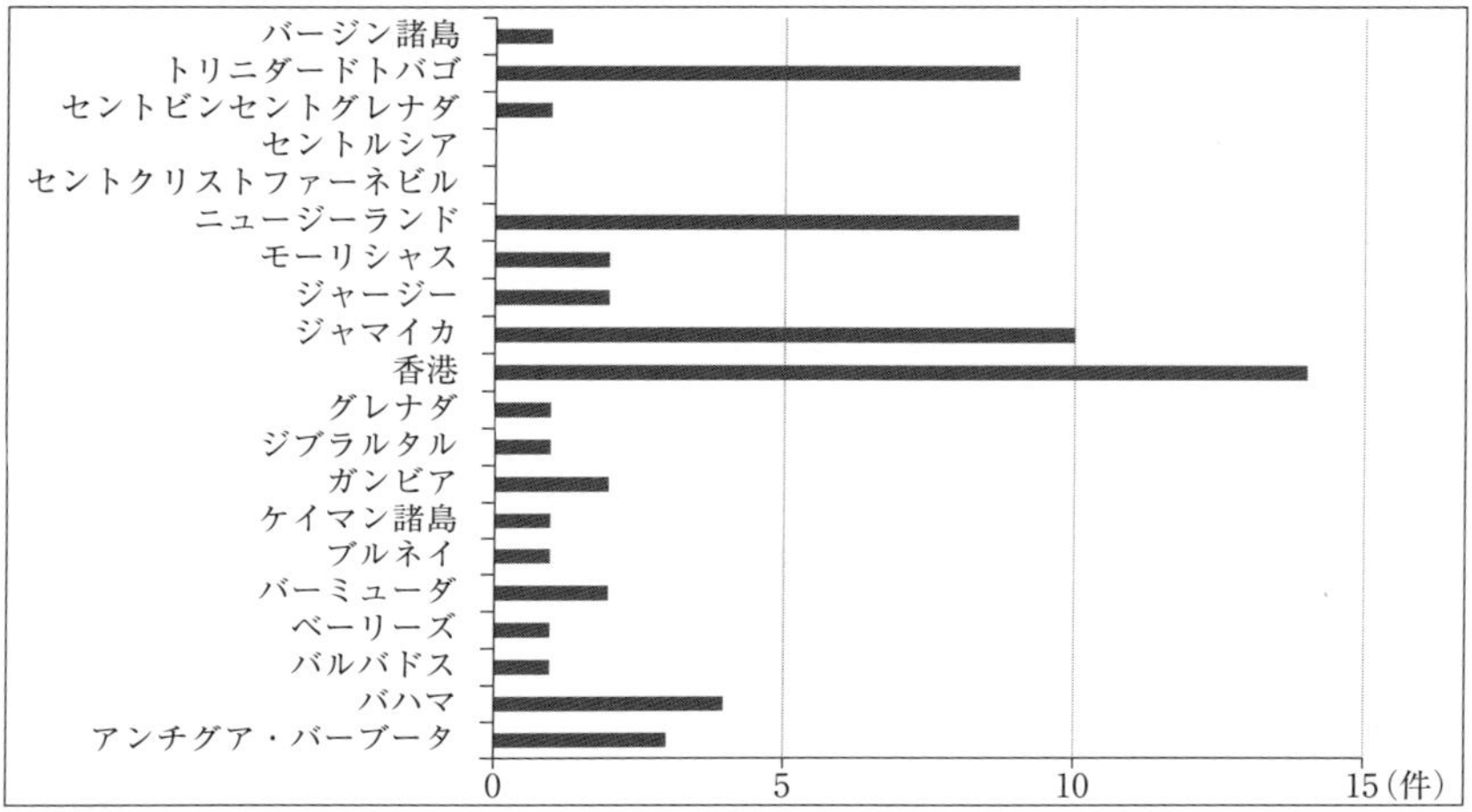

（注）香港についての統計は 6 月 31 日まで。
（出所）「Privy Council Office（枢密院司法委員会ホームページ）」（Appeal Statistics 1997）（http://webarchive.nationalarchives.gov.uk/20101103140224/ http://www.privy-council.org.uk/output/Page34.asp）を参考に筆者作成。

に司法委員会が設けられ、このような諮問は、すべて司法委員会にかけられるようになった。こうして、枢密院司法委員会が、海外の英国領に対する最高裁判所としての権能を営むことになった。[1]

枢密院司法委員会の人的構成は、貴族院とほぼ重なる。このため、かつては英帝国内の法の統一を実質的に確保するという、重大な権能を持っていた。しかし、第一次世界大戦後、自治領と英国の間の新しい体制を定めた一九三一年のウェストミンスター法は、コモンウェルス構成国は、自らの裁判所から枢密院への上訴を完全に禁止することができると規定した。その後、カナダ、南アフリカ、アイルランド、インド、パキスタンと、枢密院司法委員会への上訴を廃止する地域が続いた。その結果、旧英帝国領内の法の統一という枢密院の権能は、かなりの程度において、失われたとされる。[2]

現在は二七のコモンウェルス諸国、英国海外属領および英国主権基地領域が枢密院司法委員会を最高裁判所としている。前記のコモンウェルス諸国は、アンティグア・バーブーダ、バハマ、英国領インド洋地域、クック諸島およびニウエ、グレナダ、ジャマイカ、セントクリストファー・ネイビス、セントルシア、セントビンセント・グレナディーン、ツバル、トリニダード・トバゴ、キリバス、モーリシャスである。英国海外属領として、アンギラ、バミューダ、英国領南極地域、英国領バージン諸島、ケイマン諸島、フォークランド諸島、ジブラルタル、モントセラト、ピトケアン諸島、セントヘレナ・アセンションおよびトリスタンダクーニャ、タークス・カイコス諸島であり、キプロスの英国主権基地領域アクロティリおよびデケリアも含まれる。[3]

終審法院は、設立後、どのように機能しているのだろうか。まず、終審法院の審理事件数は、英国枢密院司法委員会よりもはるかに多い。【表3】は終審法院の年間事件審理数を示している。直近の数値を見ると、二〇一五年から二〇一七年の審理事件数は、枢密院司法委員会のそれに比べ、一〇倍以上に達している。その詳細を法分野ごとにまとめたのが【表4】である。【表4】を見ると、とりわけ、憲法分野での事件数の増加が、前期比九〇〇%と突出している。次に、民事訴訟法と不法行為法の分野が続く。このように、終審法院は枢密院司法委員会よりもはるかに多くの事件を審理している。したがって、実質的にも香港の最終審としての機能を果たしているものと推論されよう。

【図3】英国枢密院司法委員会―席上には上訴を認める国々の国旗が並ぶ

（出所）筆者撮影。

終審法院裁判官とは

終審法院の担い手である終審法院裁判官は、どのような人々から構成されているのだろうか。中国内でコモン・ロー体系を維持する香港の最終審裁判所として、どのような特徴を持つのか。

【表 3】枢密院司法委員会および終審法院における審理事件数の比較

	枢密院司法委員会		終審法院		
	1996 年	1997 年(注)	2015 年	2016 年	2017 年
事件審理数	16	14	156	156	138

(注) 1997 年 6 月 31 日まで。
(出所)「Privy Council Office (枢密院司法委員会ホームページ)」(Appeal Statistics 1996) (http://webarchive.nationalarchives.gov.uk/20101103140224/ http://www.privy-council.org.uk/output/Page34.asp)、「Privy Council Office (枢密院司法委員会ホームページ)」(Appeal Statistics 1997) (http://webarchive.nationalarchives.gov.uk/20101103140224/ http://www.privy-council.org.uk/output/Page34.asp)、「香港司法機構年報 2017 (Hong Kong Judiciary Annual Report 2017)」(http://www.judiciary.hk/en/publications/annu_rept_2017/eng/list_of_judge.html) を参照に筆者作成。

【表 4】事件の分類 (枢密院司法委員会および終審法院) の比較 (1987-2007 年)

	枢密院司法委員会 (1987-1997 年)	終審法院 (1997-2007 年)	前期比(注)
憲法	5	45	900%
行政法	22	24	109%
刑法・刑事訴訟法	28	68	242%
民事訴訟法	6	19	316%
商法	19	22	115%
土地法	14	28	200%
不法行為法	5	15	300%
その他	9	23	255%
計	108	244	225%

(注) 小数点以下切り捨て。
(出所) Young, Simon N. M. and Antonio De Roza, "Final Appeals then and now" in Simon N. M. Young and Yash Ghai (eds) *Hong Kong's Court of Final Appeal: The Development of the Law in China's Hong Kong*, (Cambridge: Cambridge University Press, 2014), p.164. を参照に筆者作成。

(1)国籍

まず、終審法院裁判官の国籍に関する規定を検討する。香港基本法は、立法・行政・司法にわたってそれに就く者の国籍に関する規定を置いている。司法に関して、香港基本法九〇条一項は、終審法院首席裁判官と高等法院首席裁判官は外国国籍を持たない香港人（香港居留権を持つ中国公民）であることを規定する。

しかし、外国国籍保持者の就任を禁止する規定は、香港基本法九〇条のみにとどまっている。そして、香港基本法八二条は、終審法院へ外国籍裁判官の招聘を認めている。さらに、香港基本法九二条は、すべての審級において、裁判官に外国国籍保持者が就くことを認めている。また、香港基本法九三条一項は、返還以前に司法機関に就いていた外国国籍保持者の待遇が悪化しないことを憲法上保障する。

要するに、香港基本法は、香港裁判官制度において、終審法院首席裁判官、高等法院首席裁判官以外の裁判官および法院職員は、返還以前と同様に、外国国籍保持者でもかまわないことを憲法上保障している。【表5】は、立法・行政・司法機関に就く者の国籍についての香港基本法規定を比較している。【表5】からは、立法・行政・司法にわたり外国国籍保持者の就任が香港基本法上保障されていることが見て取れるが、中でも司法は終審法院首席裁判官、高等法院首席裁判官の二名以外の裁判官に外国国籍保持者が就くことを容認しており、極めて広く外国国籍保持者に門戸を開いている。

それでは、終審法院裁判官には、香港基本法の規定通り、外国国籍保持者が多数就任しているのであろうか。以下、まず終審法院裁判官の構成から概説する。

(2)構成

終審法院は、首席裁判官（Chief Justice, CJ）および常任裁判官（Permanent Judges, PJs）から構成される（終審法院条例五条）。必要な場合、非常任裁判官（Non-Permanent Judges, NPJs）を裁判に招聘し（二項）、他のコモン・ロー適用地区の裁判官を裁判に招聘することができる（三項）。非常任裁判官には二種類が存在する。それらは、（a）コモン・ロー適用地区非常任裁判官（Common-Law Non-Permanent Judges, CLNPJs）お

【表5】国籍に関する香港基本法規定比較―立法・行政・司法

立法機関	行政機関	司法機関
● 立法会首席（71条） 香港に通常連続20年以上居住し、外国に居留権を持たない香港永住性居民の中の満40歳以上の中国公民でなければならない。 ● 立法会議員(注1)(67条) 外国に居留権を持たない香港永住性居民の中の中国公民からなる。外国籍の香港永住性居民と外国に居留権を持つ香港永住性居民の立法会議員の比率は20%を超えてはならない。	● 行政長官（44条） 香港に連続20年以上居住し、外国に居留権を持たない香港永住性居民の中の満40歳以上の中国公民でなければならない。 ● 行政会議員（55条2項） 外国に居留権を持たない香港永住性居民の中の中国公民でなければならない。 ● 主要政府職員（61条） 香港に通常連続15年以上居住し、外国に居留権を持たない香港永住性居民の中の中国公民でなければならない。 ● 公務員（101条） 香港永住性居民である英国籍およびその他の外国籍のものを政府公務員に任用することができる。 ● 廉政公署職員、会計検査署署長、警察署所長、入境事務所所長、税関所長および各省長、副省庁、各局長 外国に居留権を持たない香港永住性居民の中の中国公民でなければならない。 ● 政府顧問（101条） 英国籍およびその他国籍の者を招聘して政府部門の顧問、専門職務、技術職務に就かせることができる。	● 終審法院首席裁判官（90条） 外国に居留権を持たない香港永住性居民の中の中国公民でなければならない。 ● 高等法院首席裁判官（90条） 外国に居留権を持たない香港永住性居民の中の中国公民でなければならない。 ● 裁判官（92条） コモン・ロー適用地区から招聘することができる。 ● 法院職員（92条） コモン・ロー適用地区から招聘することができる。

（注1）第5期立法会議席数は70議席（2012年末現在）。
（注2）下線部が外国国籍保持者の就任を認めている香港基本法条文。
（出所）筆者作成。

よび（b）香港非常任裁判官（Hong Kong Non-Permanent Judges、HKNPJs）である。要するに、終審法院裁判官は、首席裁判官、常任裁判官、非常任裁判官から構成され、非常任裁判官はまた香港非常任裁判官とコモン・ロー適用地区非常任裁判官からなる。

【表6】は終審法院裁判官の構成、定員、任命資格、任期および罷免を示している。英国において、裁判官の質の高さ、および裁判官の高い権威と弁護士の裁判官に対する心からの尊敬の念との基盤が存するのは、「裁判官はバリスタ（法廷弁護士）の経験ある者から選ばれるべし」との建前が、かなり厳格に守られているからだと指摘される。特に判例法の形成に参与する上位裁判所の裁判官は、一〇年あるいは一五年のバリスタ歴を有する者から選ばれねばならないとされ、そして実際に、このような地位に就く者は、勅選弁護士（Queen's Counsel）[4]が多く、そうでなくても、バリスタ中の傑出した者が任命される。[5] 終審法院裁判官の任命資格を見るに、返還後香港においても、この伝統が続いているといえよう。

次に、首席裁判官、常任裁判官、非常任裁判官についてそれぞれの特徴を見る。

①首席裁判官

香港基本法は首席裁判官について、次のように規定している。首席裁判官は、中国公民であり、外国に居住権を持たない香港永住性居民でなければならない（九〇条）。司法人員推薦委員会の推薦に基づいて、行政長官に任命される（八八条）。任命は立法会の同意を得なければならず、中国全国人民代表大会常務委員会（全人代常務委）へ報告し記録にとどめなければならない（八九条）。この他に、香港基本法は行政長官との関係（四七条、七三条九号）、および裁判官の罷免（八九条、九〇

> 香港基本法 90 条
> 1 項　香港特別行政区終審法院と高等法院の首席裁判官は、外国に居留権をもたない香港特別行政区永住居民のなかの中国公民でなければならない。

> 香港基本法 92 条
> 香港特別行政区の裁判官および他司法人員は、司法面の資質および専門資格に基づいて選出されねばならず、他のコモン・ロー適用地区から選出することもできる。

> 香港基本法 93 条
> 1 項　香港特別行政区設立前に香港司法に勤務していた裁判官およびその他司法人員はすべて留任することができ、その勤続年数は保留され、給与、手当、福祉待遇、勤務条件はもとの基準を下回らない。

【表6】終審法院裁判官の構成、任命資格、任期および罷免

名称	定員	任命資格	任期	罷免
首席裁判官 (Chief Justice, CJ)	1名	・終審法院常任裁判官 ・高等法院首席裁判官、控訴院裁判官または第一審裁判所裁判官 ・10年以上香港においてバリスタまたはソリシタの経験を積んだバリスタ	定年 (ただし、3年2回の期間を超えない限り、行政長官による延長あり。)	職務遂行の能力を失うか、あるいは裁判官としてふさわしくない行動をとった場合においてのみ、行政長官は終審法院の首席裁判官が任命した3名を下回らない香港の裁判官からなる法廷の提案に基づいて解任することができる。
常任裁判官 (Permanent Judges, PJs)		・高等法院首席裁判官、控訴院裁判官または第一審裁判所裁判官 ・10年以上香港においてバリスタまたはソリシタの経験を積んだバリスタ	定年 (ただし、3年2回の期間を超えない限り、行政長官による延長あり。)	
非常任裁判官 (Non-Permanent Judges, NPJs)	30名を超えない		任期は3年 (ただし、首席裁判官の推薦に基づいて、行政長官によって1回またはそれ以上延長可能。)	
①香港非常任裁判官 (Hong Kong Non-Permanent Judges, HKNPJs)		・引退した高等法院首席裁判官 ・引退した本法院首席裁判官 ・引退した本法院常任裁判官 ・現役あるいは引退した控訴院裁判官 ・香港に通常居住しているかどうかにかかわらず、10年以上香港においてバリスタまたはソリシタの経験を積んだバリスタ		
②コモン・ロー適用地区非常任裁判官 (Common Law Non-Permanent Judges, CLNPJs)		・他のコモン・ロー適用地区において民事あるいは刑事管轄に制限のない裁判所の現役または引退した裁判官であり、通常香港地域以外に居住し、香港において、高等法院裁判官、地区法院裁判官、常任のマジストレート裁判官を担当した経験がないもの。		

(出所) 終審法院条例5条、9条、10条、14条、香港基本法89条より筆者作成。

条）について首席裁判官の役割を規定する。首席裁判官が審理をできない場合、首席裁判官は常任裁判官の中から、代わりのものを指名しなければならない（香港終審法院条例一六条二項）。

②常任裁判官

常任裁判官は、その数に制限はないが、三人を超えない慣行となっている。二〇一八年までに、合計七人が常任裁判官を担当した。

③非常任裁判官

ⓐコモン・ロー適用地区非常任裁判官

非常任裁判官のうち、コモン・ロー適用地区非常任裁判官の存在は、香港終審法院の大きな特色といえよう。

まず、制度の創設目的を見るに、それは英国枢密院司法委員会への上訴が廃止された後も、国際的で先進的な法律実践との一体性を保つことであったと指摘される。さらに、実際的な事情として、返還時に香港では著名な弁護士（バリスタ）が裁判官として就職したがらなかった点も指摘されている。[6]

任命資格を見るに、コモン・ロー適用地区非常任裁判官は、条文上は必ずしもその他の地域の最高裁裁判官である必要はない。しかし実際には、元最高裁裁判官が招聘されている。[7]これまで、終審法院には、英国最高裁判所の現役裁判官、元英国貴族院裁判官、元オーストラリア高等裁判所裁判官、元ニュージーランド最高裁判所裁判官といったコモン・ロー体系を代表する錚々たる顔触れの裁判官が在籍してきた。このため、終審法院判決は、香港のみならず、国際的にも注目されている。[8]

コモン・ロー適用地区非常任裁判官は、法的見解に多様性を与え、新しい法的問題に対処する際にリーダーシップを発揮し、事実究明と判決文の執筆を大いに助けた

> 香港基本法 88 条
> 香港特別行政区裁判官の裁判官は、香港の裁判官と法曹界およびその他の知名人からなる独立した委員会の推薦に基づいて、行政長官が任命する。

> 香港基本法 47 条
> 2 項　行政長官は就任にあたって、香港特別行政区終審法院首席裁判官に財産を申告し、記録に留めなければならない。

> 香港基本法 89 条
> 職務遂行の能力を失うか、あるいは裁判官としてふさわしくない行動をとった場合においてのみ、行政長官は終審法院の首席裁判官が任命した 3 人を下回らない香港の裁判官からなる法廷の提案に基づいて解任することができる。

と指摘される。そして、法廷で多数を占める常任裁判官は、コモン・ロー適用地区非常任裁判官の発案を、香港の法律、慣行、文化と照らし、具体化する役割を果たした。[9]

コモン・ロー適用地区非常任裁判官はそれぞれの経験に応じて、ふさわしい事件を担当する。例えば、英国常任上訴貴族を務めたミレット卿は不動産関係事件に配置され、最も審理に参加したオーストラリア高等法院首席裁判官を務めたメーソン卿は憲法や公法分野でリーダーシップを発揮した。[10]

コモン・ロー適用地区非常任裁判官の存在について、他の終審法院裁判官は次のように述べている。香港非常任裁判官であるモルティメア裁判官は、「……香港は独自の法律を発展させることができるばかりか、他のコモン・ロー適用地区の最も優れた成果に対して開かれていることになる。このため、将来終審法院はコモン・ロー適用地区の中で最も尊敬される裁判所の一つになるであろうことを信じている」と述べる。[11]

ボカリー常任裁判官（当時）もこう述べている。「コモン・ロー適用地区非常任裁判官のすべてがその出身地域の極めて著名な法律家であり、法律に非常に詳しい。……個人的な感想を述べると、こうした優れた法律家と一緒に仕事ができることは非常に名誉である」[12]

最終審級裁判所に外国国籍の裁判官が在籍することについて、批判はないのだろうか。この点、コモン・ロー適用地区非常任裁判官が法廷を構成する人数は通常一人に限定されていること、さらに、コモン・ロー適用地区非常任裁判官が、香港の問題については、香港の裁判官に敬意を示す傾向にあることなどから、香港の状況を理解していない、という外国籍裁判官に対する批判は、盛り上がっていない。[13]

とはいえ、二〇一四年の雨傘運動に関する判決が続々と下される中で、時に、警察側に対して厳しいと思われる判決が下された場合、担当していた外国籍裁

香港基本法73条

9号立法会全議員の4分の1が共同同義を提出し、行政長官に重大な法律違反あるいは瀆職行為がありながら辞職しないと非難し、訴えた場合、立法会でその調査実行が可決されたのち、立法会は終審法院首席裁判官に、責任をもって独立した調査委員会を設置し、自ら同調査委員会首席に就任するように依頼することができる。……

判官に批判の声が上がることがある。例えば、雨傘運動が展開されていた二〇一四年一〇月一四日に、金鐘で無抵抗の状態のソーシャルワーカーの曽健超を七人の警察官が暗がりに連れ込み秘密裡に暴行を加えたが、それが録画され、翌日、暴行シーンが世界中に配信された曽健超暴行事件がある。本事件で、警察側に対し懲役二年の判決を下した。ダフトン地区法院裁判官は、英国籍のデービット・ダフトン裁判官は当初懲役二年六カ月を予定していた（暴行の法定刑の上限は懲役三年）が、情状酌量し（雨傘運動鎮圧のために警察がストレスを抱えていたこと、警察官に前科がないばかりか免職され年金受給資格も失ったこと）、二年の懲役としたものであった。[14]

しかし、警察官に同情する者たちが外国籍裁判官は民主派に肩入れしているとの批判を展開した。例えば、王敏剛全人代香港代表は二〇一七年三月の全人代で、外国籍裁判官は他国の主権に忠誠を誓っているので憲法関係の訴訟からは外すべきだと発言した。[15] また、北京航空航天大学の田飛竜は「懲役二年は過酷すぎる」「非中国籍裁判官は香港における権利保障と公共秩序維持との関係を体系的に理解することができない」「（外国籍裁判官）は香港基本法における『一国』の含意と法律の関係を理解できない」などと述べ、外国籍裁判官の職務は商事紛争といった専門的な事件や国際条約の履行に限定すべきとする。[16] さらに、香港基本法委員会委員で北京大学法学部教授の饒戈平は、香港人裁判官が香港の上位裁判所では少数派であることに対して「（外国籍裁判官と香港人裁判官の）比率に関するルールが設定されていないので、外国籍裁判官の存在が法律違反だとはいえない。しかしそれは合理的なのだろうか」「香港は現地の人材が不足しているわけではないので、（外国籍裁判官と香港人裁判官の）比率を調整すべきではないのか」と批判した。[17]

これに対し香港法曹界においては、外国籍裁判官の存在が香港の法院の独立を補強していると肯定的に評価する声が圧倒的である。例えば、香港大学法学部教授サイモン・ヤンは、終審法院の外国籍裁判官は、コモン・ロー適用地域から、最も著名な実務経験を積んだ裁判官として尊敬を受けているとし、「彼らはその知識と経験を香港にもたらしている。彼らの貴重な洞察が香港法院の可能性を高めている」と評価している。[18]

(b)香港非常任裁判官

香港非常任裁判官は、その多くが、一九九七年の任命後、退職などの理由で香港を離れた。首席裁判官と常任裁判官の過大な仕事量を減らすために、香港非常任裁判官の活用が提唱されることもあるが、彼らを香港に呼び戻すことが困難であるため、それは実現していない。[19]

(3)終審法院裁判官の特徴

こうした終審法院裁判官一人一人について、その出生地（および国籍）、出身大学、主な職歴（および赴任地）、直近の職（および赴任地）について、詳しく見ていき、特徴を抽出していく。それをまとめたものが【表7】である。

まず、終審法院裁判官が法学教育を受けた場所としては、圧倒的に英国が多い。大多数が英国で法学学位を取得している。この傾向は、コモン・ロー適用地区非常任裁判官ばかりか、首席裁判官、常任裁判官、香港非常任裁判官にも当てはまっている。香港にて法学学位を取得したのは一名にすぎない。

終審法院裁判官の職歴を見ると、香港のみで職歴を積んだ者は、一九名の裁判官のうち一名にすぎないことがわかった。他は香港（あるいは中国）から英国へ移動し職歴を積んだ者、旧英国植民地（コモン・ロー適用諸国）間で移動しながら職歴を積んだ者、英国のみで職歴を積んだ者、にほぼ均等に大別される。総じて、終審法院裁判官の大部分が英国において法学教育を受け、ほぼ全員がその後、英国やコモン・ロー諸国にて法曹経験を積んでいるといえよう。

そして、終審法院の中核（終審法院首席裁判官および常任裁判官）には、外国国籍保持者といえども、香港と何等かの関係を有する者（香港で出生した者など）をあて、非常任裁判官に英国の高名な裁判官を招聘している。実際に、コモン・ロー適用地区非常任裁判官の経歴は英国最高裁判所裁判官のものと非常に似通っており、英国最高裁判所裁判官を兼任し、英国最高裁判所長官を経験した者もいる。

終審法院裁判官の直近の赴任地から見ると、香港の法曹から終審法院裁判官に選抜されたものが終審法院の中

【表 7】香港終審法院裁判官の出生地（国籍）、出身大学、主な職歴（赴任地）、直近の職（赴任地）

氏名	出生地（国籍）	出身大学	過去の主要な職歴（赴任地）	直近の職	（赴任地）
終審法院首席裁判官（Chief Justice of the Court of Final Appeal）					
①馬首席裁判官 The Hon. Chief Justice Geoffrey Ma（馬道立首席法官）	香港（中国）	バーミンガム大学	弁護士（英国、香港、オーストラリア、シンガポール） 第一審裁判所裁判官（香港） 控訴院裁判官（香港）	高等法院首席裁判官（香港）	
終審法院常任裁判官（Permanent Judges of the Court of Final Appeal）					
②鄧裁判官 The Hon. Mr Justice Robert Tang, SBS（鄧楨（鄧國楨）法官）	上海（中国）	バーミンガム大学	弁護士・勅撰弁護士（英国、香港、オーストラリアビクトリア州、米国ニューヨーク州、シンガポール） 第一審裁判所裁判官（香港） リコーダ（香港）	控訴院裁判官（香港）	
②霍裁判官 The Hon. Mr Justice Fok（霍兆剛法官）	香港（－）	ユニバーシティ・カレッジ・ロンドン（UCL）	弁護士・上級弁護士（香港、シンガポール） リコーダ（香港） マジストレート裁判官（香港） 第一審裁判所裁判官（香港）	控訴院裁判官（香港）	

③リベイロ裁判官 The Hon. Mr Justice Roberto Alexandre Vieira Ribeiro (李義法官)	香港(英国)	ロンドン・スクール・オブ・エコノミクス(LSE)	弁護士・勅撰弁護士(英国、香港、シンガポール) 香港大学(香港) 高等法院裁判官(香港) リコーダ(香港) 第一審裁判所裁判官(香港)	控訴院裁判官(香港)	
終審法院非常任裁判官(Non-Permanent Judges of the Court of Final Appeal)					
香港非常任裁判官(Hong Kong Non- Permanent Judges)					
④ボカリー裁判官 The Hon. Mr Justice S K S Bokhary (包致金法官)	香港(－)	英国		弁護士・勅撰弁護士(英国、香港) 枢密院司法委員会(英国) 高等法院裁判官(香港) 控訴院裁判官(香港)	終審法院常任裁判官(香港)
⑤陳裁判官 The Hon. Mr Justice Patrick Chan (陳兆愷法官)	香港(中国)	香港大学	弁護士(香港) 地区法院裁判官(香港) 高等法院裁判官(香港) 高等法院首席裁判官(香港)	終審法院常任裁判官(香港)	
⑥ストック裁判官 The Hon. Mr Justice Frank Stock (司徒敬法官)	ジンバブエ[旧ローデシア](英国)	リバプール大学	弁護士・勅撰弁護士(英国、香港、オーストラリアバージニア州) 検察官(香港)	控訴院裁判官(香港) *控訴院副首席裁判官を兼任。	

			Principal Crown Counsel（香港） 法務次官（香港） 第一審裁判所裁判官（香港）		
コモン・ロー適用地区非常任裁判官（Common-Law Non-Permanent Judges）					
⑦ホフマン卿 The Rt. Hon. Lord Hoffmann （賀輔明勳爵）	南アフリカ（英国）	オックスフォード大学（クイーンズ・コレッジ）	弁護士・勅撰弁護士（英国） 高等法院裁判官（英国） 控訴院裁判官（英国）	常任上訴貴族（英国）	
⑧ミレット卿 The Rt. Hon. Lord Millett （苗禮治勳爵）	－（英国）	ケンブリッジ大学（トリニティー・ホール）	弁護士・勅撰弁護士（英国、シンガポール、香港） 高等法院裁判官（英国） 控訴院裁判官（英国）	常任上訴貴族（英国）	
⑨グリーソン裁判官 Mr Murray Gleeson （紀立信法官）	オーストラリア（オーストラリア）	シドニー大学	弁護士・勅撰弁護士（オーストラリア） ニューサウスウェールズ州裁判所首席裁判官（オーストラリア）	オーストラリア高等裁判所首席裁判官（オーストラリア）	
⑩ニューベルガー卿 The Rt. Hon. Lord Neuberger of Abbotsbury （廖柏嘉勳爵）	英国（英国）	オックスフォード大学	弁護士・勅撰弁護士（英国） 高等法院裁判官（英国） 控訴院裁判官（英国） 常任上訴貴族（英国）	記録長官（英国）	

⑪ウォーカー卿 The Rt. Hon. Lord Walker of Gestingthorpe (華學佳勳爵)	英国(英国)	ケンブリッジ大学(トリニティ・コレッジ)	弁護士・勅撰弁護士(英国、シンガポール、バーミューダ、ケイマン諸島) 高等法院裁判官(英国) 控訴院裁判官(英国)	常任上訴貴族(英国)	
⑫コリンズ卿 The Rt. Hon. Lord Collins of Mapesbury (郝廉思勳爵)	英国(英国)	ケンブリッジ大学(ダウニング・カレッジ) コロンビア・ロー・スクール(米国)	弁護士(ソリシタ)・勅撰弁護士(英国) 高等法院裁判官(英国) 控訴院裁判官(英国) 常任上訴貴族(英国)	英国最高裁判所裁判官(英国)	
⑬クラーク卿 The Rt. Hon. Lord Clarke of Stone-cum-Ebony (簡嘉麒勳爵)	スコットランド(英国)	ケンブリッジ大学(キングス・カレッジ)	弁護士・勅撰弁護士(英国、香港、シンガポール) リコーダ(英国) 高等法院裁判官(英国) 控訴院裁判官(英国) 記録長官(英国)	英国最高裁判所裁判官(英国)	
⑭フィリップス卿 The Rt. Hon. Lord Phillips of Worth Matravers (范理申勳爵)	英国(英国)	ケンブリッジ大学(キングス・コレッジ)	弁護士・勅撰弁護士(英国) リコーダ(英国) 高等法院裁判官(英国) 控訴院裁判官(英国) 常任上訴貴族(英国) 記録長官(英	英国最高裁判所(初代)長官(英国)	

			国） 英国首席裁判官（英国）		
⑮スピゲルマン裁判官 The Hon. Mr Justice James Spigelman （施覺民法官）	ポーランド（オーストラリア）	シドニー大学	弁護士・勅撰弁護士（オーストラリア） ニューサウスウェールズ法務次長（オーストラリア） ニューサウスウェールズ首席裁判官（オーストラリア）	フィジー最高裁判所裁判官（フィジー）	
⑯グモウ裁判官 The Hon. Mr Justice William Gummow （甘慕賢法官）	オーストラリア（－）	シドニー大学	弁護士・勅撰弁護士（オーストラリア） シドニー大学法学部教授（オーストラリア）	オーストラリア高等裁判所裁判官（オーストラリア）	
⑰フレンチ裁判官 The Hon. Mr Justice Robert French （范禮全法官）	オーストラリア（－）	ウェスタンオーストラリア大学	弁護士（オーストラリア） オーストラリア連邦裁判所裁判官（オーストラリア）	オーストラリア高等裁判所首席裁判官（オーストラリア）	
⑱リード卿 The Rt. Hon. Lord Reed（兼任） （韋彥德勳爵）	スコットランド（英国）	オックスフォード大学	スコットランド弁護士会 スコットランド上級裁判官 スコットランド民事上級裁判所第一審部 スコットランド民事上級裁判所上訴部 ヨーロッパ人権裁判所裁判官（非常勤）	英国最高裁判所裁判官（英国） ＊英国最高裁判所裁判官を兼任。	

(出所）廣江倫子『香港基本法解釈権の研究』信山社、2018 年、60～63 頁より一部改変の上引用。
（注）不明箇所は「—」と表記している。

【図 4】1945 年当時の英帝国版図—終審法院裁判官の出生地、出身大学、主な職歴と赴任地、直近の職と赴任地はこの地域に重なる

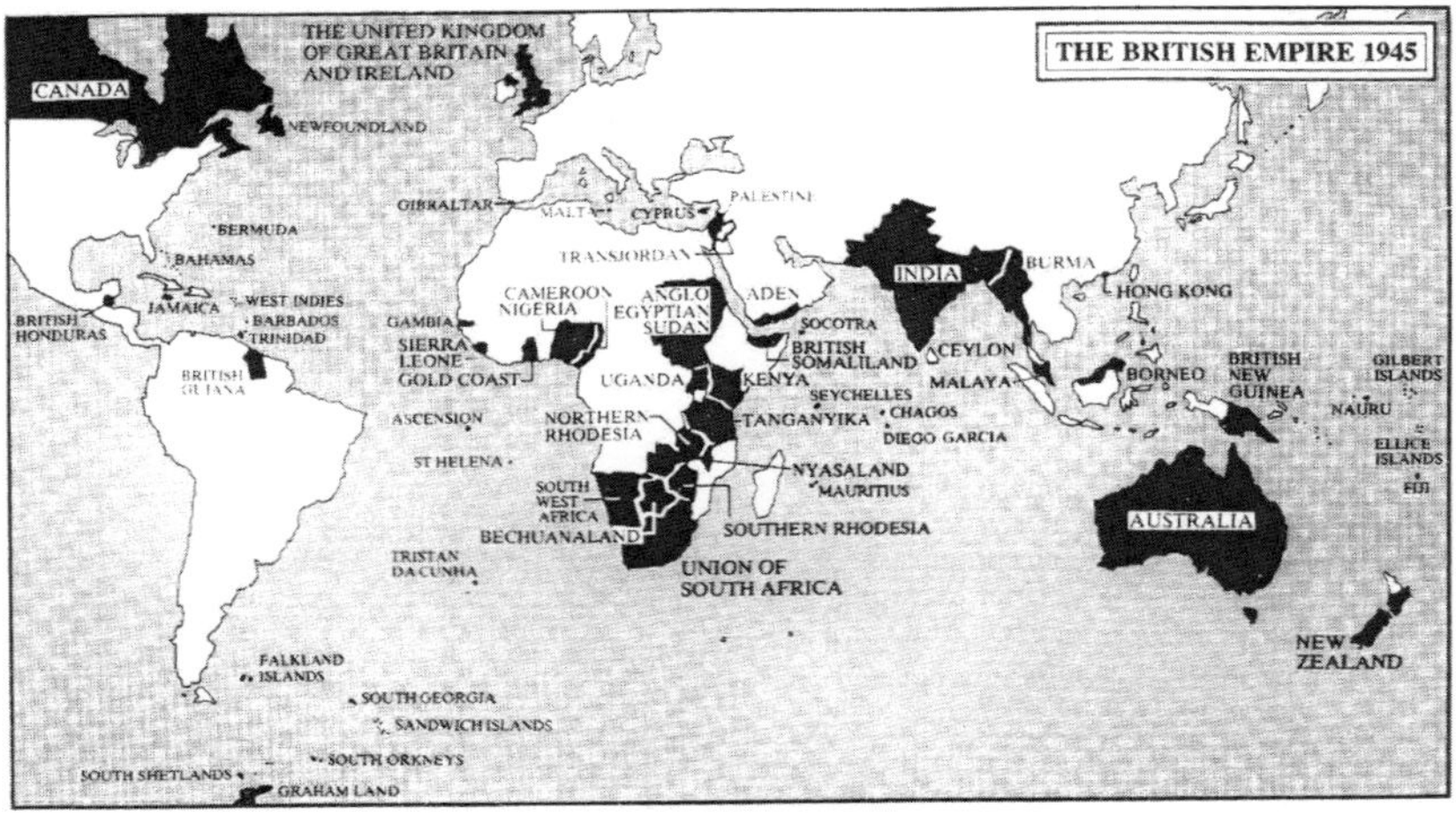

（出所）Darwin, John, *The End of the British Empire: The Historical Debate*（Oxford: Basil Blackwell Ltd., 1991), vi. より引用。

枢を担っている。つまり、終審法院の審理の中核を占める首席裁判官、常任裁判官は、香港の法曹にて直近の経験を積んだ者から選出されている。馬首席裁判官と常任裁判官である鄧裁判官、陳裁判官、リベイロ裁判官、霍裁判官はいずれも香港高等法院から終審法院裁判官に昇任している。

終審法院における審理

最後に、終審法院における審理について見ていく。まず、終審法院法廷は五名の裁判官で構成され、内訳は、首席裁判官、三名の常任裁判官、一名の非常任裁判官からなる（【表8】）。枢密院司法委員会においても、法廷の最低数は三名であるが、実際には、通例五名が裁判に関与していたことから[20]、枢密院司法委員会の構成を踏襲しているものと思料される。そして、法廷の構成から見て、終審法院裁判官の中でも、原則的に必ず審理に参加する首席裁判官と常任裁判官の役割が大きいことがわかる。

条文上、非常任裁判官は要請があったときのみ法廷を構成し、必ずしも法廷の構成に必要ではない（終審法院条例五条二項、三項）。しかし、【表9】によると、一九九七年から二〇一〇年の間に、コモン・ロー適用地区非常任裁判官が関与しなかった審理はわずか一〇件、全体の三％にすぎない。言い換えると、九七％の審理にコモン・ロー適用地区非常任裁判官が参加している。したが

【図5】オックスフォード大学の風景―英国最高裁判所裁判官を兼任あるいは退任した終審法院裁判官は多く、ケンブリッジ大学とあわせた、いわゆるオックスブリッジ（Oxbridge）出身者が終審法院裁判官の多くを占める

（出所）筆者撮影。

って、終審法院の構成において、コモン・ロー適用地区裁判官はそれぞれの事件につき一名という慣習が確立されつつある。この背景には、返還時に任命された香港非常任裁判官の法曹界引退後の海外移住がある。このため香港非常任裁判官を招聘することが困難になり、コモン・ロー適用地区非常任裁判官の審理参加が増加した[21]。

終審法院はコモン・ロー適用地区非常任裁判官を一カ月の任期で招聘する。審理は前半二週間に集中し、残りの二週間で判決の執筆にあたる[22]。

それでは、各裁判官の審理への参加度合いはどうか。枢密院司法委員会では、香港からの事件は均等に裁判官に分配されており、特定の少人数の裁判官グループに事件審理が集中する現象は見られない【表10[23]】。

対して、終審法院では、限られた裁判官が多くの審理に参加する傾向にある。特に首席裁判官と常任裁判官に事件の審理が集中している（【表11】）。例外が、非常任裁判官のメーソン卿である[24]。

コモン・ロー適用地区非常任裁判官の審理への参加度合いは均等ではない。【表11】からは、メーソン卿、ミレット卿といった少数のオーストラリアや英国出身の裁判官が多くの審理に参加する一方で、ほとんど審理に参加してこなかった裁判官もいることがわかる。これは、コモン・ロー適用地区非常任裁判官のうち、定期的に香港を訪問している三人から五人の裁判官に審理が偏っていることを示している[25]。

コモン・ロー適用地区非常任裁判官と同様に、香港非常任裁判官の場合も数人が中心になって審理に積極的に参加し、その他の審理への参加は少ない。また、コモン・ロー適用地区非常任裁判官と比較して、香港非常任裁判官の審理件数は少ない[26]。

「香港の中の英国」としての終審法院

これまで検討してきたように、終審法院は、いわば「香港の中の英国」的な色彩を今でも色濃く残している。そしてそのあり方は中国の司法制度と大きく異なる。英国は「法治（rule of law）の伝統と確立された法制度を香港に残した[27]」ことは疑いもない。そして、香港が現在の繁栄を築いたのは、「英国人がもたらした法治と自由

【表 8】終審法院における法廷の構成

種類	定数	備考
首席裁判官（CJ）	1	首席裁判官が裁判長となる。出廷できない場合は首席裁判官が常任裁判官のうち一人を裁判長に指名する。
常任裁判官（PJs）	3	常任裁判官が確保できない場合、首席裁判官は香港非常任裁判官をもってこれにあてる。
香港非常任裁判官（HKNPJs） コモン・ロー適用地区非常任裁判官（CLNPJs）	1	

（出所） 終審法院条例 16 条より筆者作成。

【表 9】終審法院における法廷構成パターン（1997–2010 年）

パターン	座席 4	座席 2	座席 1	座席 3	座席 5	件数（%）
1	香港非常任裁判官	常任裁判官	首席裁判官または常任裁判官	常任裁判官	コモン・ロー適用地区非常任裁判官	172（53%）
2	常任裁判官	常任裁判官	首席裁判官	常任裁判官	コモン・ロー適用地区非常任裁判官	134（41%）
3	常任裁判官	常任裁判官	首席裁判官	常任裁判官	香港非常任裁判官	10（3%）
4	香港非常任裁判官	常任裁判官	首席裁判官または常任裁判官	香港非常任裁判官	コモン・ロー適用地区非常任裁判官	9（3%）

（出所） Young, Simon N. M. and Antonio De Roza, "The judges" in Young, Simon N. M. and Yash Ghai (eds), *Hong Kong's Court of Final Appeal: The Development of the Law in China's Hong Kong* (Cambridge: Cambridge University Press, 2014), p. 259. より筆者作成。

【表10】枢密院司法委員会の常任上訴貴族が審理した香港の事件（返還以前）

常任上訴帰属	事件審理数
ゴフ（Goff）	39
ジョンシー（Jauncey）	31
ブリッジ（Bridge）	31
キース（Keith）	29
アクナー（Ackner）	29
オリバー（Oliver）	28
ブラウン・ウィルキンソン（Browne-Wilkinson）	28
ロイド（Lloyd）	25
グリフィス（Griffiths）	23
テンプルマン（Templeman）	22
ステイン（Steyn）	22
ホフマン（Hoffmann）	22
スリン（Slynn）	21
マスティル（Mustill）	20
ローリー（Lowry）	18
ニコラス（Nicholls）	16
ブランドン（Brandon）	14
ウルフ（Woolf）	10
ノーラン（Nolan）	10
ホープ（Hope）	10
ハットン（Hutton）	9
ロスキル（Roskill）	7
スレイド（Slade）	7
クライド（Clyde）	7

常任上訴帰属	事件審理数
クック（Cooke）	6
ステファンソン（Stephenson）	4
エルウィン・ジョーンズ（Elwyn-Jones）	3
メイ（May）	3
マッケイ（Mackay）	2
ブライトマン（Brightman）	2
エヴァリー（Eveleigh）	2
フレイサー（Fraser）	2
カー（Kerr）	2
エイシャルバウム（Eichelbaum）	2
ハーディボーイズ（Hardie Boys）	2
ギブソン（Gibson）	2
メガリ（Megarry）	1
マクマソン（McMullin）	1
ヘルシャム（Hailsham）	1
ビソン（Bisson）	1
テルフォードジョージ（Telford Georges）	1
ケイシー（Casey）	1
レーン（Lane）	1
バルコム（Balcombe）	1

（出所）Young, Simon N. M. and Antonio De Roza, "Final Appeals then and now" in Simon N. M. Young and Yash Ghai (eds) *Hong Kong's Court of Final Appeal: The Development of the Law in China's Hong Kong* (Cambridge: Cambridge University Press, 2014), pp. 157-158. を参照に筆者作成。

【表 11】終審法院裁判官が審理した事件数

終審法院裁判官	事件審理数
ボカリー（Bokhary PJ）	231
チャン（Chan PJ）	182
リー（Li CJ）	157
リベイコ（Ribeiro PJ）	154
リットン（Litton PJ/NPJ）	89
メーソン（Mason NPJ）	79
チン（Ching PJ）	52
ミレット（Millet NPJ）	39
ナザレ（Nazareth NPJ）	36
ホフマン（Hoffmann NPJ）	27
モーティマー（Mortimer NPJ）	26
スコット（Scott NPJ）	17
コーク（Cooke NPJ）	16
ブレナン（Brennan NPJ）	16
パワー（Power NPJ）	15
シルケ（Silke NPJ）	15
ニコラス（Nicholls NPJ）	10
リチャードソン（Richardson NPJ）	10
フアド（Fuad NPJ）	8
エイシャルバウム（Eichelbaum NPJ）	8
ウルフ（Woolf NPJ）	7
クロウ（Clough NPJ）	6
ハギンス（Huggins NPJ）	4
ロバーツ（Roberts NPJ）	4
コンス（Cons NPJ）	4
ドーソン（Dawson NPJ）	4
マックヒューグ（McHugh NPJ）	3
ソマース（Somers NPJ）	1

（出所）Young, Simon N. M. and Antonio De Roza, "Final Appeals then and now" in Simon N. M. Young and Yash Ghai (eds) *Hong Kong's Court of Final Appeal: The Development of the Law in China's Hong Kong* (Cambridge: Cambridge University Press, 2014), p. 159. を参照に筆者作成。

経済に由来する」とも広く指摘されている。

今回の逃亡犯条例改正の意味は、「香港に居住しているものが中国に移送され、中国で裁判を受け、刑罰を受けるようになる」[28]ことである。現段階における中国と香港の司法制度の大きな差異に鑑みると、逃亡犯条例に対する反対が大きく盛り上がったのは納得できよう。

1 田中英夫『英米の司法―裁判所・法律家』東京大学出版会、一九七三年、三〇〜三一頁。
2 前掲書1、三〇〜三一頁。
3 「枢密院司法委員会ホームページ（Judicial Committee of the Privy Council）」（https://www.jcpc.uk/about/role-of-the-jcpc.html#Commonwealth）
4 英国において、Q. C.（Queen's Counsel）は、バリスタを一〇年以上勤めた者の中から優秀な者を、大法官が選び、女王が任命する。法曹をバリスタとソリシタに分ける制度の下で社会的に高い地位にあるバリスタの中で、さらにもう一段エリート的な存在であることが指摘される。前掲書1、二六六頁。
5 前掲書1、一七九〜一八〇頁。
6 Young, Simon N. M. and Antonio De Roza, "The judges," in Young, Simon N. M. and Yash Ghai (eds), *Hong Kong's Court of Final Appeal: The Development of the Law in China's Hong Kong* (Cambridge: Cambridge University Press, 2014), p. 263.
7 Id. p. 256.
8 Id. p. 263.
9 Id. p. 263.
10 Id. pp. 263-264.
11 Id. p. 264.
12 Id. p. 264.
13 Id. p. 267.
14 *South China Morning Post*, 17 February 2017. (http://www.scmp.com/news/hong-kong/law-crime/article/2071703/two-years-jail-seven-policemen-who-beat-occupy-activist-ken)
15 *South China Morning Post*, 30 May 2017. (http://www.scmp.com/news/hong-kong/law-crime/article/2096143/criticism-over-judges-nationality-unhelpful-and)
16 *South China Morning Post*, 9 March 2017. (http://www.scmp.com/news/hong-kong/law-crime/article/2077521/experts-line-throw-book-hong-kongs-foreign-judges)
17 *South China Morning Post*, 16 February 2017. (http://www.scmp.com/news/hong-kong/law-crime/article/2071542/hong-kong-justice-department-take-action-after-online-abuse)
18 *South China Morning Post*, 9 March 2017. (http://www.scmp.com/news/hong-kong/law-crime/article/2077521/experts-line-throw-book-hong-kongs-foreign-judges)
19 Young, Simon N. M. and Antonio De Roza, "The judges," in Young, Simon N. M. and Yash Ghai (eds), *Hong Kong's Court of Final Appeal: The Development of the Law in China's Hong Kong* (Cambridge: Cambridge University Press, 2014), p. 269.
20 前掲書1、三三頁。
21 Young, Simon N. M. and Antonio De Roza, "The judges," in Young, Simon N. M. and Yash Ghai (eds), *Hong Kong's Court of Final Appeal: The Development of the Law in China's Hong Kong* (Cambridge: Cambridge University Press, 2014), Young, Simon N. M. and Anto-

nio De Roza, op. cit., p. 258.

22 Id. p. 260.

23 Young, Simon N. M. and Antonio De Roza, "Final Appeals then and now" in Simon N. M. Young and Yash Ghai (eds) *Hong Kong's Court of Final Appeal: The Development of the Law in China's Hong Kong* (Cambridge: Cambridge University Press, 2014), p. 156.

24 Id. pp. 156–158.

25 Young, Simon N. M. and Antonio De Roza, "The judges" in Young, Simon N. M. and Yash Ghai (eds), *Hong Kong's Court of Final Appeal: The Development of the Law in China's Hong Kong* (Cambridge: Cambridge University Press, 2014), p. 267.

26 Id. p. 269.

27 Chan, Johannes M. M., *Paths of Justice* (Hong Kong: Hong Kong University Press, 2018), p16.

28 A BRIEF GUIDE TO ISSUES ARISING FROM THE FUGITIVE OFFENDERS AND MUTUAL LEGAL ASSISTANCE IN CRIMINAL MATTERS LEGISLATION (AMENDMENT) BILL 2019 ("THE BILL") (https://www.hkba.org/sites/default/files/A%20Brief%20Guide%20to%20issues%20arising%20from%20the%20Fugitive%20Offenders%20And%20Mutual%20Legal%20Assistance%20in%20Criminal%20Matters%20Legislation%20%28Amendment%29%20Bill%202019%20%28"The%20Bill"%29_0.pdf)

3

「一国二制度」の統治と危機

―複雑化する政治と社会の関係―

倉田　徹

立法会裏手のタマール公園から見えるセントラル方面の景色。市民たちが芝生に座り、静かに抗議の意思を示している（2019年6月15日、倉田明子撮影）

1. はじめに

香港政治の顕著な特徴は、「民主はないが、自由はある」と形容される、権威主義的な国家の体制と、自由で自律的な市民社会の共存である。米国の国際NGO団体「フリーダム・ハウス」の二〇一九年版「世界の自由」調査[1]では、世界各国・地域について、選挙の手続き・政治的多様性と参加・政府の機能という、主に参政権に関連する「政治的権利（Political Rights）」と、表現と信念の自由、集会と結社の権利、法の支配、個人の自律と権利といった「市民的自由（Civil Liberties）」について、それぞれ一点が最良、七点が最悪という点数評価を行っている。香港の「政治的権利」はイラク、パキスタン、ジンバブエなどと同点の五点と低い評価であるのに対し、香港の「市民的自由」は二点で、米国、フランス、韓国とも同等の、ほぼ先進民主主義国水準の自由があると評価されている。同調査で、「政治的権利」と「市民的自由」の間に三点の差が開いたのは、世界中で香港のみである。つまり香港は、世界で最も「民主はないが、自由はある」土地なのである。

これは、言い換えれば、「中国式」の政治と、「欧米型」の社会の併存とも見ることができる。共産党一党独裁から、習近平個人独裁の色合いを強めている巨大なピラミッド型の中国政府組織の下に、行政長官を長とする香港政府は組み込まれている。一方、市民社会は多元的で、このピラミッドとは接続していない。政治と社会が全く異なるイデオロギーの下にあるというのは、「一国二制度」でなければまず考えがたい特徴である。デモの頻発と、それがもたらした二〇一九年の体制の危機も、このような政治システムの先天的な不安定性に原因を求めることができる。

しかし、実はこのような、政治と社会の乖離という特徴は、一九九七年の返還による「一国二制度」の開始以前から、香港には元来備わっていたものである。返還前の香港は、むしろ現在以上に強力な植民地の独裁体制であり、その下に、世界一自由な経済と評される自由社会が存在してきた。政治と社会の距離は現在に引けをとらなかった。それにもかかわらず、植民地期の香港では、相対的に見て周囲のアジアよりも安定した統治が行われていた。かつての香港政治はどうやって安定を保ってきたのであろうか。そして、そうした政治的な安定は、特に過去一〇年ほどの間に、なぜひどく損なわれてきたのであろうか。

本稿では、香港政治が安定したり、不安定化したりしたメカニズムを、前述のような政治と社会の関係に注目して検討する。まず、植民地期に遡って、香港の政治的安定といわれる現象がどのような条件でもたらされたかを検討する。続いて、返還過渡期から返還後にかけて、そういった条件が変容してゆく過程を分析する。最後に、「逃亡犯条例」改正問題がもたらした体制の危機の構図を分析する。

2. 香港政治の安定化装置

(1) 政治と社会の分離、社会の「自由」と「自治」

過酷に見える植民地統治の下で、香港の政治が例外的な安定を保ったのはなぜか。その問いに対する一つの答えは、政治と社会が距離を保ち、政治が社会への干渉を避け、社会もまた政治への関与を限定したという点に求められる。

政治権力と社会の間には、物理的に距離が存在した。各地の英国植民地都市と同様に、香港でも、ヨーロッパ系企業・ヨーロッパ人が一等地を占め、華人は主として山際・海沿いに小さな家を建てて住んでいた。これは現在の香港島の、ビクトリア・ピーク周辺の超高級住宅地と、上環以西の下町の「格差」の起源である。一八五八年に当時のボウリング総督は、「現地人とヨーロッパ人はほぼ完全に隔離されていて、人種間で社交があるという話は聞いたことがない」と述べている。[2] 戦前まで、華人はビクトリア・ピークに住むことを許されなかった。一九四八年一〇月から五四年四月まで香港に住んだ実業家・直木賞作家の邱永漢は、一部の高級住宅地を除けば「九割以上を占める中国人の姿ばかりが街に溢れ、イギリス人の姿はほとんど目につかなかった。……はたしてイギリス人が住んでいるのだろうかと首をかしげるような雰囲気であった」と回想する。そういう中で、英国人は香港で「自国の風俗習慣を持ち込んで被統治者に強制するようなやり方はしな」かったし、他方で香港の中国人は「イギリス人に現に統治されていても自分ら独自の社会を築いて統治者とは隔絶した生活圏を形成してい」て、「イギリス人となるべくかかわりあうことを避け、その存在を無視した」[3]のである。

このことは、香港社会に「自由」をもたらした。しかし、この「自由」は、香港市民が政庁に対抗して勝ち取ったものとはいえない。高尚な「自由」よりも、放置の結果としての「放任」のほうが、実態に合う言葉であろう。当然ながら、このような「自由」の下の社会は無秩序になる。都市化の進展の中で、政庁は無秩序を完全に放置するわけにもいかなかった。しかし、社会への介入は、様々な形で政庁と社会に摩擦ももたらしている。例えば、英国統治初期には、疫病の原因となる不衛生が問題であった。英国はペストの対策として、中国人の居住環境の改善を目的として、過密住宅の取り壊しなどを進めるが、家屋所有者の反対に遭っている。[4] 戦後になると、火災や火傷などを防ぐために政庁は爆竹の規制に乗り出したが、警察力と行政能力の限界から、政庁は華人社会の反発を恐れ、強硬な措置をとりにくかった。このため、特に青少年を対象とした反爆竹キャンペーンを主軸とすることになった。[5] こうした政庁の慎重さは、下層民に対してもそうであった。戦後、香港政庁は工業化に合わせて埋め立てや海面上の淡水湖建設を行ったが、そのために船で生活する水上居民を陸地に定住化させる必要があった。その際には、反発を防ぐためにある程度水上居民の要求を受け入れた政策がとられたという。[6]

る。政庁の放置の下で、市民は自助努力を強いられた。そのことは社会に「自治」の基盤をつくっていくことになる。それは政庁にとっても、低いコストで統治を実施できる好都合な状況であった。初期の香港の華人社会と政庁の関係については、冼玉儀（エリザベス・シン）による、一八七二年設立の病院・東華医院についての著名な研究がある。[7] 東華医院は医療機関としてだけでなく、慈善組織、社会的・政治的組織としても機能した（現在でもそうである）。英国の香港支配の目的は貿易という一点に集中していたため、その関心は貿易を可能とする法と行政の確立にあり、華人社会の統治という問題は重要ではなかった。政庁は小さく原始的な機関であり、秩序と税収さえ保てれば、政庁は社会を華人自身に任せて放置するのが便利であった。しかし、人口増加や社会の複雑化に伴い、華人社会の管理が重要になっていった。その中で、華人社会の裕福な名望家の寄付によって、当初は東洋医学の病院として東華医院が誕生した。中国と西洋では病と死に対する概念の違いが存在し、華人の病院の建設は人種隔離政策の一環ともいえた。しかし、最初の二〇年の間に、東華医院でも西洋医学が支配的になる。政庁の直接統治への切り替えを意味するこうした改革が社会に受け容れられたのは、ある程度は新たな華人エリートが誕生したことのおかげであった。東華医院は華人社会で最も裕福で影響力のある者の寄付によってつくられた。彼らは華人社会の代表にふさわしい集団であり、政庁も彼らをエリートと認識していた。彼らは中国から持ち込んだ方法を用いて紛争解決、慈善事業、教育、道徳規律の称揚を行い、社会と政府の橋渡し役となった。これらは、政庁ができない、またやりたくない、しかし必要な仕事であった。こうした、チャリティを自前で行う社会の主体性は、現在でも香港で寄付が盛んに行われていること、そして、今回のようなデモが発生したときに、「市民の寄付」で多くの物資が調達されることにもつながっているようにも思える。

英国と中国という二つの帝国の狭間、あるいは重なる場所に置かれた香港では、二つの文明の論理を橋渡しする者が必要であった。そうした能力は、西洋式教育を受けた華人や、西洋と東洋の混血の者などによって担われた。彼らは香港のエリートとなり、独自のアイデンティティを形成していった。ジョン・キャロルはそうした歴史に香港アイデンティティの起源を求めている。[8] 政庁は華人を差別する反面、統治に協力する華人を重用し、エリートを創出した。例えば、英国で教育を受け、医師・弁護士・政界人として多彩な活躍をした何啓（一八五九〜一九一四）のような存在を、キャロルは「政庁に協力的な愛国者（collaborationist patriot）」と称する。何啓は、繁栄し、安定し、清廉な香港に誇りを持つと同時に、中国の自由・商業的発展のための改革も支援した。ここに、愛国心と共存する香港アイデンティティの起源があるという。

同時に、香港政庁が大きな権限を持ちながらも、小さな政府であったことも重要である。香港政治の研究者であるノーマン・マイナーズは、総督の権力は「民主主義以前の英国国王並み」に強力で、「仮に法的権限を最大限に行使すれば、総督は自身の意思を政府の全機関に強制して、過去の政策をすべて覆し、香港を完全な混乱に陥れることもできる」と表現した。[9] しかし、実際には総督は、制度上存在する独裁者並みの権限を好きなように使えたわけではない。もちろん総督は本国の指示に従わねばならないし、香港の地元からの実質的な制約も大きかった。長年香港で勤務してきた地元の官吏は、新政策導入や改革に反抗することも多く、香港社会の有力者も必ずしも総督の政策に協力的とは限らなかった。総督は彼らの協力なしに統治はできない。しかも、総督の任期は五年程度で、官吏らが消極的抵抗を続け、総督の異動で時間切れに追い込むこともできる。「香港の権力は、ジョッキー・クラブ、ジャーディン・マセソン商会、香港上海銀行、総督の順」との言い回しがある。名士が集まる競馬の胴元、アヘン戦争当時から活躍した大商社、発券銀行には、総督以上の権力があるとの揶揄は、総督の実権の限界を示している。財界が政治に大きく影響する香港のあり方は、現在にも通底する特徴である。[10]

政治社会学者の劉兆佳は、こうした香港政庁と香港社会の国家―社会関係を「最小限に融合された社会―政治システム（minimally-integrated social-political system）」と称した。[11] 政治の領域で優勢である官僚制は、自らの機能を制限し、華人社会への干渉を避け、華人社会の政治化を避けることで、その地位を保とうとした。一方、華人社会は家族・宗族集団の集合体であり、それぞれの家族集団は、社会全体の利益よりも、自らの集団の利益を重視した。劉兆佳はこのような価値傾向を「功利的家庭主義」と称している。彼らはメンバー間で必要に応じて資金などを融通し合い、政府に依存せずに社会福祉の不足を埋めることができた。また、家族集団を基礎とする社会は、その組織原理からして政治的な性質のものではなく、かつ、伝統的な中国人の政治的無関心と、政治的抑圧を避けて香港に逃れてきたという大多数の者の経験から、住民の多くが政治参加に対し否定的な考えを持っていた。すなわち、官僚制と華人社会は、いずれも相互に干渉し合う意志も、必要も、手段も持たなかったのである。脱政治化された官僚的政策決定過程と、脱政治化された社会の香港において、政治は国家と社会の境界で展開される、官僚制と華人社会の関係の微調整的性質のものであった。そのため、香港政治は漸進的・小規模・非公式・脱イデオロギー的という特徴を持つものとなり、経済的繁栄と、社会の安定の追求が優先される。戦前に岩波新書『香港』を著した小椋広勝は、「香港の歴史は恐らく最も個性のない歴史の一つであらう。印度に比べて香港はクライヴをもたない。シンガポールに比べても、ラッフルズを持たない。香港歴代の總督の事業は結局、税制整理、土木事業、衛生、教育施設等の非世界史的なものの羅列に過ぎない」と述べていた。[12]

(2) 冷戦と香港：香港政庁と香港左派および北京との関係

第二次世界大戦後の冷戦は、香港をめぐる状況を複雑化させた。共産中国の目の前で、「噴火口に生きるようなもの」とまでいわれた緊張する地政学的条件に加え、冷戦が持つイデオロギー対立という側面がまた問題であった。佐々木卓也は、冷戦はまず何よりも、米ソの権力政治と生活様式をめぐる二重の闘争であったと論じる。[13]単に大国の政府間関係であるだけでなく、いずれかの陣営についた国は、その国民生活を、資本主義国であれば私有財産制と個人の自由を守る形に、社会主義国であれば経済の国有・公有化を行い、人々の生活を国家計画に基づいて設計する形に、形成しなければならなかった。それぞれの陣営において人々がいかに生活するかが問題となり、同時に、いわば各国の「内政」に属する生活様式の問題が、相互の非難の対象となったのである。国家は社会を放置できなくなっていった。

中国の国共内戦で共産党が優位に立つと、英国は共産党政権誕生を視野に、香港の共産党への対策を進めることになった。一九四八年には各種法律の整備が急ピッチで進められた。出入境規制、ストライキの禁止、団体の登録義務づけ、身分証制度などといった住民管理の制度はこの時期に整えられた。一九四九年一月、英国は香港緊急防衛計画を策定した。一九四九年三月には閣議で、植民地相に対し、香港での共産党の活動の弱体化策検討を指示した。[14]この時期に策定された法律は、現在でも少なからず社会運動の規制の根拠法として使われている。

こうした過酷な法律は、共産党シンパの左派に対して偏って適用されてきたとされる。植民統治に脅威となる活動は厳しく監視された。政治学者の馬嶽は、左派系メディアへの弾圧に触れ、返還後の香港の報道の自由は誇張されて論じられてきたと述べている。[15]教育の面では、共産党による全日制の文科大学「香港達徳学院」の弾圧が知られている。同学院は一九四六年一〇月に開学したが、一九四九年二月には資格を取り消された。アレクサンダー・グランサム総督は同学院について、「左派の教授によって設立され、極左的な政治訓練と宣伝を目的としている」「学生は忠実に共産党の路線に従い、強烈に反蒋介石・反米である」と論じていた。[16]文化大革命の影響を受けた左派による一九六七年の香港暴動では、香港政庁は海員（港湾・海運関係者）ストライキを機に一九二二年に制定された「緊急状況規則条例」を発動し、長期拘留や厳罰などの弾圧を加えた。[17]同条例は二〇一九年一〇月五日の「覆面禁止法」導入の根拠として、五二年ぶりに発動されている。

こうした英国と共産党の緊張関係の一方で、両者の間には妥協も成立していた。そもそも、第二次世界大戦後の香港の存続自体、一種の妥協である。アヘン戦争当時とは異なり、軍事力では中国が優位に立っていた。一九四九年一〇月一日、中華人民共和国が建国を宣言し、同一七日には人民解放軍は香港北隣の深圳に到達した。それにもかかわらず、解放軍は香港には入らなかったのである。これについては、共産党と英国の間には、すでに建国前からの密約が存在したともいわれる。一九四八年一一月、新華社香港分社の喬木（喬冠華）社長は香港政府に対し、新しい共産党政権は香港に面倒をかけないと保障し、香港政庁が国民党の指導者を庇護することさえ容認したという[18]。

なぜ人民解放軍は香港を「解放」しなかったのか。それには様々な理由があるであろう。当時の周恩来首相は、戦略的考慮から、香港を英国に統治させるほうが有利との判断をした。周恩来の方針は「長期打算、充分利用（長期的に考え、充分に香港を利用する）」の「八文字の方針」としてよく知られている。

他方、仮に香港を共産党が統治した場合は、共産党はそれなりに苦戦を強いられたかもしれない。グランサム総督は、香港は反共的難民の都市であり、共産党が住民の支持を集めることは難しいであろうと観察していた[19]。

(3)「政治的中立」と自由

しかし、いずれにせよ、香港政庁が共産党政権に配慮した統治を強いられたことは事実である。中国との軍事的緊張を回避するため、西側陣営に属する英国も、過度に西側寄りの立場をとることはできなかった。外交においては、一九五〇年一月、英国は米国や日本と異なり、中華人民共和国を西側諸国で最初に承認した。一方、軍事の面では、香港防衛は米軍に依存していた。英軍は縮小され、一九五七年一〇月には米軍が香港を防衛する約束をしている。しかし、香港は「米国の脅威」、すなわち、過度に米国寄りと中国に見なされ、中国を怒らせるリスクをも計算に入れた統治が必要であった。冷戦期の香港をめぐる国際関係を分析した麦志坤は、香港を

「渋々参加した冷戦の戦士（reluctant Cold Warrior）」と称している。ロンドンは、香港を中国封じ込めに参加させることで、米国の同盟国としての英国の価値を認識させようとしたが、香港の役割は、中国の軍事的脅威の影の前に、間接的で慎重な、極力対立につながらない性質のものに絞られたからである。[20]

自らの力不足を知る香港にとって、冷戦への積極的な参加は危険であった。結局香港が採用したのは、周辺諸国のようなイデオロギーを前面に出した国内の統制ではなく、脱政治化による中立化であった。例えば、一九四九年五月制定の「社団条例」は、あらゆる民間の団体に登録を義務づけているが、香港域外との政治的連係を持つ団体は登録できないと規定されている。これによって、共産党だけでなく国民党も「非合法」団体にするという、両成敗の規定となっている（両党は現在も香港では未登録の団体、いわば「地下政党」である）。これは実際には、中立を保ちながら共産党を取り締まる策であったといえる。

司法もまた脱政治化の手段であった。李家翹・蔡俊威は、戦後の香港政庁が「政治の法律化」によって、イデオロギー面での中立を保とうとしたと論じている。[21]香港は、植民地統治の下にありながら、法の支配が確立した希有な事例である。李家翹、蔡俊威は、その原因を、冷戦期の統治者と被治者の相互連動に求める。すなわち、冷戦期の香港は、共産党、国民党、英国、米国と直接対峙する特殊な地位に置かれ、政治勢力が相互に競争していた。香港政庁は、これらのどの勢力と比べても弱い立場にあり、さらには被治者についても、国民党・共産党系の住民が存在し、その背後には強大な勢力がいるという、通常の植民地とは異なる状況であった。香港政庁はこれらのうちどの勢力に荷担しても、その敵対者から強い批判を受ける圧力にさらされる。この状況下で、香港政庁は法治を確立することにより、法律を基準に統治することができ、中立を守れた。センシティブな決定を裁判所に委ねて、香港政庁自身は政治から逃げた。香港政庁は、弱者であるがゆえに、政治判断を避ける手段としての法治を必要としたのである。

教育においては、イデオロギー教育よりも、文化を利用した教育が行われた。戦後初期、政府は教育を特にキリスト教系の宗教団体に依存した。これは教育における左派の影響を和らげるためでもあった。[22] 歴史教育は操作されたものであったが、その特徴は中国の「愛国主義教育」とは逆に、プロパガンダをしなかったことにあった。香港史・英国史は教えず、古代史と中国文化に重点が置かれたことで、特定の政権に属さない「文化的中国人」のアイデンティティが養成されたのである。[23]

「報道の自由」も確立した。左派と右派のメディアは自由に相手を批判した。一方、香港政庁に対する批判はまれであり、例えば、一九六七年の香港暴動では、大部分のメディアは政庁支持の論調であった。[24]

米国・ヘリテージ財団が発表している経済自由度指数では、香港は二五年連続で「世界一自由な経済」と評されている。[25] こうした経済の自由もまた英国統治の遺産である。香港の経済の自由は、韓国、台湾、シンガポールといった「アジア四小龍」と称される、アジアＮＩＥＳ（新興工業経済地域）の他の国々とも性格を異にする。これらの開発独裁体制の国々が、中央官庁が主導する工業化政策を推進したのに対し、香港は特定の産業に傾斜する政策を欠き、それにより経済の自由がもたらされた。つまり、経済の面でも、中立と自由競争が徹底されたといえる。しかし、趙永佳（スティーヴン・チウ）によれば、こうした工業に傾斜しない自由放任の経済政策自体「政治の産物」であるという。自由貿易港としての伝統から、香港では政庁と、英国資本が支配的な金融・商業界の間に同盟があった一方、主として戦後に華人が担った新興の工業家は政府とのコネが少なかった。工業金融などの政策は構想されたものの大いに難航し、結局、財界の抵抗の少ない、市街地から離れた未利用地を工業用地として提供することの実現にとどまったという。[26]

このように、「脱政治化の政治」の方針から、香港政庁は政治から撤退して中立を標榜した。政治から放置された社会は福祉も手薄で、人々は過酷な競争にさらされたが、中立な「避難所」としての香港には、大陸や台湾にはない「政治からの自由」が存在したのである。

(4)「脱政治化」実現の要因：政治の安定装置と環境要因

もっとも、こうした脱政治化による政治的安定は、政府がただ社会への干渉を避け、政治から撤退するだけで実現したわけではない。安定装置としてしばしば言及されるのが民意への反応と、反対者の取り込みの仕組みである。植民地期の香港では、選挙はほとんど行われず、社会の民意が政治に反映される仕組みは極めて限られていた。それを代替する民意の吸収のシステムとして、これらが機能したと説明される。金耀基（アンブローズ・キン）はこれを「行政による政治の吸収」と形容している。[27]「しばしばエリート集団によって代表される政治勢力を、政府が行政の政策決定機関に加え、一定のエリートの融合を実現するプロセス」によって、政権は正統性を確保し、ゆるく結合した政治的共同体が確立される。[28]経済発展のための最大限の政治的安定を求める政府にとって、究極の目標は「政治の行政化」であった。政府は当初経済的・社会的エリートを吸収し、次いで一九六六年・六七年の暴動の教訓を受け、草の根にまで吸収の対象を拡大した。これによって、政庁は民主化を避けながら、強力な反政府エリートの成長を抑えることに成功してきたと金は主張している。

もちろん、この安定化のシステムは完璧とはいえなかった。戦後の香港では暴動も頻発した。中でも一九六七年の香港暴動は、死者五一名を出し、長期にわたり香港を混乱に陥らせた。その反省から、一九七〇年代には各種の改革が行われたとされる。一九七一年に着任したマレー・マクルホース総督は、公共住宅の建設、無償義務教育の実施、「廉政公署（汚職取り締まり署）」の設置などによって、香港政治・社会のあり方を大きく変えた。自由放任から「積極的不干渉主義」への転換である。「積極的」とは、政庁の不干渉政策は無為無策によるものではなく、市場に干渉しないほうが、干渉するよりも長期的には望ましい結果を得られるという、政庁の積極的な判断によっているという主張を反映する。その一方で、市場の調節機能が十分作用しない分野での干渉の必要を否定せず、寡占や独占、経済の過熱などの市場の失敗が発生した場合や、公共の利益上干渉が望ましいと判断される場合は、慎重に市場に干渉するとしている。[29]

もっとも、アラン・スマートと呂大楽は、改革は香港暴動よりも、前年の一九六六年にスター・フェリーの運賃値上げへの反対で発生した暴動など、それまでに繰り返された暴動への対応として行われたものであると論じる。一九六七年の暴動は文化大革命の影響が濃く、共産党色をどんどん強めることで、過去の暴動の熱を奪い、むしろ市民は政庁支持へと傾いた。一方、一九四八・五二・五六・六六年に起きた暴動は、世界の脱植民地化の趨勢の中で、暴動頻発への危機感を政庁に与えた。一九四〇〜五〇年代の香港政庁の報告書類は、香港住民の忠誠心に対する強い不信を示しているという。政庁は抑圧をできるだけ抑え、住民と政府のつながりを強化することを模索した。一九六六年と六七年の暴動の発生を受け、政庁は労働問題を意識した。民主化は危険と見なされた一方、他の方法での住民と政庁の関係強化が一九六七年以降に模索されたという。[30]

しかし、統治の安定は政庁の努力のみによってもたらされたともいいがたい。何よりも、急速な経済成長が統治の正統性を下支えした。植民地期の香港は住民に政治参加の余地をほとんど与えなかった。こうした植民地環境が、香港の経済都市化を規定するものであった。すなわち、香港住民の多くは、政治に不条理を感じつつも、政治を変える望みのない中で、家族の経済的成功を目指すことに甘んじたのである。デイヴィッド・フォールは、こうした「香港メンタリティ」が、一八四〇年代から一九六〇年代の間に形成されたと説く。かつて「香港人は金儲けにしか興味がない、政治には関心がない」と論じられたことは、むしろこうした環境に適応してしまった香港人の「植民地根性」の現れであるとフォールはいう。[31]

ただ、香港の経済成長が、現に人々を満足させ得るものであったのは確かであろう。呂大楽は香港人を四つの世代に分類し、一九二〇〜三〇年代生まれの「第一世代」は、戦争などの困難を経験した者として家庭生活を重視し、目標は高くなく、分相応に現状に甘んずる傾向が強いとする。また、一九四六〜六五年生まれの「第二世代」は、戦後のベビー・ブーマーに属し、人口が多いため激しい競争にさらされたが、努力すればよい待遇が得られるよい時代に生まれ、努力は報われると信じることができた。彼らは競争を重視するが、公平を意識しない。一九七〇年代を黄金時代と見なして称賛するが、植民地当局への不満は忘れていると評している。[32] こうした、容易に満足する世代や、社会的上昇志向の世代の価値観は、「政治に関心がない」ものであったといえよう。

また、政治の安定化のもう一つの要因としては、「香港人」という意識の限界があった。香港社会を仔細に観察した山口文憲は、一九八五年の著書で、「当の香港人が自分たちのことを『香港人』とはめったにいわない。たいていのひとは、ただ『中国人』といっている」[33]と述べている。香港人の政治意識は、中国人としてのアイデンティティや愛国心と、香港に対する愛着の間で、常に揺れ動いた。林泉忠は、香港人アイデンティティについて、テレビの普及やカンフー映画の人気、広東ポップスの出現などにより、最近二〇年程度の間に形成された、文化的帰属意識を基礎とするエスニシティであり、政治的「ナショナリズム」に上昇することは客観的・主観的要因で制約されていると述べている。[34]

3. 返還過渡期（一九八四〜九七）から返還後：社会の「政治化」と摩擦

(1) 返還過渡期の統一戦線と民主化：政治と社会の相互アプローチ

こうした、政治と社会の分離と限られた接触を特徴とする香港の政治体制は。返還問題の浮上によって、大きな変化を迫られることとなった。

一九八四年、中英共同声明によって、香港は一九九七年七月一日をもって中国に返還されることが決まった。中国は「一国二制度」「香港人による香港統治（港人治港）」「高度の自治」「五十年不変」の枠組みにより、香港の現状を返還後も維持することを約束した。しかし、実際には、主権が移管されるという事態を前に、完全に植民地期の「現状」のままでの統治の実施は不可能であった。

まず、北京にとっては、英国人の総督が去り、香港人による自治を行うと決定した以上、その人材を確保することが必要であった。香港財界の既存エリートは共産党の統治に対して疑義を抱いており、中国政府はそうした人々からの支持を得ることが必要であった。一九八三年から一九九〇年まで、香港における中国政府の事実上の出先機関である新華社の香港分社社長を務めた許家屯は、香港の繁栄と安定の持続のための策を検討し、返還後の統治の本質は、ブルジョワ階級を主体とした各階層の連合政府になるとの結論に至った。このため、「友人を多くつくり、香港同胞の祖国への帰服心をかきたて、九七年以後の香港統治のための人材を見つけ育てること」を目的に、香港社会に対する「統一戦線工作」を展開した。鄧小平は、香港での統一戦線工作には、大陸で求められるような「愛国、社会主義の擁護、共産党指導の擁護」は求めてはならないとの方針であり、これを受けて許家屯は、「あえて大右派と交わる」との方針の下、親英派・親米派・親台湾派と交わった。許家屯は数々の香港の主要華人財界人と次々に会い、彼らの返還後に対する懸念の解消のために説得活動を行ったり、経営難に陥っていた一部の者に対しては、資金面での援助を行ったりしたという。[35] 改革・開放政策の進行に伴い、市場経済を導入し、外資に対する市場開放を拡大し、急速な経済発展の道を歩んだ中国とのビジネスは、香港財界人にとって魅力的であった。中国政府と香港財界の利害は一致し、両者の関係は徐々に緊密化していった。

他方、英国も撤退を前にして、香港社会の支持を獲得するために、突如民主化を開始した。一九八一年、香港政庁は、地区行政に助言を与える「区議会」の設置を開始し、一九八二年三月四日、その一部議員の選出のために、香港史上初めて普通選挙が実施された。この時期に民主化が始動したことは、当然返還問題と大きく関連していると考えられる。一九七九年、マクルホース総督が総督として初めて北京を訪問した。鄧小平はその際、一九九七年以降の英国の香港統治の継続を明確に受け入れることはせず、香港の回収をほのめかした[36]。香港政庁高官から公共政策学者に転じたジョン・ウォールデンは、マクルホースが北京から帰るとすぐに区議会の設置準備に入ったと証言しており、中国が香港を回収するかもしれないため、民主化をする必要があったと述べている[37]。

植民地化以来約一四〇年にわたり行われなかった民主化を、返還問題が生じたこのタイミングで英国が突如開始したことに対し、中国は「現状維持」をうたう中英共同声明違反であるとして強く反発した。中英はその後交渉し、英国は一九九七年までの間、中国が認める範囲に普通選挙導入のスピードを抑えて、漸進的に民主化を進める代わりに、中国は一九九七年以降も民主化を引き継ぐことを約束して、スムーズに返還を実現させることとした。この構想は、当時起草中であった、返還後の香港の「ミニ憲法」とも称される「香港基本法」に明記された。しかし、一九八九年の天安門事件の発生後、香港社会にパニックが広がったことを受け、一九九二年に着任した「最後の総督」クリス・パッテンは、中国の反対を無視して急進的な民主化改革を断行した。中国はこれに怒り、当初構想にあった、一九九五年選出の議員を一九九七年以降も留任させる方式を破棄し、一九九七年七月一日の返還と同時に議会を解散させた。しかし、一九九八年以降、中国は香港基本法に基づいた漸進的な普通選挙導入の軌道に戻り、普通選挙で選出される議席の数を徐々に増加させた[38]。

この間の経緯は極めて不安定で、紆余曲折を経ている。しかし、全体としては、中央政府と香港社会の間には、ある程度の曖昧な妥協が成立しており、それによって最低限の政治の安定は担保された。

まず、前述の通り、民主化を限定的なものにすることによって、既得権益層が温存された。立法会の普通選挙以外の議席や、行政長官を選ぶ選挙委員会は、金融界・保険業界などの職業別に議席が振り分けられた「職能別選挙」によって選ばれている。通常香港では、天安門事件以来の共産党不信も尾を引き、普通選挙枠では約六割の票を民主派が取るとされる。しかし、職能別選挙枠では投票権がごく少数のエリートに限定されるため、統一戦線工作によって親中派に転向した香港財閥の代理人が選出され、中央政府の影響力に基づく統治が間接的に担保される。こうして中央政府は、世界や台湾に向けて香港が選挙によって民主的に統治されていると粉飾できる一方、実際は行政長官と、立法会の多数派の人選を基本的に左右できるのである（【図1】参照）。

一方、職能別選挙から排除される一般の香港市民は、曖昧な将来の約束によって慰撫された。香港基本法四五条は行政長官の、六八条は立法会の全議席について、将来の普通選挙化を「最終目標」として明記している。その実現時期と、具体的な選挙方法は明記されていないが、これによって民主派やその支持者には、民主的な香港として祖国に復帰するという「民主回帰」への期待を持たせた。

返還と同時に香港の民主派は弾圧されるのではないかとの懸念も世界に広がっていたが、実際には返還後、彼らの活動は続けられた。中国共産党政権の統治下で唯一の真の「野党」ともいうべき集団が存続することとなった。しかし、大陸と香港の間の出入境管理は、返還前の中英国境と同様のものが維持されたため、大陸側は入境禁止、新

【図1】行政長官選挙の方法

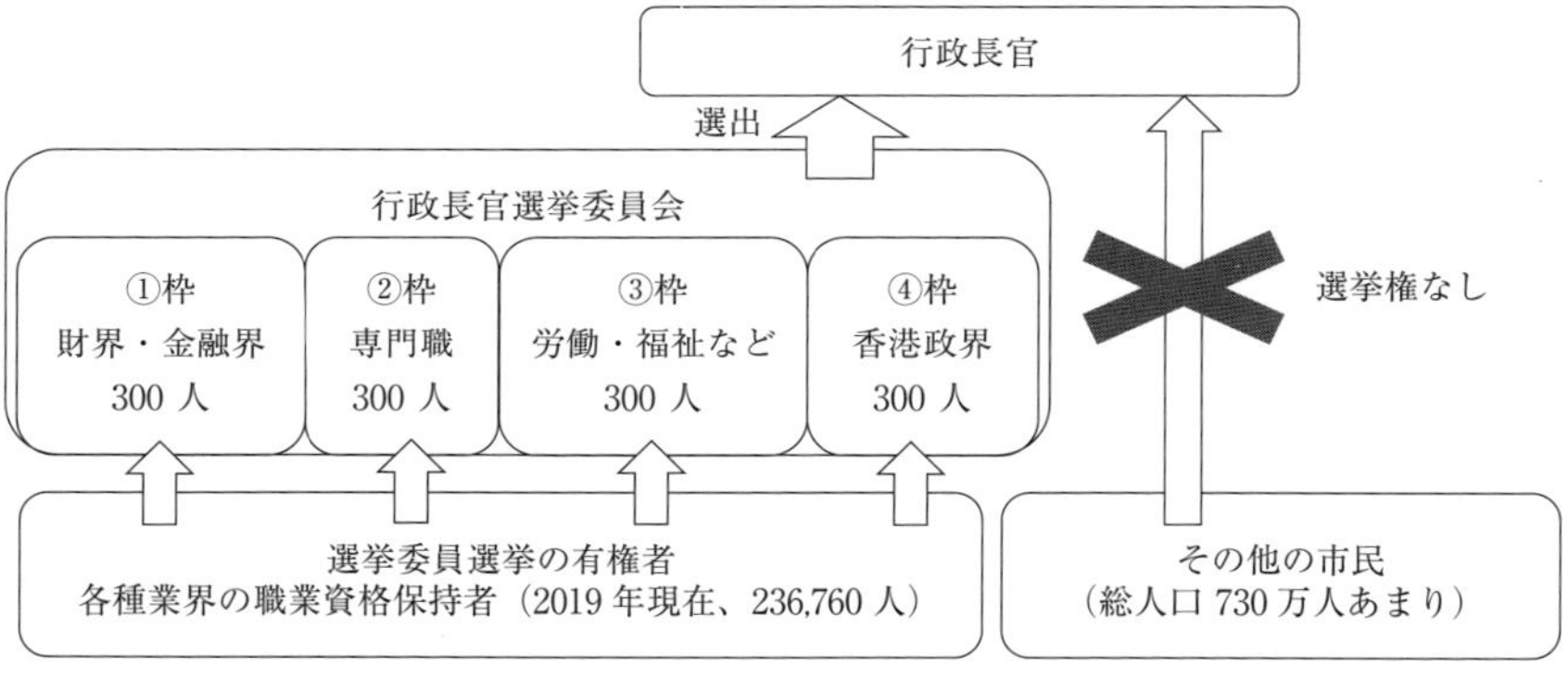

聞・雑誌の持ち込み禁止や放送の妨害、ネット規制などといった「防壁」を用いた情報統制と人的交流制限によって、「井の水は河の水を犯さず（井水不犯河水）」、すなわち香港（井の水）の影響の大陸（河の水）への浸透を防いで、政権転覆などの可能性を断ち、「国家の安全」を確保した。

この体制はいわば北京の「いいとこ取り」であった。中央政府は実質的には香港を制御する仕組みを持ちつつ、また、香港の大陸への影響を排除しつつ、表面的には自治を尊重する開明的なイメージを内外にアピールできたからである。しかし同時に、この統治方法は、各方面の妥協とバランスに強く依存したものでもあった。すなわちこの体制は、職能別選挙で選ばれる財界人には利益を分配し、市民には将来の民主化の期待を持たせ続けることで、彼らに中央政府の統治を受け入れさせることが必要とされる、デリケートさも兼ね備えたものであった。

(2) 中港矛盾：政治の社会への浸透と社会の抵抗

前述のような返還後の統治の安定化システムも、返還前の政治と社会の隔離のある程度の維持といえた。政治は社会への干渉を控え、放置による自由を維持する一方で、民主化の制限によって、社会から政治を変える経路も限定された。返還当初は、中央政府は香港社会への不干渉を保った。この「河水不犯井水」の方針を香港は歓迎と安堵で迎えた。他方、返還とほぼ同時に香港経済をアジア通貨危機が襲い、香港経済は大きく落ち込んだ。二〇〇三年にはこれに新型肺炎ＳＡＲＳの流行も加わり、不動産価格は暴落し、失業率は過去最悪を記録した。そのような中で、中国で「邪教」とされながら香港での活動が放任されていた「法輪功」などを中央政府は問題視し、その強い求めの下で、董建華行政長官は治安立法の「国家安全条例」の制定を目指した。しかし、これに市民の不満が爆発し、七月一日には「50万人デモ」が発生した。「国家安全条例」は棚上げされ、後に廃案に追い込まれた。

これを機に、中央政府は対香港政策を転換した。北京の干渉が本格化したこのタイミングは「真の香港返還」とも称された。しかし、香港の政治・経済の安定を目指した中央政府の介入は、当初一定の効果を上げたものの、間もなく副作用が顕著となり、「中港矛盾」と言われる中央政府と香港社会の対立が深刻化することになった。そこで中央政府は、「50万人デモ」の発生後、中央政府は香港市民の不満の原因を検討し、主に経済問題であると分析した。そこで中央政府は、大陸と香港の経済融合を進める政策をとった。大陸からの観光客は激増し、香港の金融界は新たに認められた人民元を扱う業務で潤った。不況は急速に解消し、政治問題を経済で解決するこの政策は、当初香港市民から大いに歓迎された。四川大地震と北京五輪の二〇〇八年頃には、香港市民のナショナリズムは最高潮に達した。しかし、その後は融合の副作用が現れた。急増する観光客の「爆買い」によって、香港で粉ミルクの品薄などの問題が起きると、二〇一二年以降は「運び屋反対デモ」が頻発した。不動産は暴騰して住宅難を呼び、小商店は次々と閉店してドラッグストアや貴金属店に変わった。生まれる子の香港永住権獲得を意図して、大陸の妊婦が香港で大量に出産すると、産科病床不足が生じた。様々な面で「中国化」への懸念が香港社会に強まっていった。

他方、「中港融合」は、デモや民主化要求を続ける香港社会と中国大陸の社会の接点を増やすことでもあった。これは大陸にとっても「防壁」の低下であった。実際、個人旅行客として香港を訪れる大陸の人々は、共産党批判の「禁書」を香港土産として購入したり、デモに参加したりした。二〇一〇年に広州で発生した「広東語擁護運動」では、香港の民主化と同じスローガンが使われた。二〇一一年の広東省烏坎村での

2003年7月1日の「50万人デモ」(香港島・湾仔にて筆者撮影)

大型抗議事件は、香港メディアを通じて世界に報じられ、大陸でも知られるようになった。二〇一三年に広州の『南方週末』紙の社説が差し替えられた事件では、多くの香港人が広州を訪れて同紙に声援を送った。

このため、北京は香港人の「愛国心」の不足を問題視し、「人心の祖国復帰」を常に課題としていた。ここでいう「愛国心」とは、中国に対する曖昧な愛着ではなく、政権への忠誠心を意味する。二〇〇七年の返還一〇周年式典の際に香港を訪れた胡錦涛国家主席は、香港に愛国教育の強化を求めた。しかし、二〇一二年に必修科目として小・中・高に導入されることになった「国民教育科」の副読本に、中国は「進歩的で、無私で、団結した統治集団」を形成する「理想型」である一方、米国の政党制度は「醜い争い」で人民が災いを被っていると表現する内容があるなど、中国式の「洗脳教育」の導入との反発を社会に招いた。当時高校生の黄之鋒（ジョシュア・ウォン）らが率いた「反国民教育運動」により、同科目の必修化は撤回された。

中央政府は間接統治に基づく不干渉から転じ、直接統治の志向を強めていった。二〇〇八年一月、中央政府駐香港連絡弁公室（中連弁）研究部長の曹二宝は、香港には二つの「統治隊伍」があり、その一つは行政長官や高官などからなる地元の隊伍で、これが「香港人による香港統治」を体現する一方、もう一つの中央政府の香港政策に関わる官吏という統治隊伍も、重要な統治の力として「一国」を体現していると論じた[39]。直接統治志向は習近平体制下で特に顕著となった。二〇一二年一一月八日、第一八期共産党大会での報告で、胡錦濤総書記は「中央政府が香港・マカオに対して実行する各政策方針の根本的趣旨は、国家の主権・安全・発展の利益を擁護し、香港・マカオの長期の繁栄と安定を維持することである」[40]と述べた。「国家の安全」が、従来からの「繁栄と安定」よりも前に書かれ、優先されたことは、政策転換を象徴する。胡錦濤の「引退演説」でこの転換が表明されたことは、これが習近平政権の新しい政策の方向性であると解釈できる。実際、習近平は中国共産党第一八期中央委員会第三回全体会議（二〇一三年一一月）において「現在、我が国は、対外的に国家の主権、安全、発展利益を維持し、対内的に政治安全と社会安定を維持しなければならないという二重の圧力に直面しており、各種の予見可能なリスク要素と予見困難なリスク要素が顕著に増加している」との認識を示すなど、「主権・安全・発展の利益」は習近平政権の最優先課題であった。二〇一四年に中央政府が初めて作成した「一国二制度の香港での実践白書」は、香港は中央政府が直轄する地方行政区域であり、香港には中央政府が授与した地方問題の管理権があるのみで、中央政府は香港に対する「全面的統治権」を持つと記載された。そこでは裁判官・司法当局も香港統治者の一部と見なし、彼らが国を愛することは当然であるとする内容もあった。[41]

そうした中でも、中央政府は二〇〇七年一二月には、二〇一七年に行政長官普通選挙を実施することを可とする決定をしていた。一貫して香港の民主化に抵抗してきた中央政府がここで普通選挙を認めたのは意外でもあったが、当時は「中港融合」政策が一定の成果を上げていたタイミングで、中央政府にも香港の民意の支持への自信があったのであろう。「民主は良いものだ（民主是個好東西）」と題する文章を発表した政治学者の兪可平をブレーンとする胡錦濤政権は、香港の民主化を中国にとってのモデルとして使う意図を持っていたのかもしれない。しかし、行政長官普通選挙についての香港基本法四五条の規定は、候補者を事前に「指名委員会」が指名するとしていた。そして、二〇一四年八月三一日、中央政府は財界人を中心とする職能別選挙で選ばれた指名委員会が候補者を事前に絞り込む制度を導入すると決定した（「8・31決定」）。これで事実上民主派の出馬は不可能となり、民主派が求めてきた、誰もが立候補できる「真の普通選挙」は否定された。こうして、一九八〇年代以来の「民主回帰」論は挫折し、強力な抵抗運動として、九月二八日から道路を長期にわたり占拠する「雨傘運動」が決行された。しかし、七九日間の道路占拠にもかかわらず、「8・31決定」は覆らなかった。

雨傘運動で活躍した若者たちは、中央政府から無視されたことで、北京との対話の意思を失った。彼らは「民主回帰」論を前提とした旧来の民主派とは異なる、新しい勢力を形成していった。黄之鋒ら運動の主流派は、

「一国二制度」の「五十年不変」の期限が切れる二〇四七年以後の香港のあり方という「二次前途問題」を提起した。彼らは民主的な住民投票で香港の将来について自ら決する「民主自決」を主張し、「自決派」と称された。「学民思潮」は二〇一六年に発展解消され、新政党「香港衆志」が設立された。一方、急進派は「本土派」を形成した。その特徴は香港の利益の優先を訴える点にあり、一種の「香港ナショナリズム」の主張を展開する。彼らが重視するのは、民主化よりも「中港矛盾」の問題である。本土派団体の一つである「本土民主前線」は、新界各所で「運び屋反対運動」デモを展開した。時に警察と衝突し、ショッピングセンター内で催涙ガスが使われる事態も生じた。二〇一六年の旧正月の二月八日、九龍の旺角で、軽食の屋台を無免許営業として取り締まろうとした政府当局者と、屋台は香港文化と主張する本土派支持者の間で衝突が発生した。警察はこの騒乱に参加した者に暴動罪を適用し、多数が逮捕された。逮捕された中には、「本土民主前線」の梁天琦（エドワード・リョン）が含まれていた。梁天琦は二月二八日投票の立法会議員補欠選挙に出馬していたが、この騒乱により、無名に近かった梁天琦は一気に知名度を高め、補選では一五％近い票を集めて、大政党の候補者二名に続く三位に食い込んだ。若者の新しい政治勢力の中でも最も急進的な者は、公然と香港の独立の主張を始めた。香港大学学生会メンバーらは二〇一四年九月に『香港民族論』と題する書籍を出版し、香港人は中国人とは異なる「民族」であり、香港人は自らの国を持って世界と対等に付き合う権利があると主張した。二〇一六年三月に成立宣言した「香港

「雨傘運動」の現場に出現した、傘を差した習近平国家主席のパネル
（2014 年 11 月 2 日、九龍半島・旺角にて筆者撮影）

民族党」は、正面から香港の独立と香港共和国の成立を主張した。彼らは八月には「香港初の香港独立集会」を開催し、主催者側発表一万人以上、警察発表二八〇〇人が参加した。

独立の主張は中央政府を大いに怒らせた。政府は「独立派」への反撃を開始した。二〇一六年九月の立法会議員選挙には、先述の「本土民主前線」の梁天琦が立候補手続きをしていた。当選の可能性は高いと見られていたが、政府は過去の言動を根拠に、香港独立を主張していることは香港基本法に違反しているとして、梁天琦や「香港民族党」召集人の陳浩天（アンディ・チャン）らの出馬資格を無効とする前代未聞の対応をとった。

それでも選挙では若者の投票率が急伸し、自決派や本土派も多数が当選した。しかし、新議員の就任宣誓の際、宣誓の文言を変えるなどの行為により「中華人民共和国香港特別行政区」に正しく忠誠を誓わなかったとして、本土派、自決派、民主派ら六名が議員資格を剥奪された。二〇一八年の立法会補欠選挙では、自決派の周庭（アグネス・チョウ）も「香港独立を選択肢として排除していない」との理由で立候補資格を取り消された。同年六月には梁天琦に暴動罪のため懲役六年の判決が下り、九月には「香港民族党」が非合法化された。

こうして見ると、返還後の香港政治の不安定化は、従来隔離されていた政治と社会が、新しい体制の下で急速に距離を詰めていったことでもたらされたと考えられる。民主化により、社会が政治に影響を与える道が開かれると、中央政府はこれを「国家の安

2016年2月28日の立法会補選に出馬した梁天琦の横断幕
（2016年2月28日、新界・上水にて筆者撮影）

全」への脅威ととらえた。脅威の除去のため、中央政府が香港社会の改造に乗り出すと、「中国化」を脅威と見る香港市民との間での「中港矛盾」が深刻化したのである。

4. 逃亡犯条例改正問題と体制の危機

(1) 条例改正問題：香港「全勢力」を敵に回す

そういった文脈の中で、逃亡犯条例改正問題が出現した。問題の発生と展開のいきさつは第1章で書いた通りであるが、この反対運動はなぜここまで大規模化・深刻化・長期化したのか。それは、ここまでに書いてきたような、「政治からの自由」が守られた中立な「避難所」としての香港の性格、いわば香港社会の遺伝子ともいうべき特徴に対し、この条例改正が改造を迫るものとして、大いに脅威と見られたからである。

本件は活発な民主派などの反体制派に限らず、多くの層の者に脅威と見られた。刑事事件容疑者の引き渡しという問題は、日本であれば「善良な一般市民」が大いに憂慮すべき問題とはとらえられないであろう。しかし、二〇一九年六月九日の「103万人デモ」当日、香港紙『明報』がデモ参加者を対象に実施したアンケートによれば、彼らが条例改正に反対する理由の中で、「自分・家族または友人が大陸に引き渡されると心配するから」とした者は五六・二%にも上った。問題が深刻なのは、本件改正案が、民主派はもちろん、北京による香港の間接統治を支えるべき保守的な層にも嫌われたという点である。第1章で書いたように、香港財界人や中国資本の関係者、そして国際社会も一斉に反対の声を上げた。

相当数の一般市民が、大陸への引き渡しを身に迫る危険と感じるのはなぜか。おそらくその背景には、そもそも香港そのものが「逃亡犯」の街であるという歴史がある。第二次世界大戦後、中国から飢餓や迫害を免れるため、多くの難民が大陸から英領香港へと逃亡した。そうした難民と、その子孫が多数派を占めるのが今の香港である。難民は見方によっては、祖国を捨てて植民地に身を投じた「逃亡犯」である。二〇一二年には、北京大学の教授がテレビ出演の際、「多くの香港人は犬」と発言して大問題になった。ここでの「犬」は、「西洋人の走狗（手先）」という意味である。こうした香港への冷たい見方は、近年経済面での「香港不要論」が勢いを得て、香港への憧れが減退している大陸で、強まっている。「中国に送られる」こと、愛国心を基準に裁かれることは、「政治からの自由」が確保された中立な避難所の喪失であり、多くの香港人にとっては悪夢と映る。

もう一つの重要な論点は、司法の独立の喪失の懸念であった。法の支配は、民主主義を欠く香港において、統治の公平性・平等性を担保した。先述のように、香港政庁が司法の独立を確立したのは、冷戦の地政学の環境下において、様々な政治勢力の間での中立を標榜し、複雑な国際政治から逃げたためであった。しかし、仮に香港の司法の上位に中国の司法が君臨する仕組みができてしまえば、外国人も含めたすべての人への公平性が失われる。

そして、法の支配は、香港が経済活動の自由度世界一と評価されるにあたり、欠かせない条件でもあった。強大な政治勢力を背景にした巨大企業も、難民が徒手空拳から興した零細企業も、少なくとも法律においては、同じルールの下で公平に扱われることを意味したからである。しかし、共産党が指導する中国の裁判所が引き渡し要求できる制度ができれば、香港の経済活動、言論活動、政治活動は、中国への忖度の度を高めざるを得ない。政府が最低限のルールだけを定めて社会を放任し、無秩序に近い自由が展開される香港の特徴が失われれば、「香港は香港でなくなってしまう」という感覚は、「何でもあり」の香港映画などに親しんだ人であれば、日本人でもわかるところであろう。

こうして、逃亡犯条例改正問題は、民主派のみならず、財界や保守派も、積極的あるいは消極的に反対するという、通常の香港政治の構造とは異なる対立構図をつくってしまった。それにもかかわらず、政府は強引に改正案の成立を目指し、大規模な抗議活動に遭って挫折した。

不人気法案を不承不承支えてきた親政府派の政党は、政府の対応に翻弄され、政府に対する不信感を強めた。こうして政府は、本来は間接統治を支えるはずの同盟者を含む、香港の政治に関わる内外の「全勢力」を敵に回すような事態を招いてしまったのである。

(2)「中国式」対応の限界

こうした中で発生した抗議活動が六月以降に巨大化・激化していくと、政府は明らかに無策を露呈し、政治は麻痺状態に陥った。その間に、間接統治を支えるべき統治集団は、深刻な内部対立を繰り広げた。

林鄭月娥行政長官がロイターのリークで「実際は自分がとれる選択肢は極めて限られており、自分には三万人の警察官以外何もない」と述べたことが示すように、香港政府の対応は制約されていた。最大の制約要因は、行政長官の任免権を握り、香港社会とは全く異なる価値観で駆動している中央政府の論理であった。しかし、「中国式」の対応で、香港のデモを鎮静化させることには限界があった。

政府の対応は二〇一四年の雨傘運動の際にいわれた、「妥協せず、流血せず」の方針をなぞった。すなわち、デモ参加者の要求には断固応じない一方、「第二の天安門事件」と指弾されるような、極端な流血事件も慎重に回避するというものであった。雨傘運動の際は、これによって長期戦に持ち込み、その間に運動参加者が疲労を蓄積し、内部対立に陥り、市民の運動への支持も減退し、最終的には運動は瓦解に近い状態で強制排除された。今回も政府は妥協しない態度を前面に打ち出した。しかし、今回はデモ参加者側の戦略が違っていた。六月一二日には「勇武派」は早くも立法会突入を試みたが、これを警察と政府が強硬な姿勢で排除し、「暴動」と非難したことで、市民の警察に対する反感が急速に広がった。雨傘運動の教訓を生かし、デモ参加者側において平和路線の「和理非」と衝突を厭わない「勇武」の団結が訴えられていた中で、妥協せずに警察力のみで運動を排除しようとする政府の姿勢は、デモ参加者側を分裂させるよりも、むしろ団結させた。政府は市民が運動を見捨てる「民意の逆転」を待ち続けたが、その間に政治的解決の努力が後手に回り、政府の支持率はさらに下降した。

確かに、国際社会が対中制裁に踏み切らねばならないような「第二の天安門事件」は回避されている。米国との関係悪化が進んでしまった今、中央政府は香港の自治や民主のイメージを粉飾しなければ、香港政策法や香港人権民主法などにより制裁されることを警戒せねばならない。したがって、人民解放軍は増強され、人民武装警察は深圳に集結したが、これらは衝突の前線に立ってはいない。[42] しかし、香港市民の間

【図 2】行政長官の支持率

質問：仮に明日行政長官選挙があり、あなたに投票権があった場合、あなたは林鄭月娥を行政長官に選びますか？

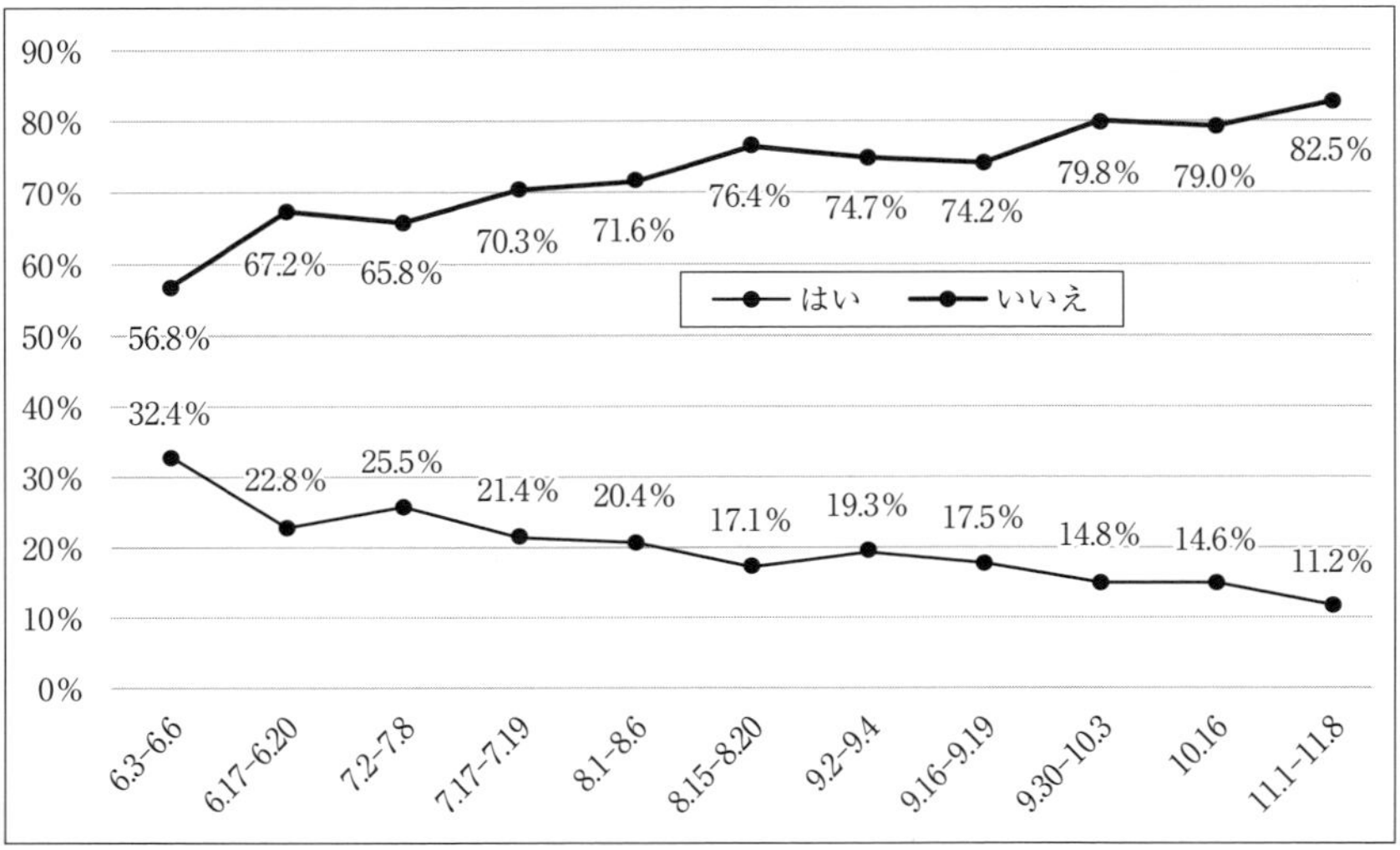

（出所）香港民意研究所ウェブサイト
〈https://www.pori.hk/vote-popularity-of-chief-executive-carrie-lam-cheng-yuet-ngor〈2019 年 11 月 13 日閲覧〉〉

では、ゴム弾で眼球破裂のけがをした女性や、実弾を心臓近くに撃ち込まれた高校生など、流血はすでに大規模かつ日常的に発生しており、香港の民意のレベルでは「第二の天安門事件」ともいうべき、徹底した中央政府・香港政府への不信感がすでに広がっている。【図2】の通り、行政長官の支持率は、運動開始後も四カ月間低下し続けた。

こうして、一本の法律改正案の問題は、政府が頑迷に妥協を拒んだ結果、警察や政府のあり方を徹底的に変えることを求める運動にまでエスカレートし、政府の支持基盤が失われるという体制の危機に転じてしまった。

一方、中央政府は大陸への事態の波及も強く警戒する。このため、いつものように、関連するメディア・ネット等の香港および国際社会の情報を遮断するとともに、大陸ではデモについての徹底したネガティブ・キャンペーンを展開した。大陸メディアはこの運動を「分裂主義」「テロ」「外国勢力」「暴徒」などの用語で激しく非難した。結果として、中国国内世論は沸騰し、北京の意図する通り、香港の運動に対する共感が大陸で広がるような事態は回避されている。しかし、このことは同時に、中央政府が妥協困難な状況をつくり出す効果も持った。このような「悪」に対して譲歩すれば、中央政府の行動が大陸の住民から疑問視される。実際、習近平が「闘争の哲学」をさけぶ中で、九月四日に林鄭月娥が逃亡犯条例改正案の正式撤回を発表すると、大陸のネット上の世論は大いに困惑した。「譲歩すべきでないものは譲っていない」「デモのエネルギーを削ぐ意図がある」などの説明が政府系メディアでなされても、大陸のネットユーザーは、「いいね」よりも「ひどいね」を押す者が多数であったという。[43] 譲歩は共産党政権の正統性に疑義を生じさせかねないのである。

中央政府の問題に対する理解は、香港政府の対応にも影響を与えていると考えられる。中央政府は今回の問題も経済問題、特に不動産の高騰であると考える傾向が強い。しかし、デモ参加者はそうした問題の根源に非民主的な体制の問題があると見ており、政策の調整では満足せず、むしろ経済問題を論じる議論は問題を矮小化するとして嫌悪する。また、中央政府は今回のデモの背後には必ずリーダーがおり、それは外国勢力によって操作されているとのストーリーを強調している。しかし、実際にはデモは匿名の者のネット上での議論で動いているのである。したがって、特定の指導者をあぶり出して組織を崩壊させようとの試みは、明らかに実現していない。

中国共産党の統治体系は、習近平国家主席を頂点とした巨大なピラミッド構造である。これに対し、香港のデモはリーダーを持たない、ネットワーク型の組織で、決定の過程と権限は分散し、流動的である。近年市民社会に対する敵視を深め、圧力を強めている習近平体制下の中央政府は、このようなデモの組織原理を理解し、対応することができない。同時に、近年のイデオロギー統制の強化は、中央政府の情報収集にも支障しているという。すなわち、大陸の香港研究者は、反腐敗闘争の文脈の中で、清廉であることを求められるため、香港にコネがなく、広東語もできないものが多い。また、「ポリティカル・コレクトネス」を重視するあまり、彼らは左派系紙の情報ばかりを引用するという[44]。このように、歪んだ情報に基づく誤った政策決定は、中国政府の組織原理に内在化されたものであり、過去にも指摘された構造化した問題である。運動が長期化すれば、北京の「大本営発表」と香港の実態の乖離は拡大し、北京の対応能力への疑問が拡大するかもしれない。

こうした中で、中央政府の対策が実際に有効に働いたと見られるのが、企業を通じた圧力であった。北京の批判を受け、キャセイ航空では経営陣が退陣し、職員が解雇された。香港鉄路はデモ参加者への嫌がらせのように、運休や列車の通過を開始した。企業や組織を通じて個人に圧力をかけることができれば、中国共産党はその巨大なピラミッド構造の下に香港社会をつなぎ止めることができる。この圧力は、NBA、ティファニー、アップルなど、国境を越えて世界の巨大企業にも影響を与え得る力を持っている。

したがって、中央政府が香港社会を統制しようと考える場合、中国資本によって香港経済を支配することがその手段となり得る。しかし、香港経済を民間主導から国有企業主体へと転換させる、いわば香港の「国有化」は、世界で最も自由とも称される市場主体の香港経済を政治が左右する条件をつくり出し、やはり政治と社会の摩擦を生むことは避けがたい。香港財界を代弁する保守派政党・自由党の田北俊（ジェームズ・ティエン）名誉主席は、「香港資本が中国資本に資産を売り、中国が香港の民生を握れば、『一国二制度』に配慮する必要がなくなる」[45]と述べていた。政治が社会への干渉を強めることで生じた今回の危機を、中国が政治による社会の干渉をさらに強めることで解決しようとしているとすれば、体制の危機がそう容易に安定へと立ち戻ることはないであろう。

5. おわりに

英国統治期の香港は強権的な植民地体制であったが、「政治的中立」を目指して脱政治化を進める政策により、政治と社会の距離が保たれたことが政治の安定要因となっていた。社会政策や福祉は貧弱であったが、政治の干渉が少ない環境下で、社会は自律性と主体性を持つことができた。

しかし、返還過渡期以降、政治と社会の関係は変容し、不安定化に向かった。まず、英国が開始した民主化によって、社会が政治に干渉するルートがつくられた。返還後は経済の「中港融合」も進められ、大陸と香港の反共的な市民が連係する事態を「国家の安全」への脅威と見なす中央政府は、香港社会の価値観に介入し、その改造を目指した。それに香港社会が反発し、「中港矛盾」が生じた。

政治と社会が全く異なるイデオロギーに基づいて構築されている「一国二制度」の下で、安定した統治を実現するためには、中央政府と香港社会の妥協が必要となる。しかし、中国は近年、香港に対する全面的統治権を主張し、一方の香港社会は北京の干渉を排除した真の普通選挙を要求し、妥協はますます困難となっている。

国際社会の対中感情も悪化している。欧州は中国の香港統治への批判を強め、米国は香港を「米中貿易戦争」のカードにする。西側の思想に染まる香港を改造したいというのが、北京の願望であろう。しかし、香港の国際金融センターとしての機能は、中国にはない経済の自由と司法の公正に裏打ちされたものであり、政府の介入が強い上海や深圳などには代替できない。毛沢東時代の中国は、先進国との直接的な経済関係を構築できない中で、外貨獲得源として香港に依存した。同様に、国際環境が悪化すれば、中国は米国の制裁対象外の香港をより必要とするだろう。

香港が世界と中国をつなぐ役割を果たすためには、結局、香港の自由への国際社会の信頼が欠かせない。中国にとっても香港の自由は必要である。中国政府が香港市民や国際社会の疑念を解き、「体制の危機」を乗り越える能力を示せなければ、香港というパイプは目詰まりし、損をするのは中国である。

---

1 フリーダム・ハウスウェブサイトより〈https://freedomhouse.org/report-types/freedom-world〉（二〇一九年八月一六日閲覧）。
2 John M. Carroll, *A Concise History of Hong Kong*, Hong Kong: Hong Kong University Press, 2007, p. 36.
3 邱永漢『1997香港の憂鬱』小学館、一九九七年、三二頁。
4 小堀慎悟「二十世紀転換期の香港と衛生問題：集権化と地方自治・経済的自由主義のはざまで」倉田徹編『香港の過去・現在・未来：東アジアのフロンティア』勉誠出版、二〇一九年、二一三〜二二五頁。
5 瀬尾光平「反爆竹キャンペーンに見る一九六〇年代香港の青少年」倉田徹編、前掲書、二二六〜二四一頁。
6 岸佳央理「植民地行政当局の下層民統制：三門仔水上居民と船灣淡水湖建設」倉田徹編、前掲書、一四二〜一五八頁。
7 Sinn, Elizabeth, *Power and Charity: The Early History of the Tung Wah Hospital, Hong Kong*, Oxford University Press, 1989.
8 John M. Carroll, *Edge of Empires: Chinese Elites and British Colonials in Hong Kong*, Hong Kong: Hong Kong University Press, 2011.
9 Miners, Norman, *The Government and Politics of Hong Kong (fifth edition)*, Hong Kong: Oxford University Press, 1995, pp. 69-70.
10 阿部香織「香港の財界人たち：『商人治港』の伝統」倉田徹編、前掲書、二〇一〜二一二頁。
11 Lau, Siu-Kai, *Society and Politics in Hong Kong*, Hong Kong: The Chinese University Press, 1984.
12 小椋廣勝『香港』岩波新書、一九四二年、一七頁。
13 佐々木卓也『冷戦：アメリカの民主主義的生活様式を守る戦い』有斐閣Insight、二〇一一年、五頁。
14 周奕『香港左派闘争史』利文出版、二〇〇二年、二九〜三〇頁。
15 Ma Ngok, *Political Development in Hong Kong: State, Political Society, and Civil Society*, Hong Kong: Hong Kong University Press, 2007.

p. 164.
16 江關生『中共在香港：上卷（一九二一－一九四九）』天地圖書、二〇一一年、二二四～二二七頁。
17 葉健民「『六七暴動』的罪與罰：緊急法令與國家暴力」趙永佳・呂大樂・容世誠合編『胸懷祖國：香港「愛國左派」運動』牛津大學出版社、二〇一四年、一三～三二頁。
18 John M. Carroll, *A Concise History of Hong Kong, Hong Kong*: Hong Kong University Press, 2007, p. 135.
19 Alexander Grantham, *Via Ports: From Hong Kong to Hong Kong*, Hong Kong: Hong Kong University Press, 1965, p. 158.
20 Mark, Chi-Kwan, *Hong Kong and the Cold War: Anglo-American Relations 1949–1957*, Oxford: Oxford University Press, 2004, p. 6.
21『明報』二〇一八年九月二三日、九月三〇日、一〇月七日。
22 Ma Ngok, *op. cit.*, p. 194.
23 Edward Vickers and Flora Kan "The Re-education of Hong Kong: Identity, Politics and History Education in Colonial and Postcolonial Hong Kong", Edward Vickers and Alisa Jones eds, *History Education and National Identity in East Asia*, New York: Routledge, 2005, pp. 171–202.
24 Chin-Chuan Lee "The Paradox of Political Economy Media Structure, Press Freedom, and Regime Change in Hong Kong", Lee, Chin-Chuan ed. *Power, Money, and Media: Communication Patterns and Bureaucratic Control in Cultural China*, Evanston: Northwestern University Press, 2000, pp. 288–336.
25 ヘリテージ財団ウェブサイト（https://www.heritage.org/index/）。
26 Chiu, Stephen W. K, 'Unravelling Hong Kong's Exceptionalism: The Politics of Laissez-Faire in the industrial Takeoff', 羅金義・李劍明編『香港經濟：非經濟學讀本』牛津大學出版社、二〇〇四年、一四一～一七八頁。
27 King, Ambrose Yeo-chi, 'Administrative Absorption of Politics in Hong Kong: Emphasis on the Grass-roots Level', Sing, Ming ed., *Hong Kong Government & Politics*, Hong Kong: Oxford University Press, 2003, pp. 69–92.
28 King, Ambrose Yeo-chi, *op. cit.*, p. 72.
29 鄧樹雄「積極不干預主義」鄧樹雄『後過渡期香港公共財政』三聯書店、一九九二年、一三～三〇頁。
30 Smart, Alan and Tai-lok, Lui, 'Learning from Civil Unrest: State/Society Relations in Hong Kong Before and After the 1967 Disturbances', Bickers, Robert and Yep, Ray eds., *May Days in Hong Kong: Riot and Emergency in 1967*, Hong Kong: Hong Kong University Press, 2009, pp. 145–159.
31 David Faure, *Colonialism and the Hong Kong Mentality*, Hong Kong: Centre of Asian Studies, The University of Hong Kong, 2003, p. 22.
32 呂大樂『四代香港人』進一步多媒體、二〇〇七年。
33 山口文憲『香港　旅の雑学ノート』新潮文庫、一九八五年、一五一頁。
34 林泉忠『「辺境東アジア」のアイデンティティ・ポリティクス―沖縄・台湾・香港』明石書店、二〇〇五年、二二五～二二六頁。
35 許家屯著　青木まさこ・小須田秀幸・趙宏偉訳『香港回収工作（上）』筑摩書房、一九九六年、一三八～一五九頁。
36 パーシー・クラドック著　小須田秀幸訳『中国との格闘―あるイギリス外交官の回想』筑摩書房、一九九七年、二一六～二二三頁。
37 Lo Shiu-hing, *The Politics of Democratization in Hong Kong*, London: Macmillan, 1997, pp. 74–75.
38 香港民主化問題の詳細な経緯については、倉田徹「香港民主化問題の『時間の政治学』：選挙制度形成の歴史と今後の見通し」加茂具樹・林載桓編『現代中国の政治制度：時間の政治と共産党支配』慶應義塾大学出版会、二〇一八年、一五一～一七八頁を参照。

39 曹二宝「『一国両制』条件下香港的管治力量」『學習時報』第四二二期（二〇〇八年一月）（立法会ウェブサイトに原文転載、https://www.legco.gov.hk/yr08-09/chinese/panels/ca/papers/ca0420cb2-1389-2-c.pdf〈二〇一九年一〇月二二日閲覧〉）。

40 「胡錦濤在中国共産党第十八次全国代表大会上的報告」『人民網』二〇一二年一一月八日（http://cpc.people.com.cn/n/2012/1118/c64094-19612151-10.html〈二〇一九年一〇月二二日閲覧〉）。

41 角崎信也「『総体国家安全観』の位相」日本国際問題研究所ウェブサイト（https://www2.jiia.or.jp/RESR/column_page_pr.php?id=253〈二〇一九年一〇月二二日閲覧〉）。習近平発言の原文は、習近平「関於『中共中央関於全面深化改革若干重大問題的決定』的説明」『新華網』二〇一三年一一月一五日（http://www.xinhuanet.com/politics/2013-11/15/c_118164294.htm〈二〇一九年一〇月二二日閲覧〉）。

42 もっとも、香港民意研究所の調査によれば、回答者の六二・二％が、香港警察の中に中国の公安や武警が混じっていると見ている（『明報』二〇一九年一〇月二三日）。

43 『明報』二〇一九年九月五日。

44 『明報』二〇一九年一〇月六日。

45 『明報』二〇一四年六月一六日。

4

香港に見る格差社会の「機会」の変容

―若者の社会的階層の移動から―

澤田ゆかり

観塘（クントン）の元工業ビルにつくられたシェアルーム型の狭小住宅。リビング、キッチン、シャワー、トイレは共用（瀬尾光平撮影）

1. はじめに

香港の抗議運動が長期化している。二〇一九年三月末に最初の逃亡犯条例改正反対デモが実施されてから、この原稿の執筆時点の一〇月末まで半年以上もたったが、いまだに収束する気配はない。直接対決する香港政府も、その背後に控える中国の中央政府も、妥協を探るより取り締まり強化に舵を切った。ゴールの見えない状態にありながら、なぜデモの参加者たちは、これほど粘り強く抗議を続けるのか。とりわけ前線に立つ若者の怒りは、どこから生じているのか。

政治面の民主化要求については、すでに他の章で論じているため、本章ではもっぱら経済面から若者の不満に焦点を当てる。複数の報道や現地の知人の声に耳を傾けると、逃亡犯条例改正は導火線にすぎず、その根底には若者が抱える現状への不満が渦巻いている、という言説が浮かび上がる。具体的には、第一に「伸び悩む所得水準」、第二には「手が届かなくなったマイホーム」である。別の表現をすれば、階層の上方移動が弱まったことが影響している、といえる。[1]

成長を謳歌し、イノベーションにわく深圳経済特区とは対照的に、成長の主軸となる新たな産業や技術革新が見えない香港では、確かに若者の間には閉塞感が漂っており、日本の同世代と共通する側面がある。しかし、香港の経済成長は日本ほど停滞しているわけではない。一九九七年から二〇一五年の間、香港の名目GDPは年平均で約二・四七%の成長率を達成した。ほぼ同時期の日本のそれがわずか〇・六%でしかないのに比べるとうらやましいほどである。また世帯収入(中央値)を見ると、香港では年平均一・四五%と着実に上昇しているが、日本はマイナス一・二%と下方に動いている。このため、明日は今日よりも豊かになれるチャンスは、日本よりも香港のほうが恵まれているように見える。また住宅価格の高騰についても、返還前のほうが勢いは激しかったはずである。社会階層の移動は、本当に近年になって停滞しているのだろうか。

そこで本章では、まず抗議運動の参加者の年齢を確認する。その後、デモの中核世代における所得の変化と社会階層の移動、および住宅取得に対する負担感について分析を行うこととする。

2. デモ参加者は高学歴の若者

抗議運動の参加者は、多様な年齢と階層にまたがっている。例えば、六月九日に行われた逃亡犯条例に対する反対デモには、学生だけでなく家族連れや高齢者まで幅広い市民が参加し、一〇〇万人を超える規模になったといわれている。とはいえ、抗議運動が長期化する中で、若者が中心となったことは間違いない。香港中文大学コミュニケーション・民意調査センターが二〇一九年六月九日から八月四日にかけて一二カ所の抗議運動の現場で行った調査から、参加者の特徴を見てみよう。回答者の総数は六六八八人、全体の回答率八七・六％である。[2]

【表1】に、性別と年齢別に参加者の比率を示した。性別では男性がやや多めで、一二回の抗議運動のうち一一回において男性の比率が五〇・二％から六四・二％を占めていた。例外は六月二六日の集会で、男性比率は四二・六％と女性のそれを下回った。次に年齢別に見ると、やはり二〇代の若者が最大グループであった。一方、一〇代の参加者は六・〇％から一五・六％にとどまっている。三〇歳以上の参加者の比率は、抗議運動の形態によって大きく変動する。中文大学の調査は、抗議運動の形態を、①大規模集会型、②静止デモ型、③流動デモ型の三種類に分けているが、①の大規模集会型においては、参加者の年齢層は幅広く分散しており、三〇代以上が四三・一％から五七・三％を占めていた。以上のことから、抗議運動には広範な市民が参加していたが、流動的なデモは二〇代が中心であるといえる。

【表2】は、学歴と社会経済階層別の参加者の比率である。どの抗議運動でも、高等教育（大学・専門学校以上）の学歴を持つ参加者が六割から八割を占めていることがわかる。また社会経済階層については、客観的な所得ではなく、参加者の主観による回答を集計しているが、上層は二%足らずであり、ほとんどが中層（四～六割）または下層（三～四割）を自認している。

このように、中文大学の調査結果からは、抗議運動の参加者の傾向として、二〇代の大学生が中心であり、社会経済的には中下層に位置すると結論づけることができた。そこで次に、大卒の所得の変化を確認して、彼らの社会階層の上方移動が弱まったかどうかを、既存の調査データから分析してみよう。

3. 勤労所得と階層移動の減速傾向

この問題については、香港政府も神経をとがらせている。梁振英（CY・リョン）行政長官（二〇一四年当時）が

【表1】 抗議運動の類型と参加者の性別・年齢別の割合　単位：%

	6月9日	6月12日	6月16日	6月17日	6月21日	6月26日	7月1日	7月14日	7月21日	7月27日	8月5日	8月5日
運動類型(1)	1	3	1	3	3	2	1	1	1	1	1	2
性別												
男性	64.2	53.8	50.2	50.5	56.4	42.6	53.0	56.8	57.7	56.6	61.0	54.1
女性	34.4	46.2	49.5	49.5	43.6	57.4	47.0	43.2	48.3	43.4	39.0	45.9
不明／回答拒否	1.4	0.0	0.0	0.0	0.0	0.0	0.0	0.0	0.0	0.0	0.0	0.0
年齢												
19歳未満	10.5	6.3	15.6	15.5	14.6	11.2	12.9	7.3	11.9	6.0	8.6	6.8
20代	32.3	62.1	34.6	58.8	70.6	64.6	36.9	42.4	40.8	45.6	48.4	50.1
30代	14.0	24.1	21.9	15.5	13.2	16.8	17.1	21.0	16.2	26.4	18.5	18
40代	10.9	3.8	9.6	4.2	0.6	4.3	12.3	10.4	8.7	14.1	11.3	9.3
50代	14.4	2.5	10.8	3.1	0.0	1.4	11.0	10.0	11.4	5.2	9.2	11.1
60代以上	14.1	0.0	7.4	2.1	0.0	0.5	8.5	7.7	8.5	2.2	4.1	4.6
不明／回答拒否	3.9	1.1	0.1	0.9	1.0	1.2	1.3	1.4	2.6	0.9	0.0	0.1
回答者数(人)	285	175	875	717	316	418	1,169	546	680	235	717	555

注（1）運動類型は、1＝大規模集会、2＝静止デモ、3＝流動デモ
注（2）8月5日は2カ所での調査。左欄は将軍澳、右欄は西環で実施。
注（3）網かけ部分は、区分中の最大値を示す。
（出所）Lee, et al.（2019：13）

「雨傘運動」の終息宣言を行った翌々日にあたる二〇一四年一二月一七日および二〇一五年一月七日に、香港立法会は社会階層の移動に関する議論を行った。これを受けて、立法会秘書処の資料研究組は二〇一五年一月一二日に「香港の社会移動」と題する短い研究報告を発表した。この報告によれば、経済成長の減速によって所得の増加も低減したことが、社会階層の上昇を妨げたという。一九九七年の中国への香港返還を境に二分すると、一九七八年から一九九六年の一八年間でGDPの成長率は年平均六・六％であったのに対して、返還後の一九九七年から二〇一三年の一六年間では三・五％に低下した。また同じ期間の勤労所得の中央値（月額・実質ベース）の増加率は、一九七八～九六年には一三九％だったものが、九七～二〇一三年にはわずか一四％と大幅に低下している。[3] 以上のことから、前提としてまず勤労所得の増加にブレーキがかかったことがわかる。

　ところで返還後の社会階層の移動に関しては、香港政府が二〇〇〇年から五年ごとに分析を行ってきた。第三回の二〇一〇年の報告書[4]では、香港の就労者を勤労所得の中央

【表2】 抗議運動参加者の学歴別・社会経済階層別の割合　　単位：％

	6月9日	6月12日	6月16日	6月17日	6月21日	6月26日	7月1日	7月14日	7月21日	7月27日	8月5日	8月5日
運動類型(1)	1	3	1	3	3	2	1	1	1	1	1	2
学歴												
初等教育	2.8	0.0	1.4	0.0	0.9	0.2	1.6	2.3	1.6	0.4	0.2	0.8
中等教育	25.6	13.8	30.3	15.8	17.9	10.5	28.3	29.2	28.9	12.8	22.8	21.3
高等教育	70.5	86.3	68.2	84.1	81.2	88.5	70.0	68.6	69.4	86.4	76.8	77.8
不明／回答拒否	1.1	0.0	0.1	0.1	0.0	0.7	0.0	0.0	0.2	0.4	0.2	0.1
社会経済階層												
上層	1.8	0.0	0.5	0.6	1.2	1.0	0.7	1.0	1.1	0.9	0.7	0.3
中層	64.9	43.1	55.2	41.9	42.9	41.9	52.1	46.9	48.4	50.6	54.0	58.8
下層	28.1	48.6	42.5	46.0	48.4	46.4	38.4	45.0	42.9	40.0	37.3	33.2
不明／回答拒否	5.3	8.3	1.8	11.4	7.4	10.8	8.8	7.1	7.5	8.5	8.0	7.7
回答者数(人)	285	175	875	717	316	418	1,169	546	680	235	717	555

注（1）運動類型は、1＝大規模集会、2＝静止デモ、3＝流動デモ
注（2）8月5日は2カ所での調査。左欄は将軍澳、右欄は西環で実施。
注（3）網かけ部分は、区分中の最大値を示す。
（出所）Lee, et al.（2019：14）

値ごとに五つに区分し、各分位別に一九九八年から二〇〇八年の一〇年間の変化を観察している。その結果、四七・二%が一〇年前と同じ階層にとどまっていたことが明らかになった。また二〇〇三年から二〇〇八年の五年間では、六二・九%に階層間の移動がないことがわかった。さらに最低層である第一分位のうち五四・一%は、一九九八年から二〇〇八年にかけて階層を移動していない。言い換えれば、一〇年間で半数以上が最低層にとどまったのである。[5]

ちなみに、この二〇一〇年の報告書は、世代間の階層移動にも言及しており、父親の勤労所得のうち、平均を超えた部分の四二%が息子の移動に反映される、[6]と結論づけている。つまり、父親の勤労所得が平均より一万ドル高ければ、息子のそれは四二〇〇ドル増になる、というわけである。[7]ほぼ同時期の欧米諸国のそれは、スウェーデン一三%、ドイツ三四%、英国五七%、米国六一%とあるので、香港は欧州大陸と英国の間ということになる。[8]このように二〇一〇年報告書は、社会階層の移動が活発ではなく、所得格差が世代を超えて一定程度継承されることを示していた。

4. 大卒者の階層移動

一方、二〇一六年五月に公表された第四回調査（二〇一五年実施）は、前回までとは異なり、資産評価付の奨学金を受給する大学・専門学校の正規生のみを対象にしている。[9]具体的には、香港政府の勤労家庭・学生資金援助事務処（Working Family & Student Financial Assistance Agency）の奨学金の受給者を指すが、この奨学金は、給付条件として世帯所得と資産の両面から審査を課している。目安としては、世帯構成員一人当たりの資産が二七万香港ドル以下であれば満額が給付され、七五万八、〇〇〇香港ドルを超えると受給額はゼロになる。[10]

以上の調査対象から、香港政府の関心が富裕層ではない学生の階層移動にあることがわかる。

この調査では、対象者を卒業年度別に三コホートに分類しており、第一世代は二〇〇一／〇二年卒、第二世代は二〇〇六／〇七年卒、第三世代は二〇一一／一二年卒である。まず初任給の変化を見てみよう。【表3】に、各世代の初任給の中央値（二〇一四年基準、物価調整済み）を示した。この表から、第一世代に比べて第二世代のほうが初任給の水準が高かったこと、逆に第三世代では第二世代よりもやや低下したことがわかる。ただし、これは就職した年の失業率を反映した結果であるともいえる。

そこで次に、各世代を勤労所得の低い順から一〇区分して、六年後の階層移動を、第一世代と第二世代で確認した（【表4】）。初任給とは異なって、第一世代のほうが勤労所得の高い階層に多く移動しており、第二世代では「移動なし」と低所得層に移動した者が微増している。特に大学院卒では、高所得層への移動が第一世代の八四％から第二世代で六五％に低下し、「移動なし」が上昇した。つまり、第一世代のほうが社会階層の上昇に勢いがあったのである。【図1】は、どの階層で上昇があったのかを明らかにするため、横軸に卒業後の初年度における勤労所得別の階層を、低い順に並べた。横軸の一～一〇％は最も所得が低かった層であり、九一～一〇〇％

【表3】　卒業年別の初任給（中央値）単位：香港ドル

卒業年度	大卒	大学院卒	失業率（年毎）
2001/02年	154,167	276,385	6.2-8.2
2006/07年	199,085	299,785	5.6-4.7
2011/12年	174,003	297,304	5.3-5.2

（出所）財政司司長弁公室（2016：8）

【表4】　勤労所得による10分位における階層移動（卒業年度別）

	大卒		大学院卒	
	第1世代	第2世代	第1世代	第2世代
上方移動	89%	81%	84%	65%
移動なし	6%	10%	8%	28%
下方移動	4%	8%	8%	7%

注：第1世代は2003/04年から2009/10年の変化、第2世代は207/08年から2013/14年。
（出所）財政司司長弁公室（2016：12）

は一〇分位の最高位にある。縦軸は、就職してから五年後に「上位三〇%」の分位に入った者の比率である。例えば、横軸一～一〇%にある第一世代のうち五年後に上位三〇%にまで七層分の上昇を遂げた者は、四八%に達することを示している。ここで第一世代と第二世代の数値を比較すると、上位三〇%の変化はほぼ同じであるが、下位から数えて二〇%から六〇%の層で二桁以上の差がついている。つまり第一世代は第二世代に比べて、下層から中層の所得の上昇が大きかったということになる。

こうした移動の差に影響を与えている要因の一つは、労働需要の変化である。【図2】は、二〇〇一年から二〇一三年にかけての求人数の変化を表している。第一種は管理職、専門職、准専門職からなる「高度人材」であり、第二種はそれ以外である。この図から、二〇〇七年を境にして第一種の求人数が伸び悩んだこと、対照的に第二種の労働需要が拡大し続けたことがわかる。

前出の立法会秘書処の二〇一五年報告書では、第一種をさらに「管理職、専門職」と「准専門職」の二つに分けて、一九九一年から二〇一一年までの就業者数の変化を観察している。この間に香港は大学・専門学校の定員拡大と高度技術職の需要が重なって、就業者総数に占める第一種の比率が二三・二%（一九九一年）から三九・〇%（二〇一一年）に増加しているのだが、興味深いことに、第一種の中で勤労所得の高い管理職と専門職の就業比率は頭打ちになっており、その代わりに、准専門職の比率が急上昇している。管理職と専門職が就労者に占める比率は、一九九一年の一二・九%から二〇一一年の一七・九%と二〇年間で五パーセントポイントしか伸びなかったのに対し、准専門職は一〇・三%から二一・一%と一〇・八パーセントポイントの伸びを示した。また勤労所得を比較すると、二〇一三年統計の月収（中央値）は、管理職が三万五〇〇〇香港ドルと専門職が三万五九〇〇香港ドルであるのに対して、准専門職は一万八二五〇香港ドルとかなり下がる。つまり二〇〇〇年代の後半から大卒者は、より待遇の低い准専門職市場に吸収される確率が上がったといえる。

【図 1】 大卒の就職 5 年後の勤労所得による階層移動

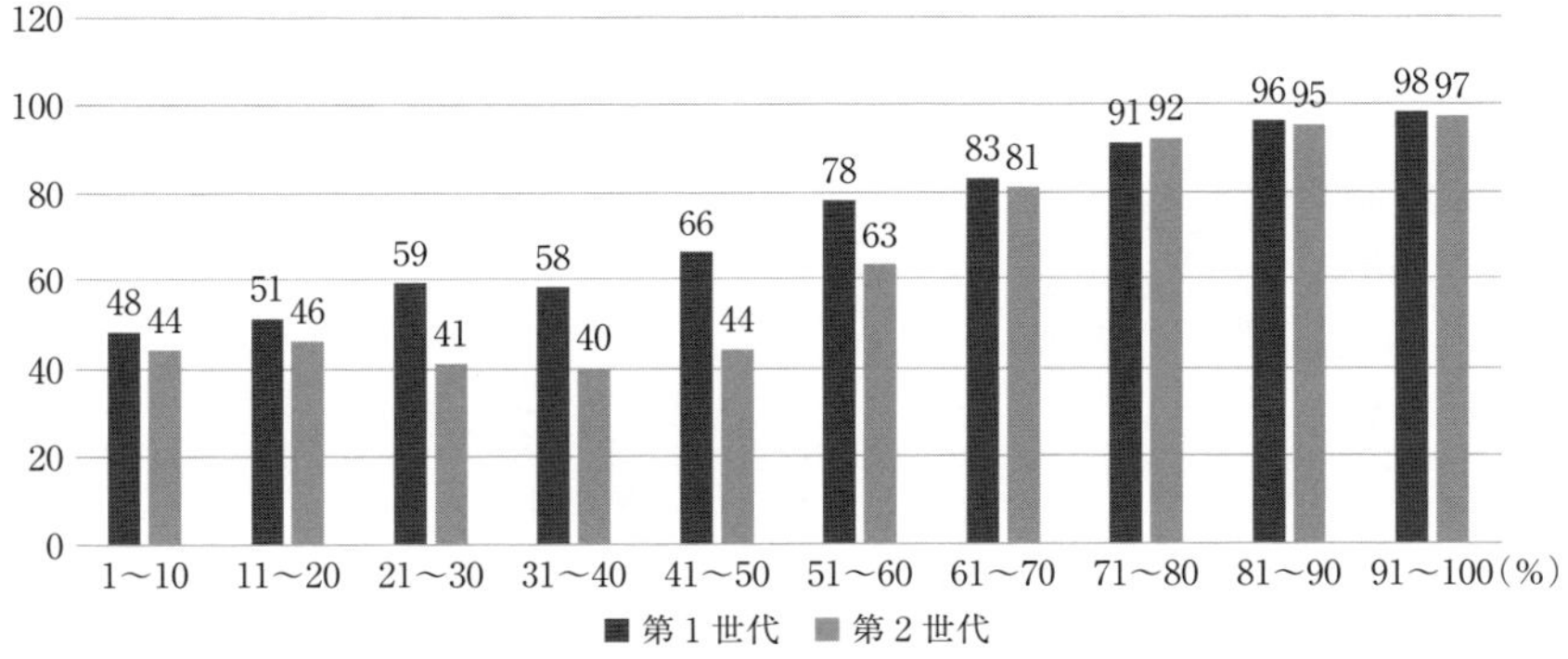

注：縦軸は、就職 5 年後に上位 30%分位に達した者の比率。
第 1 世代と第 2 世代については、【表 4】に同じ。
（出所）財政司司長弁公室（2016：12）

【図 2】 求人数の推移（四半期平均）

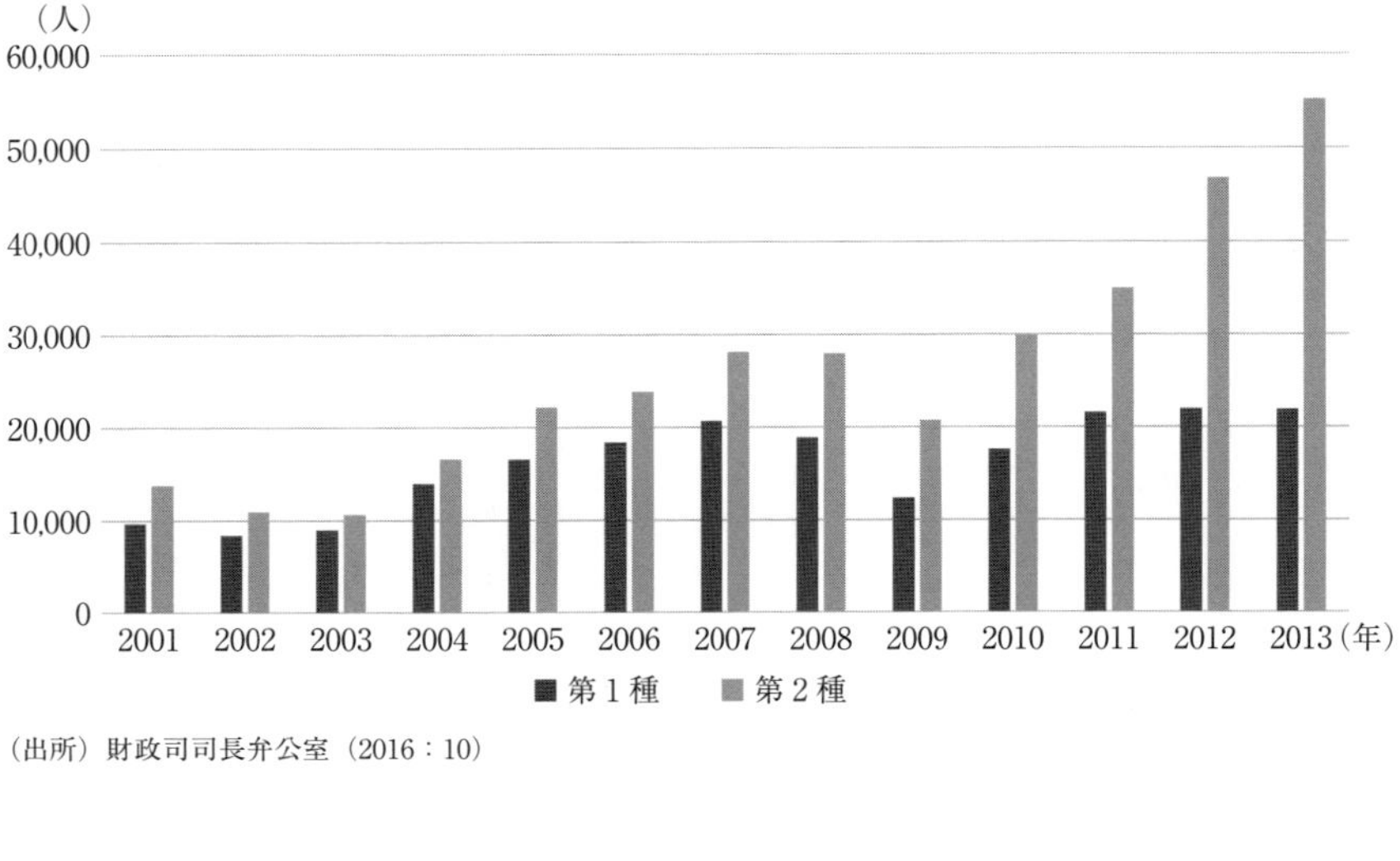

（出所）財政司司長弁公室（2016：10）

このことは、香港のシンクタンクである新世紀論壇と新青年論壇が行った大卒者の収入に関する研究[11]からも裏づけることができる。一九九七年に第二種（事務補助員、サービス要員、セールス員、生産機械の操作員、組立工など）に従事する者は大卒者全体の八・四％（三万四〇〇人）にすぎなかった。それが一〇年後の二〇〇七年には一一・四％（七万七四〇〇人）に増え、さらに一〇年後の二〇一七年には一六・四％（一七万七一〇〇人）に達している。[12]その一方で大卒者の供給は増え続けていた。同じ研究報告書は、一九五八年から六二年の間に生まれた世代を第一世代とし、その後五年ごとに世代を区分している。その結果、第一世代と第二世代（一九六三～六七年生まれ）については、年齢が二〇代後半の時点で大学卒の学歴を有している人口の比率は一割に満たなかった。具体的には第一世代で六・三％、第二世代でも九・四％である。ところが第三世代（一九六八～七二年生まれ）になると、この比率は二〇・六％に跳ね上がる。第七世代（一九八八～九二年生まれ、調査時点の二〇一七年において二五～二九歳）にいたっては、五三・五％と大卒が多数派に転じている。[13]

以上のような労働市場の需給関係を反映して、返還以降の大卒者の給与は相対的に低下している。二〇一五年基準で物価調整した勤労所得を用いて大卒者の所得を一〇分位で表して、一九九七年から二〇一七年までの二〇年間の変化をたどってみよう。最も低い第一分位では六・四％上昇しているものの、中央値ではマイナス三・一％、最上位の第一〇分位ではマイナス一〇・三％と下落幅が二桁に達していた。ここから、賃金水準の高い層ほど学歴の価値が下がったことがうかがえる。

さらに賃金水準の低い層においても、香港の全就労者（大卒を含む）を比べると、大卒の価値に割安感が生じたことがわかる。同時期の全就労者のうち、第一分位と第一〇分位の勤労所得はともに三四・五％も上昇しており、中央値にいたっては四五・三％にまで届いているのである。[14]また新世紀論壇の調査では、大卒者は就職直後よりも三〇代後半において世代間の格差が拡大していたことが明らかになった。物価調整済みの勤労所得（月収・中央値）で比較すると、三〇代後半の時点で第一世代と第二世代がそれぞれ四万一六一七香港ドルと四万一八八四香港ドルであったのに対し、第三世代は三万八五六〇香港ドル、第四世代（一九七三〜七七年生まれ）は三万二七五一香港ドル、第五世代（一九七八〜八二年生まれ）は三万三五八九香港ドルと実質で低下傾向にある。[15]

以上のように、返還以降の香港では、大衆化する大学の学歴を保有していても、親世代のような所得水準の伸びや社会階層の上方移動は、期待できないことが確認できた。

5．不動産価格に対する所得の変化

香港の不動産価格は、世界有数の高さを誇っている。特に高級物件では、東京のはるかに上を行く。二〇一八年のデータを見ると、一等地の高級住宅の分譲価格に関しては、世界の主要都市のうち香港は第二位である。【表5】は、二〇一八年に一〇〇万米ドルで購入できる物件の面積を平方メートルで表したものである。日本円なら一億一〇〇〇万円足らずの資金で、どのくらいの居住空間を確保できるかということだが、香港ではわずか二二平方メートルにとどまる。[16]日本不動産研究所の発表では、二〇一九

【表5】 100万米ドルで購入できる一等地の不動産面積（2018年・都市別）

順位	都市	㎡
1	モナコ	16
2	香港	22
3	ニューヨーク	31
3	ロンドン	31
5	シンガポール	36
6	ロサンゼルス	39
7	ジュネーブ	41
8	パリ	46
9	シドニー	52
10	上海	57
11	北京	67
12	東京	67
13	ベルリン	73
14	マイアミ	93
15	メルボルン	97

注：為替レートは2018年12月時点のもの。
（出所）Shirley（2019：34）

年四月時点の東京の元麻布の高級マンションの分譲価格を一〇〇とした場合、香港の同格物件の指数は二一二・八と倍以上である。ロンドンは一九七・四、上海一二五・三、台北一一五・一、シンガポール一〇五・四、ニューヨーク一〇五・三であるから、いかに香港の相場が、国際的に見ても高いかがわかる。同調査は、これらのマンションの賃料についても国際比較を行っており、元麻布一〇〇に対して香港は一六四・八である。ただし、賃料水準では香港の上にロンドンが二二三・一、ニューヨークが二〇〇・〇と位置しており、調査対象の一四都市のうち香港は三位である。[17]

もっとも、デモ参加者について考察するなら、大卒の中層から下層の若者がいきなり高級マンションの購入や賃貸を夢見ているわけではない。そこで、まず、社会全体のマイホームの取得について確認しよう。前出の立法会秘書処の二〇一五年報告書は、持ち家比率（民間住宅の居住者が所有者でもある物件の比率）を用いて、返還前の一五年間と二〇〇六年からの七年間を比較している。これに従えば、一九八一年から九六年の間に持ち家比率は四〇・六%から六七・一%に上昇したのに対し、二〇〇六年から二〇一三年の間には七〇・五%から六六・七%と下落に転じている。[18] ここから、持ち家比率自体は返還前よりも増加しているが、全体の傾向としては、取得しづらくなっていることがうかがえる。

さて、肝心の若者については、どのような変化が見られるだろうか。前出のシンクタンク「新世紀論壇」が二〇一九年一月末に発表した報告書[19]から、二〇〇七年から二〇一七年にかけての民間住宅[20]の分譲価格と家賃の推移を確認しよう。この一〇年間で、分譲価格は二二二・六%、家賃は七九・四%上昇していたが、興味深いことに、狭隘な住宅ほど価格上昇率が高かった。居住部分の面積が四〇平方メートル未満の物件は、同じ期間に分譲価格が二・七倍になったが、四〇平方メートル以上で七〇平方メートル未満だと二・二倍、七〇平方メートル以上一〇〇平方メートル未満なら一・五倍、一〇〇平方メートル以上で一六〇平方メートル未満は一・一倍、そして一六〇平方メートル以上では八九・五％増で済んだ。[21] 言い換えると、若者が初めて購入する可能性の高い小規模な住宅ほど分譲価格が高騰していたのである。

家賃の値上がりは分譲価格ほどではないものの、やはり狭い物件ほど割高になった。二〇〇七年から二〇一七年にかけて、四〇平方メートル未満の物件の家賃は一〇〇・二％増加したが、四〇平方メートルから七〇平方メートル未満は八五・二％、七〇平方メートルから一〇〇平方メートル未満は五四％、一〇〇平方メートルから一六〇平方メートル未満は三三・一％、一六〇平方メートル以上では一八・一％の値上がりにとどまっている。[22]

ところで、この報告書は住宅取得に関する世代間の所得について、面白い試算を行っている。一般に勤労所得の増加を論じる場合、物価指数でインフレ分を調整するのが常である。ところがこの報告書は、物価ではなく民間物件の不動産価格指数を併用している。つまり、不動産価格をベースにして給与の価値を表したわけである。一九八七年から二〇一七年にかけて、香港の不動産の高騰は、物価上昇率をはるかに凌駕しており、総合物価指数の二〇一・二％増に対して民間物件の不動産価格は一一・七倍に膨れ上がっていたから、不動産価格指数で調整すると若い世代の勤労所得がいかに時間の経過とともに不動産に対して価値を減じているかが明確になる。実際に大卒者の初任給[23]の価値を、民間物件の分譲価格で調整した結果、調査対象の第二世代（一九六三〜六七年生まれ）では月収一万七四九〇香港ドルだったものが、第六世代（一九八三〜八七年生まれ）では月収一万〇六二八香港ドルにまで目減りしており、さらに第七世代（一九八八〜九二年生まれ）では五八一九香港ドル、第八世代（一九九三〜九七年生まれ）では四四九二香港ドルと下がり続けていることがわかった。[24]

また、現実的に若い世代の大卒者がマイホームの購入を考える状況として、香港の中心部ではなく郊外の新界地区にある四〇平方メートル以下の物件が考えられる。この価格を基準にして、世代間の所得を比較したものが、【表6a】と【表6b】である。ここでは第二世代と第六世代を対象にして、彼らの勤労所得が二〇代前半から三〇代前半にかけてどれくらい増えたかを計算した結果、以下のことが明らかになった。まず【表６ａ】からは、第二世代が二〇代前半から三〇代前半になった間に、不動産価格指数は五二〇・二％も高騰していたことがわかる。これは第六世代が同じ年齢の時期に遭遇した不動産価格の上昇幅（二二六・六％）と比べて倍以上であり、かつての香港の高度経済成長期の不動産市場がいかに沸騰していたかがうかがえる。

一方同じ時期に、賃金も急上昇していたことを忘れてはならない。【表６ａ】から第二世代の若かった時代は、勤労所得も四九一・三％と上向きの急カーブを描いているのである。これに比べると、第六世代が若者である時期は、所得の伸びも鈍化していた。

ここで前述の新界地区に位置する四〇平方メートル以下の物件の分譲価格を基準にして、第二世代と第六世代の勤労所得を比較してみよう（【表６ｂ】）。より詳細には、この物件の一平方フィート当たりの価格が、毎月の給与の何パーセントを占めるのかを表した。一フィートは三〇センチメートル余だから、三〇センチメートル定規で縦横をかけた面積であり、ハンカチを広げた程度のスペースである。第二世代の大卒者にとって、この空間の価値は月収（中央値）の二〇％程度であった。また二〇代前半から三

【表 6a】 20 代前半から 30 代前半にかけての不動産価格と勤労所得（世代別）

	不動産価格指数	勤労所得
第２世代	520.2%	491.3%
第６世代	226.6%	161.8%

【表 6b】 勤労所得（月収）に対する不動産１単価（平方フィート）の割合

	中位（中央値）		高所得		低所得層	
	20〜24 歳	30〜34 歳	20〜24 歳	30〜34 歳	20〜24 歳	30〜34 歳
第２世代	19.1%	20.3%	11.0%	9.2%	35.1%	36.7%
第６世代	27.5%	39.2%	16.8%	19.2%	40.3%	72.9%

注：a・b とも第２世代は 1963〜67 年生まれ、第６世代は 1983〜87 年生まれ。
（出所）a・b とも新世紀論壇（2019：10-11）

〇代前半にかけて、その比率にはほとんど変化がなかった。ところが第六世代では、一平方フィートの不動産は月収の二七・五％から三九・二％に増加している。特に低所得層（一〇区分の最低位）では、この比率は二〇代前半で四〇・三％、三〇代前半には七二・九％にまで達している。第二世代の低所得層が同じ年齢だったときには三五・一％（二〇代前半）から三六・七％（三〇代前半）であったから、時代が下るとともに、大卒の所得に対して、マイホームの値段は大幅に上昇したといえよう。

6．おわりに

終わりが見えない抗議運動の中、香港の経済にも先行き不透明感があらわれてきた。二〇一九年一〇月三一日に香港政府統計署が公表したプレスリリースによると、今年の第3四半期（七～九月）の実質ＧＤＰは、前年同期比で二・九％減となった。四半期ベースでの前年同期比を下回ったのは、実に一〇年ぶりのことである。前回はリーマンショック後の不況が顕著だった二〇〇九年であった。[25]

自由貿易港である香港は、海外市場の景気動向に大きな影響を受けるので、今回の景気後退は抗議運動だけが原因ではなく、最大の市場である中国の景気減速と米中貿易摩擦が背景にあることは間違いない。しかし実質ベースで、民間消費支出がマイナス三・五％、固定資産形成がマイナス一六・三％を記録したこと、とりわけ八月の小売売上高が二三％落ち込んだこと、また、観光客の八割弱を占める中国大陸の旅客が四二％減少したことを考えると、香港域内の抗議運動が経済の減速に寄与したことは否定できない。[26] そこだけに着目すれば、若者たちの行動は矛盾に満ちているように見えるかもしれない。

しかし、本章で紹介したように、香港政府や現地シンクタンクの調査から、大卒者が抱える所得水準の頭打ち感や住宅取得の負担感は、親世代に比べて増大している。また、彼らが就職後に上の階層に移動する可能性はまだ大きいものの、前の世代よりは縮小傾向にある。これに対して、香港政府が高学歴の若者の不満を解消する処方策として提起するのは、あいかわらず「イノベーションによる経済成長」[27]であり、「付加価値を高める新産業」と「高度な技術を持つ人材育成」である。[28]

それ以外に明確なビジョンが打ち出せないのは日本も同様であり、それが間違っているとは思わない。しかし、これまで日本よりも高い経済成長の下にありながら、若者の閉塞感が高まったのは、親たちのように「得られるはずだった」機会の喪失が作用しているからではないだろうか。

---

1 抗議運動の背景として、所得と住宅取得および社会階層の移動に言及した報道の一例としては、Rein, Shaun (2019) "Social Mobility the Key to Addressing Hong Kong Discontent" (Opinion), Nikkei Asian Review, July 16. (https://asia.nikkei.com/Opinion/Social-mobility-the-key-to-addressing-Hong-Kong-discontent)。

2 この調査は、紙媒体のアンケート以外に、現場で携帯電話を用いてQRコードから質問票にアクセスさせる、という方法をとっている。このことから、携帯電話の操作が苦手なデモ参加者が回答しない傾向があり、その分の偏りが生じている。Lee, Francis L. F., Gary Tang, Samson Yuen, and Edmund W. Cheng (2019) "Onsite Survey Findings in Hong Kong's AntiExtradition Bill Protests", Centre for Communication and Public Opinion Survey, The Chinese University of Hong Kong, August. (http://www.com.cuhk.edu. hk/ccpos/en/pdf/ENG_antielab%20survey%20public%20report%20vf.pdf)

3 香港政府立法会秘書処（二〇一五）「研究簡報：香港的社会流動」二〇一四～二〇一五年度、第二期、二～三頁。

4 Vere, James P. (2010) "Special Topic Enquiry on Earnings Mobility", School of Economics & Finance, The University of Hong Kong, April. (https://www.lwb.gov.hk/eng/other_info/Special%20Topic%20Enquiry%20on%20Earnings%20Mobility.pdf)

5 Vere, James P. 前掲資料、五〇頁。

6 世代間の所得移動を示すのに、二〇一〇年報告書は息子の生涯所得が親のそれに対して、どれほど伸びるかという弾力値を用いている。ちなみに娘の場合は、息子よりもわずかに少なく、四〇％である。

7 Vere, James P. 前掲資料、六四頁。

8 Vere, James P. 前掲資料、三三頁。

9 二〇〇一年、二〇〇六年および二〇〇九年までは香港大学に調査を委託していたが、直近の二〇一五年については、香港政府の財政司事務室内におかれた経済分析・ビジネス促進処が統計処と共同でデータ収集と分析を行っている。この二〇一五年調査の回答者数は五万六九四九名に上る（財政司司長弁公室・経済分析及方便営商処（二〇一六）『２０１５年収入流動性研究』一頁）(https://www.povertyrelief.gov.hk/pdf/Information%20Paper%20-%20Bilingual%20-%20Main%20Text%20 (12.5.2016)_clean.pdf)。

10 資産がこの間にある場合は、段階的に減額が適用されている。Student Finance Office, Working Family & Student Financial Assistance Agency (2019) "Tertiary Student Finance Scheme: Public Funded Programmes 2019/20, Sliding Scale of Asset Value for Discounting Grant/Loan Assistance". (https://www.wfsfaa.gov.hk/sfo/pdf/common/Form/tsfs/Sliding_Scale_of_Asset_Value_eng.pdf)

11 新世紀論壇、新青年論壇（二〇一八）「香港各世代大学生収入比較研究報告（一九八七年至二〇一七年）」一二月一七日（http://www.ncforum.org.hk/file/upload/file_934_Alu.pdf）。

12 新世紀論壇、前掲資料11、四頁。

13 新世紀論壇、前掲資料11、二〜三頁。

14 新世紀論壇、前掲資料11、五頁。

15 新世紀論壇、前掲資料11、九頁。

16 Shirley, Andrew ed. (2019) "The Wealth Report: Global Perspective on Prime Property and Investment", Frank Knight Research, p. 34. (https://content.knightfrank.com/resources/knightfrank. com/wealthreport/2019/the-wealth-report-2019.pdf.) 念のために東京の住宅価格を不動産情報サイトＳＵＵＭＯで確認すると、港区や千代田区、文京区の新築高級マンションは、六〇平方メートルから七〇平方メートルの物件で一億円を超えていた。

17 一般財団法人 日本不動産研究所（二〇一九）「第12回 国際不動産価格賃料指数（二〇一九年四月現在）の調査結果」五月三〇日、九頁（http://www.reinet.or.jp/wp-content/uploads/2019/05/9ba630add63df6aa2a1a8d5c1041ae20.pdf）。

18 香港政府立法会秘書処、前掲資料、四頁。

19 新世紀論壇、新青年論壇（二〇一九）「香港各世代大学学歴労工住屋承担能力研究報告（一九八七年至二〇一七年）」一月三〇日（http://www.ncforum.org.hk/file/upload/file_940_BKe.pdf）。

20 香港政府が補助する公営住宅の価格は含まない（前掲資料19、一頁）。

21 新世紀論壇、前掲資料19、四頁。

22 新世紀論壇、前掲資料19、四頁。

23 ここでいう初任給は、各世代が二〇〜二五歳時点の勤労所得の中央値（月額）で表している（前掲資料19、五頁）。

24 新世紀論壇、前掲資料19、五頁。

25 Census & Statistics Department (2019), "Advance Estimates on Gross Domestic Product for Third Quarter of 2019", 31 Oct. (https://www.censtatd.gov.hk/press_release/pressReleaseDetail.jsp?charsetID=1&pressRID=4506)

26「香港経済、失速鮮明に７〜９月ＧＤＰ２・９％減」『日本経済新聞』二〇一九年一〇月三一日（https://www.nikkei.com/article/DGXMZO51646540R31C19A0FF2000/）。

27 香港政府立法会秘書処、前掲資料、九頁。

28 財政司司長弁公室、前掲資料、二一頁。

5

ネットがつくる「リーダー不在」の運動

―通信アプリ「テレグラム」から見る運動のメカニズム―

倉田明子

休憩しながらスマートフォンをいじるデモ参加者の若者たち（2019年9月、初沢亜利撮影）

1. はじめに

反逃亡犯条例運動は、「リーダー不在」の運動といわれる。確かに、二〇一四年の「雨傘運動」のときは、その発端となるオキュパイ・セントラル（金融街占拠）運動を提唱した学者ら三名がおり、実際の運動が展開する際には大学の学生会のリーダーや高校生の政治団体「学民思潮」のリーダーが表舞台に立って運動を引っ張った。彼らは運動終結後、起訴され、最終的には主だったリーダーのほとんどが実刑判決を受けた。

今回の場合、雨傘運動の七九日間をはるかに超えて運動が続いているが、当初からリーダーといえるような人物は登場していない。六月九日や一六日をはじめ、多くのデモや集会を呼びかけてきた組織「民間人権陣線」は確かに一〇〇万人規模の動員力を発揮したが、この団体はあくまで全体の中の一部のデモを主催したにすぎない。雨傘運動の顔として『タイム』誌の表紙を飾ったこともあった黄之鋒（ジョシュア・ウォン）は、今回の運動開始時には服役中で、六月下旬に出所後はもちろん運動に身を投じたが、その後の一連の運動の中で特に目立っているわけではない。むしろ黄の場合、世界的な知名度を生かして対外的（特に英語圏に向けて）に運動の主張を発信する役割を意識的に担っているように見える。同じことは、日本語力を生かして日本のメディアやツイッターを通して日本向けに発信を続けている周庭（アグネス・チョウ）についてもいえるだろう。ただ、彼らはいうなれば外向けのスポークスパーソンであり、運動の現場でリーダーと目されているわけではない。

今回の運動のスローガンとなっている言葉として「Be water（水になれ）」と「兄弟爬山、各自努力（同じ山に登る兄弟同士、それぞれ努力しよう）」の二つがある。「Be water」はブルース・リーがインタビューで戦いの極意を説いた有名な一節に出てくる言葉だが、現場で臨機応変に転戦していく今回の運動の参加者たちの戦術をよくいい表している。「兄弟爬山、各自努力」のほうは、路線や意見が異なっても同じ目的のためにそれぞれに努力する、というデモ参加者の方針を表したものである。雨傘運動以来、政府に不満を持つ若者たちの間には、一定の暴力行為を容認する「勇武」派と、平和的抗議に徹する「和理非（平和）」派とで分断が生じていた。しかし今回の運動においては、互いを非難するのをやめ、それぞれの方法で同じ目標を目指そう、という意識が共有されたのである。どちらのスローガンも強力なリーダーなしで展開される今回の運動を象徴しているが、一方でまとまりを欠き、短期間のうちに瓦解してしまいそうにも思える。だが、運動は五カ月を超えても収束する気配を見せていない。

実のところ、今回の運動は週末に開催される大規模なデモや集会と、平日に時折開催される小・中規模のデモや集会が繰り返されることで持続してきた。時間の経過とともに「レノン・ウォール」をつくったり、「人間の鎖」をつくったり、ショッピング・モールで歌を歌ったり、といったイベント型の行動も増えていったが、それらも含めて、個別の運動の集合体が今回の運動を形成しているのである。このようなリーダー不在の運動の継続を可能にしている要因の一つが、インターネットである。本章では今回の運動の特徴を、インターネットの果たす役割という観点から見ていきたい。

なお、筆者は社会運動やインターネットを学術的に分析できるような分野の専門家ではなく、歴史研究者である。本章はあくまで、筆者が個人的な興味から使用を始めたテレグラム（Telegram）をはじめとするいくつかのＳＮＳを介した「観察」の記録と、それに基づくわずかな分析である。

2. ネット社会、香港

まず、大前提として指摘しておかなければならないのは、香港はインターネットや携帯電話の普及率が極めて高いということだ。香港政府の通訊事務管理局の統計によれば、住宅用ブロードバンドの普及率は九三・二%、携帯電話契約率に至っては二八〇・五%に上る（日本は、「個人のインターネット利用率」が七九・八%、移動系通信の契約数は一億八〇四五万件で、人口比は約一四三%）[1]。中国大陸とは異なり、香港では特定のSNSやアプリに対する規制などもほぼない。様々なSNSが利用されているが、中でもフェイスブック（Facebook）やインスタグラム（Instagram）、チャットツールのワッツアップ（WhatsApp）は広く利用されている。中国との往来がある人々も多いので、中国国内でも使える微信（WeChat: ウィーチャット）を使う香港人も少なくない印象である。

振り返れば、雨傘運動のときにもSNSは活躍しており、特にフェイスブックやワッツアップなどが運動側の宣伝、また情報共有の手段として多用されていた。筆者も雨傘運動のときにはおもにフェイスブックを通して情報を入手した記憶がある。当時はリーダーの学生や個々の参加者、団体がそれぞれ自分で文章を書いて宣伝や情報提供を行うものが多かったが、今回は他の媒体の文書や記事の転載が増えており、直接発信の場というよりも、

フェイスブックの中継ページでは、視聴者がリアルタイムでリアクションやコメントができる

情報拡散のツールとして機能しているようである。

一方で、今回フェイスブックが存在感を発揮したのは、ネット中継のプラットフォームとしてであった。二〇一〇年代に入ってから、特に雨傘運動の前後に香港では多くのオンラインメディアが誕生した。テレビや新聞・雑誌などのメディアに対して、株主として、あるいはスポンサーとして中国系の資本が入ったり、あるいは『蘋果日報（アップル・デイリー）』のような明らかな反体制派のメディアからは広告の引き上げが加速したりと、既存メディアの自由空間への危機感が高まっていたことがその背景にある。林立したオンラインメディアは、独自の視点で報道や番組制作を試みるようになった。それと同時並行の形でフェイスブックはネット中継を手軽にできる機能を向上させてきた。スマートフォン一つあれば誰でもネット中継を行える環境ができたことは、経営的に決して楽ではないオンラインメディアにも実況中継を可能にした。また、テレビ局の香港電台（ＲＴＨＫ）や、『蘋果日報』『明報』といった既存の新聞社もフェイスブックを介した動画配信を行うようになっていた。今回の運動が始まると、これらのメディアはこぞって、フェイスブック上でデモや集会のネット中継を行うようになった。さらに警察との衝突事件が多発するようになると、情報を察知した記者が駆けつけ、そうした場面の中継も行うようになる。オンラインメディアの『立場新聞（Stand News）』などは複数の記者を現場に派遣し、臨場感ある実況中継を行うことで急速に知名度と好感度を上げた（特に七月一日の立法会突入事件の際のデモ支持者に寄り添った実況によって、デモ支持者から高評価を得た）。さらに各メディアの中継映像を四画面、六画面、時には九画面で同時中継するサイトも現れた。編集なしの中継画面に映し出されるデモ参加者、反デモ派、警官、機動隊の一挙手一投足が、香港、そして世界の世論形成に与えた影響は計り知れない。

一方、すでに多くの報道がなされているところだが、今回の運動では個々のデモや集会の計画から実行までのプロセスや、実際の運動の現場においてもＳＮＳやネット掲示板が大きな役割を果たしている。特に今回注目されたのが、チャットツールのテレグラムとネット掲示板「ＬＩＨＫＧ 討論区（通称「連登」、以下では「連登」と呼ぶ）」である。この二つはデモや集会の計画を練り、また、進行中の運動の現場での情報交換のツールとして活躍している。また、できあがった計画を周知させ、市民を動員するツールとして、フェイスブック、ワッツアップの他にインスタグラムも多く利用された（ネットを利用したものではないが、iPhone のエアドロップ機能も多用されているという）。また宣伝用の動画も多数制作され、主にユーチューブ（YouTube）上で公開されている。さらに今回の運動は海外への宣伝も強く意識されたが、そのような外向けのツールとして、香港人はあまり使っていなかったツイッターも意識的に利用された。このような多様なＳＮＳの使い分けも今回の運動の特徴といえるだろう。

また今回の運動は総じてＳＮＳを駆使した情報戦という一面を持っている。メディアにもデモ参加者寄り、政府寄りの傾向の違いがはっきりとあり、デモ参加者と政府支持者がそれぞれに自分たちに近い立場のメディアの写真や動画を使いながら、様々なＳＮＳで香港内外に向けて自分たちの主張をアピールしてきた。ただしデモ参加者側は当初から、世界の人々の注目と共感を集め、ひいては外国の政府に香港政府とその上にいる中国政府に対して外交的な圧力をかけさせよう、という意識が非常に明確であった。毎週末にデモや集会が開催されてきたのと同時に、例えば六月下旬には大阪で開催されるG20に向けて、世界の主要メディアへの広告掲載や香港のG20参加国の領事館への請願リレーなどの運動も行われた。八月に行われた人間の鎖も世界へのアピールを意図した行動であった。デモや集会も含め、これらの様々なタイプの個々の運動に関連して、デザイン性の高いビラ、ポスターの画像や宣伝動画が作成され、フェイスブックやインスタグラムを通して拡散された。画像や動画の制作には、もともとＳＮＳを拠点に活動していたデザイナーやアーティストが携わったケースも少なくなかったようである。結果的にはデモ参加者側のほうが、即応性の高いＳＮＳ上での宣伝活動によって世界中から注目を集めることに成功したといえるだろう。米国と中国の「貿易戦争」という時局の中で、米国の外交カードとして香港問題が取りざたされるまでになった背景には、情報戦を意識したデモ参加者たちの戦略もあったように思う。

3.「テレグラム」と「連登」

次に、今回の運動で特に重要な役割を果たしていたテレグラムと連登についてもう少し詳しく見ておこう。まずテレグラムである。

二〇一九年一一月現在でのテレグラム・アプリに掲載されているFAQによれば、テレグラムは二〇一三年にロシア人のドゥーロフ兄弟が開発したSNSである。ロシアでのIT規制強化によってロシアを出ていかざるを得なくなり、その後、ベルリンやシンガポールを経て現在ではドバイに拠点を置いている。運営は非営利団体が行っており、当初は利用二年目から有料だったが、二〇一六年以降は永年無料になった。FAQでは、広告なしで利用できること、あらゆる種類のファイルの送受信ができること、通常のSNSよりもスピードが速く、そして安全性が高いこと、などをアピールポイントにしている。

個人のアカウントは電話番号の登録のみで開設できるため、匿名性が非常に高い。特に香港では携帯電話やスマートフォンはSIMフリーで、なおかつプリペイド方式の電話番号付きSIMカードを簡単に入手することができるので、一人で複数の使い捨てにできるアカウントを持つことができる。また、アカウント名はいつでも変更可能で、電話番号や以前のアカウント名も非公表にできる。また、一対一であれ、グループチャットであれ、いったん送信したメッセージを削除することも可能で、その場合、相手やグループ内のすべての人の画面からそのメッセージは削除される。そしてもう一つテレグラムに特徴的な機能は、一定期間(一カ月〔運動開始当初の仕様では一週間）から最長でも一二カ月の間で設定）オフラインが続くと、そのアカウントは自動的にそれまでに送信したすべてのメッセージや連絡先情報とともに削除されることである。また、一対一のチャットでは、ログアウトするとそれまでの履歴をすべて消去する等の機能が付いたシークレットチャットの機能も備えるなど、ともかくセキュリティと匿名性の高さが際立つ。

一方、香港の今回の運動における役割を考える上では、テレグラムのグループチャットとチャンネル（掲示板）機能も重要である。グループチャットの人数の上限は、有料の時期はアップグレードしても最大五〇〇〇人までであったようだが、現在は二〇万人まで可能である（ワッツアップは一グループの上限が二五六人、ライン（LINE）は二〇〇人）。グループの開設者がそのグループの管理人となるが、その他に複数の管理者を設定することもできる。管理者はグループ内の特定のメンバーの追放やメッセージの削除も行える他、ボットと呼ばれる特定の動作を自動的に行うプログラムを作成したり、利用したりできる。チャンネルは管理人のみが投稿できる掲示板で、グループの人数制限はない。一方向の情報伝達に特化した機能である。

一方の連登は、二〇一六年に正式に運用が始まった香港のネット掲示板である。香港にはもともと、二〇〇一年から運用されている「高登討論区」という最大手の掲示板があるが、スピードの遅さやスマートフォン対応への遅れに対する不満が多く、閲覧スピードを上げるために多くのミラーサイトがつくられていた。連登はそうしたミラーサイトの一つであったが、二〇一四年以降、高登との間でトラブルが発生し、最終的に二〇一六年一一月に独立した掲示板としての運用を開始した。高登から連登への大規模なユーザーの移動も起こり、短期間のうちに高登と並ぶ香港を代表するネット掲示板となった。

掲示板の仕様は日本のネット掲示板（例えば「5ちゃんねる」）とあまり変わらない。ごくごく簡単にいえば、あるユーザーが投稿したトピックに他のユーザーがコメントをつけていく（トピックとそれへの返信の束はスレッドと呼ばれる)、という形式である。初期画面では、投稿が新しい順に時系列でスレッドが並んでいるが、ワンクリックで「ホットコーナー(熱門)」に移動し、「いいね」やコメントが多い人気投稿を確認できる。なお連登の場合、閲覧は誰でもできるが、「いいね」を含めた書き込みができるのは登録をしたユーザーのみで、香港のプロバイダまたは香港の大学や専門学校が提供するメールアドレスを持っていないとユーザー登録ができない仕組みである。高登が主流だった時期から男性ユーザー、女性ユーザーをそれぞれ「巴打(Brother の広東語音訳)」「絲打(同 Sister)」と呼ぶネット用語ができており、連登にも引き継がれている(連登のユーザー登録の際の男女の選択肢ははじめから「巴打」「絲打」である)。また、総称として連登のユーザーを「連登仔」と呼ぶ呼び方も定着している。高登に比べて連登のほうがユーザーの年齢層が若いとされているが、そうしたことも背景に、この連登が今回の運動で脚光を浴びることになった。

テレグラムや連登が今回の運動の主要ツールとして周囲から注目されるようになったのは、当時の報道を振り返ってみる限り、六月一二日の立法会包囲(第1章第9節)の前後である。警官隊との激しい衝突によって反逃亡犯条例修正法案の審議入りを中止に追い込んだこの一件は、実力行使(暴力を伴うデモ行為)によってしか法案を止められない、という事実を人々に見せつけたのと同時に、この行動を策定するのに使われた連登とテレグラムに光を当てることになった。新聞などの既存メディアが最初に注目したのは、前日の六月一一日に立法会包囲に関するテレグラムの「公海」グループ(基本的に誰でも入ることのできるチャットグループで、数千、数万単位のメンバーを擁することもある)の管理者の一人が「公衆妨害の画策」の罪で逮捕されたからである。それ以後、連登やテレグラムを用いた運動のメカニズムが、当事者のインタビューなどから明らかにされてきた。そうした記事によれば、遅くとも五月の後半には「連登仔」たちは具体的な方策を議論するSNSとしてテレグラムを使うようになっていたようである。[2] ただし、テレグラムの存在は以前から知られており、雨傘運動のときにもすでに一部で使われていたともいわれる。今回も、運動の担い手たちの間で注目された理由は、ワッツアップよりセキュリティが厳しいからということであったようだ。

なお、筆者は六月二一日からテレグラムの使用を始め、以来、暇さえあればスマートフォンと向き合いながらいくつかの個別の運動の計画から実行に至る過程を観察してきた（ただし、発言は一度もしていない）。一方、連登のほうは、テレグラムやフェイスブックに転載されたものを足がかりとして、時々眺める程度である（筆者はそもそも絲打にはなれない）。本章がテレグラムのほうに比重が偏りがちであるのは、そのためである。

4．個々の運動の発動と継続のメカニズム——「Be water」の実践

(1) 運動の計画

冒頭でも述べたように、今回の運動は大小様々のデモや集会、イベントの集合体である。以下では、これらの個々の運動がどのようにして計画され、実行されていくのか、報道と筆者の観察に基づいて述べていきたい。

たいていの場合、運動の最初の発案は連登への誰かの投稿である。必ずしも綿密な「計画案」が出てくるわけではなく、思いつきに近いアイデアが出され、それが他のユーザーから賛同を集めると、連登の「ホットコーナー」にも登場し、さらに注目を集めていく。一方、アイデアを具体化する場がテレグラムである。たいていは発案者がテレグラムのグループをつくり、グループのアドレスを連登や既存のテレグラムの公海グループに投稿して、参加者を募る。話し合いが進む過程で、デモであれば、コアな計画立案を行う部門、宣伝部門、物資調達部門など必要な部門ごとにグループがつくられていき、それぞれのグループ内で具体的な議論が進められる。G20に合わせ海外メディアに広告を出す、という運動（第1章第10節）もあったが、この場合はまず資金調達のため

のクラウド・ファンディングが行われ、そこからさらにアピール文の作成、各国語への翻訳、と部門が分かれていった。これらの部門レベルになると、グループのメンバーは実質的な「任務」に携わる意思のある者だけになる。警察や反対陣営からの「鬼（スパイや攪乱者）」が入り込むのを防ぐため、何らかの方法で互いの身元を確認し合ったり、必要上実際に会ったりする場合も多かったようだ（筆者自身はこのレベルにまでは立ち入っていない）。

なお、もう一つ部外者への障壁として作用しているのが、「広東語」である。香港の公用語として話されている広東語は、中華人民共和国の共通語である「普通話」とは全く異質であり、学んだことがなければ、まず互いに通じない。通常、書き言葉になれば普通話も広東語も共通になるとされるが（簡体字か繁体字か、という字体の違いは存在する）、それはあくまで公式的な書き言葉であって、香港のネット、特に若者のネット世界では話し言葉やスラングをそのまま表記する、いわば「書き言葉としての広東語」が用いられる。テレグラムも連登もまさにこの広東語ワールドであり、このことが部外者の侵入や攪乱をかなりの程度阻んでいる。

テレグラムはいったんユーザー登録すれば誰でも利用でき、グループやチャンネルも、一つどこかにアクセスできさえすれば、そこ

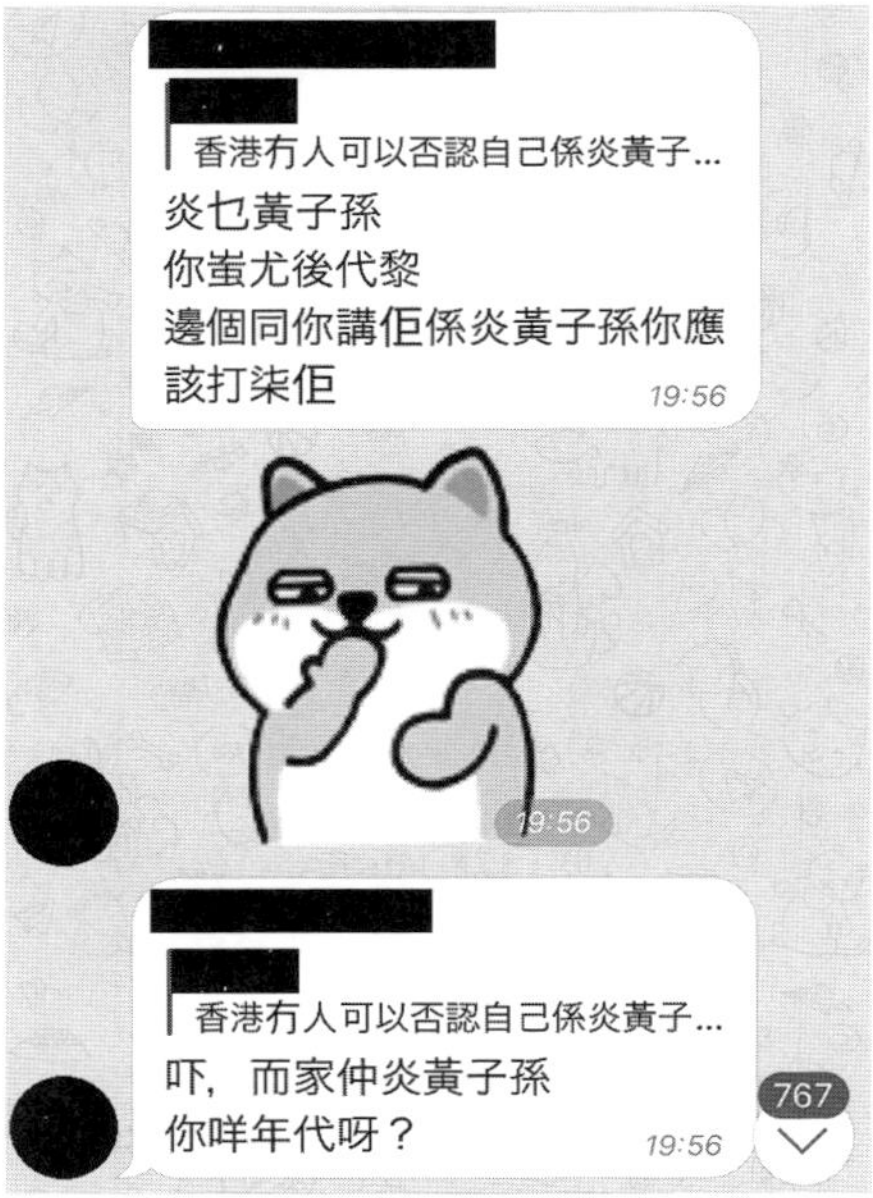

広東語によるテレグラムの会話。真ん中はウィーチャットのステッカーの人気キャラクターである。テレグラムはステッカーの作成と配布もユーザーが自由に行える

から他のグループへと渡り歩くことも簡単にできる。連登も、ユーザーにはなれなくても閲覧は誰でも可能である。だが、まず問題になるのは、中国語普通話のネイティブであれ、あるいは中国語の読解に何の問題もない外国人であれ、広東語と特にそのスラングがある程度わからなければ、そこでなされている発言や会話を理解することは難しい、ということである。ましてそこで自ら発言するとなれば、ハードルはさらに上がる。繁体字はもちろん、広東語にしか存在しない文字を打てなければ広東語会話は無理だからである。簡体字で、あるいは普通話の中国語の文体で文章を打ち込めばすぐに警戒され、場合によっては瞬時にグループから排除されてしまう。たとえ広東語を理解し、文字を打てたとしても、大量の人々が猛スピードで展開する議論に参入していくには、かなり高度な語学力と文字打ち込み能力が必要である。

それでも、普通話ネイティブのユーザー（多くは、あえてネット規制を乗り越えてきた大陸のネットユーザー）がグループチャットに乗り込んでくるケースはしばしばある。単に嫌がらせのために攻撃してくる者も多いが（早晩削除される）、中には香港情勢に関心を持ち、同情や共感を持つ者もいて、しばし香港人ユーザーと交流することもあった。ただ簡体字が敬遠され、繁体字を使うよう助言される場面はよく見かけたし、結局は、そうしたユーザーは議論を追い続けることができず、対話も長くは続かないのである。

さて、テレグラムによる計画立案の話に戻ろう。計画実施に向けた様々な小グループができていく一方で、多くの場合、最初につくられたグループは「公海」になる（こちらには新聞記者や、筆者のような観察者、そしておそらく監視目的の警察も多数含まれているはずである）。計画がつくり上げられる途中でも公海で意向調査のアンケートが行われたり、経過のフィードバックがあったりし、議論が展開される。グループの規模と行動の内容にもよるが、計画立案の核心グループを立てずに公海で計画を立てていく場合もある。公海での議論の内容は、行動計画に関するもの以外にも、デモに着ていく服の色からデモの意味、時々の情勢に関する怒りや悲しみの共有など多様である。ただ、この間、ほとんどすべてのメンバーは互いのユーザーネーム以外、本名も顔も知らない。ユーザーネームを途中で変更するユーザーも多く、個人的なつながりがなければ、管理者以外の特定のユーザーを追っていくことはかなり難しい。宣伝部門がつくったポスター画像や物資部門からの物資募集情報なども、まずは公海に投下され、そこから別のテレグラムグループや、連登、フェイスブックなどへと拡散していく。こうした繰り返しの中で、一つの行動が形づくられていくのである。

また、連登にも立案中の運動についての意見や一連の運動全体に関わる意見など、かなり長文のアピール文が投稿される。その中には「勇武」派から「和理非」派に向けたアピール（多くは彼らの破壊行為、警官やデモ参加者を攻撃してくる人々への暴力行為への理解と支持を求めるもの）や、警察と衝突になったときのデモ隊のフォーメーションと行動の注意点（多くの場合、隊列の後方にいる「和平」派に迅速な退避を求めるもの）なども数多く含まれていた。連登とテレ

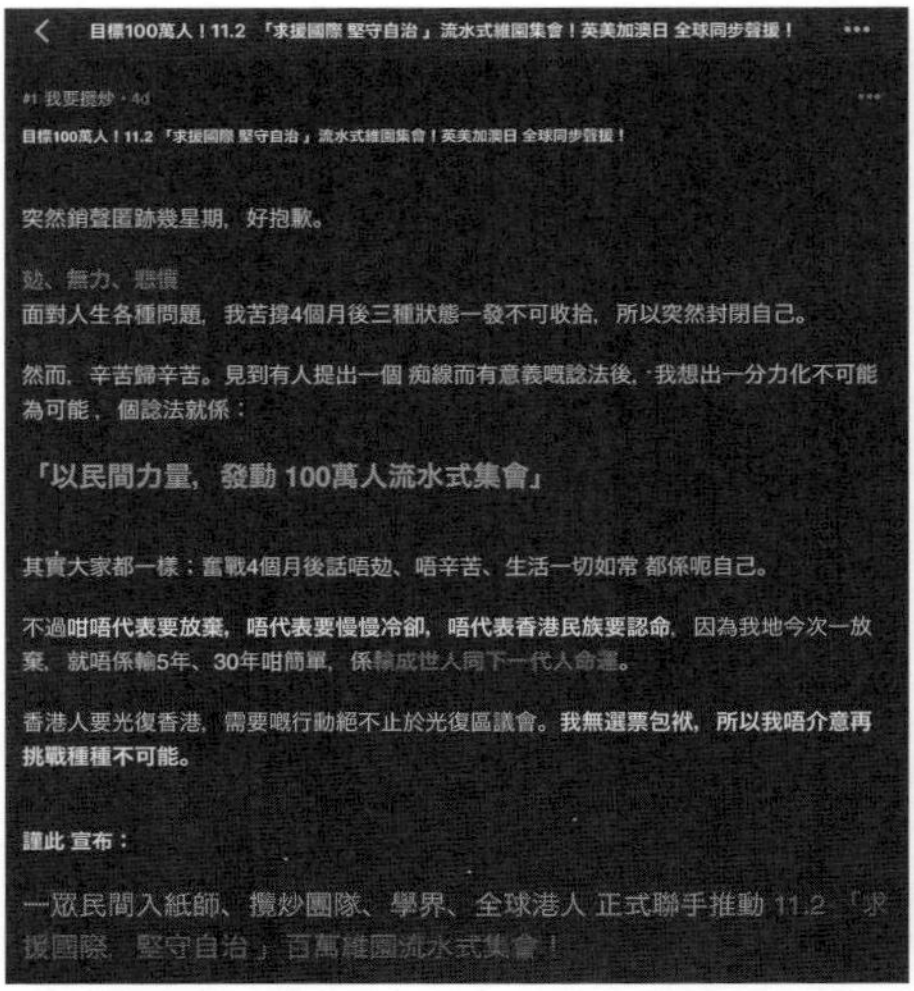

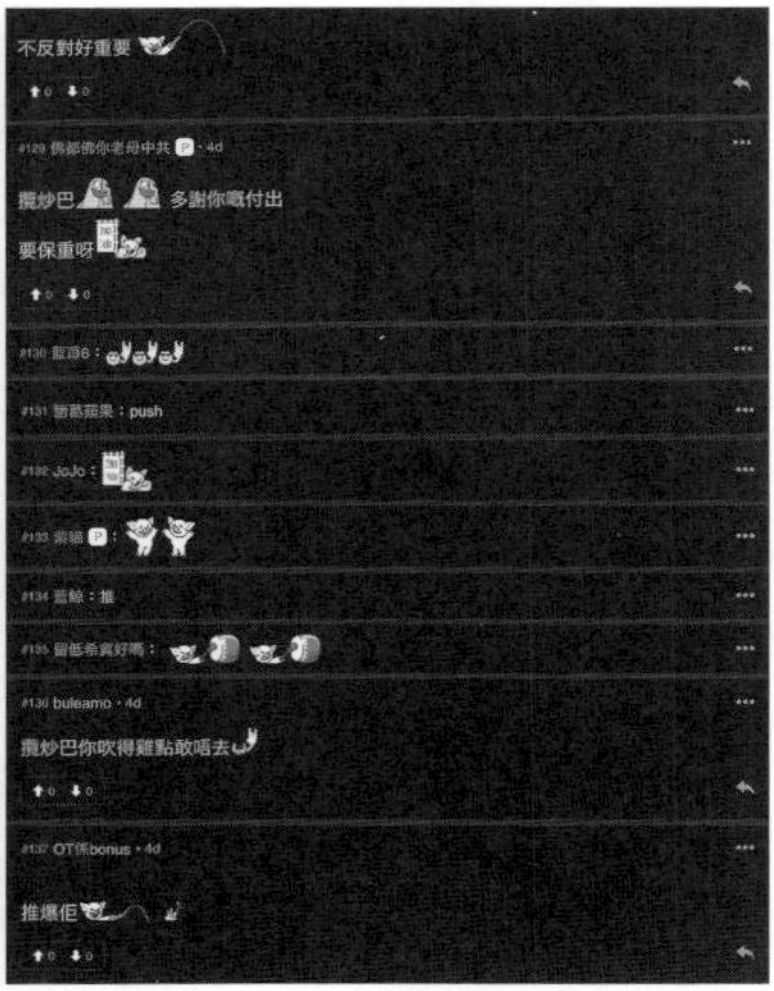

連登の投稿画面。写真は白黒だが、フォントの大きい文字は赤や黄色である。左は2019年10月末に投稿された集会の呼びかけの冒頭部分。右はこの投稿に対するリプライの一部。高登や連登で生まれたキャラクターが多数登場している

グラムのユーザーは往々にして重複しているので、ユーザーの心に響いた投稿は連登で反響を呼ぶと同時にテレグラムにも転載されて、多くの人の目に触れ、個別の、あるいは全体の運動の方向性にも影響を及ぼしていくことになる。

(2) 運動の現場

計画された運動が実際の行動に移された後も、テレグラムと連登は重要な役割を果たしてきた。六月一六日の「二〇〇万＋一人」デモ（第1章第10節）以来、合法的なデモであってもその後に警察との衝突が発生するのが常態化しており、七月のデモ開催地の拡散とともに衝突は激しさを増していった。この過程の中で、デモ参加者たちは警察と対峙する「前線」とそれを支援する「後方」の間での役割分担と協力の態勢をつくり出していった。警察との衝突が激化し、逮捕者が増加していくと、「前線」＝「勇武」派のデモ隊の逮捕のリスクを避けるため、無用な衝突を避けて他所へと移動していく戦術がとられるようになる。ますます臨機応変な行動が求められるデモ現場において、テレグラムは情報共有のツールとして機能した。警察出動の情報が出始めると、そのデモを立案してきた公海グループには、現場付近で目撃された警察の位置情報や、最寄りの地下鉄駅、バス停までの道路情報、バスのルート情報、最終列車やバスの時間、「休息所」の情報（多くは付近のキリスト教会やボランティア事務所などで、夜通し開放される場合が多い）などが飛び交う。さらには自家用車での「迎車」の呼びかけ、着替え用Tシャツ置き場の情報、そして付近の公共住宅のメインドアの暗証番号情報まで、実に多様な「避難支援情報」が提供される。警察の動きをいち早く伝えることを目的とした「哨兵」の役を担うチャンネルはごく初期から存在していたが、七月半ば以降、警察の手荒な拘束や逮捕が常態化すると、地図上にリアルタイムの警察の位置情報を示し、それを逐次更新していく専用チャンネルも複数現れた。[3] これらの情報は、他の公海グループにも転載され、瞬時に拡散していく。ただし、現場から一刻を争って逃げなければならない場合、デモ参加者が手許のスマートフォンでこれらの情報をゆっくり読んでいる暇はないことも多い。現場での個々の判断と「脚力」も重要になりつつある。

計画していた運動が終わっても、公海グループの多くはそのまま存続し、その後の各種の運動の情報交換の場や雑談の場として使われ続けている。六、七月の活動の計画立案を担っていたテレグラムグループは三〇〇〇人程度の規模のものが多かったが、八月後半以降に筆者が目にしたグループの中には、三万人を超えたものもある。テレグラムの認知度が急激に上昇していることをうかがわせる。運動の初期においては、テレグラムはデモ参加者が密かに使う、セキュリティの高いSNSというイメージであったが、その後利用者が拡大するにつれて、政府や警察支持派のグループも多数存在するようになり、さらには大陸側からネット規制の壁を越えてやってきた中国人ユーザーのグループなどもできているようだ。セキュリティというよりも、グループチャットの利便性によって、テレグラムは香港のメジャーなSNSの一つに仲間入りを果たしつつある。

(3) デモの変化

ところで、デモに限っていえば、計画立案と実施の手法は徐々に変化を遂げてきた。テレグラムでデモの綿密な計画を立てていたのは七月から八月がピークである。七月一日のデモと立法会突入の後、デモの開催地は香港各地に拡散した。初めてデモを行う地域では、地元の地理に精通した人々がデモのルートを策定する必要が生じ、テレグラムによるデモの計画立案が不可欠となったのである。香港のデモは、主催者が警察に申請書を出し、「不反対通知書」の交付を受けると合法的デモと見なされる。七月から八月にかけて行われたデモは、多くの場合それぞれのデモの提唱者が代表となって申請書を出し、警察との協議も行った（その地域の区議会議員がデモ申請を代行した例もある）。一方、八月中旬以降はデモそのものに対して警察が「反対通知書」を出すようになり、それでもデモを行った場合は非合法と見なされることも多くなった。許可が出たデモであっても、事前に決めたルート通りに実施されないことも増え、事前の綿密な計画はあまり意味がなくなっている。

九月以降の様子を見ていると、経験を積んだデモ参加者たちは、集合場所と集合時間さえ告知されれば自発的に集まってデモを行い、警官隊があらわれればそれこそ水が流れるように消えてしまうようになった。例えば九月二九日には、香港および世界の二〇カ国以上の国と地域で、香港への応援と「反強権」を訴えるデモが開催されたが、香港でのこのデモに関するテレグラムのグループ（ピーク時のメンバー一万人以上）では、デモの具体的内容はあまり議論されなかった。議論らしい議論になったのは、デモのテーマである「反強権（中国語は反極権）」を英語で表現する際にどの単語を使うか、という問題くらいであった（中国とナチズムを掛け合わせた造語“Chinazi”を使用するかどうか、というかなりセンシティブな問題だったことは確かであるが）。警察への許可申請すら出していないこのデモは、事前に告知されたのは集合時間と集合場所、終着点の情報のみで、デモのルートも警察が出動してきた場合の対応も参加者の判断に任せる、とされていた。実際、集合時間よりも前に警官隊が出動したため、集合場所に集まることのないままにデモ行進となり、予定の終着点より先まで進んだ。警官隊と鉢合わせする場面も何度かあり、多数の逮捕者を出した。

一〇月一日の国慶節に合わせたデモにおいても、テレグラム上でこの日のデモを計画していたグループ（ピーク時のメンバー四万五〇〇〇人強）で前日までに決まっていたのは、デモの申請を出していた民間人権陣線の香港島でのデモ（結局申請許可は下りなかった）に加えて九龍と新界の五地区でも分散してデモを行う、という大方針だけであった。このグループでは、一カ所に集中してデモを行うべきか、分散して各地で一斉にデモを行うべきかで意見が割れ、激しい議論になった。投票によって香港島＋五地区でデモを行うとの結論が出た後も、一極集中派が異議を唱え続ける状態が続き、具体的なデモの内容はあまり議論されなかった。しかも、前日になってこの公海グループは「(「鬼」に) 侵入された」との理由で管理者によって閉鎖されている。筆者はその瞬間を確認していないのだが、どうも妨害目的でグループに入り込んだユーザーの大量投稿によって機能不全に陥ったようである。このときは連登に対しても大規模なハッカー攻撃が加えられ、数日にわたって連登のスマートフォンアプリがダウンした。それでも、結局一〇月一日は香港各地にデモが広がり、実弾で高校生が胸を撃たれるという衝撃的な事件もはらみつつ、各地で警察とデモ隊の激しい衝突が起こった。

(4) 進化する活用術

一方、八月以降は空港での座り込みや交通妨害、人間の鎖など、デモの形式をとらない運動も数多く行われるようになっているが、それらの計画と宣伝、現場の情報交換の場としてもテレグラムは使われた。特に八月二三日に実施された「香港の道」と名づけられた人間の鎖運動は、計画立案としてのテレグラム活用の集大成だったかもしれない。一九八九年八月二三日にバルト三国の独立を求めて市民が人間の鎖をつくった「バルトの道」の三〇周年を記念し、香港島と九龍半島、そして新界の一部を一本につな

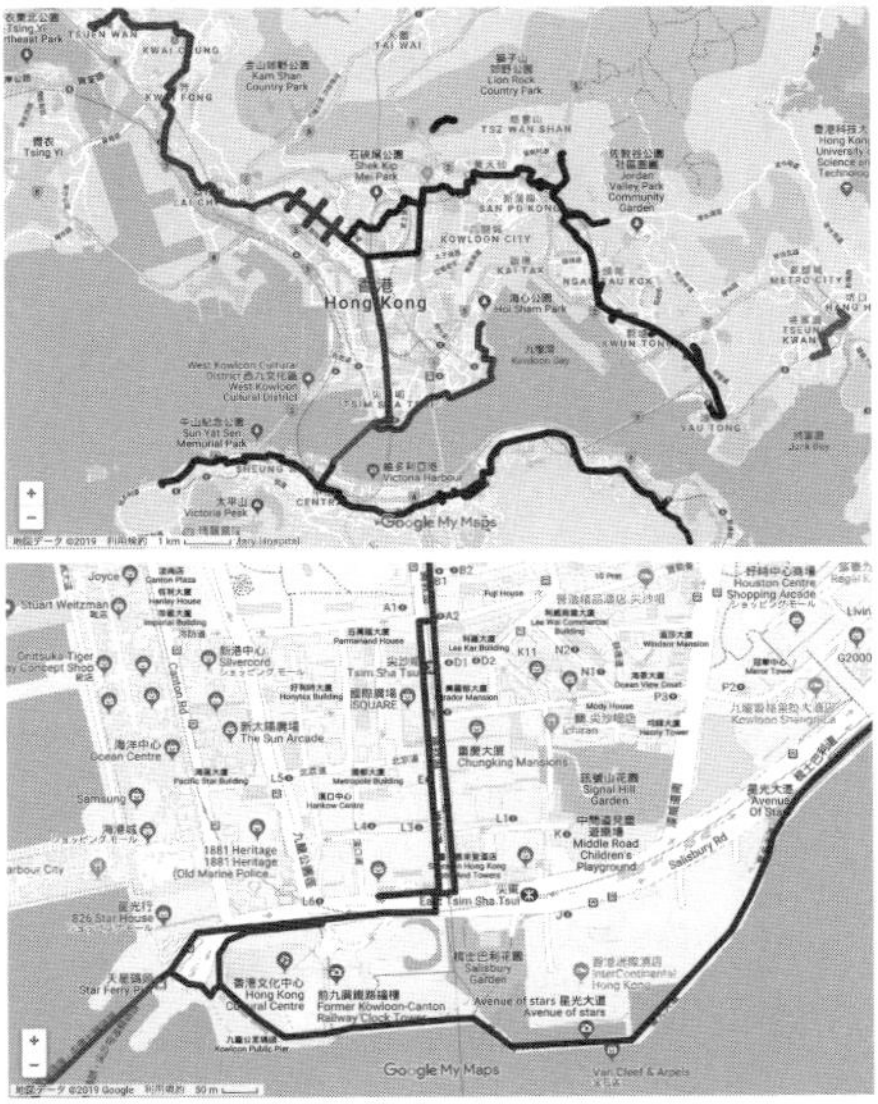

「香港の道」の準備の一環としてGoogle Mapを使ってつくられたルート図。上が全体図、下は尖沙咀付近の拡大図

ごうというこの計画は、それまでの運動の中で培われた人脈と経験がフル活用された。香港の地区ごとに運用されてきたテレグラムのグループを総動員し、綿密にルート（香港島と九龍半島の間は両サイドの海岸線や地下鉄の駅まで）を定め、地区ごとに集合場所を決め、当日の誘導ボランティアを募り、宣伝活動も活発に展開された。当日は主催者発表で一三万人がのべ六〇キロメートルに及ぶ人間の鎖をつなげ、スマートフォンのライトを振って光の道を演出し、世界の注目を集めた。

また、連登を主な舞台として生まれた社会現象として、新しい抵抗の歌「香港に栄光あれ（我願栄光帰香港）」の誕生と爆発的な流行がある。八月二六日、ある音楽業界のデモ参加者が自作の運動応援ソングをユーチューブ上に公開し、これを連登に投稿した。これが大反響を呼び、「連登仔」たちの提案で歌詞にいくつかの変更が加えられ、八月三一日に完成版が再投稿される。クラシカルな行進曲の曲調と古文調の荘厳な歌詞が人々の心をつかみ、すぐにデモの現場で歌われるようになり、さらにゲリラ的にショッピング・モールに集まってこの歌を歌う集会も各地で行われるようになった。九月一一日にはオーケストラと合唱団で総勢一五〇人を集めて撮影、録音されたミュージックビデオも公開され、その後はカラオケ版、各国語版に初音ミク版、手話版などなど、様々なバージョンが生まれている。後に慎重に公言は避けられるようになったものの、この歌は香港の「国歌」だ、という声も当初は大きく、実際、胸に手を当ててこの歌を涙ながらに歌う人々の姿はネット中継でもしばしば目にするところである。もともと今回の運動では、これまでの社会運動でも歌われてきた香港のポップソング（代表的なのはロックバンドBeyondの「海闊天空」）やミュージカル『レ・ミゼラブル』の「民衆の歌」の広東語または英語版、また初期には賛美歌「Sing Hallelujah to the Lord」などが歌われ、それ以外にも警察を揶揄する童謡の替え歌なども人気を博してきた。それらの曲のお手製ミュージックビデオやパロディ音源、この運動のためにつくられた新曲などが、すでにテレグラムや連登を通して多数共有されてきたが、その延長線上に、ついに、デモ参加者の誰もが一緒に、しかも特別な誇りを持って歌う歌が生まれたのである。

5.「リーダー不在」が意味するもの――「兄弟爬山、各自努力」の実相

冒頭でも述べたように、この運動のスローガンの一つは「兄弟爬山、各自努力（同じ山に登る兄弟同士、それぞれ努力しよう）」であった。これは第一には暴力容認派と平和派の対立を乗り越えようとするものであるが、根底にある、目的が一つである限りは全否定や非難をできる限り避ける、という原則は、テレグラムや連登での計画立案においても貫かれていた。その結果として、インターネット上ではしばしば冗長なまでの議論が展開することになった。特にテレグラムの場合、この議論のステージには（オンラインの人だけでも）時に数千人規模の参加者がいる。もちろん実際に発言を書き込むのはもっと少数になるが、二四時間オープンのプラットフォームに入れ替わり立ち替わり発言者が現れ、活発なグループであれば書き込み数は一晩で軽く一〇〇〇を超える。途中で話がそれたり、並行して計画されている運動やそのときに起こっている運動に気を取られたり、はたまた妨害が入ったり、発言者が入れ替われば同じ話題が繰り返されたり、と、決して効率的な議論ではない。それでも、本題であれ横道の話題であれ、遠慮のない熱い議論が交わされる。こうした絶え間ない議論の中で、そのグループ内での一定の方向性やコンセンサスのようなものも形成される。議論の流れから大きく外れる発言を繰り返すユーザーが現れると、そのグループからは排除されることもあるが、全体としては、参加者たちはかなり忍耐強く議論を続けているように見える。そして、忍耐強い議論は結果として、ほとんどの場合、理性的かつ平和的な結論を導き出す。少なくとも筆者が観察できた範囲の計画立案型「公海」グループでは、「勇武」派的な考え方のユーザーも多く含まれているにもかかわらず、運動自体は平和的な方向でコンセンサスが形成されていた

ように思う。そしてこのような不特定多数による「熟議」の連続は、特定のユーザーによる意図的な誘導、言い換えればそのグループの「リーダー」の誕生を阻む結果にもなっている。

一方で、こうした一見無秩序な議論から実際の行動が生まれるところまで行き着くには、有能なグループ管理者の存在が欠かせないのも確かである。そもそも多くの人々を引きつけられるような運動の素案を考え出すことも重要であるし、それをわかりやすく説明する表現力も必要である。しかしグループ内で議論が始まると、多くの場合管理者は調整役に回り、時々論点を整理し、タイミングを計りながら投票を行うなどして大方針を決め、そうして共通認識を得られた事項をグループ内外に周知し（テレグラムには特定の発言をピン留めして常に表示できる機能がある）、場合によっては議論を妨げるユーザーを排除する責任を負う。決断力や調整力が必要だが、特権的に物事を決める「リーダー」にはならない（なれない）。大きなグループになればなるほど、管理者は複数いるとしても、高度なマネジメント力が必要なのである。グループ管理者（たち）の能力不足で、あるいはメンバーのコンセンサスを得られなかったためにグループそのものが瓦解してしまった例もあれば、メンバーによる議論のすえに計画が取り消しになる例もあった。つまり、個々の運動にはある程度中核となるとりまとめ役が必要なのである。

一方、最前線に立つ「勇武」派も、前線を統一的に指揮する誰かがいるわけではなく、小さな「組織」に分かれて行動している。『蘋果日報』に掲載されたある勇武派青年のインタビューによれば、前線で同一行動をとる勇武派の組織はいくつも存在しており（この青年は複数の組織に所属している）、一つの組織は二〇人程度、それぞれ独立して活動しているが、組織間で情報や戦略は共有されているのだという。[4] そのツールはやはりテレグラムが主流のようだ。テレグラムには前線情報専門のチャンネル（確認した限り最大のチャンネルは閲覧登録者一九万人以上）もあり、警察との衝突が起こりそうになると、前線の状況と時間、場所を簡潔にまとめた情報が次々と流される。またテレグラムには、七月二三日につくられた勇武派の公海グループ（一〇月末の時点でメンバー一万四〇〇〇人以上）も存在している。一〇月一日の大規模デモに向けてこのグループに投稿された管理者の呼びかけからは、この運動の前線がどのように形成されているかをうかがい知ることができる。それによればまず、新しく前線に加わる人には、単独ではなく二、三人で来ていずれかの組織に入ることが、また彼らを受け入れる各組織の責任者はできるかぎり時間をとって彼らと直接会話することが奨励されている。さらに結成されて間もない組織は最前線には出ない、一つの組織は二〇～五〇人とする、個々の組織ごとに独立して行動するといった原則も書かれている。これは逆にいえば、これまで単独で前線に参加する者たちもかなり多かったことを示しているが、グループ化をするとしてもせいぜい五〇人規模が安全だと見なされていることがわかる。いずれにしても、「勇武」派の間にも、統一的な指導者を持たない横並びの個人や小グループがそれぞれ独自の動きをする、という行動パターンができあがっているのである。

　それではこれらの人々あるいは組織は、全体の運動の中でどう位置づけられるのだろうか。今回の運動に本当に「リーダー」がいないのか、という疑問は、開始以来香港の内外から呈されてきた。特に中国政府は「外国勢力」が操作している、との非難の声を上げ続けている。ただ、五カ月を超えて運動が続いても突出した指導者は現れず、またテレグラムや連登などによる運動のメカニズムが報道され、認知されてくる中で、特定の組織や人

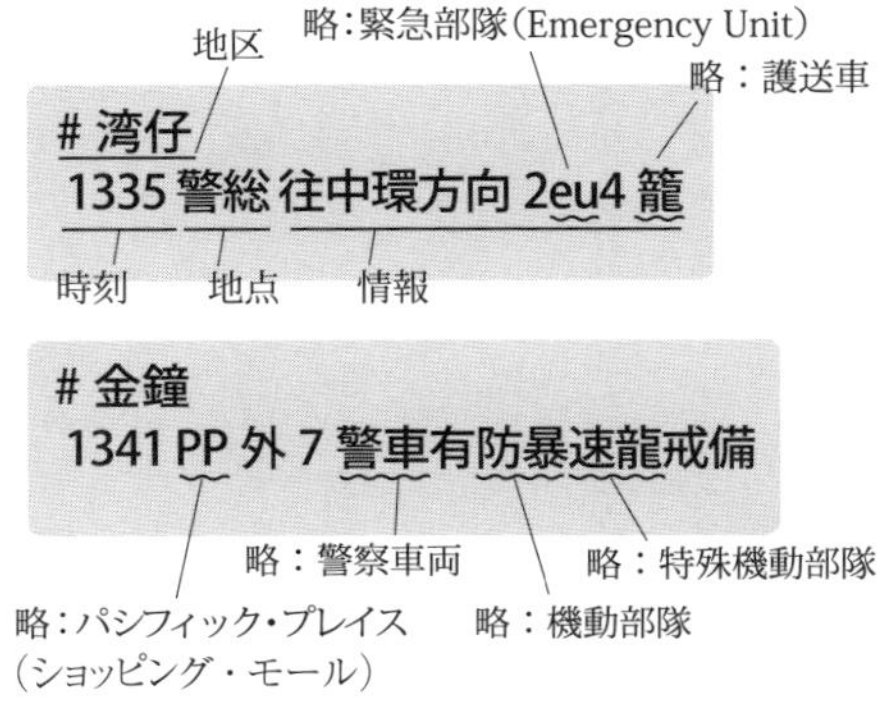

テレグラムに流れる警察情報の一例。略語も駆使される。
上段：ワンチャイ、13 時 35 分、警察本部前セントラル方向路上に緊急部隊車両 2 台、護送車 4 台
下段：アドミラルティ、13 時 41 分、パシフィック・プレイス前に警察車両 7 台、機動部隊と特殊機動部隊が警戒中

物がこの運動のすべてを動かしている、という見方は（中国メディアを除けば）減ってきている。ただ、香港のメディア関係者や研究者からは「大台（中国語で「大ステージ」の意。総司令部）はないが、小台（小ステージ）はある」という表現も聞かれる。デモや集会のとりまとめ役や勇武派の諸組織は、まさにこの「小台」といえるだろう。

ただ、「小台」は正確に把握するのは不可能なほど多数で、また分散している。もちろん「小台」とはいえ、規模の比較的大きいデモや集会を開催することになれば、その主催者は実名と顔を出すこともある。実際七月から八月にかけて香港各地で行われたデモの主催者の中には、自ら記者会見を行った者もいた。合法的なデモの場合、主催者は警察にデモを申請し、ルートなどについて警察と協議するために開催地の警察署に出向く必要がある。つまりデモの申請者は警察から身を隠すことは不可能なのである。そのリスクをあえて取った以上、むしろメディアに顔を出してデモ参加を呼びかけるほうが効果的ともいえる。一方、デモや集会以外の運動の提唱者や勇武派組織などは、今のところ匿名のままである。いずれ警察の捜査によって彼らが逮捕される可能性もないわけではないし、デモの場合も、合法的デモだったにもかかわらず、主催者が何らかの罪状でデモ後に逮捕されてしまうケースはすでに複数発生している。また、九月以降は民主派議員やデモの呼びかけ人など、顔を知られているデモ参加者たちが何者かに襲われる事件も起こっている。だがいずれにせよ、警察であれその他の何らかの勢力であれ、すべての「小台」を一網打尽にすることはほぼ不可能だろう。インターネット空間のおかげで誰もが「小台」になることが可能であるし、実際、新しい「小台」が日々生まれ続けているからである。そして、このメカニズムがあるからこそ、今回の運動は勢いが衰えることなく、次々と新しい行動を起こしながら継続できているのではないかと、筆者は感じている。

6. おわりに

今回の運動は、インターネットなしには成り立たない様々な新しいメカニズムによって動いてきた。だからこそ、一〇月五日の「緊急状況規則条例（緊急法）」を発動して「覆面（マスク）禁止法」が施行されたとき、デモ参加者たちは激しく動揺した。マスクが禁止されたことに対してというより、約五〇年ぶりに緊急法が発動されたことで、以後香港政府はフリーハンドでどんな法律でもつくってしまうのではないかという恐怖感を覚えたのである。彼らが最も恐れたことの一つは、インターネット規制であった。SNSやネット掲示板の利用が中国大陸なみに規制されてしまえば、この運動は大打撃を受けることが予想された。だが、デモ参加者たちはただ恐れ惑うだけではなかった。緊急法の発動がにわかに現実味を帯びてきた一〇月三日あたりから、ネット上にはスマートフォンにVPNを搭載するように、との呼びかけがあふれた。それだけでなく、ネットが遮断されてもブルートゥースで近距離の通信を行うことができるアプリ「ファイアーチャット（firechat）」を装備するように、という呼びかけも繰り返された。このファイアーチャットや同じ原理の通信アプリ「エアトーク（AirTalk）」は、それ以前にすでに、ネット環境が悪くても前線のデモ隊同士が通信できる手段として注目を浴びていたのだが、ネット規制の脅威を前に、改めて注目を集めたのである。連登もサイバー攻撃にさらされていたため、「レディット（Reddit）」という米国の掲示板サイトに連登の緊急避難用掲示板も開設された。結局ネット規制は実施されていないが、レディット版連登はその後、主に英語での発信ツールとしてそれなりの賑わいを見せている。

テレグラムの果たす役割も変化し続けている。デモや集会をゼロから立案するという機能は、もはやあまり見られない。呼びかけ人も参加者も、熟達してしまったのである。この数カ月の間にデモや集会の準備と運営を何度も買って出る「小台」が複数現れていた。彼らの一部は一〇月後半以降、互いに協力し合いながら様々な行動を呼びかけるようになっている。そしてシンプルな呼びかけさえあれば、その行動に賛同する人々がその場所に出かけていく。平和裡に終わることも多いが、場合によっては警察が出動し、そうなれば臨機応変に前線と後方が形づくられる。テレグラムは現場ではもっぱら情報伝達のツールとして機能している。他方で、増え続ける逮捕者を前に、前線の勇武派たちの作戦の場やアピールのためのツールとしてもテレグラムは重宝され続けているようだ。

一方、テレグラムにはもう一つ新しい傾向が現れているように思われる。目の前の運動のことだけではなく、「その先」を考えるグループが散見されるのである。今回の運動におけるデモ参加者たちの要求は、条例撤回から普通選挙実施にまで拡大した。結局のところ、すべての問題の根本は体制にあり、それを変えなければ現状は変わらない、というところにまで、一部のデモ参加者たちの意識は進んでしまった。そして体制変革を求める以上、その先に何を作ろうとするのか、ということも考えなければならないことに彼らは思い至っている。理想とすべき議会や法（憲法）とはどのようなものなのかを討論するグループチャットが、筆者が見た限りでも複数存在している。筆者はそのうちの一つを立ち上げのときから観察しているが、そこには、ネット上に出現した誰もが発言し議論できる空間は、現行のあらゆる代議制や選挙制度とは違う次元の「民主主義」を実現できるのではないか、端的にいえば、全員参加型の直接民主主義的な議会も可能なのではないか、という思考実験があるように思える。もちろん事はそう単純であるはずはなく、本題の議会制にまつわる議論の進みは遅く、不備のない制度ができあがりそうな気配は今のところ全くない。それでも、二十数人から始まったグループはすでにメンバー八五〇〇人を超え、日夜議論を続けている。いずれ今回の運動が何らかの形で終息しても、たとえ体制が一朝一夕に変わることはなくても、民主主義を「我が事」として考え、議論した彼らの経験が消えることはないのである。

1 'Key Communications Statistics', Office of the Communications Authority（https://www.ofca.gov.hk/en/data_statistics/data_statistics/key_stat/index.html）／総務省『情報通信白書』令和元年版（http://www.soumu.go.jp/johotsusintokei/whitepaper/r01.html）〈いずれも二〇一九年一〇月二七日最終閲覧〉。

2 『蘋果日報』二〇一九年六月一五日。

3 『明報』二〇一九年九月四日。

4 『蘋果日報』二〇一九年九月三〇日。

対外アピールの場としてのツイッター
——周庭氏インタビュー

倉田明子

ツイッターは日本ではポピュラーなSNSだが、香港ではあまり使われてこなかった。今回の運動では海外へのアピールのために意識的に用いられており、日本に向けては周庭（アグネス・チョウ）が積極的に日本語のツイートを発信している。ツイッターを始めたきっかけは「ゲームをするため」だったそうだが、その後独学で日本語を学び始めた彼女は、語学の練習のために日本語のツイートを開始したのだという。社会運動とは関係のないところで使い始めたツイッターだったが、今やデモ参加者の目線でリアルな香港情報を伝える日本語の情報発信元の一つとして、大きな影響力を発揮している。そんな彼女に、ネット上で書面インタビューに応じてもらった。写真はインスタグラム（@chowtingagnes）に投稿されたもので、本人の許可を得て転載した。

Q 周庭さんは、雨傘運動のときには一時「学民思潮」のスポークスパーソンを務めた経験もお持ちですが、雨傘運動のときと比べて、今回の運動の対外的な宣伝活動にはどのような特徴があると思いますか？

A 私は雨傘運動のときは運動を率いる「組織」の名義で運動に参加し、発言していましたが、今回の運動にはリーダーがおらず、全員が「個人」の名義で運動に参加しています。宣伝活動もそうですが、運動の中の様々な役割を「個人」で、しかも匿名でも担うことができるので、雨傘運動のときよりも運動参加へのハードルが下がっていると思います。

Q 反逃亡犯条例運動が始まってから、周庭さんも積極

的に運動に関するツイートをされていますが、日本語でこのような発信をしようと思ったのはなぜですか？

A　数年前から日本のメディアの取材を受けることが増えてきて、ツイッターでの情報発信を始めていました。より多くの日本の皆さんに日本語で香港の状況を理解してもらえたらと思ったのです。フェイスブックやインスタグラムは香港でも流行っていて、私や仲間の黄之鋒たちも使っていますが、そちらはほとんど中国語で書き、時々英語を交える程度です。ツイッターは、仲間たちは英語で発信していますが、香港の政治について日本語で発信しているSNSユーザーはとても少ないですし、ツイッターは日本ではメジャーなSNSでもあるので、私は日本語でツイートすることにしました。

Q　運動についてツイートするときに気をつけていることはありますか？

A　一番重要なのは、まず日本のメディアが何を報道しているか（あるいはしていないか）、そしてどのように報道しているかを知った上で、それに対して適切な反応をすることだと思っています。大衆メディア、特にテレビが人々のものの見方に与える影響は大きいですから。もし、日本のメディアは報道しないけれど私にとっては重要だと思える出来事や、ちょっとしたエピソードがあれば、それをツイッターで詳しく紹介しています。また、日本のメディアがあまりに偏った観点で報道していたり、誤報があったりした場合も、ツイッターで指摘しています。例えば、この数カ月、日本のメディアの多くは「暴徒化」という言葉で香港の運動を形容しています。でも私は、「暴徒化」という三文字は、香港人の怒りや運動全体の流れを理解しないまま軽々しく使ってよい言葉ではないと考えています。いくつかの衝突の場面を目にしたからといって、簡単に「暴徒化」したと決めつけられるものではないのです。ですから私は、ツイッター上ではそれとは違う解釈を示そうと努力しています。

Q　周庭さんのツイートは数千、数万リツイートされることも珍しくないほど、大きな注目を浴びています。『Forbes JAPAN』誌2019年11月号では「トップインフルエンサー50」の一人にも選ばれました。[1]

A　『Forbes JAPAN』誌から連絡が来たときは、もちろん驚きました。私は平凡な香港人にすぎませんから(笑)。私の思いはフェイスブックでコメントした通りです：「本当に影響力を持っているのは私ではなく、今回の社会運動に参加しているすべての香港人です。私は、香港人の決意とこれまでの苦しみを、日本をはじめとする海外の人々に伝えただけです。今、香港が世界から注目されているのは、時間を献げ、血と汗を流し、命まで犠牲にした仲間たちのおかげです。私のやったことなど、取るに足りません」。

Q　周庭さんのツイートに対する日本の人たちの反応には、どのような感想を持っていますか？

A　ツイッターを始めてから、日本の皆さんが香港の民主化運動を支持してくださるのを自分の目で確かめることができてとても感謝しています。でも、今回の運動の手法が変化してくる中で、憂慮を示したり、私たちとは違う見解を持つようになったりする日本の友人の皆さんがいることも見て取れます。香港と日本では価値観や社会の雰囲気が全く違うのだ、ということも感じます。日本はほとんど社会運動が起こらない国です。多くの人は社会運動を経験したことがないので、経験がある香港人に比べると社会運動としてイメージできるものが限られているのかもしれません。香港で起こっていることが、日本の皆さんにとって、自分の周りや社会で起きていることに関心を向けるきっかけになればいいなとも思っています。

1　「Forbes JAPANが選ぶトップインフルエンサー50人を発表。影響力の本質とは何か？」二〇一九年九月二五日(https://forbesjapan.com/articles/detail/29847〈最終閲覧日二〇一九年一〇月一六日〉)。

6

香港人アイデンティティは“香港独立”を意味するのか？

―香港“独立”批判と“自治”をめぐる言説史から―

村井寛志

香港中文大学のキャンパス内に立てられた「光復香港・時代革命」の旗スローガン（2019年9月、筆者撮影）

1．はじめに

二〇一九年六月の「逃亡犯条例」改正案に対する反対運動に端を発する、現在進行形の香港の政府への一連の抗議活動は、その社会的な広がり、持続力、激しさにおいて、香港の歴史の中でも未曾有の出来事となっている。香港の歴史上、これに匹敵する反政府活動は約半世紀前、一九六七年の反英暴動（「六七暴動」）くらいであろう。しかし、中国の文化大革命が波及して起こった六七暴動が、中国ナショナリズムに基づく英帝国主義批判を前面に押し出していたのに対し、二〇一九年の抗議活動は、「香港」、あるいは「香港人」を守るという意識が前面に押し出されている点に大きな違いがある。

運動の初期から繰り返された「香港人加油（香港人頑張れ）」という言葉に始まり、[1] 七月以降広まった「光復香港、時代革命（香港を取り戻せ、時代に革命を）」というスローガンや、あるいは匿名のミュージシャンたちによって作詞・作曲され、抗議行動の様々な場面で歌われるようになった「願榮光歸香港（香港に栄光あれ）」という曲など、単なる法律の改正問題にとどまらず、香港という一つの文化的政治的共同体が存続の危機に瀕しているという切迫した思いを表している。[2]

香港民意研究所（旧・香港大学民意研究計画）では、香港の中国への返還以降、定期的に「自分を何人だと思うか」を問う世論調査を行っているが、最新の二〇一九年六月一七〜二〇日の調査では、香港人五二・九％、中国の香港人二三・五％ 香港の中国人一二・三％、中国人一〇・八％、混合アイデンティティ（「中国の香港人」＋「香港の中国人」）三五・八％という結果が示された。「逃亡犯条例」改正案反対運動が本格化し始めた直後のこの調査では、「香港人」と答えた回答者の割合が、返還後最高を更新したことで話題を呼んだ。「香港人」というアイデンティティは返還後の香港と中国の関係の変遷に大きく左右されてきた。【図1】は、同アンケート調査を三項移動平均値で整理したものだが、「香港人」と答える回答者の割合は、返還後しばらくは減っていたが、二〇〇〇年代末から上昇に転じ、二〇一〇年代には「中国の香港人」と「香港の中国人」の合計（「混合アイデンティティ」）と拮抗するようになっている（「中国人」単独を選ぶ回答者の割合はほぼこれの逆の傾向を示し、近年は二〇%を切っている）。

香港の住民は、血統的には中国大陸から移り住んだ、中国（漢族）系の人々、およびその子孫が圧倒的に多数を占めており、その意味では、「中国人」か「香港人」かを問う、このような設問のあり方自体が奇異に映るかもしれない。しかし、「香港人」というアイデンティティのあり方は、悠久の歴史に根ざしているとはいえないまでも、ここ数年突如として現れたというわけではなく、少なくとも中国への返還前に一定程度定着している。返還後も中国大陸と香港の関係の変化に対応して、香港住民のアイデンティティは「香港人」と「中国人」の間で揺れ動いてきた。[3]【表1】は、返還前に社会学者劉兆佳らが主催した香港人アイデンティティについての

【図1】香港住民のアイデンティティの傾向
（香港大学による調査から）

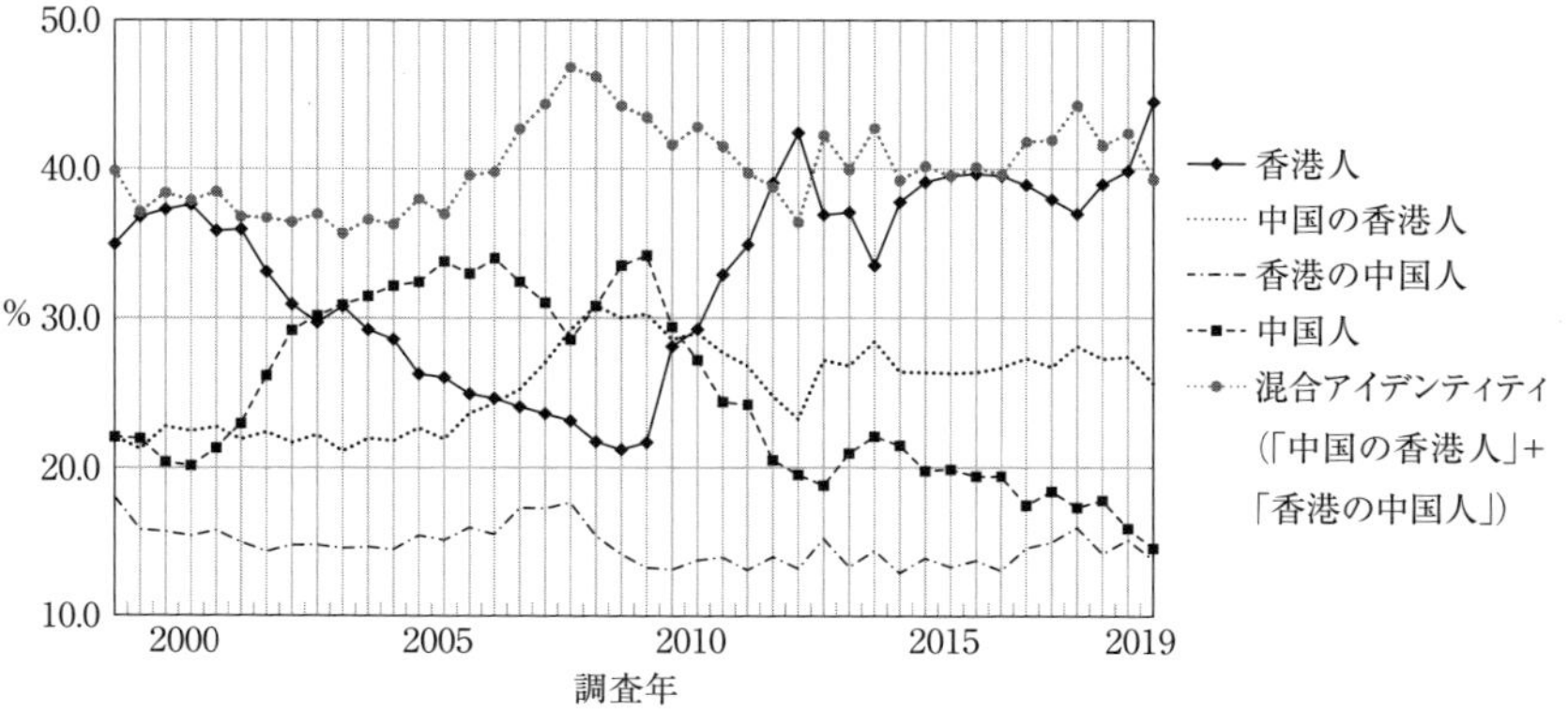

※半年ごとのデータを元に算出した3項移動平均値を使用。
（出所）香港大学民意研究計画 HP をもとに筆者作成。

世論調査の結果だ。これらの調査は返還後のそれと同一の形式で行われたものではないので、単純に数字を比べることはできないが、一九八〇〜九〇年代、「香港人」と回答する者はおおむね五〇〜六〇%前後と、すでに高い水準で推移していたことが見て取れる。[4]

ただし、こうしたアンケート調査の結果がそのまま急進的な政治的主張と結びつくわけではない。前述の劉兆佳は、返還直前の一九九七年の論文で、「香港人」のアイデンティティは地域主義やサブ・ナショナリズムを構成するほど強力なものではないと結論している。[5] 実際、一九八九年の(第二次)天安門事件直後に中国大陸の民主化を支援し、中国政府による弾圧を非難する運動が盛り上がったことを除けば、中国返還直前に、返還に反対する大規模な行動が起こったという事実はない。このような状況は、二〇一〇年代以降の状況とは大きく異なるように思われる。

二〇一〇年代に入ると、香港人アイデンティティは、強い感情と政治的行動を伴うナショナリズムのごとき様相を呈してくるが、[6] それは香港人アイデンティティを〝香港独立〟と見なし、政府が圧力をかけ続けたことと大きく関わっているように見える。本章では、〝独立〟批判の圧力と香港の自律性を求める声が、どのよ

【表1】返還前の香港人のアイデンティティに関する調査

調査年	「香港人」	「中国人」	どちらでもある	どちらでもない
1985	59.5	36.2		
1988	63.6	28.8		2.0
1990	57.2	26.4	12.1	1.0
1991	56.6	25.4	14.2	1.2
1992	49.3	27.0	21.1	0.7
1993	53.3	32.7	10.1	1.6
1994	56.5	24.2	16.0	0.5
1995	50.2	30.9	15.4	1.2

※単位:%
(出所)劉兆佳「『香港人』或『中國人』:香港華人的身份認同 1985-1995」(『二十一世紀』1997年6月号、第41期)。

うな相関関係にあったのか、香港〝独立〟批判と〝自治〟をめぐる言説の歴史的展開をたどることを通じて考察したい。

2. 香港〝ナショナリズム〟の拡大

本節では、まず、二〇一〇年代以降、香港人アイデンティティが先鋭化していく過程を振り返りつつ、それが香港〝独立〟批判とどう関わっていたかについて考察する。

先に挙げた「光復香港、時代革命（香港を取り戻せ、時代に革命を）」は、特に七月の新界地区の元朗《ユンロン》で白シャツ集団が抗議運動参加者を襲撃した事件が発生して以降、抗議運動の現場でよく見られるようになったスローガンの一つである。この言葉は、もともとは「雨傘運動」後に登場した政治団体の一つである本土民主前線(Hong Kong Indigenous)のスポークスマン（当時）梁天琦（エドワード・リョン、一九九一年生まれ）が、二〇一六年二月の立法会（香港の立法機関）の新界東選挙区の補欠選挙に立候補した際のスローガンとして用いたものだ。当初、泡沫候補と見られた梁だが、若者を中心に一部から熱烈な支持を集め、同選挙では当選こそしなかったものの、有力政党の候補者を脅かす善戦を見せた。梁らは「本土派」と呼ばれ、その主張の特徴は、香港人を一つの民族と見なし、その共同体の核心的文化・価値を守ることであった。

しかし他方で、当時彼らの主張に嫌悪感を示す者も多かった。二〇一四年の民主化要求の大規模デモ・雨傘運動の中で、すでに非暴力路線で多元的・公平な社会を目指すリベラル派と、中国大陸との融合に反対し、(香港)本土優先を主張する急進派・本土派の路線対立が生じていたが、雨傘運動終結後は、両派の溝はさらに深まっていた。梁らが暴力的な抗議行動を否定せず、また中国大陸からの新移民に対する排外的な言動を行っていたことは、非暴力を唱えるリベラル民主派にとっては受け入れがたく、これに批判的な者は多かった。[7]

その後梁は、香港独立を主張するものと見なされて、二〇一六年九月の立法会選挙への立候補資格を取り消され、またその選挙で当選した本土派系政党・青年新政の議員二名も、就任に際し、香港が中華人民共和国の不可分の一部であることを含む宣誓を規定通りに行わなかったとして失職した。[8] 二名の元議員はさらに一〇〇万香港ドル近い賠償を課せられ（一香港ドル≒一四円）、梁自身も二〇一六年二月の旺角《モンコック》暴動を扇動したとして暴動罪に問われるなど、その後も本土派リーダーに対する厳しい追及は続き、本土派系の団体の活動は急速に勢いを失った。

今回、梁のスローガンが再び注目されたからといって、彼ら自身が勢力を盛り返したというわけではない。梁自身は一八年六月に懲役六年の判決が下り、今回の抗議行動が本格化する一九年六月には獄中にあった。本土民主陣線の他のリーダー・黄台仰と李東昇もドイツで亡命を申請中であり、抗議行動に直接大きな影響を与えたようには見えない。

政治学者の蔡子強（アイバン・チョイ）は以下のようにいう。

> 「城邦論」だろうと、「民主自決論」や「民族自決論」だろうと、もっとあけすけな「香港独立論」だろうと、少人数による「仲間内で鍋を囲む（内輪の話）」や「紙の上の軍議（机上の空論）」といった具合の政治論議や綱領にすぎず、本当に労働者大衆の広範な共感を得ていたわけではなかった。「光復香港、時代革命」にしても、梁天琦と本土民主前線の「一派」だけが「気勢を上げる」だけの選挙スローガンにすぎなかった。[9]

ここに登場する「城邦論」などはいずれも二〇一〇年代に流行した主張で、「城邦論」は民俗学者の陳雲が二〇一一年に出版した著書『香港城邦論』で唱えた、香港を「城邦（都市国家の意）」としてとらえ、「一国二制度」を前提としつつ、自治の強化によって中国と香港の政治を切り離すことを主張した議論である。これが本土派の元祖と目されている。「民主自決論」は雨傘運動後、黄之鋒（ジョシュア・ウォン）らリベラル寄りの若者の政党・香港衆志（デモシスト）の主張で、本土派の香港優先や香港独立などからは距離を置き、香港の将来を住民投票によって決めることを唱える。

「民族自決論」とは、香港大学学生会が二〇一四年九月に出版した『香港民族論』で、「香港人」を市民的価値観を共有することによって成立する一つの民族としてとらえ、その自決権を訴える議論である。[10]「香港独立論」を公然と唱えたのは二〇一六年成立の香港民族党だけだが、同党は二〇一八年九月に活動禁止となり、陳浩天（アンディ・チャン）召集人を招いた香港外国人記者クラブでのセミナーの際に司会を務めた英国人記者には労働ビザの更新拒否と再入国拒否の措置が採られた。[11]

このように振り返ってみると、二〇一〇年代に入って、香港を都市国家ととらえ、あるいは香港人を「民族」ととらえる、見方によっては「一国二制度」の「一国」を揺るがしかねない主張が次々と登場したが（実際に独立を唱えているのは香港民族党のみだが）、蔡子強がいうように、これらの主張・グループはその過激さゆえに注目を集めたものの、全体的には互いに反目し合う小グループの乱立のごとき様相で、一つの大きな社会的勢力を形成していたとはいい難い。

しかし蔡は、今回の抗議行動の中で、政府側が強硬一辺倒で様々な暴力を行使したことで、かえって共同の感情が生まれることになったとする。

生命をかけた共同の経験、互いの苦しみと犠牲、困難と助け合い、「敵」に対する怒りと憎しみを通して、彼らはある主体を打ち立てた。この主体の名を「香港人」という。（中略）過去数年、北京は議員や立候補補者をDQ（資格取消）、民族党を取り締まり、さらにはFCC（外国記者会）を脅かすなどしさえすれば、香港の「分離主義」の連帯をすべて断ち切れると考えてきた。しかし、今回の闘争で、香港の若者世代全体が（他の世代も少なからず入っているが）、以前の香港人とは全く異なるアイデンティティと主体意識を打ち立て、はっきりと北京に対してノーといっている。ここから発展してくる道徳的なアピールや感情的なつながりから美学に至るまでが、新しい強靱な連帯となっているのであり、政府の愛国主義的な言葉など比較にならない。[12]

蔡のこの言葉は、政府側の圧力の中で「香港人」というアイデンティティ表明の中に、本稿で〝ナショナリズム〟と呼んでいるような強烈な感情が広まっていることを表現したものだが、それでは、この〝ナショナリズム〟は中国からの分離独立を主張するものとなるのだろうか。やはり本土派から広まった「Hong Kong is not China」という言葉に象徴されるように、若者の香港アイデンティティは中国（大陸）との差異の強調をしばしば伴う。これに対し、中国中央政府、および親中派から構成される香港政府は、しばしば「香港人」意識を必ずしも前面に押し出さない民主派（自決派の主張もこれに近い）も含め、十把一絡げに香港独立を画策する分裂主義者として批判している。

その一方で、抗議運動に参加する若者からは、自分たちは独立を主張しているわけではない、という声がしばしば聞かれる。例えば、二〇一九年八月に香港の空港で抗議活動が行われた際、「光復香港・時代革命」と書かれた巨大な幟《のぼり》が掲げられた。このとき、香港紙『明報』の記者が居合わせた一二名の若者に尋ねたところ、皆が口をそろえて、このスローガンを叫ぶのは香港独立を鼓吹しているわけではないと答えたという。そこで聞かれたのは、「光復香港」というのは、香港があるべき民主・自由を取り戻すことで、「時代革命」というのは政府の専横をやめさせ、民意に従わせるということだ、などの意見で、香港独立を主張したなどというのは、行政長官が恣意的にレッテルを張っているというのだ[13]。これに近い話は、筆者自身も香港人の学生から何度も耳にしている。

ここには、香港ナショナリズムの高まりに対し、政府関係者から「港独」批判や威嚇があり、それに対し香港社会の側から、「香港独立」などはいっていない、あるいはそれは一部の人間の主張だ、という反論がなされる、という構図があるのだが、これについて筆者は既視感を感じる。

先に触れたように二〇一一年、〝城邦〟としての香港の自治強化を主張する陳雲の著書『香港城邦論』が香港でベストセラーとなったのだが、それに呼応した一団が「香港自治運動」と称し、英国時代の香港旗を模した旗を掲げてデモに参加するようになったことが話題となった。これに対し、二〇一二年一〇月、元国務院香港マカオ事務辦公室主任の魯平らが〝香港独立（港独）〟の風潮が起こっているとして批判し、香港駐留人民解放軍が新界で行った演習において広東語を使用して敵に投降を呼びかけ（敵として香港人を想定しているということを示す）、香港社会を威嚇するかのような行動がとられた。これに対し、当時の香港メディアからは、香港人の大多数は独立が可能とは思っておらず、中国政府が香港独立を口実に香港への干渉を強

2013年「元旦デモ」直前の一幕。英国時代の香港旗を掲げるデモ参加者（写真右）と香港特別行政区旗と中国国旗を汚すパフォーマンスを行う保釣運動活動家（左）（2013年1月、筆者撮影）

化しようとしているとの批判がなされた[14]。

二〇一二年といえば、当時、中国共産党政権に対する愛国心を涵養する内容を含んだ「国民教育」の導入に対する反対運動が大きな盛り上がりを見せ、これが撤回に追い込まれた年だが、当時の抗議活動はいたって平和的なものだった。「香港自治運動」はこの「反国民教育運動」と直接のつながりはなく、さほど広範な支持を得たわけではない。今回の一連の抗議行動における過激な暴力を含んだ政府と抗議活動参加者の応酬と比べるなら、規模においても深刻さにおいても比較にならない。とはいえ、その構図自体には類似したものを感じさせる。

香港独立の機運が見られるから圧力が必要だと主張する中央政府と、そうした圧力に対する反発がかえって香港人アイデンティティを強化するという、卵が先か鶏が先かを思わせる悪循環は、どのように形成されてきたのだろうか。以下では、戦後香港史の中の〝自治〟と〝独立〟(批判)の言説の展開から、その歴史的な淵源をたどってみたい。

3. 香港の〝自治〟と〝独立〟批判の起源

そもそも香港の歴史の中に、〝独立〟という選択肢はあったのだろうか。第二次世界大戦後、英国はアジアの植民地において順次自治制度を導入し、ほとんどの植民地が独立国となっていったが、香港のみが独立はおろか、自治も与えられなかった。それは当時の香港住民に自治を求める声が強くなかったというような、香港内部の事情にのみ由来するわけではない。本節では、戦後~返還前までの中英間のやりとりから、香港で自治、あるいは独立がどのように進展を阻まれてきたのかを振り返っておく。

第二次大戦直後の香港では、ヤング総督が民選議員による市議会設置を含む改革案を提出したが(ヤング・プラン）、後任のグランサム総督はこれに否定的であり、本国政府もまた選挙制度を通して国民党・共産党双方のイデオロギー闘争が波及することを恐れ、改革案の多くは実現しなかった。[15]

一九四九年一〇月に成立した中国共産党政権もまた、一九五〇年代以降、たびたび英国に対し、自治制度を導入しないよう、〝現状維持〟の圧力をかけた。一九五五年、香港総督グランサムが北京を非公式訪問した際、周恩来首相やその他の高官との会談の折、英国が香港に自治政体となることを許したり、国民党の基地となることを許したりしなければ、中国側も英国統治の現状維持を認めるという非公式メッセージを伝えられたとされる。また一九五八年には、マクミラン英国首相の密使の役割を果たしていたケネス・カントリー中佐に対し、周恩来は、香港の民主化や自治政府の導入を歓迎せず、「香港の現在の植民地としての地位が少しも変わることなく続くことを望んでいる」ことを伝えている。[16]

二〇一四年一〇月の『ニューヨーク・タイムズ』の報道によれば、近年開示された英国公文書には、一九六〇年、香港問題を担当していた廖承志から、民主化などによって香港の現状を変更した場合、中国側はためらうことなく積極的な行動をとり、香港、九龍、新界を〝解放〟するとの警告を受けていたことが記されている。[17] 英国側は選挙制度を通して国共の対立が香港に流れ込むことを警戒していたが、中国側もまた、国民党や米国などの反共勢力が、選挙制度を通して香港の政権に入り込むことを警戒し、英国側に圧力をかけていたのだ。これらの中国からの圧力については、同時代的には公表されてこなかったが、香港で自治が導入されなかったのは、香港の内部の事情によるというよりは、このような中英間の事情によるところが大きかったといえよう。

これに対し、一九六〇年代には香港でも自治を要求する政党が複数登場し、政府に働きかけていたが、[18] 一九六七年三月、香港自治をめぐる中英の関係を象徴するようなできごとが起こる。このときは、中国大陸では前年に文化大革命が始まっており、香港でも六七暴動が発生する前夜にあたるが、極東地域訪問の一環として香港を訪れた英連邦相ボウデンが、帰国の際の記者会見で香港の政治制度改革についても言及し、香港は外部からの影響などのために特殊な地位にあり、政治制度改革は細かい点においては可能性があるが、重要な改革には詳細な検討が必要であると、消極的な態度を示した。[19]

これは、英国本国政府には大幅な制度改革は行う意志がないことを示したものととれるが、親中共系左派紙『大公報』では、このときボウデンが香港のラジオ局に向けて語ったスピーチの中で、「香港は小さいといえども四〇〇万近い人口を抱え、小規模な『国家』に匹敵する」と述べたとして、激しい批判を開始する。同報道ではその他にも、立法局の財政予算案の討論の際、ある議員が「香港は世界の諸大国の中で公債の負担が最も少ない」と述べたことや、国際商品展示会に出品する際に香港を「出展国」扱いしていたなどの例と合わせ（いずれも傍点筆者）、これらはいずれも「香港国」をつくり出す陰謀だとして痛烈な批判を加えている。[20]

政治的に香港は独立国ではないが、財政・関税面では独立しており、統計や国際貿易の場で〝国〟に準じて扱うことは、少なくとも英国側にとってはごく自然なことだったように思われる。しかし、『大公報』では、この後三日間にわたって、読者投稿の形式でもってこの件で英国当局を避難する記事を掲載する。[21] そのうちの一つ、路面電車従業員によるとする投書は次のようにいう。

> それらの「議員」は公然と香港を「国家」と称し、住民を「国民」と称しており、ここにはその悪辣な陰謀が隠されている。香港を中国の版図から抹殺し、香港の中国同胞と祖国の血肉の関係を断ち切ろうなどとしているのだ。それらの「議員」の言い方は明らかに帝国主義やソ連修正主義のための拡声器となるもので、「香港国」、「独立」、「自治」の類の陰謀をつくり出すために世論の準備をしているのだ。[22]

当時香港に存在した「自治」に対する要求は、いずれも英国の主権を認めた穏健なもので、「独立」を目標に掲げてはいなかったが、『大公報』の記事では「自治」と「独立」は区別されず、いずれにせよ、戦前に日本の傀儡国家「満洲国」を連想させる「香港国」という言葉で、「独立」＝米国・ソ連の傀儡国家となることが前提とされている。

トレンチ香港総督は、このときの左派系新聞による読者投稿形式を用いた攻撃について、本国英連邦相に報告し、香港の自治に関する国会答弁について、次のように助言を送っている。

我々はこれまで、香港が十分な代議制を発展させられなかった基本的な理由について、公的に説明することにいつも慎重だった。そしてその結果、現地においても、この植民地を訪れた何人かの国会議員の考えにおいても、明らかにかなりの混乱があった。（中略）（香港でなぜ選挙による立法局が持てないのかという英国労働党議員の質問に対しては：筆者）現状では、担当大臣が採用した、「香港の中国との特定の関係のため、通常の植民地における自治や選挙による立法局（の導入）は考えられない」という、定型的な言い方を使って答えておくのが一番よいでしょう。[23]

結局、本国の国会答弁では、英連邦省（一九六六年八月に植民地省が英連邦関連省と合併）担当大臣および大臣から、香港は中国（共産党政権）との特殊な関係のために自治を与えることはできないというトレンチの線に沿った見解が示された。[24]文革進行中のこの一連のやりとりが、どこまで中国・中央政府の意向を反映していたかは検証を要するが、ほどなくして大規模な反英暴動（六七暴動）が起こり、英国側に衝撃を与える。六七暴動後、英国政府内には将来の香港における植民地の保持に対し悲観的な見方が広がり、スエズ以東からの撤退宣言（一九六八年）とＥＵの前身であるＥＣ（欧州共同体）への接近とともに（一九七三年に参加）、新界の租借期限が切れる一九九七年以降に植民地を維持する意義が失われていく。[25]

こうした中で、中華民国（台湾）に代わって国際連合の代表権を獲得した大陸中国＝中華人民共和国の黄華代表は、一九七二年三月八日付の脱植民地化特別委員会宛の書簡で、第二次世界大戦後、各地の植民地の将来的独立を目指して作成された非自治地域リスト（United Nations list of Non-Self-Governing Territories）から、香港、マカオを除外することを要求した。すなわち、「香港、マカオ問題の解決は完全に中国の主権の範囲内の問題であり、いわゆる「植民地」の通常の範囲にはまったく属さない。したがって、香港・マカオは、植民地およびその人民に対する独立供与に関する宣言が対象とする植民地のリストの含まれるべきではない[26]（傍点筆者）」ということだが、リストから削除するということは将来的な独立を改めて否定するという意味合いがある。このとき英国はこの点について異議を挟むこととなく、香港はリストから削除された。一九七九年三月のマクルホーズ香港総督の北京訪問で香港返還をめぐる英中交渉が非公式に開始するが、それ以前に、香港の（合法的手段による）自治、独立へつながる道は、中英双方によって断たれていたといえよう。

まとめると第二次世界大戦終了後の香港では、中英双方とも、選挙制度を通して自らにとって好ましくない勢力の影響が浸透することを恐れ、民主的自治制度を採用しない植民地的な〝現状維持〟が続いた。特に中国側が一九六七年に見せた香港を〝国〟扱いすることへの過敏な反応や、続く六七暴動は、英国側に中国側のこの問題に対する姿勢を改めて印象づけ、一九七二年に香港をマカオとともに非自治地域リストから外した際にも抵抗は起きなかった。しかし先送りされた香港の自治をめぐる問題は、一九八〇年代の香港返還をめぐる交渉の中で、再度焦点化する。次節ではこれについて見ていく。

4．香港返還をめぐる攻防の中での〝自治〟と〝独立〟批判

中英交渉の正式な幕開けとなるサッチャー英国首相の訪中の際（一九八二年九月）、サッチャーは、香港に対する中国の主権を認めつつ、英国統治を実質的に継続させる方法を探ることで抵抗を試みる。その際、中国が香港を回復することは、英国の植民地主義の終焉を意味するという鄧小平の発言に反発して、サッチャーは、英国の〝通常の政策〟では元の植民地は独立させるのだが、租借期限のある新界を抱えた香港は特殊であること、そして英国は香港から歳入を得てもいなければ援助もしておらず（財政的に独立しているということ）、英国は植民地主義国家ではないという趣旨の発言を行った[27]。

ここでサッチャーが語っているのは〝香港は通常の植民地ではない〟ということで、逆にいえば〝通常の植民地のように独立することはない〟と解釈することもできる。その意味では、一九七二年に香港を非自治地域リストから外した際の趣旨とは矛盾しないともいえる。しかしこのタイミングであえて〝独立〟を話題にするこの発言は、中国側には深刻なものとして受け止められていたようで、改めて翌年一〇月の『人民日報』で、〝サッチャーが米誌に語ったこと〟としてほぼ同じ内容が取り上げられ、以下の批判が加えられる。

香港は全くもって通常の植民地というものの範疇には属さず、中国による主権行使の回復があるのみで、〝独立〟などという問題は存在しない。サッチャー夫人は明らかに香港の独立が不可能で、中国政府および人民が同意するわけはないと知った上で、どうしてこのような発言をするのか。これによって香港の同胞が自らの祖国を離脱するよう煽っているのではないか（下略）[28]。

中央レベルにおけるこのような懸念は、当時新華社香港分社の社長として、香港現地における返還に向けた統一戦線工作の責任者であった許家屯にも共有されていた。許は回想録の中で、以下のように述べている。

（前略）彼女（サッチャー：引用者注）はかつて「香港がもし一般的な植民地だったら、もうひとつのシンガポールとして早くから独立していたはずだ」と発言していた。この話は一部の香港人の心に強烈な印象を残し、香港の人々のなかには「香港でも自分たちのリー・クワンユーをもつべきだ」といい放つ人さえいた。彼らは明らかに独立の希望を表明していたのだ。

ある人びとはストレートに、国連あるいはイギリスの管轄のもとに住民投票を行ない、香港住民が独立に賛成か反対かを問うてみるべきだと、主張した。またある学者はプエルトリコ方式で香港問題を解決すべきだと主張した。プエルトリコは米国管理下の半独立、あるいは準独立型の自治システムを採用しており、香港も参考にすべきだという考え方だった。[30]

このような〝独立〟への警戒心の中で、許は香港社会の中・上層やメディアに対し精力的な統一戦線活動を行い、労働組合、農業団体、大衆団体、新界の住民団体や財界人や政府関係者を訪ね、中国による香港回収への支持を取りつけていく。[31]

結局英国は、主権だけでなく統治権も中国に返還することを認めざるを得なくなるが、中英共同声明を目前にした一九八四年九月九日、許は、香港大学の卒業生団体・大学畢業同学会での講演で、改めて中国共産党は一九九七年の返還以後、香港で「独立政治実体」が出現することを許さないことを明言した。[32]

その際の「独立政治実体」と中国政府が約束する「高度な自治権を享受する特別行政区」にはどのような違い

があるのか、という質問に対し、許は「特別行政区」は中国の中にあり、「独立政治実体」は中国の外にあるとしているとし、また「一人一票」の民主的選挙導入の問題については明確な答えを避けた。これについて報じた、国民党寄りの香港紙『工商晩報』では、返還後、中国共産党は反対政党・政治団体を容認せず、報道・言論の自由も低下するであろうという否定的な見通しを示しつつ、香港大学都市・地理学科講師の薛鳳旋による許の発言を支持する見解を紹介している。[33]

このように、一九八二年に始まる中英（公式）交渉の初期におけるにサッチャーの香港の〝独立（しないこと）〟についての発言に、中国側は敏感な反応を見せた。実際のところ、サッチャー自身は、香港から〝自治〟や〝独立〟を望む強烈な声が起こったならば別の展開も考えていたようだが、事実はそうはならなかった。しかしながら、こうした〝独立〟への過敏なまでの警戒心から、中国側は中英交渉の過程で一貫して香港の代表が参加することを拒み続け、住民投票により香港住民の意見を問うという英国側の意向にも拒否を示した。[34] それでは交渉の外に置かれた香港の当事者からはどのような声が上がっていたのだろうか。次節で初歩的な検討を試みたい。

5. 中英交渉時期の自治国家言説

中英交渉の過程から香港住民の声は排除されたが、一方で、中英双方とも、自らの正当性を確保するためにも、民意の獲得において競い合っていた。マクルホーズ総督は一九七九年の北京訪問後、中国側が英国の香港統治継続の意向を受け入れないことを知り、香港に戻った後、香港の〝地方〟議会に当たる区議会選挙の導入について検討を始め、一九八二年、香港で初めての普通選挙による各区議会が誕生した。個々の議会の権限は大きくないものの、長く抑えられてきた普通選挙を伴う〝上からの民主化〟は、中英交渉を有利に進めるために導入された色合いが強い。[35]

一方で、選挙や投票によって民意を問うことを拒んだ中国側だが、中国への返還に対する香港住民の不安感をなだめるべく、様々な方針を打ち出していく。現在香港に適用されている「一国二制度」は、もともとは一九七九年一月に「台湾同胞に告げる書」で、台湾に向けて統一を呼びかけたものであった。「一国二制度」によって保証される「特別自治区」や「高度自治」等の語も、一九八一年九月に中国側から台湾に向けて出された「九項目提案」の中で言及されたものだ。しかし台湾側がこれらを無視すると、これらの語は、香港の返還後も引き続き資本主義的な繁栄が持続することを保証するものとして、性質を変えていく。

中英交渉に際し、サッチャー訪中以前、一九八二年四月の英国元首相ヒースの訪中時に、鄧小平は「香港人が香港を運営する」という方針を伝えていた。同年一一月、香港の商工業界代表が北京を訪れた際、中国への返還後も香港の資本主義体制が継続されることなどと同時に、「港人治港」という言葉でこの方針が初めて一般に公表された。[36] 後述するように、ここでいう「香港人」の内実が問題ではあるのだが、ともあれ、北京の共産党政権が当面香港を直接統治するつもりがない姿勢を示したといえる。

これについて、当時香港では、体制外から香港の将来のあり方に対する議論が盛んに起こっていた。この中で、「城邦（都市国家）」や「自治邦（自治国家）」など、一見すると独立を思わせるような表現が登場する。以下、これについて論じた二人の論者の文章の中身を見てみたい。

一人目は、政治評論家の魯凡之（周魯逸の筆名）で、一九八二年八月に雑誌『広角鏡』に発表した「『九七年問題』についての卑見―中国の主権の『香港城邦』」と翌年九月に同誌に発表した「中国の主権下の『香港城邦』―主権と統治権の不可分および十分な自治から考える―」である。[37] 魯は一九四八年生まれで、葛量洪（グランサム）師範（教育）学院を中退して学生運動に身を投じ、「香港保衛釣魚台行動委員会」設立メンバーの一人となる。一九八〇年代には新香港学会を組織し（一九八二年一一月）、香港の中国返還によって中国の民主化を推進するという「民主的回帰（民主回歸）」論を展開した。[38]

サッチャー訪中前の一九八二年八月の文章で、魯は、新界租借期限によって英国は香港統治の「法理的根拠」を失う可能性が高く、「英国統治の現状維持要求」は難しいという立場から、「中国が回収した状況下での自治の発展」に論点を移すべきだとする。そして「特別行政区」などの制度が中国の数千年の「中央集権」モデルを「地方分権」モデルに転換する契機となることを期待する。

仮に中国も徐々に「連邦制」の方向を民族の進路とする可能性があるとすれば、「香港城邦」は香港の各方面の積極性や特殊性をさらに発展させる構想の最もよいやり方であり、将来の「中華連邦共和国」の最初の「邦」となり、中国の「市民社会」の成長の先駆けになるかもしれない。（中略）このような中国主権の「香港城邦」という観念は、目下中国共産党としては受け入れがたいかもしれない。しかし、たとえ「特別行政区」と呼ぼうとも、その具体的な内容は、客観的にはこのような「城邦」、あるいは「邦」の内容に近いものでなくてはならない。すなわち、具体的にいえば、行政上の「港人治港」、経済上の「独立財政」、法律上の「特区立法」、政治上の「多元的な民主政」……等である。[39]

香港を先駆けに中国を連邦化していくという構想には、現在からすればあまりに楽観的で誇大妄想的に映るかもしれないが、一方で、魯の構想は、中国の主権を認めつつ香港の独自性を守るという側面がある。また、魯がここですでに「港人治港」という言葉を用いていることは興味深い。同じテーマを引き継いで書かれた翌年の文章では、「中国大陸の『現行の社会主義』と香港の間を『隔離』する」ため、「香港特別行政区」を理論的にも実践的にも「香港政治特区」、ないし「香港城邦」「香港自由邦」と規定することを提起している。

いま一人は、何俊仁（アルバート・ホー）が一九八三年九〜一一月、香港誌『百姓』に連載した、「『香港自治邦』憲政モデルについての卑見」である。[40] 何は一九五一年生まれで、香港大学在学中から保釣運動（領土返還運動）など学生運動に参加し、卒業後は弁護士となる。一九八〇年代には香港の中国への「主権回帰」後の「港人治港」を主張する政論団体・太平山学会に参加、一九八九年の中国大陸における民主化弾圧・六四天安門事件以後は民主党に参加し、返還後も香港民主派の政治家として活躍した。今回の抗議行動において中国政府系メディアから「香港に災いをもたらす四人組（禍港四人幫）」の一人として名指しで批判を受けている人物でもある。

一九八三年の「『香港自治邦』憲政モデルについての卑見」で何のいうところの「香港自治邦」とは、「中国属土香港自治邦（Chinese Dependant Self-administered Territory - Hong Kong）」の略であり、あくまでも中国政府が唱える「一国二制度」の方針を受け入れた上で、その内実をより民主的なものにすることを標榜したものである。この時期には、中国政府が正式に「港人治港」の語を使用し始めていたが、何の「香港自治邦」論は、それ自体は否定せず、その曖昧な部分について議論するためのものといえる。

2015年の区議会議員選挙では、何俊仁は後に立法会議員となる何君堯に敗れ、落選した（落書きされた何俊仁の横断幕、2015年11月22日、新界・屯門にて倉田徹撮影）

すなわち①「港人治港」の「港人」とは誰か。香港市民が直接もしくは間接の民主的形式で選んだ者なのか、中国政府が委任あるいは認可した者なのか、将来的に香港市民に責任を負うのか、中国政府に責任を負うのか、②「港人治港」の「治」によって香港人が享受する統治権は、「香港を、真に自治を基礎とする特別行政区にするのに十分なものなのか」、③中国の社会主義体制と異なる資本主義体制を維持し、中国政府の直接的な命令を受けない自治的民主的な政府体系を実施できるか、などの疑問点について積極的な提言を行う内容になっている。[41]

この論文の趣旨は、「港人治港」のために「香港自治」を基礎とする具体的な内容を提起し、「香港自治」の憲政モデルの構想を試みることで、自治の精神と原則を行政において実行可能なものにすることに他ならない。[42]

魯凡之と何俊仁の議論に共通しているのは、両者とも現行の中国の社会主義体制に対しては批判的ながら、中国の主権を一応認めた上で「自治」によってそこから距離を保ちつつ、一方でそれは「独立」ではないことをあえて強調しているという点である。そこには、中英交渉の過程で、香港の返還が避けられないという認識の下で、中国側が提起する一国二制度を換骨奪胎し、どのようにして民主化を実現しつつ、香港社会の独自性をどのように守っていくかについてという問題意識が見て取れる。

その一方で、二人の論者は、いずれも一九七〇年代以来の釣魚台（日本名尖閣列島）に対する中国の主権を主張する〝保釣〟運動の積極的な参加者でもあり、その意味では中華民族というアイデンティティ自体は否定しない〝愛国〟主義的な一面も持つ。[43] その意味でも、両者に共通する〝中国の主権を認める〟という前提は、単に中国政府への配慮という方便だけでなく、文化的・民族的な中国に対する自らのアイデンティティと香港に対するそれを調和させるものであったともいえるだろう。

中英交渉で中国側が民主化や自治を「独立」と結びつけ、過敏に反応する動きを見せていた中で、蚊帳の外に置かれた香港の社会運動から出てきた〝城邦〟〝自治邦〟などの独立国家を連想させる議論は、中身を見れば、中国の主権に対する配慮を強くにじませる（現代の本土派からは不満が起こりそうな）、その点に関しては穏当なものであったといえる。[44]

6. おわりに

以上、本章では、二〇一九年の一連の抗議行動の背景にある香港人ナショナリズムの形成過程と、それを香港〝独立〟の動きとして抑え込もうとする圧力と連関について考察してきたが、特に戦後～一九八〇年代までの香港の〝自治〟と〝独立〟批判の言説史から、その歴史的背景を探ってみた。最後に、八〇年代までの歴史と現在をつなぐ上で興味深い、一九九〇年代のある文章を紹介して終わりたい。

一九八九年の第二次天安門事件の衝撃から香港社会が立ち直り、いよいよ返還も目前に迫りつつある一九九三年、社会学者の王家英は、「『香港意識』は香港独立と同じではない」という文章を雑誌『争鳴』に発表している。その冒頭で王はいう。

最近香港のある親中派の雑誌が「港独」と題して「証拠」を並べ立て（証拠といっているのは香港意識や英国化、独裁批判等にすぎないのだが）、「香港独立に向かう」「兆し」がすでにあらわれていて、「暴き立ててやらなければ港独派があらわれるかもしれない」といっている。この種の言論は、別に魂胆があるのか、香港文化の成り立ちに関する無知から出たものであろうが、どちらにせよ、もしも中国共産党が見極めもせずに軽々しく受け入れ、強い圧力をかけてこれらの「兆し」を弾圧しようとするならば、悲劇が予想されるだけでなく、圧政による弾圧下では本当に「港独」が出てくる可能性もある。[45]

王によれば、中英共同声明によって香港の中国への回帰が不可逆的な事実となった以上、客観的に見て「港独」の余地はなく、また、香港と大陸が隣接していること、香港人の民族感情といった主観的な点からもその可能性はなく、香港人もそれをよくわかっている。「香港意識」と「中華民族意識」は矛盾するものではなく、この種の「二重構造のナショナリズム」は国家連合や連邦制国家にはよく見られるものであり、中華民族の統一性を妨げるものではない。

しかしながら、長く香港に生活してきた中国人は、英国植民地統治下の資本主義制度とそれに伴う価値観、法治精神に慣れており、「中華人民共和国」の社会主義にはなじまず、また後者における過去数十年の政治的迫害や人権弾圧に不安を抱いている。鄧小平の提起した「一国二制度」と「港人治港」がもし本当に実現できるなら、香港人の疑念を取り除き、民族統一の目的を達成できるし、国家アイデンティティの問題も「二制度」と「自治」の方法で徐々に解決できるだろう。しかるに共同声明後、中国共産党は政治的コントロールを強め、香港基本法の保守的な傾向やクリス・パッテン総督の政治改革に強く反対するなど、その専制的性格をあらわにしている。

結論部では、王は、台湾の「二二八事件」の弾圧が台湾独立意識につながったとしながら、次のように述べる。

もし真の「港人治港」が結局実現できなければ、香港人は一九九七年以後、どのようにして、その独特の文化制度が中国共産党の政治的干渉によって破壊されず、結局一国一制度、京人治港（北京人が香港を治める：引用者注）になることがないようにしたらよいのか。もしこの種の状況が果たして不幸にも現実のものになったならば、すでに成熟し強大となった香港社会は激烈な行動で北京に対抗し、さらにはある種の政治的、文化的な分離意識を誘発するのではないだろうか。[46]

幸い、一九九〇年代の時点ではこうした見方は取り越し苦労に終わった感がある。しかしながら、返還から二二年を経た現在、王のこの言葉は何か予言めいた響きを持って響く。政治学者方志恒（ブライアン・フォン）は、中国（中央）政府の中央集権指向の〝国家建設ナショナリズム（state-building nationalism）〟による圧力が強まった結果、その反作用として香港における〝周辺ナショナリズム（peripheral nationalism）〟が強まってきていると主張する。[47]〝香港人〟のナショナリズムは、〝中国〟を範囲としたナショナリズムとの相関関係の中で強化されてきたといえるかもしれない。もし二つのナショナリズムの間に平和的共存の道がまだ残されているとするなら、後者の側の姿勢もまた問われる必要があるのではないだろうか。

1 一〇月以降「香港人反抗（香港人、抗議せよ）」に変わりつつある。
2 逆に、運動を批判する親政府側の言説においても、抗議活動参加者を「禍港（香港に災いをもたらす）」、「害港（香港を害する）」として批判し、自らを「（愛国）愛港」（国を愛し香港を愛す）と自任するなど、（中国の一部ではあるが）「香港」という共同体を前提としている。
3 拙稿「返還後の「香港人」アイデンティティの展開―大陸との関係で揺れ動く住民感情―」（倉田徹・吉川雅之編『香港を知るための60章』明石書店、二〇一六年）。
4 劉兆佳「『香港人』或『中國人』：香港華人的身份認同　1985－1995」（『二十一世紀』一九九七年六月号、第四一期）。
5 前掲4。
6 本章では〝ナショナリズム〟という言葉を、必ずしも既存の主権国家からの独立した国家形成に向けた衝動という意味ではなく、〝民族〟、あるいはそれに類する言葉でイメージされる政治的・文化的共同体に対する感情・思想を指すものとして使う。
7「雨傘運動」後の両派の対立については、倉田徹「香港民主化への厚い壁」（倉田徹編『アジア遊学234・香港の過去・現在・未来―東アジアのフロンティア―』勉誠出版、二〇一九年）を参照。本土派を支持する若者の考え方については張彧暋「香港本土派とは―対中幻想からの決別―」（同前）を参照。

8 この間の経緯については萩原隆太「香港における『依法治国』の浸透―「参選風波」事件をめぐって」（倉田編前掲書）参照。

9 蔡子強「『止暴制亂』建構了新『香港人』主體意識」（『明報』二〇一九年九月二五日）。

10 筆者が参照したのは以下の版本。梁繼平等、二零一三年度香港大學學生會學苑編『香港民族論・第四版』（香港大學學生會、二〇一五年）。同書後半部では同学生会の機関誌『学苑』二〇一四年二月号の特集「香港民族・命運自決（運命の自決）」に掲載された文章を再録している。

11 本書第1章参照。

12 前掲9。

13 「機場集會迫爆青年・『光復香港』無關港獨」（『明報』二〇一九年八月一〇日）。

14 この一連の応酬については、拙稿「〝デモの都〟香港とアイデンティティをめぐる隘路」（『神奈川大学評論』七五、二〇一三年）でも紹介した。

15 この過程についてはSteve Yui-sang Tsang. Democracy shelved: Great Britain, China, and attempts at constitutional reform in Hong Kong, 1945-1952.（Hong Kong: Oxford University Press, 1988）を参照。

16 中園和仁『香港返還交渉―民主化をめぐる攻防―』国際書院、一九九八年、五一～五四頁。五五年の非公式メッセージについては裏づける公式文書は確認されていない（同）。

17 *New York Times*, 28 Oct. 2014.

18 拙稿「歴史的視座から見た２０１９年逃亡犯条例改正案反対運動―１９６０年代香港における自治要求運動との対比から―」『歴史学研究』九九四号、二〇二〇年三月、掲載予定。

19 『工商日報』一九六七年三月八日。

20 『大公報』一九六七年三月一七日。

21 『大公報』一九六七年三月一八～二〇日。

22 『大公報』一九六八年三月一八日。

23 FCO40/42, confidential telegram from Sir. David Trench to Secretary of State, Commonwealth Office, 18.3.67, quoted from David Faure, *Colonialism and the Hong Kong Mentality*. Centre of Asian Studies, University of Hong Kong, 2003, p. 51.

24 『工商日報』一九六七年三月二二日、『工商晩報』一九六七年三月二二日。

25 Mark, Chi-Kwan. "Development without Decolonisation? Hong Kong's Future and Relations with Britain and China, 1967-1972." in *Journal of the Royal Asiatic Society* (Cambridge), vol. 24-2, 2014.

26 若林正丈・谷垣真理子・田中恭子編『原典中国現代史・第七巻・台湾・香港・華僑華人』岩波書店、一九九五年。

27 Mark, Chi-kwan, "To 'educate' Deng Xiaoping in capitalism: Thatcher's visit to China and the future of Hong Kong in 1982." in *Cold War History*, Vol. 17 Issue 2, 2017)

28 「评英国首相关于香港问题的谈话」（『人民日报』一九八三年一〇月五日）。

29 単なる新聞社ではなく実質的な中国政府の香港における出先機関で、現在の中央人民政府駐香港特別行政区聯絡辦公室（中聯辦）の前身。

30 許家屯『許家屯香港回憶錄』香港聯合報有限公司、一九九四年、九八～九九頁（青木まさこ・小須田秀幸・趙宏偉訳『香港回収工作・上』筑摩書房、一九九九年、一五八～一五九頁）。

31 前掲書30、九九～一〇三頁（日訳一六〇～一六六頁）。

32 「許家屯昨晩明確指出・中共不容許港在97後出現『獨立政治實體』」（『工商晩報』一九八四年九月一〇日）。

33 同前、「學者對許家屯談話認為・中共不欲港獨萌芽・新聞自由勢將被壓抑」(『工商晩報』一九八四年九月一〇日)。
34 中園和仁『香港返還交渉—民主化をめぐる攻防—』国際書院、一九九八年、一二〇頁。
35 倉田徹・張彧暋『香港—中国と向き合う自由都市—』岩波書店、二〇一五年、五八～五九頁。
36 前掲書34、一一一、一二〇頁。
37 魯凡之「『九七』芻議：中國主權的『香港城邦』」(『廣角鏡』第一一九期、一九八二年八月一六日)、魯凡之「中國主權下的『香港城邦』—從主權治權不可分及充分地方自治談起」(同第一三二期、一九八三年九月一六日)。
38 倪捷「1970年代初期の香港における保釣運動の展開」(『華南研究』第三号、二〇一七年)、羅永生・劉麗凝「民主回歸與社會主義交錯下的民協」(『思想香港』九期、二〇一七年七月)。
39 前掲37(一九八二年)。ここにおいて、「港人治港」という語の使用は、中国政府がこの言葉を対外的に使い始めるよりも早いということは注意を引く。
40 何俊仁「『香港自治邦』憲政模式芻議」(『百姓』第五六～五九期、一九八三年)。
41 前掲40(『百姓』第五六期)、九頁。
42 前掲40(『百姓』第五六期)、一〇頁。
43 香港の民主派の持つ(中国に対する)〝愛国者〟としての一面については、倉田徹『中国返還後の香港—「小さな冷戦」と一国二制度の展開—』名古屋大学出版会、二〇〇九年、第5章「『愛国者論争』—香港人意識と愛国心—」を参照。
44 さらにいえば、何俊仁の「香港自治邦」案では、直接普通選挙による首長の選出が否定され、また中国から中国の国家安全や領土の統一を転覆する行為が香港で行われることを禁じるなど、現行の「一国二制度」に比べても格別ラディカルとはいえない要素を多々含んでいた。
45 王家英「『香港意識』並不等於港獨—以平常心看殖民統治下的文化差異」(『争鳴』総一八八期、一九九三年六月号)。
46 前掲45。
47 Brian C. H. Fong, "One Country, Two Nationalisms: Center-Periphery Relations between Mainland China and Hong Kong, 1997–2016." in *Modern China* 43 (44), March 2017.

コラム

世界都市の舞台裏　――マイノリティたちの苦悩

小栗宏太

香港といえば国際都市というイメージがある方も多いだろうが、実際には住民の九割以上を華人が占める圧倒的な華人中心社会である。ただし人口に占める非華人の割合は、中国への返還後徐々に上昇している。その大きな要因は、東南アジアから家事労働者として出稼ぎに来る女性たちの増加である。返還前から香港人家庭の生活を支えていたフィリピン出身者に加えて、返還後は比較的安価に雇用ができ、渡航前に広東語のトレーニングを受けてくるため言語面でのハードルの低いインドネシア出身者の雇用も増加している。現在では人口七〇〇万人あまりの香港に両者を合わせて四〇万人近くが働いていて、世帯数で割ると六、七世帯に一人が雇用されている計算になる。彼女たちが香港各地の公園や広場に繰り出して週に一度の休日を満喫する光景は、日曜の香港の風物詩でもあった。普段は雇用者家庭への住み込みが義務づけられ二四時間監視下に置かれながら働く家事労働者にとっては、唯一プライベートで過ごせる貴重な時間である。毎週末抗議運動が行われている現状の最大の被害者は、彼女たちかもしれない。フィリピン出身者が集う中環や、インドネシア出身者が集う銅鑼湾は、どちらも六月以降頻繁に抗議運動の舞台となっており、彼女たちも予定を切り上げて早めに帰宅をしたり、はじ

日曜日の中環スタチュー・スクエア（2016年8月、筆者撮影）

めから家で過ごすことを余儀なくされたりと、ささやかな楽しみを奪われて心の休まらない日々が続いているようだ。香港の英字紙『サウス・チャイナ・モーニング・ポスト』の報道によれば、そんな香港での生活への不安から帰国を考えるものも増えており、また渡航予定者の中には就業先を台北、シンガポール、ドバイなどアジアの他都市に変更する例も出ているという[1]。家事、育児や介護を通じて香港人の家庭を舞台裏で支える外国人家事労働者の「香港離れ」が進むようなことになれば、香港の人々の暮らしはビジネスや投資の撤退以上に直接的な打撃を受けることになるだろう。

香港はまた別のマイノリティ問題も抱えている。とりわけ社会問題として扱われる機会が多いのが、インド、パキスタン、ネパールなどにルーツを持つ南アジア系住民の存在である。英領時代に軍人、警察、商人などとして来港したものが多く、何代にもわたって香港に住んでいる家族も少なくない。香港生まれの世代の中には広東語に堪能で「香港人」としての意識を持つ者も珍しくないが、主流華人社会からの人種的・文化的偏見はいまだ根強い。学校において彼らのニーズに合った教育が行われてこなかったこともあり、中国語の読み・書き能力の不足などから就業上の困難を抱えるケースも見られ、そこからくる貧困、薬物汚染、そして「黒社会」へのリクルートが大きな問題となっている。そういった社会問題は、大衆紙などのメディアで大きく報道されることもあり、主流社会の南アジア系への悪印象を強めてしまっている。七月二一日の元朗での襲撃事件についても、白シャツ隊の中に南アジア系の者もいたとの目撃証言がネット上で出回り、南アジア系コミュニティにとっては二重の衝撃となってしまっ

日曜日の銅鑼湾ビクトリア公園（2016年8月、筆者撮影）

た。事件後に「なぜ香港人を殴る」などと詰め寄られたり、嫌がらせを受けたりした元朗在住の南アジア系住民もいたという。[2]

そんな中、翌日行われた政府高官の記者会見で、林鄭月娥（キャリー・ラム）行政長官らに最も厳しい追及を行ったのは公共放送・香港電台（ＲＴＨＫ）の南アジア系記者・利君雅《レイクァンガー》だった。香港のパキスタン系家庭に生まれた彼女は、香港バプティスト大学でジャーナリズムを学んだ後に記者となり、香港最大のテレビ局無線電視（ＴＶＢ）の広東語放送局でニュース・リポーターを務め、珍しい非華人系記者としてお茶の間に広く知られる存在となった。その後『明報』紙の記者を経てＲＴＨＫで番組を担当するようになってからはＴＶＢ時代ほどは目立たなくなっていたが、この日の会見で「昨晩は一晩中どこへ？　よく眠れましたか？　市民は眠れない夜を過ごしたんですけど？」「昨日の件は警察と黒社会が裏で手を組んだヤラセ捜査（〝大龍鳳〟）では？」と厳しい質問をぶつけ、さらにのらりくらりと質問をかわす高官たちに「そんなんじゃなくて、ちゃんと人間の言葉でしゃべってください（〝講人話吖、唔該！〟）」と追撃する彼女の姿は再び大きな注目を集め、ネット上では香港人記者の鑑として絶賛された。彼女のような南アジア系マイノリティの活躍への注目は、同コミュニティへのネガティブなイメージを変える可能性を持っているが、それだけ香港における非華人の活躍が物珍しいものにとどまっているという悲しい現状も示している。広東語を母語にしている彼女に対しても、いまだに「なまりがない」「普通の香港人より綺麗な発音だ」といった称賛が悪意なくなされており、中には「吹き替えみたいで変な感じ（〝像配音看不慣〟）」というコメントすら見られる。[3]

九龍モスク（2017 年 9 月、筆者撮影）

固定的な人種イメージは、香港人意識が抱える大きな問題である。

一〇月一六日には、民間人権陣線を率いる岑子杰（ジミー・サム）氏が南アジア系と見られる四、五人組の男に襲撃される事件が起こり、再び南アジア系と主流華人社会の間に緊張が走った。特に同団体が、きたる日曜に呼びかけていたデモの開催地が、南アジア系の多く集まるチョンキン・マンションや九龍モスクのある尖沙咀であり、それらの施設がデモ隊による私的制裁の対象になるのではないかとの危惧も生まれた。対立回避のためにマイノリティ・コミュニティ側では香港内の六つのモスクの運営を行う「香港回教信託基金総会」が襲撃を非難する声明を発表したり、ムスリム団体関係者が岑子杰氏へのお見舞いを行ったりと、コミュニティ全体への偏見を防ぐ営為がなされた他、華人社会側でも、抗議運動が無辜の南アジア系住民や彼らの施設を標的にすることはないというアピールが、英語、中国語、ウルドゥー語で作成され、ネット上で拡散された。デモ当日には、チョンキン・マンション周辺に南アジア系市民が集まり、デモ隊に水を配布して声援を送ったり、伝説的ロックバンドBeyondの楽曲を歌ったりして「私たちも香港人だ」と表明した。[4] 今回の事件をきっかけに、非華人マイノリティへの注目は一時的に高まり、人種を超えた「香港人」としての連帯も注目を集める結果となったが、その連帯を持続可能なものにするためにも、固定的な人種イメージを乗り越え、マイノリティたちの苦悩に共感を持って向き合っていくことが、香港における社会運動の今後の課題だろう。

1 「Hong Kong's Domestic Helpers from Indonesia and the Philippines struggle through fear and pain of protest crisis」『South China Morning Post』二〇一九年一〇月四日。

2 「Ethnic minority groups in Hong Kong harassed and discriminated against amid online rumours pinning blame for Yuen Long attack on them」。『South China Morning Post』二〇一九年七月三〇日。

3 「『講人話啦』大快人心！　勇於為港人發聲的新聞女神利君雅，中文會考拎A、首位非華裔中文新聞記者！」『Girl-Style 女生日常』二〇一九年七月二三日（https://girlstyle.com/article/324612/　講人話啦－大快人心－勇於為港人發聲的新聞女神利君雅－中文會考拎a－首位非華裔中文新聞記者〈二〇一九年七月二三日確認〉）。

4 「南亞裔派水：港人不分膚色」『蘋果日報』一〇月二一日。

7

わたしの見てきた香港デモ

小出雅生

2019年、中文大学卒業式。学生たちは大学駅から抗議の学内デモをしながら、卒業式に臨んだ（2019年11月7日、筆者撮影）

1. はじめに

わたしは香港に移住して一九年になる。まずは特に運動家でもないわたしが参加するようになった経緯を説明したい。それは、わたし自身がそうであったように、デモに対する理解が日本と香港では大きく違っているように思えるからである。それと同時にこの数カ月に香港で起きていることが大枠として変わりない香港のデモではあるが、いくつか香港のデモとしては異例の事態であることも述べたいと思う。もとよりわたしは香港のことを専門に研究しているわけではない。研究者というより体験者として香港でのデモの雰囲気を知ってもらうことで、少しでも香港のデモへの理解が深まることを願ってやまない。

わたしが香港で最初にデモと遭遇するのは留学中の一九九四年である。わたしはまだ学生だったが、すでに卒業して『現代日報』の記者として働いていた友人の取材先である当時の総督邸についていった。しばらくすると「反對輸入外勞」などと書かれたバンナー（横断幕）を持った一群がやってきた。職工盟（香港職工會聯盟）の人たちのデモで、パッテン総督あてに、安い賃金で香港外から労働力を入れずに香港の労働者を優先しろ、というような主張を請願書として持ってきたのだ。しばらくスローガンを連呼した後、総督官邸の通用門に並び、記念写真を撮るような格好で請願書を官邸の警備担当者に手渡してデモは終わった。その後、記者たちが個別にデモ参加者に各々質問をして解散していった。その後、友人の記者に連れられてファーストフードショップに彼の友人の記者らと行き、アフタヌーンティーを楽しみながら、次のデモの時間まで、雑談しながら待った。そろそろ時間だというので、また官邸までの坂道を上ったところに、また別の一群がいた。それは当時初めて直接選挙で行われる区議会議員選挙に立候補許可が下りなかった「長毛」とその仲間たちだった。彼らも声高にスローガンを連呼し、官邸の警備担当者に抗議文を渡した。わたしはただただ、興味本位で周辺の様子を観察していたが、日本人だと記者からデモ参加者にも紹介された。そのとき紹介された記者の一人と、また数カ月後、スターフェリー乗り場でばったりと出くわし、声をかけてくれたこともいい思い出になっている。そのときに紹介された職工盟の人たちも長毛もそれぞれ、のちに区議会議員や立法会議員などになっていった。

2. 香港デモ・デビュー

二〇〇一年、わたしは寿退社にて香港に移住した。とはいっても、最初の頃は、留学時代とは違い、街中でのご近所さんとの広東語に囲まれた生活に戸惑っていた。そういった中、日本から来たわたしを面白がったのか、わたしの相方の友だちが週末のサイクリングやバーベキューなどに誘い出してくれた。そういう中の一つにデモがあった。わたしは誘われるままについては行ったものの、最初のうちはかなり緊張していた。それはどうしてもデモのイメージといえば、高校生の頃地元の町での労働組合のデモを思い出し、警察との衝突や警察から顔写真を撮られて記録されるのではと、心配していた。しかし、それらの心配は数回参加した後は、ほぼなくなっていた。まず、当時の香港警察は、政府とデモ参加者の立場が違っていてもあくまで警察は中立を保つという姿勢で臨んでいたこと。また、警察官も何かと親切であった。さらに、デモのテーマや内容も特に難しい話ではなく、ただ、今これが必要だと、この指とまれ、のように非常にカジュアルで開放的な集まりだったこと。そして、ぶきっちょな日本人の緊張を和らげるように、いろんな人をその場で紹介してくれたことも大きかったと思う。別のデモに行っても、以前のデモに参加していた人と再会することも多く、そこで再会した人がさらに別の人を紹介してくれたりして、徐々に知り合いが増え、香港社会の中でネットワークがしだいに広がっていった。

3. 五〇万人デモに

移住当初は、YMCA関係の青少年関係のNGOの仕事をしていた。仕事をしながらも、陳方安生（アンソン・チャン）政務長官の辞任、董建華行政長官の第二期の当選など少しずつ香港の政治に関心を持ち始めていった。そんな中二〇〇二年の暮れ頃から、「国家安全条例」が問題になり始めていた。この法案は香港基本法の二三条に基づいて制定されるという話であったが、法案の内容が、警察の権限を大幅に広げ、令状なしの逮捕や捜査も可能にするということで、立法会で問題視され始める。弁護士出身の立法会議員を中心に「23條関注組」がつくられ、法案への反対運動も始められた。それでも政府は強引に法案審議を進めたことや、政府側の責任者として答弁に立った当時の葉劉淑儀（レジーナ・イップ）保安局長の横柄な答弁にも批判が上がっていた。二〇〇二年末のデモの際、反対派のデモが六万人程度、賛成派も二万人強という感じでデモ合戦の様相を呈していた。それでも、董建華は立法会での審議を強引に進め、「国家安全条例」の立法が目に見えてきた六月には、香港も重苦しい雰囲気に覆われていった。そして、七月六日に条例案の立法会での全体審議を経て、可決されるところまで日程が見えたところで、七月一日の「返還記念日」の「民主化デモ」を迎えた。

七月一日は、これが香港の最後のデモになるかもしれないという悲壮さの中に弔い合戦のような雰囲気もあった。わたしは待ち合わせ時間の二時半より少し早く着くようにビクトリア公園を目指した。旗を立てるための二メートルほどの竹の棒を三本ほど持ってバスに乗り込んだが、バスの運転手に「そんな長いものは持ち込めないよ」といわれた。そこで「これから、ビクトリア公園へ二三条の反対デモに持っていくんだけど」と説明をしたら「じゃ、いいよ」といってくれた。その後も、しばらく「今日は会社に何とか非番にならないか頼んでいたんだけど、無理だった。非番だったらデモに行けたんだけどね」といっていたので、〝反23條〟のバッジを一つ、自分のをはずして、運転手に渡したのを覚えている。

集合会場のビクトリア公園に着いたときには、すでに相当混み合って、そうそう歩けるような状態ではなかった。わたしは知り合いが多いほうが何かと安心だろうと、仕事でも知っていた学生のグループ「香港天主教大専聯會」のみんなと一緒に歩くことにした。ただ、あまりに多くの人が集まったせいか、なかなか公園を出発できなかった。二〇〇三年の七月一日はかなり日差しの強い日で、暑さからか、周辺で出発を待っている人たちが、一人、また一人と倒れていった。待っている間の時間も、公園横の自動車の立体交差を走るバスやトラックの窓から運転手が大声で応援のメッセージをいうと、公園内の人たちも大声で応えていた。結局、公園を出発できたのは午後五時半で、非常にゆっくりと出発した。デモの沿道でも多くの人が窓から手を振り、手づくりのポスターで「反対悪法」などと示し、道を歩く人も手を振って応えていた。街中が非常な一体感に包まれていたことは確かである。ある種の冷静な熱狂が人々を動かしているようであった。途中何度も立ち止まりながら歩き続け、ちょうど午後八時頃、当時の政府本部（政府山）に到着した。坂を上り始めたタイミングで、香港返還記念日の花火が打ち上げられたのでよく覚えている。政府本部ビルの広場でしばらく座って休んだ後、ピークへのケーブルカー側からセントラルにおりていった。

この日を境に新聞の論調も政府の発言もがらりと変わり、董建華行政長官は延会の手続きもしないまま、国家安全条例は廃案になった。予定であれば採決が行われるはずだった七月六日に当時の立法会ビル（現、終審法院ビル）を包囲しようという集会が開かれた。実際に立法会ビルを包囲し集会が持たれたが、この集会で後に区議会議員になる金佩瑋（甘甘：ガムガム）から幾つか新しい歌が紹介された。それ以前によく歌われていた歌は天安門事件の祈念集会などで歌われてきた歌と変わらなかったため、テンポのいい新しい歌にも新たな雰囲気を感じ取っていた。

4. WTO閣僚会議とWTO反対キャンペーン

二〇〇五年になり、WTO閣僚会議が香港で行われることが明らかになった。これには民間・NGO枠で世界の各地からロビーイングにやってくることも予想がついていた。そこで香港では職工盟をはじめ、いくつかの民間団体が集まって、HKPA（Hong Kong People's Alliance for WTO）をつくり、そこを窓口に香港でのロビー活動について会場や時間、メディアに対する記者会見について調節を行うことにした。香港にあるいくつかのNGOにも声がかけられ、人を出して一緒に担うことになった。当時はすでに別のNGOに変わっていたが、わたしもそこからHKPAの会議に出たり、準備を一緒にしたりした。そして、あえていえば、世界各地からやってくるNGOの人たちと民間の文化交流ができるように留意して準備が行われた。また、世界各地から来られる人にも香港のデモは常に平和なデモで、警官隊とぶつかり合ったりすることはないことも強調して伝えられた。

香港には少し違った形でこのことが報道された。このWTO閣僚会議の直前に韓国のプサンとソウルで大規模なデモがあり、韓国の農民に死者が出たことが大きく報道された。新聞などには「韓國農民來襲」などとセンセーショナルに書かれたため、彼らが香港に来ることでどんな騒ぎになるのだろうと懸念を持たれた。警察の記者会見でもそのことが問われ、準備のために機動部隊七〇〇〇人が半年間訓練をしてきたので対応できると説明された。

そんな中、WTO閣僚会議直前の日曜日に政府本部ビル前までデモが行われた。この日のデモはそれまでの香港のデモと同様に集合場所から政府本部まで練り歩くスタイルで平和裡に終わった。会議の初日、会場のコンベンションセンター近くの空き地（現在の湾仔北バスターミナル周辺）に民間のロビー活動をする人が集結した。当時はまだコンベンションセンターの下を走るバイパス道路の埋め立て工事が始まっておらず、その空き地からコンベンションセンターが海を挟んで直接見えた。開会式の時間に合わせて集会が持たれたが、始まって間もなく約一〇〇人が海に飛び込み、コンベンションセンターめがけて泳ぎ始めた。他の参加者があっけにとられている間にデモ用に装飾をした棺桶を担いだ韓国の人たちが警察の警戒線に突っ込み、最初の衝突が起きた。間もなく、その棺桶にも火が放たれたが警察の消火器によって消し止められた。緊張した場面であったが、警察も手を振ると、手を振り返してくれたり、今思えば微笑ましかった。閣僚会議の会期中、時折衝突もあったが香港警察は基本的には盾を用いて押し返し、押し切られそうになると胡椒スプレーで対応していた。それでも二日目以降は、韓国の農民たちが胡椒スプレーに対抗するために、食品用のラップを顔に巻いたいで立ちで登場し、ニュースで紹介されていた。また、空き時間にビクトリア公園で行われるいろいろな文化交流が話題を呼び、多くの市民がビクトリア公園に詰めかけた。心配された韓国からの農民も三日目には警察の警戒線へ突っ込んだことへの批判を受けたからか、ビクトリア公園からコンベンションセンターまでを三歩進んで一度土下座する形のデモ行進が行われた。全行程に三時間以上かかったが、何か感動に似た話題を呼び、中には一緒に参加する人も見られた。日程半ばからビクトリア公園には飲み物をはじめいろんな市民からの差し入れが届くよ

WTO 閣僚会議の「デモ地区」で、約 100 名が海に飛び込み、コンベンションセンターに泳ぎだす（2005 年 12 月 14 日、筆者撮影）

うになり、いい意味で理解が広まっていったと思う。時折、警察との衝突もあったが、当時はだいたい香港警察の側が盾を奪われ、衝突の後、その盾を一つ一つ丁寧に警察側に返却し、最後は握手までして、あくまで平和デモであることを双方が強調していた。

最終日の前の日は、総括議論に向け、各地からの市民団体が合同でデモを行った。しかし、韓国の農民たちが途中から突撃をしかけ、各交差点でブロックしようとした警察の警備を次々に突破し、あれよあれよという間に、コンベンションセンター一つ手前の交差点まで迫った。焦ったのか警察は警察車両を二重に並べ、突破を阻止しようとしたが、韓国の農民たちはその警察車両にロープを巻き、引き倒そうと試みた。そうした中、ついに警察は催涙弾を使用し、韓国のデモ隊を交差点一つ分ほど押し返した。その後長い膠着状態が続き、その間に警察官が増員され、デモ隊を取り囲んでいった。そして、午前二時過ぎから逮捕が始まり、朝八時過ぎまでかかった。合計で一一〇〇人ほどが逮捕されたが、大半は二日ほどで釈放された。彼らを心配した市民が多く集まり、韓国側からも夕食のために多めに用意した弁当がふるまわれ、そのまま一緒に座って晩御飯を食べ、その後は一緒に踊りを踊り、最後まで別れを惜しみながら観光バスに乗っていった。

WTO閣僚会議へのデモで逮捕された韓国の農民の勝訴判決の後（2005年3月31日、筆者撮影）

さて、この話には第二弾がある。逮捕されたうち、一四名が起訴手続きのために拘留延長となった。しかし、警察側は十分な証拠がそろえられず、帰国しないことなどを条件に保釈されたが、最後は殴られたと申告した警察官が秀茂平警察署で面通しをし、警官を殴ったのは三名の農民だと確認した。その面通しが終わるまで、誰からも顔を見られないようにひっそりとした保釈生活を送っていたが、面通し以降は、ＨＫＰＡなどの支援グループと組んで、記者会見を行い、ＷＴＯへの抗議活動を続け、この日以降、ハンガーストライキ（ハンスト）をすると発表した。そして、この日以降、スターフェリー乗り場などでハンストが続けられ、夕方からはキャンドル集会も毎晩のように開かれた。そして裁判所での公聴会の前の日から支援者一〇〇名がハンストに加わり、世界各地からも連帯の応援者が駆けつけ、メディアに大きく取り上げられた。公聴会の後は、李柱銘（マーティン・リー）弁護士が三時間にわたり検察側と交渉し、警察のメンツを立て二名を非合法集会罪、一名を責任者として非許可集会罪で起訴する代わり、他のすべての被疑者の起訴を取り下げることに合意した。この後、韓国の農民たちはいったん帰国した。そして、三月の裁判に合わせてまた戻ってきた。粉嶺法院で開かれた裁判で農民の側が完全勝訴する形で終わった。裁判は終わったが、その後も韓国側との交流は続けられた。このとき逮捕された農民を訪ねて香港の学生たちが韓国を訪問しているし、またＨＫＰＡ側と韓国の農民団体・労働団体との交流も続けられた。

私見ではあるが、このときに敗訴したことが、警察側の士気に大きな影響があったように思われる。それを示すように、それ以降長い間、香港警察は定員不足が続くことになる。また、二〇〇八年以降、徐々に香港警察が狂暴化していくが、その背景には、このときの名誉回復とばかり、雪辱をはたす意気込みのようなものがあったのではないかと想像している。

5. クィーンズ・ピア&スターフェリー乗り場保存運動

反WTO闘争が落ち着いた二〇〇七年、今度は移転が決まったスターフェリー乗り場の鐘楼の保存と、隣接していたクイーンズ・ピアの保存運動が持ち上がった。

スターフェリー乗り場は現在使用されている船乗り場の一代前の船乗り場で、スターフェリーの中では三代目にあたる。地下鉄が香港島と九龍半島をつなぐ前は、スターフェリーが通勤の足であり、長い間、香港で人通りの一番多い場所であった。と同時に五〇年代以降の、社会運動のキャンペーンをする上で象徴的な場でもあった。発刊当時の『明報』もここで発売したのだと創業者の査良鏞（ルイス・チャ）さんが『明報』紙上で振り返っていたこともある。そして、何より、ビル屋上に設けられた時計台と鐘楼から毎正時に打ち流されていたチャイムのメロディーにも親しみを持たれていた。スターフェリーのセントラル側の乗り場は、反対運動にもかかわらず、当時の地政局長の孫明揚（マイケル・ソン）が取り壊しを堅持し、保存されることはなかった。それでも、最終日は地元メディアはニュースの時間を延長して、鐘楼から流れる午前零時、最後のチャイムの音を中継して、取り壊される鐘楼を惜しんだ。

続いて、クイーンズ・ピアの保存運動も始まった。こちらは歴代の総督や香港を訪問する英国王室が最初に上陸する場でもあり、香港の負の遺産として取り壊しを求める意見と、負の歴史でも正視し語り継ぐため保存しよ

取り壊されたスターフェリー乗り場の最後の運航日。保存を訴える標語が貼られている（2006 年 11 月 11 日、筆者撮影）

う、と意見は二分されていた。

わたしの場合、スターフェリーはほとんど関わる間もなく終わってしまったのだが、クィーンズ・ピアは、知り合いが多く関わっていたこともあり、たびたび足を運んだ。

この二つの運動から思い出すことは、WTO閣僚会議のときに世界各地から集まった運動家たちから学んだことを、実際に香港の運動でやってみたことであったと思う。以前の、バンナーを持ち、請願書を関係先に届けるようなデモだけではなくなり、広く社会に支持を求め、また問題点の周知のためにも、ややもすれば派手な演出をするようになったといえる。特に韓国の農民たちが香港の機動警察の盾を奪い取り、警察官がひるむまで攻めかかっていった記憶がまだ新鮮で、実際にクイーンズ・ピアでも、警官隊が敷設した「鉄馬（こちらでよく使われるスタンド式の柵）」を奪い取ったり、クイーンズ・ピアの母屋を使って写真などの展示をしたりした。また、退去期限に向けハンストも行われたし、クイーンズ・ピアを皆の集まれるコミュニティのように演出して連日パフォーマンスも行われた。実際、退去期限の午前零時には、メディア各社のカメラが回る中、大声でカウントダウンも行われ、クイーンズ・ピアへの思いを形に表していった。ちなみにだが、この運動当時の発展局長が、後に行政長官になる林鄭月娥（キャリー・ラム）で、一度、保存運動メンバーとの対話にクイーンズ・ピアまで出向いたことがあった。できないことはできないと突っぱねるところは今と変わらなかった。対話集会で、それぞれが意見をいい合った後、しばらく沈黙が続いた場面があった。そのときに何を思ったか、彼女が中学生時代に運動に関わっていたことをポロッと口走った。その直後、これはまずいとでも思ったのか、秘書の人が彼女を連れて立ち去ろうとした。そして、多くの対話集会参加者が抗議する中、彼女はさっさと帰ってしまった。悔しかったのか、葉寶琳（現、カトリック正義と平和委員会職員）が咽び泣いていたのをよく覚えている。ただクイーンズ・ピアを取り壊し破棄ではなく、解体保存して、将来適切な使用方法を検討する旨を後日、発表している。

今は、ランタオ島の政府倉庫にバラされたクイーンズ・ピアが保存されているそうである。

6. 街づくりの視点

この時期に知り合った友人に、朱凱廸（エディー・チュー）がいる。当時は、『明報』の国際面の記者をやっており、イラクで人質になった日本人女性を香港に呼んで、講演をしてもらう活動の場で、企画者の張翠容（スザンナ・チョー）を通じて紹介された。彼は、その後、『明報』の契約記者として、日本の北海道で行われた洞爺湖サミットの取材に行き、なぜか成田空港で一晩拘留もされている。その彼が「神戸の街を見てみたい。できれば、震災の後、神戸の人たちがどのように復興作業に取り組んできたのか、話を聞ける場所があれば、是非とも紹介してほしい」と連絡を取ってきた。そこで、わたしも夏の帰省時期に重なっていたので、洞爺湖から神戸に飛んできた彼と、新神戸駅で待ち合わせ、わたしが学生時代から復興ボランティアでよく出入りしていた神戸市長田区のカトリック鷹取教会（震災当時の救援センター）や、野田北部街づくり協議会のメンバー、そして外国籍住民に母語での情報提供のために始まったコミュニティFM局「エフエム わぃわぃ」の理事の方などを紹介し、当時の様子から、今に至るまでの話を聞かせてもらえた。わたしにとっても非常に懐かしいメンバーとの再会でもあったが、彼にとっても街づくりの視点をしっかり取り込んでくれたのだと思う。以降、彼の運動には、街づくりの視点が練り込まれていると思っている。

今でこそ、大忙しの彼だが、フリージャーナリストとしてしばらく大埔に住み、地道に活動をしていた時期があった。そんなとき、時折中文大学の図書館に調べものに来ていて、時々「下午茶（アフタヌーン・ティー）」を一緒にすることとあった。彼は中文大学の卒業生で、卒業後テヘラン大学に留学していたこともある面白い経歴の持ち主だ。一時期、彼から大埔に引っ越してくるように勧められたこともあった。当時、活動家が多く住み、資料センターもあった大埔は運動をするには本当に面白い街だとよくいっていた。

香港は、長いこと、「難民の街」と呼ばれてきた。実際に、主に中国大陸から逃れてきた人が一時的に仮住まいをし、生活をある程度、再建できたら、海外に移住する、そういうところであった。それが返還に伴い、「港人治港」の香港を治める主体として、自分たちの住む街の環境などのあり方を長期的に考え始めたということは、不思議なことではない。自分たちが主であるという自覚が深まればまた、香港政府やその背後にいる北京との対立軸にもなっていった。もちろん、それ以外にも素朴に「香港が好きだ」という気持ちを持って、さらに香港への愛着を深めていったともいえる。この頃に起こった各種の建築物保存運動（利東街の印刷通り、スター・フェリーピア、中環警察署、灣仔街市、ブルーハウスなど）は、それまで行われてきた古い建物を建て直してフロア面積当たりの値段がどれぐらい上がるかという考え方以外に、それらの建築物を観光資源にするような方向性を持たせていった。必ずしも、それらの建築物の歴史的価値が認められたわけでもなかったが、街並みを考える視点を広げていったといえる。

7. 高鐵反対運動へ

二〇〇九年になり、大陸との高速鉄道を香港でどのように接続するのかが話題に上るようになった。実は、地下鉄や路面電車などを除き、香港での鉄道旅行に関しては非常に関心が薄いのが現状だ。特に一九七九年に大陸側との直通列車が再開されるまで、長い間、羅湖まで行って、そこから当時の国境だった鉄道橋を徒歩で渡ってから、大陸側の検査を受け、大陸側の鉄道に乗ることが行われていて、そのイメージが色濃く残っていた。実際には、江沢民の時代に、鉄道の高速化が相当進められ、九龍（ホンハム）から北京西まで二四時間一七分にまで短くなった。広東省の広州や肇慶までいく城際列車（インターシティートレイン）も一時間に一本ぐらい走っているのだが、時速一六〇キロメートルで走るという列車も香港地区では、三分に一本ぐらい走る通勤電車に割り込んで走るため、ノロノロ運転になっていた。そういうイメージに高速鉄道といっても、香港より外側への移動には飛行機を使い慣れている香港人には、なかなかピンと来なかったようだ。そんな中、冷や水を浴びせるように起こったのが高速鉄道反対運動である。

二〇〇九年一〇月に、当時の行政長官曽蔭権（ドナルド・ツァン）が中国側と高速鉄道のルートについてトップ会談で決めてきたことでにわかに話題となる。それ以前は、なんとなく現在の西鐵との共用になるのであろうと思われていた。しかし、中国側との合意では、全線地下で単独に路線を建設することになる。政府側は地下路線にすることで環境に配慮した、というような説明だったが、そのような高価な路線を建設することの意味があるのだろうか、議論となった。その頃、次々開通していた中国国内の高速鉄道は、建物は異様に豪華で高架式ではあるものの、市街地から大変遠く、飛行機で行くのと比べても時間的な利便性に多くの人が疑問を持っていた。加えて、二〇〇八年に起こったリーマンショックの影響でSARSの頃に底を打った景気が再び悪化し、学生の就職にも影響を与えていた。その学生たちも、九〇年代に手厚かった教育予算に余裕がなくなってきた影響を受けており、教育ローンによって学費を賄う学生も増えていた頃である。そういう意味で学生は敏感に反応していた。

もちろん、具体的に移転を迫られていた菜園村の住民の生活基盤の問題や高速鉄道建設に伴う環境問題も問題視されていたが、それにも増して、莫大な予算処置を伴う事案を中国側と行政長官とのトップ会談で決めたそのやり方にも反発が大きく、これをきっかけに普段は社会運動から遠いところにいる新界の村人たちと、普段は市内にいる学生たちのグループとの交流・協力が思わぬ形で進んだといえる。そして、それらは後にまた別な形の環境保護運動や有機野菜の生産・販売運動に発展していった。

二〇〇三年に底を打った不動産価格も上昇を続け、当時は香港でいくら新築のマンションをつくっても、中国大陸の富裕層が投資目的で買い占めてしまい、いくら供給しても追いつかず、しかも値上がり待ちで空室のまま放置されているケースも多く伝えられていた時期でもあった。それらは、大学を卒業して、就職、キャリアを重ね、結婚して新居を構えようとする三〇代の若年層を直撃することになった。住宅の購入以前に、高騰を続ける家賃の支払いをどうやりくりするかも話題によく上った時期である。それは商店にとっても同じで、特に旺角や銅鑼湾などの繁華街で、昔から慣れ親しんだ内装は汚くても安くておいしい料理を出すような茶餐廳（喫茶・軽食を兼ねた飲食店）がこの時期、高騰する家賃を払えなくなってバタバタとなくなり、代わりに中国からの買い出し客を対象にしたドラッグストアのチェーン店や宝石店、時計店などが増えていき、街の風景が急速に変わっていった時期でもある。街には中国からの買い出し客の長い行列がよく見かけられるようになっていった。

もともとは二〇〇八年のリーマンショックの後を受けた香港への景気対策として、中国から香港への自由旅行が大幅に緩和された。観光客が増え、景気の刺激になることを想定していたようであるが、物品税のない香港に目をつけた中国からの買い出しの運び屋が大幅に増えるようになった。そして、買い付けに来た彼らと香港の人たちでもめごとが急増した。わたしは当時、上水《シャンスイ》から大学駅までを電車で移動していたが、電車内でいざこざが多発した時期であった。周知の通り、些細な生活習慣の違い（車内での飲食、床に座り込む、大きなカバンが通路をふさいでいる）などからトラブルになることもよくあり、地元の香港の人が注意をするが、たいていの場合、注意されたほうがいわゆる逆切れになり、口論に発展することが多かった。そういうことを含め、生活圏内に「中国」が望まない形で出現していた。

目に見えて香港での生活が圧迫される形で中国との問題が増えていく中、香港社会の中に、ある種中国への嫌悪感が広がっていった。そして、それらの問題点について、香港政府は何も対策をとらないばかりか、黙認しているようにさえ思われていた。当時は、いくつかの団体から、ある一定の年齢に達すれば、持っている資産などに応じて、政府が一定金額の収入を保証する政府所管の「住民皆年金」のプランが提案されていた。それらの年金を導入した場合、それに伴う支出は高速鉄道の建設費以下と説明を受けたことがある。今こそ、香港政府は赤字が予想されるインフラ投資より、住民への民生事項を優先すべきだと、デモでもよく語られていた。それだけに民生事項より、中国との事業を優先させる政府への失望が高まっていった。香港政府が中国返還以降、住民の生活関連事項への要求にあまり耳を貸さなくなってきたことはいわれ始めていたが、そういう決定が北京オリンピック以降、目立って増えてきた印象がある。どう見積もっても赤字になるような公共事業やインフラ建設に巨額の税金が使われ、その一方で、山積する民生問題は遅々として解決に向けた方向に動き出さない。では、どのように、住民の声に耳を傾けさせるのか。そして、それらの政府の暴走をどう止めるのか、そういう点でやはり、普通選挙の実施に望みを託すようになっていったといえる。

8. 悪化していった対中感情

ここで、わたし個人の印象ではあるが、改めてこの頃の香港社会のギスギスした雰囲気を伝えたいと思う。過去にわたしがネットで読んだ中では、九〇年代の繁栄していた香港へのノスタルジックな思いから、香港の人は中国経済の発展を気に食わなく思っていて、現状についていけない思いが嫌中感情になっている、というような文章を見たことがあった。もちろん、九〇年代においしい思いをした人の中にはそういう人がいたのかもしれない。しかし、こちらで生活をしている感覚からすれば、それは少し違うのではないかと思う。

わたし自身、中国国内でNGOの仕事を手伝っていたこともあるし、友人も多いので、特に大陸の人に対抗心も敵対心もないつもりだ。しかし、当時を振り返ると、正直いってあまりいい思い出がない。ただ、あまり誤解されたくもないので、どのような思いでいたかを簡単に述べたいと思う。まずは通勤のとき、わたしの住んでいる屯門から上水まで、バスかミニバスで向かうのだが、八時半からの授業の際には、余裕を持って六時の始発に乗るようにしていた。しかし、二〇〇九年を過ぎたあたりから、その始発にも長い行列ができるようになった。以前は、近所のミニバスのバス停で少し待てば問題なく座れた。仮に満席でも次のバスを数分待てば問題なく乗れていたものが、この頃以降は、到着するバスがすでに満席であることが多く、平均で二〇分前後、最高で一時間待ったこともあった。教師が授業に遅刻することだけは避けたいと思っていたので、徐々に、近所のバス停ではなく、市中心（屯門タウンセンター）のバス停に移り、それでも、満席のことが増えると、友愛など、さらに海側に近いバス停まで一度行ってなんとかバスに乗るという、まるで綱渡りのような思いをしていた。そして、上水に着いてMTRの東鐵に乗る。しかし、上水は始発ではなく、中国とのボーダーに面した羅湖が始発である。とはいっても、羅湖駅の周辺は、邊境禁區（Frontier closed Area）といわれる住民以外立ち入り禁止の緩衝地帯に囲まれているため、地元住民の乗客は非常に少ない。ほとんど、深圳側からボーダーを越えてやってきた乗客だ。そして、乗客に買い出しの担ぎ屋が増えるようになると、上水駅に着いたときには、すでに羅湖から乗った人たちで満席であることが当たり前になっていった。さらに、上水から香港の中心部にこれから働きに行く人たちがつり革や握り棒を握って、立っている。向かい合う座席には、大きなカバンを床に置き、香港の地図やこれから行くのであろう店のパンフレットやカタログなどを談笑しながら見ている。座ってカタログを見る人の笑顔と、立ったままの人たちの硬い表情が極めて対照的であった。他にも、上水駅構内や多いときには駅の外の駐輪場あたりでも、担ぎ屋の人たちが一回でより多くのものを運べるようにと、運ぶ商品の包装のクッションや外箱など余分なところをばらしてはずすことがよく行われていた。そして、そのはずしたクッションなどはそのまま置いていくこともよくあった。香港では酒税が廃止されたこともあり高級ワインなども運び屋がよく運んでいたが、その木の箱も上水駅でばらし、多くのボトルを一度に運ぶ作業をしていた。わたしも何度か作業をしている横を通りがかったが、何度かそれらのばらした木箱の端を踏んで、木から出たままの釘で靴の底を踏み抜きかけたことがあった。そしてそういう場面でも、運び屋からは詫びられることもなく、「商品を汚すな」とばかりに、よく怒られたものである。上水からその沿線の大埔や沙田などでもドラッグストアのチェーン店が増えるに従って、駅の床面いっぱいに荷物を広げる光景が「拡張」されていた。そんな変化を自分の住む屯門でも感じていた。屯門は九〇年代に起きたある事件がもとで長い間、街の印象はよくなく、西の端の寂れた町という感じであった。それが二〇〇三年に西鐵（当時のKCR西鐵）の開通で徐々にだが発展していった。それが、二〇〇七年に香港返還一〇周年記念で「深圳灣大橋」が開通し、深圳灣とバスで一五分で行けるようになると様相が変わってくる。深圳側から連日、観光バスでの買い出し客が訪れるようになり、静かだった市中心も混み合うようになっていった。屯門には、NHKの朝の連続ドラマ「おしん」のモデルが創業者のスーパー「ヤオハン」の倒産後を引き継いだAEONがあり、ちょっとした日本料理の材料を買いそろえるのに重宝していた。しかし、連日、買い出しの人たちが来るようになり、品ぞろえも徐々に、買い出しの人たちを意識したものに変わっていった。日常生活での買い物は、いわばルーティーンであり、なるべく手早く済ませたいものだ。しかし、買い出しの人でにぎわうようになり、あまりゆったりと買い物をできるような雰囲気ではなくなっていった。とりあえずの人混みを避けるため、朝一〇時以前か、夜九時以降でなければ、買い物に行く気もしなくなっていった。

その後、「光復〇〇（〇〇には地区名）」という買い出し客を排斥するような運動が多発するようになる。高級ブランド店の中には、香港人の立ち入りを禁ずる店も出たことが、さらに火に油を注いだ。当初は駅周辺での抗議活動だったが、雨傘の頃にはショッピング・モール内でも抗議活動が行われ、中には買い出し客との小競り合いになったこともある。しかし、雨傘運動の後、深圳地区からの香港への入境が週一回に制限がかかったこともあり、特にウィークデーに関してはマシになった気がする。とはいえ、わたしの地元、屯門では今でも、深圳灣行きのB3Xバス乗り場には、長い行列ができている。

9. 愛国教育反対運動

二〇一二年になり、新たに行政長官に就任した梁振英（CY・リョン通称CY、または六八九（わずか六八九票で選出されたことからくる呼び名））から香港の学校で愛国主義教育を実施するとの発表があった。かねてよりCYと北京との関係からついに来たかという感じであった。そして、何よりも香港市民をあきれさせたのは、学校での教科になったときのモデルの指導要綱の内容であった。確か、米国などの多党制民主主義は政党同士の利害の対立で、予算の執行が滞り、いつも市民が犠牲になる、と書き記す一方、中国共産党は進歩的で無私、団結した執政集団で間違いがない、という感じの内容だったと思う。これについての記者会見が行われたとき、記者から「これは冗談ですか」という質問があったが、担当者は「間違ったことは何一つ書いていない」と答え、逆に市民の間に心配が広がった。今では、ややもすれば中学生たちが反対運動を起こし、その中心になった學民思潮（スカラリズム）の黄之鋒（ジョシュア・ウォン）のデビューの運動だと思われているが、実は反対が始まった当初、最初に声を上げたのは、子どもを持つ保護者、特にお母さん方の運動であった。七月の暑い中、子どもを連れてのデモもあった。しかし、夏休みが終わる九月になる頃には中学生たちの運動になっていった。そして、最後は梁振英長官が「わたしの任期中は実施しない」と発表し、事実上の撤回となった。ちょうどこの頃は、新たな世代のリーダーが求められていたところで、黄之鋒は、まさに望まれて登場したような格好になった。

10. 雨傘運動

雨傘運動については、改めてここで書くまでもなく多くの方が書いているので、地元の人間として印象に残った部分を拾って書きたいと思う。

記憶だと、「Occupy Central with love and peace」は、一年半ほど前から準備を進めていた。民間人権陣線（民陣）と関わりのあるNGOなどで何度か準備のための会合が持たれ、わたしも何度か参加した。ただ、当時はすでに会議の内容が警察側に漏れていることがよく問題視されていて、会議の前に会議出席者の携帯電話を集めて電源を切り別室に持っていったこともあった。そういう中で、内容が漏れにくいSNSアプリとして紹介されたのがテレグラムであった。六月頃には、消防用の放水車を借りてきて、座り込みをしているところに放水したらどういう結果になるのか、数十人のおじさんを並べての実験もしている。しかし、実際に占領が始まると、当初思われていた中年男性の運動との予測が、学生主導になっていった。

はじまりの予感

雨傘が始まる一カ月前、ちょうど中国全国人民代表大会（全人代）の常務委員会が香港での普通選挙を認めない決定をする一〇日ほど前にとても印象的だった事件がある。わたしが通勤で使っていた上水駅の線路内にメス犬が迷い込んだことがあったのだ。職員数名が線路まで降りて救出しようとしたがなかなかうまくいかない。しかし、どういうわけか、数分で中国側からやってくる城際列車の通過する時間になると救出することをやめ、MTRは城際列車の通過を優先させてしまう。そして、列車に気づいたこの犬は隣の粉嶺駅まで走ったところで力尽き、列車にひき殺されてしまった。これには動物愛護団体などから、列車を停めなかったMTRに多くの非難が寄せられた。そして、その事件の翌日、あるグループが粉嶺駅の構内で追悼式までやっていた。午後からの学生との面談に備えて、遅めの出勤であった八月二一日、上水から乗り込んだ列車が粉嶺駅で止まり、ドアが開いたところがちょうど、葬式をやっている最中で、火のついたろうそくと燃やされていた紙の煙でむせたのを覚えている。ではなぜ皆そんなに怒ったのだろうか、わたしはこう解釈した。

直通列車が来る（北京の命令が来る）。

職員は助けるしぐさはしても、助けない（会見で申し開きをしても、行政は変わらない）。

犬は逃げるが、ひき殺される（香港の近未来）。

おそらくそのひかれた犬の姿に、多くの香港人が自分を重ねたのではないかと思う。

九月二八日の夕方、午後六時の数分前に初めての催涙弾が放たれた。当時、わたしが教えている学生数人が金鐘の現場にいた。周保松も至近距離にいたと後で教えてくれた。わたしは事態が切迫したら、早口の広東語に対応できないのではという助言を受けて、自宅で現場からの中継を見ながら、誰か知り合いが現場にいることがわかった場合、逮捕に備え、弁護士の電話番号などをSNSで送っていた。結局わかっているだけで、わたしの学生は六名ほど現場におり、催涙ガスを食らった後、幹線道路の高架橋の上に避難をしていた。一緒にいた人と、どうするか話したそうだが、間もなくテレビの中継を見た人が大勢、現場にやってきた。皆、口々に「香港人～！　加油（頑張れ）～！　香港人～！　加油～！」と叫んでいるのを見て、家には帰らず、その晩は現場で過ごすことを決めたのだそうだ。他の学生も高等法院側やメソジスト教会、アートセンターなどに避難したり、水をもらったりしている。結局、その晩、八七発の催涙弾が放たれたが、逆に一〇万人の人を呼び集めたようなものだった。

金鐘に加え、旺角でも交差点から占領が始まり、銅鑼湾でも占領が始まった。また、三日ほどであったが、尖沙咀も占領され、わずか数時間ではあったが屯門と上水でも、道に人が座り込みを始めた。一言加えれば、金鐘を除けば、他の五か所は、まさに中国からの買い出しの客の増加に伴い、街の風景が変わったところでもあった。わたしは、職場から近かった旺角に夕方様子を見にいった。占領の始まった当初の旺角は非常に整然としていて、いろいろなところで人が円陣になって集まって路上討論会が行われていた。意見のある人は誰でも二分間は自由に意見がいえ、次の人に交代するという、今思い出せば微笑ましい風景が広がっていた。まだ、占領開始当時、集まり始めた人に阻まれて発車できなかったバスが乗り捨てられたまま残っており、バスの車体に人々が思い思いのメッセージを張っていた。ただ、旺角の話を大学内で学生にすると「先生、あそこは危ないから行かないほうがいい」と口々にいわれた。確かに占領を始めたのは、バンで乗りつけたMK仔といわれるちょっと強面のお兄さんたちではあったが、学生たちの反応に少し驚いた。ただ、程なく親中派の殴り込みを受け、一〇月六日以降、旺角は常に小競り合いが起こるようになっていた。

小競り合いが多かったからかもしれないが、この旺角では、警察との小競り合いの際に、チームワークで乗り切ることが早くから発達した。最前線に廃材などで陣地を組み、背後の人間で最前線に必要な物資（傘やヘルメットなど）を手話のようなサインでやりとりし、人海戦術で次々に手渡ししていくことが行われていた。それらのサインは、二〇一九年の反送中（中国に身柄を送ることに反対＝反逃亡犯条例改定）の際にも、使われ、見事に復活、普及した。

占領地はコミュニティとしての中心的な役割を果たしていく。数多くのボランティアが支援物資を持ち寄り、これまたボランティアで配布をしていた。ゴミも分別収集されていたが、これも「自分たちが主人公で、自分たちだけでマネージできる」ことを実証しようとしているような気概を感じた。自分たちが夢見た街を自分たちでつくっているようでもあった。

ただ、残念なのは親中派の攻撃を受け、特に女性参加者への攻撃も増えていった。特に女性へのSNS上での攻撃は、性的なものと結びつけられやすく、さらには、占領地に集う人たちの間で意見が割れたときも、女性で壇上からスピーチをした人への揚げ足を取るように性的なことと結びつけられたこともあった。一一月に入ると、金鐘での夕方の演説でも、本当に路上のテントで暮らしている人たちから「このステージにやってきて、えらそうなことをいっているけど、警察が来たら真っ先に逃げる」とか「勇ましいことといっているけど、占領地とあまり関係なさそう」などという意見が聞かれ、ステージに上るとリーダーになってしまうことの弊害というか、ステージに立ちたがる人と、黙々とボランティアに励む人との乖離とでもいうような場面を何度か見られた時期でもあった。

その後、一二月になり高等裁判所の仮処分が出され、それに基づき、三つあった占領地が排除されていった。強制排除の前の晩には、もう当分会えなくなるねと語り合いながら、周囲の高層ビルに飾られたクリスマスの電飾を見ながら、本当に遅くまで自由な空間への別れを惜しんだ。占領地がなくなってしばらくの間は、ネット上では、占領について、あるいはそのときにリーダーとされた人たちへのシニカルな意見があふれていた。それだけを見ていると、もう当分、政治制度の改革を求めるような社会運動は難しいのではないかと思われた。

ただ、実際には、占領地で出会い、集まった人たちからいろいろなグループができ、NGOに発展したり、政治団体に発展したり、それらを母体に、区議会選挙や立法会議員選挙に挑戦し、当選する人も出てきた。傘兵といわれた人たちである。わたしも朱凱廸の二〇一五年の区議会選挙や二〇一六年の立法会選挙を手伝った。二〇一六年はそれらが実を結び、立法会では民主派が三名ほど議席を増やした。が、しかし間もなく、当選者へのＤＱ（Disqualify、議員資格剝奪）が行われ、続いて起こった銅鑼湾書店事件で、香港社会全体が非常に重苦しい空気に覆われていくことになった。

11.「反送中」について

今回の逃亡犯引き渡し条例の反対運動に始まる数々の抗議運動は、香港の社会運動の記録を塗り替え続けている。動員人数も継続日数も過去に例がない。今まさに進行中のことでわたしもどこから話していいのか迷うのだが、いくつかの事例をご紹介したいと思う。

(1) 立法会占領

七月一日は香港が英国から中国へ返還された日で、デモを毎年行ってきた。今年は五五万人と例年になく多くの人が参加した。しかし、当日の朝から別の計画がＳＮＳ上で呼びかけられていた。朝七時から立法会前に集結した若い人たちは、集めてきた建築資材などで立法会ビルのガラスの壁を叩き始めた。警察が来て一時逃げたり、民主派の議員が来て説得にあたったりして、何度も中断されるが、彼らは何度も何度もガラスを叩き続けた。次第にひびが入り、少しずつ穴も広がっていった。わたしはデモの最中で、二階建て電車の通りを歩いているところだったが、知り合いが立法会前の様子を動画メッセージで送ってくれた。そのメッセージに驚愕した。

議員：「やめよう。これで立法会内部に突入したら、懲役一〇年になる」

学生：「いや、行かせてほしい。これ以外どんな方法があるというのだ。もうすでに三人も死んでいるんだ」

わたしは、彼らの本気を直感した。

この日は、政府本部ビル前がデモの終着地点として呼びかけられたが、立法会前での混乱もあり、警察の要請でセントラルの公園にルートが変更されていた。しかし、立法会ビルへの交差点に来たとき、「学生たちを助けてほしい」と道の端から大勢の人が呼びかけていた。わたしも現場を目指した。現場近くは掛け声が飛び交う物々しい雰囲気で、大勢の人が列をつくって、前線の学生が必要とするヘルメットや手袋などがバケツリレー式に運ばれていた。見れば、マスクをしているものの、学生に限らずあらゆる世代の人が手伝っていた。わたしは、午後九時近くまで見届け、現場を後にした。そして九時半頃、知り合いの日本の記者の方から、学生たちが突入して、手を振っている、と連絡をもらった。彼らは政府の徽章に黒くスプレーを塗り、歴代議長の肖像を引きちぎり、投票用のモニターを破壊したが、歴史的に重要なものや図書室内部には手をつけなかった。また、誰一人けがをさせていない。さらに自分たちは盗人ではないと冷蔵庫の飲み物も一〇ドル札を置いて飲んでいる。午前〇時をもって警察が排除に乗り出す通知を出したため、それ以前に四名を除き、全員退出することになった。当初は四人の意思を尊重するということだったが、この四名は責任をとって警察が踏み込んだ瞬間にその場で自殺するつもりだったようで、最後は「一緒に行こう～。一緒に行こう～！」と大合唱が起こり、周囲の学生が担ぐように四名を連れ出してくれた。わたしも祈るような気持ちでネットの中継を見ていた。

この衝撃は忘れられない。わたしは普段から学生たちに接しているため、そういう考えの学生がいることは知っていたが、本当にやるとは思っていなかった。それを聞くたびに、「いや、ちょっと落ち着こうよ」などといってきた自分にショックを受けた。止めに入った民主派の議員もそうだろうが、彼らをそこまで追い詰め、命がけで危険なことをやらせてしまった大人世代の力不足を思い知らされたように思う。平和デモといっても彼らにすれば、ただ行進をして、政府に無視されることを繰り返すことは、初めから人々の気持ちに応える気がない政府の時間稼ぎにしか見えなかったのだろう。これ以上先延ばしすることは、若い世代にさらなる大きな負担を押しつけることでもある。実際、今回の衝撃とともに、彼らにとてつもなく大きな借りをつくってしまった気さえする。この事件以降、まさにパンドラの箱を開けたごとく週末ごとにデモが行われ、あらゆる世代が参加している。

(2) 警察の対応

今回警察の対応は、いうまでもなく非常に問題がある。まず基本的なことであるが、警察の役割は市民の安全を確保し、危険な場面が発生した場合保護することである。しかしながら、六月以降、警察の側からかなり積極的に警棒や火器で市民の側を攻撃し、不必要なけが人を多数出していることは、警察の存在・役割に疑問を持たざるを得ないものがある。

武器の使用に関しても、本来は細かな規定があり慎重に行われるべきことである。雨傘のときでさえ、大問題になった催涙弾は八七発にすぎず、九月二八日から二九日の未明にかけて使用されただけであった。それが今回では六月一二日だけで一五〇発、一〇月末までの累計ですでに四〇〇〇発以上もの催涙弾が使われている。場所も老人ホームや病院に近い市街地でも使われており、発疹や皮膚のただれなどの健康被害も多く報告されているし、女性の生理の経血が真っ黒になるなどの異常をきたしている。

警棒に関しても、雨傘運動の初期においては、警棒を抜き出したことだけでも問題にできた。実際、雨傘期間内に通行人に警棒で不必要に頭を殴った警官が有罪判決を受けている。しかし、今回ははじめから警棒を振りかざした状態で、地下鉄構内などでも走り回っている。これはかなり異常な事態だ。

それ以外の火器（ビーンバッグやラバー弾など）でも、医療チームや取材記者の眼に命中させている。逮捕する際は必要最小限の力で捕獲し、拘束が済めば、武力などの威嚇・威圧は速やかにやめなければならない規定のはずだ。しかし、拘束が終わった後も殴ったり、ペッパースプレーをかけることは明らかに限度を超えている。

また本来は、女性を逮捕する際は女性の警察官でなければ逮捕できない。今回は、そのあたりが有名無実化しているばかりか、男性警官が路上で女性の衣服を剝ぎ取ったり、馬乗りになった上に足を開かせるなど、屈辱的な行為が増えている。

非合法集会とはいうものの、路上で集っていることが問題ならば、解散させればそれで十分である。執拗に追いかけまわし、引き倒した上で警棒で殴りつけるなど全く必要のないことだ。それにもまして、拘束した後での暴力行為、留置場での拷問行為やセクハラなども報告されている。日本好きが多い香港人だが、最近警察の行きすぎた暴力・違法行為を指して「戦争中の日本軍よりひどい」などという言い方もされ始めている。

六月一二日以降の警察の対応は、香港の価値観として断じて許容できないものである。圧倒的な武力を持っての市民への過剰な攻撃は取り締まりをはるかに超えて、弾圧の領域に大きく踏み込んでいるといっていい。雨傘のときと違って、今回は学生の保護者の方で学生の活動を応援する人が非常に増えたのは、警察の行動が明らかに合理性に欠けるからである。警察のほうでは、「機動警察」vs「暴徒」という構図を派手に演出して、当初の逃亡犯引き渡し条例を通過させる世論づくりのつもりがあったのかもしれないが、現場からのインターネットでの映像が多く出回り、かえって大多数の世論を敵に回してしまった感がある。二〇〇万人のデモの後、しばらくの間、警察もおとなしくしていたが、今に至るまで市民への武器による攻撃をやめていない。

七月に入ると目立って警察の法令違反が増えていった。デモに行っても、最後は警官隊との衝突になることも増えていった。そんな中、警官が入ってこれなくて安全な場所が空港ロビーであった。空調も効いている上、安心して意思の表明ができることもあり、七月から何度かデモ会場になったが八月に二回空港が閉鎖されたこともあり、以降は飛行機への乗客以外は立ち入りを認めない仮処分が出ている。

　実際に八月には全く警察が警備に来ないデモがあった。非常に平和で交通整理もボランティアが行い、その日は警察との衝突もなく終わっている。香港市民の側は冷静に、協力して平和に事態を乗り切ることができる。かえって、警察が来ると事態がややこしくなってしまうのだ。

　香港警察は法に基づき執行する「紀律部隊」なのであるから、まずは自身が法を厳守した上で、行動に移されたい。仮にも「警察」であり、過去の組織が培ってきた香港市民との信頼関係があったからこそ、警察のいうことも聞くし、尊敬もされる。今回はＩＣＡＣ（Independent Commission against Corruption：独立汚職調査委員会）の成立以降、香港警察の先輩が培ってきた〝信用〟を全く無にしてしまった。デモ隊から「香港警察解散」とのスローガンが叫ばれ、警察の過剰暴力への抗議が集会のテーマにもなっている。そして地元の中立紙『明報』の世論調査でも多くの人たちが、香港警察は大規模な組織改編が必要だと答えるに至っている。

「警察はテロリスト」と書かれたステッカー。巻きぞえで日本人が逮捕された現場近くで（2019 年 11 月 1 日、筆者撮影）

　警察は、法律に保護されている上に、圧倒的な武器を持っている。今、その警察の暴走をストップさせる手段がないのが現状だ。また、警察の数々の問題行動をただただ事後承諾しかしない行政長官にも期待する価値すらなくなってきている。このところ、そういう香港警察のやりたい放題を「軍政府」という人も出てきた。香港は事実上、警察に乗っ取られかけているといわざるを得ない。

(3) 市民の側

香港の人たちは、個々人で意見がずいぶん違う。なので、実際に住んでいながらでも、なかなかこうだとはいい難い。ただいえるのは、日本で報道されているような「過激なデモ隊」の背後には、非常に多くの市民が自分のできることをできる範囲で抗議活動を支え続けていることも忘れないでいただきたい。

例えば、六月と八月に世界中の主要紙に意見広告を出したことがあった。それらの資金はすべて一般市民からの寄付で賄われている。一つの目標があれば、違いを乗り越えて大同団結できるのも香港のいいところだと思う。それぞれの分野に詳しい人たちが連絡を取り合って、必要なことを募り、非常に実務的に仕事を形にしていく。一緒にやっていて快い。

八月後半になり、MTRに問題が出始めると、自家用車を持った人たちが遠くに住むデモ参加者を送り届けるようなことも行われている。また、前線のデモ参加者があまりきちんと食事をとれていないことが問題になると、スーパーやマクドナルドのクーポン券を集め、デモ参加者に配る活動も行われている。さらに、機動警察との衝突が頻発し、思い通りに帰宅したくてもできないような状況が多くなってくると、旅行業をやっている人たちが連絡を取り合い、九月以降大幅に値下がりしているホテルの部屋をまとめて借り上げ、警察からの追及をかわすように、着替えてシャワーを浴び、さらには翌朝まで無料で宿泊できるように手配するボランティアグループも出てきている。けがをしたら医療班もボランティアだし、逮捕されても弁護士もボランティアだ。しかも、募金活動を通じ、今後予想される裁判費用の準備も行われている。とにかく、支える層が厚いのだ。

よく日本の人に聞かれるのが、どうしてそこまで闘えるのか、というのがある。特に、今運動をやりすぎて将来が台無しにならないのかという意見もよく聞く。簡単にいえば、仕事はクビになっても再就職できるが、一度、香港が香港でなくなると、取り返しがつかない、ということで優先順位が違うのである。前提条件として、香港では、年功序列にはなっていないし、転職を重ねることで、キャリアを積み、給与も高くなっていくので、転職自体には何の問題もない。それどころか、若い人たちは就職しにくく、また就職しても会社の都合で解雇になることも多いので、仕事のことを気にして抗議活動を控える人は少ないのではないかと思う。ただ、八月後半以降、警察がデモに関して不許可にすることも増え、空港やショッピング・モールなども警察の介入で安全ではなくなってきているので、警察が手薄、あるいは来ないうちに一気に抗議活動をして、退散する人も増えているように思う。特に緊急法を使って覆面禁止を政府が発表してからは、セントラルなどのオフィス街で昼のランチタイムを使ったデモも相当数行われている。

今回はリーダーのいない運動である。もちろん、そのことのいい面も悪い面もあるだろうが、おおむね雨傘のときの反省点は生かされていると思う。今回は、ＳＮＳのおかげで、リーダーもいなく、意思決定に関しても究極の直接民主制になっている。また、主にそれらを担っているのは、いわゆるデジタル・ネイティヴの世代であり、横で見ているわたしにとっても興味深いことが多い。むしろ日本人の癖であろうか、どこかに影のリーダーがいることにこだわり続ける日本の方もいて、苦笑してしまう。もともと、香港の人は徹底して個人主義で個々人できちんと判断し行動をする。その上で、周囲と協力関係をしっかり築いていくのだ。もちろん、情報を統括するようなものが必要になればつくるだろうし、必要を感じなければつくらない。むしろ、きちんと全体を見た上で、必要なこと、それに自分のできることを積極的に提供していくことが大切なのだ。そのあたり、どうしても話の通し方やプロセスを気にしてしまうのが日本的なのだろうと思う。しかし、香港はいわば共振し合う社会である。権威づけも許可もいらない。これだと思ったことは世に問うてみる。そして、間違っていなければ、賛同してくれる仲間を得、また支えてくれるだろう。実際に、デモで会ってきた人たちは、飾らない気さくな人たちばかりだ。今香港で試みられていることはおそらく、ネット世代の最先端の社会運動であろうし、今後のモデルになるかもしれないと思っている。

12. まとめに代えて

最後に、わたしの独断で、香港と日本とを比較し、日頃から思っている違いについて書いておきたい。

「Be water」

今回のスローガンの中に、ブルース・リーがいった「Be water」がよく使われている。漢字で書けば「上善如水」で、デモの最中にプラカードで見つけたとき、妙な親近感を抱いたのを覚えている。これは香港人の気質をとてもよく表している言葉だと思う。それに対して日本のことをひとことでいい表せば、「覆水盆に帰らず」ではないかと思う。一度地面に落ちて流れ出してからが勝負な香港に対し、日本の人は非常に失敗を恐れているように思える。

Be waterとは、ブルース・リーが「心を無にして、形をなくし、カップに入ればカップの形に、ポットに入ればポットの形に。水は流れ、這いずり、したたり、ぶつかる」といっている場面から引用されている。これを語った当時の時代背景にも思いをめぐらし、どんな環境に置かれても本質を失わないという意味で、多くの人を元気づけたのだろうと思う。香港人が今回のことでも非常にクリエイティブになれる源泉だと思う。

実際、香港の五〇年代、六〇年代は植民地として完全に放任主義で、何の保護も保証もなかった。生活基盤を失い、帰る場所をなくした人が香港に逃げ込んできた時期であったと聞く。香港の人は徹底して個人主義だが、過去の経験から個人が強くならなくては生き延びることができなかったのではないかと思われる。ましてや、戦争やら内戦やらを経験してきているので、「組織」というものが機能しなくなるとき、どのような悲劇が起こるかもつぶさに見てきたのであろう。「寄らば大樹の陰」ということはあり得ないのだ。そのあたりで、組織やシステムというものへの信頼が非常に厚く、失敗を避けたがる点で、わたしの日本での経験との対極を感じてしまう。組織内でのプロセスと合意形成に非常に時間をかける日本とは時間感覚がずいぶん違うのだ。そして、日本では失敗したらアウトでもある。その点、香港では、香港にいる時点である意味失敗からの出発でもあり、八方ふさがりの中、一つの可能性があるなら、どんなことでもやってみる。それで命が助かれば、何の文句があろうか、というわけだ。

その文脈において、香港では日本でよくいわれたような「護送船団方式」はない。実際に、わたしの先輩の教員の中には、マカオの側から夜の闇に紛れて、香港まで泳いで渡ってきた経験を持つ人がいた。三隻の船で出発し、一隻は英国海軍に発見されて撃沈され、もう一隻はそれを見て中国側に引き返し、自分の船だけがひっくり返りながらも渡り続け、最後は泳いで渡り切ったとのことだ。そういう場面では、自分が泳いで渡ること以外、他のことは構っていられない。なので、もし渡り切ってお互い無事だったら一緒においしいご飯を食べよう、そういって出発するが、その途中のことは不問なのだ。そのあたりは今回の「兄弟爬山 各自努力（それぞれの努力で、同じ頂上に登ろう）」というスローガンにもあらわれている。

組織というものが破綻している場面でどう生き抜くか、その経験からだと思うが、香港では国籍さえも商売道具になる。実際に、知り合いには、ミャンマー（当時はビルマ）に生まれた華僑がいる。そして、八〇年代の社会不安の中香港に逃げてきて、商売を始める。さらに、香港の中国返還に伴い、中国籍になり、その後、リーマンショックの直前にカナダに移住し、現在はカナダ国籍である。そのあたりも、「故郷に錦を飾る」日本人的な感覚とはずいぶん違うように思える。

また、組織に依存せず縛られないという点では、クリスチャンも日本のように教会に所属していることを前提としていない点が面白い。もちろん、信仰に導かれるというのは、やはりそういう信仰を持った人との出会いがきっかけであろうから、たいていの場合、クリスチャンの人も教会に通われていることは事実である。しかし、一番大切なのは、本人の信仰であり、教会という組織のメンバーであるか否かは、究極問題にはならない。

香港は、自由港として栄えてきた。海には国境がない。国の枠を超えて、直接自由につながれることが香港を経済的に成功させてきたのではないかと思う。そして、そこに集った住民たち。本人、あるいは本人の先祖は国に見捨てられた存在として、国に頼らずに生き抜いてきた。そういう意味で香港人の気質とナショナリズムは非常に相性が悪い。個人主義が基本の香港人にとっては、かの国のナショナリズムは権威主義的で古臭い話に思える。それらは過去に乗り越えてきたことで、今さら何をいっているのかという感じなのだ。

香港には第一次産業も第二次産業もほとんどない。先祖から継承した土地を所有する新界の一部の人たちを除き、自分たちが頼れるものは、銀行口座の残高しかないという感覚がおわかりいただけるだろうか。

わたしが大好きな映画に『等待黎明』がある。この映画は中国への返還が決まった一九八四年につくられている。一部のネットでは、反日映画などと書かれているようだが、この映画の最も大切なポイントは、誰が王様になってもたくましく厚かましく生き抜くという、香港人のアイデンティティを描き出したことだと思っている。おそらくこの映画のように、これからも誰が王様になっても変わらぬ香港人だと思うが、この映画のつくられた時期との違いはすでに香港人は夜明けの太陽の明るさまで知っている。もうすぐ日の出だというところで、雲が差しかかってきているというところだろう。どういう形で太陽が昇るかは、わからない。しかし、香港の一住民として、その瞬間を香港の人とともに迎えたいと願ってやまない。

思い返せば、清が英国に負け、香港が割譲された知らせをきっかけに江戸幕府は開国について検討を始めたと聞く。明治維新につながる日本の近代化のきっかけに香港は影響を与えている。それゆえ、香港への移住を決めたとき、植民地時代の「傷」をどう乗り越えていくのか、そのプロセスこそが歴史を超えた和解へのプロセスでもあり、アジア人同士和解して主体性を回復していく手がかりになると思ったものだ。だが、その道は予想以上に大変険しいものになってきている。それでも、今後とも、若い人たちから学びながら、仲間とともにその成り行きを見届けていきたいと願っている。

8

香港ハーフから見た香港人の絶望と希望

伯川星矢

8月17日、東京で行われた香港応援デモの主催者として、香港経済貿易代表部前で声明を読み上げる筆者（倉田明子撮影）

1. はじめに

筆者は日本人と香港人のハーフで、香港で生まれ育ち、一八歳のとき進学のため日本へ帰国した。その頃から広東語・日本語の同時通訳をやっていて、二〇一四年の「雨傘運動」時は大学教師とともに香港を視察、その結果を『香港バリケード』という本として出版した。今回の反逃亡犯条例改正運動では日本国内で集会を主催し、イベントや授業で、ゲストとして香港の現状を紹介してきた。

香港における反逃亡犯条例改正運動はすでに一〇〇日を過ぎ、日本メディアでも多く取り上げられ、安倍総理含む多くの政府関係者も言及していた。

そして今回起こっている運動では、多くの若者が黒服と防毒マスクを着用し、街頭で抗議活動や警察と衝突している。彼らの決死の行動から、「絶望」を感じながらも、善意に満ちあふれている一面から「希望」を感じられる。

本章では、香港の政治の環境変化、若者の生存空間、平和活動の限界などの視点から分析し、香港人の「絶望」と「希望」を香港の背景として紐解いていく。

ご存じの通り香港は、一九九七年までの一五〇年以上、英国の植民地としての歴史があり、それ以降は「特別行政区」として中華人民共和国に返還された。この「特別行政区」は本当に特別で、深圳などの経済特区とは異なり、様々な「特権」を持っている。

その中で「一国二制度」とは、中華人民共和国（社会主義国家）へ香港、マカオが返還されることに対し、五〇年間現行の資本主義制度を変えないという市民への約束だった。もともと台湾統一をするため故鄧小平がつくり出した制度といわれ、共産主義制度と資本主義制度を共存させる画期的な取り組みでもあった。

この「一国二制度」の下、香港は中国にはない「自由」が保障されている。香港は独自の法律があり、選挙制度が設けられている。市民は公に政府を批判することができ、メディアも政府の観察者として機能している。ある意味香港は、中華人民共和国の中で唯一民主制度と自由政策を取り入れている場所であり、返還前は他国から「中国民主化の最前線」と称され、大いに期待されていた（もちろんマカオも「一国二制度」であるが、返還の背景と法律も異なり、香港より親中で、自由度も比較的に低い）。

だがこの「最前線」は、中国との地理的関係や主権所有の関係上、中央政府には逆らえない立場に立たされている。近年高速成長した中国に、香港はあっけなく飲み込まれているようにも見え、その政治体系は欠陥民主主義とも評価された。それでも香港にはまだ、自身の自由と民主を守るため、今日も街中の「最前線」に出て政府に抵抗する若者が、数え切れないほど多く存在している。

2. 市民の声に対する香港政府の態度の変化

香港はこれまで「クレームの都」といわれるほど、自己主張が強い人々が集まっている。もちろんこれは中華系の特徴である「損する」ことを嫌う性質もあるが、それよりも、主張する自由があることをアピールしているようにも見える。

そのあらわれとして、香港人は返還以降、毎年様々なデモや集会を開催し、直接政府に市民の声をぶつけている。毎年恒例ともいえる七月一日返還記念日デモ、一〇月一日

香港の「特権」の一例
「一国二制度」、高度的自治権、言論・集会の自由、司法独立（香港基本法）、独自の貨幣、独自の選挙制度（立法会・区議会）、国際組織やイベントなどで「中国香港」として参加可能、中文（広東語、中国語）と英語がオフィシャル言語や独立関税区など

（筆者作成）

の中華人民共和国建国記念日（国慶節）デモや六月四日天安門事件記念集会などは、香港人にとって欠かせないイベントである。

これらのイベントには様々な趣旨や目的があるが、その根底には「デモなどを通して政府に言い続ければいつか目的は果たせる」という香港人の思いがあると筆者は考える。

これまでデモによって政府側が市民に折れ、法律や政策を撤回させた例がある。最も多く語られる例が二〇〇三年「基本法23条」に反対した「50万人デモ」と二〇一二年の「反愛国教育運動」の二つだ。

二〇〇三年の「基本法23条」とは、香港の憲法にあたる「基本法」の二三条で、香港が自ら国家安全法・国家転覆罪などを制定するよう義務づけるものだ。当時の行政長官（香港首長）董建華はそれに従い国家安全法を導入しようとしたが、五〇万人以上の香港市民が反対デモに参加し、結果該当法律の制定を凍結させ、後に董建華を辞職に追い込んだ原因の一つにもなった。

二〇一二年の「反愛国教育運動」とは、政府が義務教育に新たに「徳育と国民教育科」（日本でいう道徳科）を追加しようとしたことに対する反対運動であった。その内容と評価基準は偏りが強く、教育業界から学生まで反対する意見が続出していた。例えば某小学校が採用した教材で、「教師は学生を誘導し、国歌斉唱の際に受賞した運動選手のように『中国人として光栄に感じ、感動で涙が出る感覚』を持たせる」ことや、課題で学生に『中国人として嬉しい』と感じるのであれば、大きい声で『自分は中国人であって嬉しい』と叫ぶ」ことを要求した。

その後、黄之鋒（ジョシュア・ウォン）や周庭（アグネス・チョウ）らが所属していた学生組織「学民思潮」を先頭に、集会や抗議活動を行った結果、愛国教育科を撤回させることに成功した。

ここまでの実績を見る限り、香港政府は市民の声を聞き、反対の声が強い政策や法律を無理やり実施していないようにも見える。だが「反愛国教育運動」以降、政府の態度は大きく変わっていった。

二〇一四年、中国全国人民代表大会常務委員会（全人代）は二〇一六／一七年の立法会・行政長官選挙に制限を設け、これを通称「八・三一決定」と呼んだ。「八・三一決定」では選挙委員会による候補者の「事前選抜」が実質的に行われることになった。この選挙委員会は、業界代表、全国政治協商会議香港地区委員、全人代香港地区代表によって組織されたもので、一般市民の意見を反映させることは不可能だ。

例え市民投票が行われても、候補者は事前に選定されては意味がない。そのような選挙案を香港市民は「ニセ選挙」だといい、七九日間政府本庁舎前などを占拠した「雨傘運動」が起きた直接的な原因にもなった。

しかしながら、この雨傘運動は警察の強制排除によって終了し、香港政府は「八・三一決定」を撤回することなく、さらに二〇一七年度の行政長官選挙も、市民投票もなく現状の選挙委員会による選出にとどまり、目標に対して「失敗した」という結果を残した。

そして、二〇一九年現在起こっている反「逃亡犯条例」改正運動では、政府の態度がより強硬となった。もとは台湾で起きた殺人犯を引き渡すために、政府が出した条例改正案だった。だがこの案の改正内容は、「台湾やマカオを含む中華人民共和国への引き渡し」を容認する案であった。

無論この案は香港人の神経を刺激した。香港人は、中国大陸に移送され、中国の法律で起訴されることを嫌がっていた。その根底には、中国司法に対する不信感、国際的に見た中国の司法レベルを見れば理解はできるはずである。

米国の独立機関 World Justice Project の法治レベルランキングを確認すると、二〇一八／一九年度香港のランキングは、全体で一二六カ国中一六位、東アジア太平洋地区一五カ国では五位という先進国並みの法治レベルに達している。中国は世界で八二位、東アジア太平洋地区ではカンボジアとミャンマーを超える一三位という結果だった。

香港はなぜ法治レベルがここまで低い国と「逃亡犯条例」を結ぶのか、実績から見ても中国は信用できない、そう思った香港の若者が大半を占めるのであろう。

香港にはもともと中国共産党から逃れるために香港へ移住した人も多くいる。銅鑼湾書店の店主が香港境内で中国公安に拉致されたことや、銅鑼湾書店の株主がタイで中国公安に拉致され、「自白」するビデオが放送された出来事も香港人は知っている。

九月四日、行政長官の林鄭月娥（キャリー・ラム）が「撤回を動議する」と宣言するまで、一〇三万人デモ、二〇〇万人デモ、空港占領、警察による暴行など様々なイベントが起きた。だが、政府は香港人が求める「五つの要求」すべてに応じることなく、一〇月二三日に条例改正のみを撤回し、市民はそれに満足することなくいまだに抗議活動を続けている。


「逃亡犯条例」と「刑事に関する共助に関する条約」の締結国一覧

「逃亡犯条例」	「刑事に関する共助に関する条約」
オーストラリア、カナダ、チェコ、フランス、フィンランド、ドイツ、インド、インドネシア、アイルランド、マレーシア、オランダ、ニュージーランド、フィリピン、大韓民国、ポルトガル、シンガポール、南アフリカ、スリランカ、英国、米国	アルゼンチン、オーストラリア、ベルギー、カナダ、チェコ、デンマーク、フランス、フィンランド、ドイツ、インド、インドネシア、アイルランド、イスラエル、イタリア、マレーシア、モンゴル国、オランダ、ニュージーランド、フィリピン、ポーランド、ポルトガル、大韓民国、シンガポール、スリランカ、南アフリカ、スペイン、スウェーデン、スイス、英国、米国、ウクライナ、日本

市民が政府に求めている「五つの要求」

五つの要求
1. 逃亡犯条例改正の完全撤回
2. 抗議活動の「暴動」認定の撤回
3. 逮捕者の釈放および起訴中止
4. 独立委員会による警察の調査
5. 普通選挙の実現

（筆者作成）

以上の通り、返還後の政府は市民の意見を一部ではあるが取り入れ、反対の声が多いものに関しては凍結・撤回などを行ってきた。だが二〇一四年「雨傘運動」から、普通選挙を求める声は中央政府の「レッドライン」に触れたようで、一気に香港政府の態度・対応が以前に比べ強硬になり、デモや集会などの平和的な市民活動に動じなくなってきた。強硬な態度をとる政府には、若者は怒りながらも無力を感じている。

3. 平和的な活動の限界

これまで筆者を含め多くの学者やメディアは、香港のデモ・集会をとても平和的だと説明してきた。文字通り香港のデモ・集会は、例え人数が多くても秩序がよく、決して「暴徒化」するようなことはなく、ゴミ一つ落ちていないデモもあった。

そもそもどの程度の行動が「平和」と見なされるのか、過去の社会運動を例に挙げると、反対行動、デモ活動、包囲、ストライキ、授業のボイコット、ハンガーストライキ、市民的不服従、インターネット行動、レノン・ウォール製作などが該当する。

しかし前述の通り、香港政府の態度は以前に比べ強硬になっている。今回の逃亡犯条例改正反対運動では二〇〇三年の五〇万人デモ、雨傘運動総参加人数一二〇万人を上回る二〇〇万人デモが起きたが、条例を即座に撤回させることはできなかった。

香港人は平和活動の限界を感じた。そもそも平和活動の前提は良心的な政権であることで、民意を無視するような政権には全く意味はない。

香港首長である行政長官はただの中間管理層で、上層（中央政府）の指示・命令に従うことしかできない。下層には香港市民がいるが、ただ声を上げるだけで中間管理層の香港政府に届けることができるのか？　残念ながら不可能だ。

その後のことは、多くのメディアで報道されている通り、デモ参加者の行動がエスカレートし、警察と衝突することや、物を燃やすことなどを行い始めた。日本メディアでは「暴徒化」と報道し、破壊行動や衝突などを重点的に取り上げた。筆者はこれらの行動を「急進的な行動」と称する、なぜなら、これを「暴動」と称するにはまだ「暴力」の度合いが低いし、市民は無差別に破壊活動を行っていないからだ。

黒服の若者が雨の中デモに参加していた（2019 年 8 月 31 日、金鐘にて筆者撮影）

デモ参加者は全身フル装備で警察と衝突したり、ゴミを燃やしたり、一部の店舗や銀行を破壊している。でもそれは無差別で行っているのではなく、警察、香港政府、中国政府を支持しているか、中国資本である企業や店舗が「リフォーム（改修）」と称して攻撃されている。

例えば、香港のスターバックスの運営会社が親中の企業のため破壊活動をされたが、その他の企業や店舗は普通に営業しているところも多い。また店舗を「リフォーム」した後、店内に入り商品を盗もうとした人をデモ隊が追い返した例もある。そしてデモを支持している企業などは、デモ参加者による消費が集中し、普段より数割多く利益を出している。確かに前記の行動は違法ではあるが、別の意味で「市民的不服従」の一環としてとらえることもできる。

このように、平和的な活動のみでは政府に譲歩させることができず、急進的な活動も同時に行うことによってようやく条例改正を撤回させることができた。でもここまで香港の若者を追い込んだのも香港政府であり、無視し続け絶望した若者は、決死の覚悟で政府に挑み、収拾がつかない現状になった。

4. 圧迫されていく若者の生存空間

一九七〇～八〇年代、香港人は貧しい生活の中でありながらも多くのビジネスチャンスをつかみ取り、一躍億万長者になった人も多くいた。例えば、二〇一九年世界長者番付の二八位の李嘉誠と二九位の李兆基などはこの時代に創業した人たちだ。「頑張れば誰でも億万長者になれる」「香港は満遍黄金（ビジネスチャンスがいっぱいある）だ」と信じ、それで富を手に入れた香港人も大勢いる。

しかし今の香港は、金融社会である。若者がどうあがいても億万長者になれる時代ではなくなった。雨傘運動が起こった二〇一四年と直近二〇一八年の月収中央値を確認すると、一五～二四歳の収入は一万七〇〇香港ドル（約一四万六〇〇〇円）から一万三〇〇〇香

2014 年と 2018 年の年齢別月収中央値

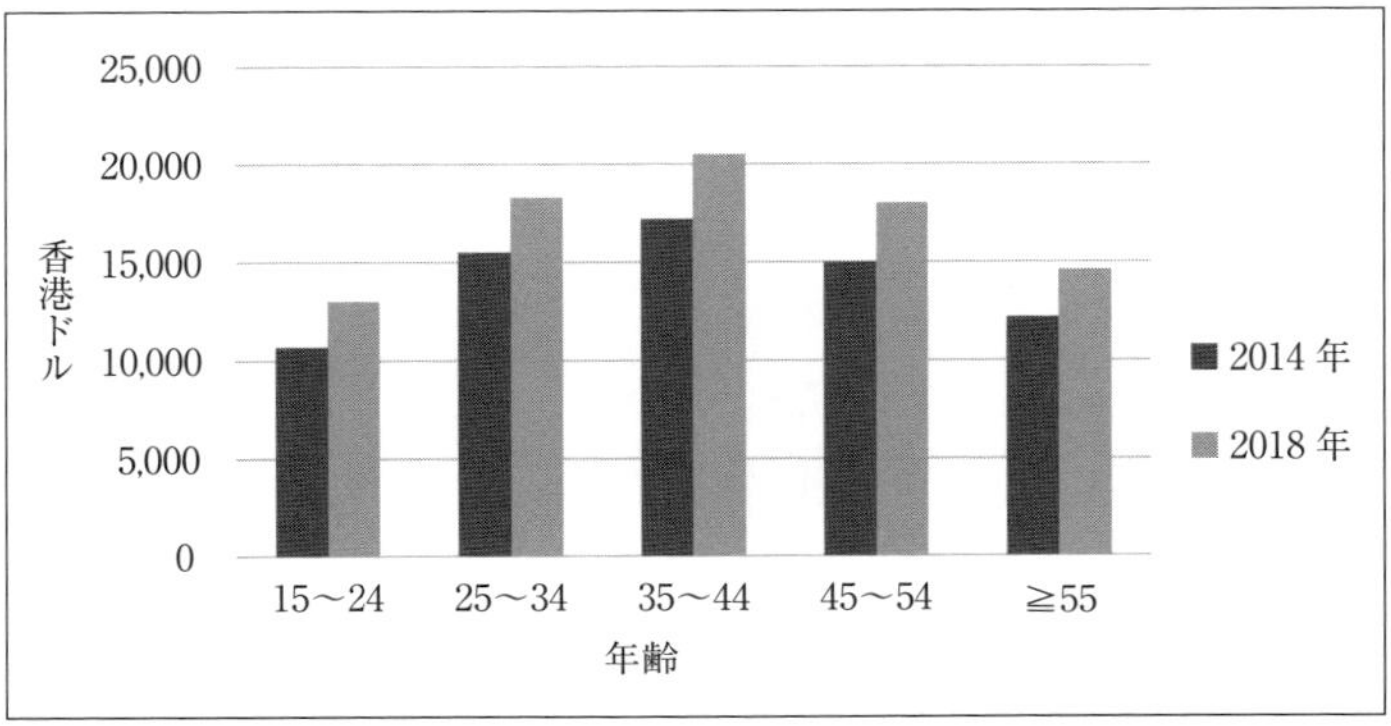

（香港統計処、按年齢組別及性別劃分的就業人士毎月就業收入中位數、筆者作成）

港ドル（約一七万八〇〇〇円）に上昇し、パーセンテージにすると約一八％の上昇となる。これだけだと悪くないように見えるが、この四年間の消費者物価指数を見ると約一一％の上昇があり、すなわち、物価上昇には追いつくものの、生活などに使う資金の調達は難しいことは変わらない。

特に住居に関して、若者はとても厳しい状況に立たされている。米国の不動産投資会社ＣＢＲＥが発表した「世界生活報告」によれば、香港の不動産価格は世界一高く、平均購入価格が九六三万香港ドル（約一億三〇二〇万円）、二位のシンガポール（六八二万香港ドル、約九三四二万円）より約三〇〇万香港ドルの差がある。香港の若者は、家を買いたいなら、二〇年間飲まず食わずに収入を全額貯金したらやっと買えるかも、とよくいわれている。

言い方を換えれば、若者はほぼ実家から出ることができず、仮に結婚できても、二世代、三

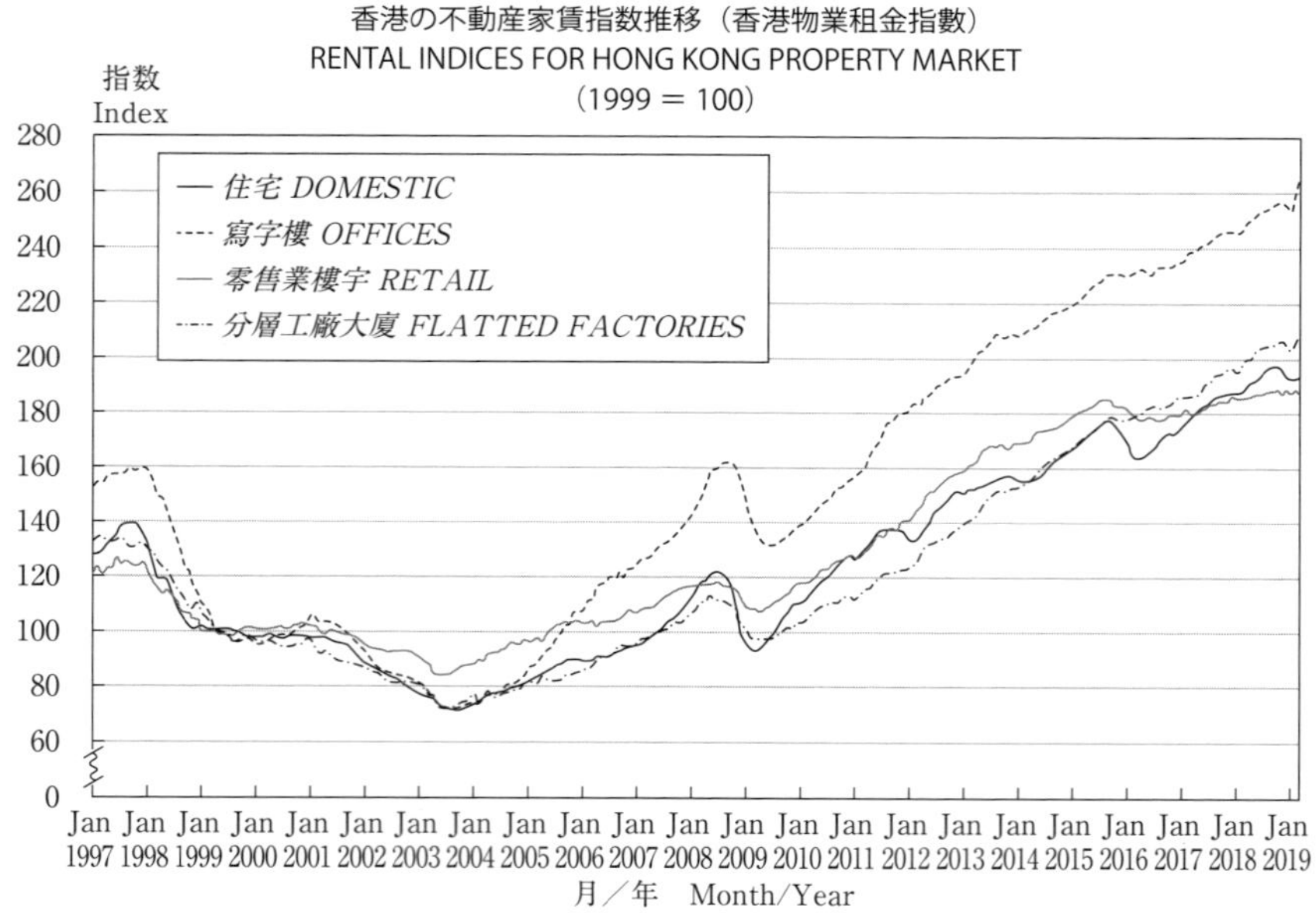

（香港政府差餉物業估價署より引用）

世代同居を強いられる。「家が買えない」ことは若者の恋愛・結婚にも大きく影響し、収入が低いから生涯独身を貫こうとする若者が大勢存在する。そんな現状では「自己責任」で解決することができず、若者は徐々に絶望していき、逃亡犯条例改正運動を引き起こす原因となった。

5. 果たされない選挙の約束

一九九七年の返還後、総督に代わり行政長官が設けられた。行政長官は香港特別行政区首長であり、香港特別行政区政府の首長でもある。それゆえ法律上、行政長官は大きな権力を有する。

基本法付属文書に基づき、行政長官は選挙委員会による間接選挙により選出され、中央政府による任命が必要である。選挙委員会は商業・金融業界から二〇〇人、専門業界から二〇〇人、労働者・福祉・宗教業界から二〇〇人、立法会議員・地域組織代表・香港地区全人代代表・香港地区全国政協代表から二〇〇人の合計八〇〇人（後に各枠三〇〇人、合計一二〇〇人まで増加）によって構成される。

前述の通り、行政長官は選挙委員会による間接選挙によって選出され、委員会の構成は業界代表などを含むが、職能別選挙であるため、一般市民が参加することは困難である。

全国人民代表大会常務委員会（全人代）は二〇〇七年に、二〇一七年の普通選挙による行政長官の選出、および二〇二〇年立法会議員全員の普通選挙による選出が可能と決定した。二〇一三年一〇月には政務長官を筆頭とする政治改革委員会（政改諮詢専責小組）が設立され、二〇一七年の普通選挙に向けて一般市民の意見聴取と報告書の作成を行った。

だが中央政府は二〇一四年六月一〇日に「一国二制度白書」を発表し、行政長官は「愛国愛（香）港」、および全人代の決定に沿わなくてはいけないと指示した。二〇一四年八月三一日に可決された全人代決議では、二〇一七年行政長官選挙に制限を設けた。これを「八・三一決定」と呼び、内容は次頁の図の通りである。

全人代の決定は多くの反響を呼び、建制派（香港の親中派をさす）は支持したが、民主派議員は徹底的に反対した。香港大学生連盟と学民思潮などの学生組織は、二〇一四年九月二二日〜二六日には授業のボイコット運動を組織し、その後運動がエスカレートし、雨傘運動へと至った。

そして雨傘運動が八・三一決定を撤回できず「失敗」した中、真の普通選挙が実現できないまま行政長官選挙が行われ、後任者となった林鄭月娥はわずか七七七票で当選した。ちなみに前任の梁振英（CY・リョン）は六八九票で当選し、普通選挙をちゃんと行っている台湾では、六八九万票で蔡英文が総統に当選した。

今回、「逃亡犯条例改正反対運動」の騒動の中、『フィナンシャルタイムズ』の報道で、北京当局が行政長官の林鄭月娥を退任させるという情報が流れ、しかも、中央政府による臨時行政長官が任命されるとしている。かつては一二〇〇人のニセ民主選挙で「一応」行政長官選挙を行っていたが、それを通り越して中央政府が任命となると、香港人から選挙権と自治権を取り上げたと同然だ。

さらに一〇月二九日に、区議会（地方選挙）に出馬すると表明した雨傘運

「8・31 決定」に基づく行政長官選挙の制限

候補者人数を２から３名に制限する

「愛国愛（香）港」であることが必須

1200 人で構成された選挙委員会から、指名委員会を設置、過半数の指名を獲得が必須

選挙制度が必ず国家主権、安全、発展につながること

特に香港が中華人民共和国の直属区域としての法的地位、および基本法と全人代の決定に沿うこと

（筆者作成）

動の元リーダーの黄之鋒が、選挙管理人に立候補無効といい渡され、今回の区議会選挙でたった一人、DQ（Disqualified　資格剝奪）された候補者となった。香港の若者は政治システムに入って変化をもたらそうとしているが、その小さな希望すら香港政府は排除しようとしているとしか見えない。

真の普通選挙はやってくるのか？　正直筆者も悲観的でもあり、香港にいる若者はそれを肌で感じているに違いない。それでも若者に、怒らず何事もなかったように生きろ、とはとてもいえない。

6．警察国家へ変貌する香港

香港の警察は一八四一年に設置され、一九六七年の暴動対応で英国女王から「ロイヤル」の称号を賜り、返還されるまでは「王立香港警察（Royal Hong Kong Police）」と称されていた。かつては三合会（香港マフィア）と関係が深いといわれていたが、廉政公署という香港総督直轄の独立監察機関を設け、汚職調査などを行った結果、香港は長年、治安と安全レベルが高い地域として世界に知られた。

英国レガダム研究所が二〇一五年に発表した「世界繁栄指数」によれば、香港は総合で二〇位であるが、治安面では世界一位に輝き、まさに世界で最も安全な区域として評価された。外務省在香港日本総領事館が掲載している香港安全手引きでは、冒頭で「香港は多くの観光客やビジネスマンで賑わう都市です。香港の犯罪発生率はそれほど高くなく、安全な都市であると考えられます」と書かれ、日本を含む世界各国から信頼を得ている。

しかし、二〇一四年の雨傘運動で発射された催涙弾が、まさに警察国家への狼煙《のろし》となった。

二〇一四年九月二八日、警察はデモ隊を強制排除するため合計八七発の催涙弾を発射したにもかかわらず、当日中に排除を失敗し、七九日間にわたる雨傘運動の発生を許してしまった。そして二〇一九年は、前回のような運動の長期化を避けようと、早い段階から催涙ガスの使用が見られた。しかも使用した武器の数も桁違いで、一〇月一日の国慶節だけで催涙ガス一四〇〇発、ゴム弾九〇〇発、ビーンバック弾一九〇発、スポンジ弾二三〇発、実弾六発が使用され、そのうち実弾一発が高校生の心臓から三センチメートル離れた場所に撃ちこまれ、香港の若者の怒りを爆発させた。

若者は催涙ガスから身を守るため、防毒マスクやゴーグルを身につけ、煙の中最前線に立ち続けていた。だが政府は緊急法を適用し、覆面（マスク）禁止法を立法会に通さず発効させた。この法律は集会などの場でマスクなど顔を隠すことを禁じるものだったが、今の警察は集会でなくてもマスクをつけているだけでも職質し、そのまま違法だと称し逮捕することも多発している。

前記の通り警察による不当暴力や逮捕が横行し、一一月一五日の時点で逮捕者四四九一人に達した。警察が駅付近で制服を着た学生を取り囲み、口論になった途端押し倒し逮捕、罪名は「公務執行妨害」。このようなことはほぼ毎日、各駅で当たり前のように起こっていた、ただ若いというだけで逮捕しているといっても過言ではない。逮捕されたら四八時間の拘留期間があるため、警察はそれを悪用し、若者を懲らしめていると思われる。また拘留期間中も暴力的な対応があり、一部証言では逮捕者に暴言を吐き、男女問わず性暴力を振るったと報じられている。一方政府を支持している側が違法行為を行っても一切逮捕されることはなく、警官の違法行為はなおさら裁かれることはない。

2018年	世界経済フォーラム－国際競争力レポート－警察の信頼度の高さ	フレーザー研究所－人類自由指数－警察信頼度	World Justice Project －法治指数－秩序と安全
香港	第6位	第8位	第4位
日本	第9位	第16位	第5位

（香港警察ホームページより筆者作成）

米国共和党の上院議員ジョシュ・ホーリー（Josh Hawley）は香港へ視察に向かい、香港はすでに警察国家（Police state）であるとコメントしていた。香港の若者は法律を度外視した警察を前に打つ手もなく、絶望と怒りに駆られ、違法と知りながらもマスクをつけ警察と対抗し、警察の代わりに各地で政府支持者に対する「私了（私刑）」が執行される事態に発展している。

7. 世代間闘争から全民運動へ

数年前筆者が執筆した『香港バリケード』では、雨傘運動の原因の一つは世代間闘争にあったと論じた。当時のメディアは、八〇年代以降に生まれた若い世代を「Y世代」、六〇から七〇年代に生まれた人を「X世代」と呼び、価値観の違いや行動の違いを取り上げた。香港特別行政特区第四代財政司長曾俊華（ジョン・ツァン）は行政区政府公式ウェブで両世代の違いを「六〇から七〇年代に生まれた人は家庭や生活環境の改善を最優先とし、より高い社会的地位を目指した。七〇から八〇年代以降に生まれた若者は個人と生活の品質に注目している」と述べた。「Y世代」の若者の特徴は、自由の追求、民主主義の実践、経済的な追求よりも精神的な安定を求めることだ。

今回の逃亡犯条例改正反対活動では若者が多く目立ったが、それと同時に初老の人たちも数多く存在していた。構図的に最前線では運動能力に優れた若者が中心だが、中間から後方につれ様々な年代の参加者が入り混じり、時には逃げている前線の若者を庇い、あえてゆっくり走って警察を足止めする場面があった。この初老の人たちは「シルバーヘアー（銀髪族）」と呼ばれ、衝突の現場で若者を庇う他、デモなどを主催したりもする。訴えは若者たちと同様、条例の撤回や警察を調査する独立委員会の設置、若者の不当逮捕を止めることなどだった。今の若者たちのようにカラフルな横断幕などはないが、「若者を守れ、香港を守れ」や「若者よ、お父さんも出てきたよ」といったスローガンを手に持ち、ゆっくりながら、政府へ不安を表すデモを行っていた。

二〇一四年の訴えは行政長官選挙方法への不満だったが、今回は香港人が信用している法律を大きく改変することから、年代を問わず街に足を運んでいた香港人も少なくはない。一〇〇万人デモも、二〇〇万人デモも、若者のみでは成り立たない、世代を超え、香港の自由価値を守るために香港人は立ち上がった。もう香港では世代間の闘争がデモの原因ではなく、香港の核心思想ともいえる「自由」「民主」などの価値観の有無が論点になり、運動も年代を超えて香港人全体の全民運動に変化したと筆者は思う。

そして運動の最大の特徴は、全民参加型抗議活動で、これまでのように政治組織のリーダーがいて、活動を公開し参加を呼びかける方式から、誰もが主催者になり得る時代となった。彼らはインターネットフォーラムを通じ活動を立ち上げ、賛同者をつのり実行する。規模は数人から数百人単位もあり、筆者が今属しているグループも、もともとフォーラムの呼びかけで、世界中にいる香港人活動主催者を集め、国際戦線を構築するというものだ。それ以外に日本の方々も聞いたことがあるかもしれないが、『日本経済新聞』や『朝日新聞』で香港デモに関する全面広告を打ち出したのも、もともとネットフォーラムの始まりだった。条例改正反対活動が一〇〇日以上続けられた理由は、このように不特定多数の誰かが主催者となり、毎日何か抗議活動を行っているからだ。もちろん政治組織が主催する超大型のデモ・集会もあるが、毎回が大型活動では長続きしない。そのため今回は、本当の意味での全民運動で、ただ若者と親世代が対立する世代間闘争ではなくなった。

8.「黄色経済圏」の誕生

今回の条例改正反対運動にも色分けがあり、雨傘運動のときと同様、黄色はデモ支持派、青色は政府支持派だ。現在デモ支持派の若者は、中国資本、政府、警察支持派などの飲食店に対しボイコット活動を行っている。そして同時に、デモ支持派である飲食店に対しては「食べて応援する」と、集中的に消費するように呼びかけている。

有名な例として、「龍門冰室」という飲食店がデモに参加した学生を応援するため、学生証を提示した場合、指定の定食が無料になるキャンペーンを行った。それを見たネット民はこのお店を「罰する」と称し、集中的にこのお店で飲食し、最大数時間待ちという大行列を生んだ。公にデモ参加者を支持すると発言したせいか、謎の集団に襲われ入り口のガラスを割られるという襲撃を受けるが、それでも客は絶えずに来店したと報道された。では黄店（デモ支持店）は、実際にどれほどの収益増になったか。店によって異なるが、一部報道によれば普段の約二〇～三〇%の収益増が発生したといわれている。

消費者が買い物をする際にお店の政治的立場を考慮し、生活の中で意思表明を行うことは新しい取り組みで、雨傘運動

香港のネット民が作成したボイコットリスト

撐黑警/撐送中黑店名單

File Edit View Insert Format Data Tools Add-ons Help

100% View only

Share

fx Outback

	B	D	E	
6	便利店	7－11 （銅鑼灣禮頓道分店）	銅鑼灣禮頓道 3c會對面	美食吧裏面嘅姐姐， 話界警察打嘅示威者係抵揼
7	便利店	牛下7仔	牛頭角下邨7-11便利店	話示威者暴徒加收左錢,建議:大家多d去呢間7仔
8	餐廳	屯門榮式雞扒飯	屯門屯隆街2號屯門時代廣場北翼地下25-26號舖	聽到個著黑衫唔知係咪店長同其中一個較年長伙 竟然話尋日大部分係2x歲後生仔 都係收錢搞事
9	餐廳	香港大學附近潮苑餐廳	西環石塘咀屈地街44號地下	廚房佬不停話示威者收左錢
10	餐廳	通達食店	油麻地碧街48號地下	老闆同食客質疑中槍示威者有收錢， 有哂組織比
11	餐廳	紅磡冰室	https://www.openrice.com/zh/hongkong/restaurants?cha	員工話新聞啲人係暴徒， 阻住人番工
12	餐廳	麥記		個廚問人有無出去， 聲稱啲人出去有三千幾蚊收
13	餐廳	文輝墨魚丸大王正宗潮州粉麵	銅鑼灣渣甸街22-24號	
14	餐廳	成興粥品	408D Des Voeux Rd West 香港	
15	餐廳	友記茶餐廳	長沙灣順寧道329號興隆樓地下B舖	
16	餐廳	肥仔記麵家	西環西營盤皇后大道西273號地舖 銅鑼灣福興里40號地舖	啲阿姐全部喺度鬧學生， 連淥麵阿哥都喺度鬧， 不問原由， 不求甚解， 一味係咁鬧， 鬧到有一句 後生仔食完麵畀錢走人， 出門口就問阿姐， 知唔 叫佢唔好屈人哋， 話人哋收錢 後生仔走咗之後嗰個不知所謂嘅阿姐用咗三個佢 跟住另一位阿姐就攞個手機黎睇片， 又話後生仔
17	餐廳	山東餃子店		
18	餐廳	鵝皇館	旺角塘尾道55號新興鋼具商業大廈地下B、C舖及1樓大角	條柒頭燒味佬無啦啦話 班嚫仔係收錢搞事 跟住 個伙記無出聲 條柒頭燒味佬就大大聲屌
19	餐廳	流浮山皇庭酒樓	流浮山山東街2號	
20	餐廳	祥景	海麗邨	

（ネットより引用）

時にはなかった。この消費モデルは間接的にデモを支持していれば利益が上がり、中小規模がほとんどの黄店が社会で生き残り、その反対であるチェーン店が多い青店は縮小や倒産を強いられる。黄店を中心とする黄色経済圏の誕生は、チェーン店覇権の中、中小規模の店舗を守りながら、自らの訴えを表す斬新な抗議方法だ。

9. ソーシャルメディアのさらなる活用

雨傘運動のときからソーシャルメディアを使っての活動動員が行われていたが、逃亡犯条例改正反対運動の件ではさらに進化した使い方をしていた。以前ソーシャルメディアの機能としては宣伝が一番多く使われていたが、今は、活動の組織までネットで完結するようになった。

インターネットフォーラムＬＩＨＫＧやＨＫＧなどのフォーラムで実際に活動が企画され、誰もが主催者になれるのが今回の運動の特徴でもある。さらに、フェイスブック、ツイッター、インスタグラムといったソーシャルメディアを通して活動状況を即時更新し、特に多くのネットメディアがフェイスブックでデモ現場の生中継を行っていて、中継の特性上編集が不可能なため、撮影された出来事は漏れなくネット世界に載り、限定的ではあるが、警察の行動へ抑止力になったともいえる。

だが前記ソーシャルメディアの仕様上、必ずしも最新の情報が映るとは限らない。そのため、デモの最新情報や緊急情報などはテレグラムというチャットアプリにあるチャネル機能を使い流していた。チャネルは管理者のみ発言・投稿ができ、それを一部政治組織が担当し、最新情報を閲覧希望の登録者へ一方的に流している。特にデモに関する細かい情報、意思決定、物資ステーションの場所、退避ルートなどの緊急度の高い情報が配信されている。

また、エアドロップはアップル社のスマホ同士でオフラインでファイルを送信する機能である。デモの現場では時に電波が悪く、ネットにつながらないことも多々ある。その際にエアドロップを使い写真などを共有し、情報交換を行っている。さらにもう一つ面白い使い方として、デモ支持者の人が電車やレストランなどの場所でランダムにデモに関する情報を政府支持者の不意打ちを狙って送りつけるイタズラ的な使い方もされている。

10. リベラル・エジュケイションは暴徒を生んだのか？

なぜ香港の学生はそれほど考えがしっかりしているのか、無論そこには自身の利益を図る中華圏特有の損得勘定があるかもしれないが、高校課程にあるリベラル・エジュケイション（英：Liberal Education、中：通識教育）が大きく関係していると筆者は思う。リベラル・エジュケイションの目的は、学生の独立思考能力を養うためにつくられたもので、様々なテーマを通して批判精神を教える教科だ。

政府の元官僚をはじめとする親中派は、このリベラル・エジュケイションは若者を過激化させた原因としている。なぜなら彼らは「自由すぎる教育は悪い子が育つ」と思っているらしく、学生は考えず教科書を鵜呑みにしたほうがいい子が育つと思っている。筆者は、その発想自体が愚民政策の一環であると思い、政権に従順な市民を製造する手段にすぎないと思っている。しかし、リベラル・エジュケイションはその発想とは逆の独立思考能力を養うのが目標で、すべての出来事を自ら考え判断することを教えている。

筆者がデモの現場でインタビューした学生は、自分の意見を流暢に話し、質問をしてもすぐに回答できていた。それは、デモの背景や状況を彼ら自身でちゃんと考え、分析し、判断した結果参加したからだと筆者は思う。そのため親中派がよくいう「若者は政治家に扇動されデモに参加した」という指摘は成立せず、彼らは自らの意思を持って参加している。

言い換えれば、中高生だって香港政府のやり方に疑問があり、政府に変わってほしいと訴えているのだ。それを大人たちが、教育制度の失敗だとか、自由にさせすぎて暴徒を生んだなど無責任な言葉を述べ、自ら反省の意を持たないことこそ、中高生以下だと揶揄されるのではないか?

リベラル・エジュケイションは中国にはない香港独特な教育制度で、自由な発想を守る重要な教育だ。若者は教育されたことを実践し、自ら「自由や民主」などの価値観が重要だと判断し、自ら判断しデモに参加した。これこそ教育が生かされていることのあらわれだ。

11. 現地で見たデモ活動

筆者はこの逃亡犯条例改正反対運動中に、映像制作会社の記者とともに香港へ向かい、生のデモ風景を体験してきた。当時筆者が取材したのは、警察から許可が出されなかった八月三一日香港島のデモであった。前述の通り、八月三一日は全人代が行政長官選挙に制限を設けた日であり、その五周年にあたるこのデモは、開始前から警察が、参加しないよう促す注意喚起を一斉に携帯に送り、かなり大きな衝突が発生すると思った。

しかし当日の昼にデモの集合場所に向かうと、人々はとても平和的だった。旗を持って歩く若者、ベビーカーを押している親、車椅子に座っている中年男性、誰もがマスクをつけ、誰かが叫び始めたスローガンを一緒に叫んだ。そんな平和的な風景の中、筆者は記者と一緒に若者に取材し、参加者とともにデモルートを歩いた。

しかし、折り返し地点を過ぎ、政府本庁舎に近づくにつれ、鼻と目を刺すすっぱいにおいがしてきた。「これからは平和なデモではなくなる、平和的にやりたい人と装備を持っていない人はここを引け!」と、近くの二〇代の女性が叫んでいた。

そこで映像制作会社の二人が撮影のため最前線に向かうと決め、現地人である筆者は、旅行保険が効かないため前に進むことをためらった。だが二人が去った後、後方にいたにもかかわらず周りの空気が段々緊張してきた。広東語ができない二人の日本人撮影チームを置いていくわけにはいかないと思い、現地の友人と一緒に前線に向かうと決めた。

防毒マスクとゴーグルを着け、やっとの想いで最前線までたどりついた。目の前には、中央分離帯の物陰に潜む黒服の若者たち、橋の下で待機している放水車、政府本庁舎の建物から地面に向けて銃を構える警察などがいた。撮影チームを見つけて間もなく、放水車から青い着色料がついた水が放出された。それに気を取られているうちに筆者の真後ろで、催涙弾が爆発し白い煙が辺りを真っ白に染めた。

催涙ガスに触れるとどうなるか、それが気になる読者も多くいるだろう。涙はもちろん、刺激物なので鼻水、咳、ヨダレが止まらないと聞いている。筆者はフル装備だったので、目と鼻と口は守られていたので、前記の症状はなかったが、皮膚とかが煙に触れると焼けるような痛みを感じた。

爆発した催涙弾は、経験のある若者が手袋を着け警察のほうに投げ戻した。それと同時に誰かがこう叫んだ。「警察の特殊部隊がこっちに向かっている、逃げろ」と。筆者は一八年香港に住み、あまり命の危機を感じたことはない。だがこの瞬間、初めて「自分は死ぬかも」と思った。なぜなら、警察が何よりも恐ろしいし、外国人だろうが記者だろうがお構いなく襲ってくる。逃げる以外頭に何も浮かばなかった。友人と一緒に全力疾走した。そんな中、黒服の若者が一部現場に残り、逃げている筆者たちを手助けしてくれた。そして地下鉄に乗り込み九龍《クーロン》に向かい、命の危険から逃れた。

九龍側はまるで何も起こっていなかったかのように、観光客が買い物をしていて、人々は無表情で急いでいる、これこそ普通の香港だ。ついさっきまで催涙ガス、放水車、警察が襲ってくる恐怖から一転して、この風景は、まさに「天国と地獄」だといえる。

12. 若者に聞いてみた

現在様々なメディアで香港の「勇武派（武闘派）」をインタビューした記事が多く取り上げられ、香港の若者の声を伝えてきた。筆者は今回あえて、最前線に立っていない若者をインタビューし、また異なる側面から今回の逃亡犯条例改正反対運動を分析する。

今回インタビューに答えてくれたのは、以前筆者が執筆した『香港バリケード』で、中立的な立場に立っていたアンディさんだ。アンディさんは、以前はデモに対しては反対意見も持っていたが、今回は政府に反対しデモ者側についた。

伯川（以下、伯）―今回の条例改正に反対しているようで、過去にインタビューした際には中立な立場で占拠活動には批判的だったが、どうして考えを変えたの？

アンディ（以下、ア）―今回の逃亡条例改正は、健全なシステム・解決方法（引き渡しに関する法律）がある中、行政長官は自分の政治的目的を達成するため、最悪の選択をとった。

8月31日のデモ時、奥の建物（政府本庁）で警察が催涙ガスを使用し、マスクをつけて備える若者（筆者撮影）

それに対して香港市民はデモを通し平和的、かつオープンに政府へ疑問を呈示したが、政府はこれらを全部無視した。一〇〇万人デモにだって、「Noted with thanks（了解した）」のような態度をとっていて、香港人たちの声を聞こうとしなかった。なので逃亡犯条例改正が正しいかどうか以前に、一〇〇万人の疑問の声の上がった瞬間、いったん止まって考え直すべきじゃないかと思う。私も今回実際にデモに参加し、自分の考えを訴えてきた。

伯―以前のインタビューで「経済も大事」といっていたが、今回のデモでも経済に大きな打撃になったと思うが、それについてはどう思う？

ア―経済への打撃はとても残念だと思う。いいものが壊されてそれは必ず残念に思うよ。

伯―では今あなたにとって、経済よりも自由や民主などの価値観のほうが重要ってこと？

ア―人には様々な欲求があり、飢餓などの極限状態だったら、自由・尊厳を捨てて「生存」を選ぶと思う。でも生存条件を満たした場合、人はそれ以上のことを求めようとする。

香港人は今、もちろん生存する基本条件は満たされている、だから自由・人権など価値観を求めていい時期だと思う。最低限でもこれ以上政治状況を悪化させることは許してはいけない。

伯―この間地下鉄が止まって旺角《モンコツク》から一時間かけて帰宅したと聞いたが、それ以外にこの一件で影響を受けたことは他にある？

ア―それはもちろんある。最近は安全を危惧し、元朗《ユンロン》（白シャツ団が一般人を襲った場所）とか行くのを避けたり、週末に出かけるのを控えたりしている。あとは何が起きるかわからないから、地下鉄を使うのをやめてバス移動をしている。

個人の意識への影響といえば、食事する際お店の政治的立場を考慮し、デモ支持派のお店を選んでいる、もちろん選択肢はかなり減った。あとは警察へのイメージがポジティブからものすごくマイナスになった。もはや警察への通報は一切意味がないと思える。

伯―警察の話が出てきたが、今の警察の対応はどう思う?

ア―正直プロとして失格だと思う。彼らは警察学校で訓練を受けていて、心理的・情緒的な要素で任務の妨げになってはいけないはずなのに、感情的になっている警察が大勢いた。そして警察は「警察通例」というルールに従って行動しているはずなのだが、それを完全に無視していている。例えば、警棒で頭を叩かないとか、委任カード(警察手帳)を求められたら提示するとか、今の警察は全く守ろうとしていない。本当に恥じるべきだと思う。

　今の警察は自分の非を認めようとせず、すべての行動を正当化しようとしている。警察の基準がコロコロ変わり、必要以上の暴力を振るっているのにもかかわらず、「電光石火の間」(警察が記者会見で使った言い訳)の判断といえば正当化されてしまう。市民の命と財産を守るべき彼らは、デモ参加者を「ゴキブリ」呼ばわりしている。完全に警察という職業を侮辱している。

伯―警察が機能していない中、私了(私刑)が多発しているが、それについてはどう思う?

ア―そもそも警察を頼らず私刑を実行するようになった事態を政府は深く反省するべきだ。法律を犯した政府支持者や警察を裁けないから私刑が実行されて、決して推奨すべきではないが、仕方ないと思う。殴られるか殴るか、これは自衛行動であって、警察の言い訳を拝借すると「完全な対応ではないが受け入れられる」と思う。スローガンでも書かれている通り、「暴徒はいない、暴政あるのみ」。政府の対応がこの事態を引き起こしている、解決できるのも政府だと思う。

伯―香港人の行動の根底にある思いはなんだと思う?

ア―香港人は現行の法律を変えたくないのではないかと思う。雨傘運動のときは行政長官の選出方法について反対していたが、そもそも選挙自体を別の方法で実現することも可能だったかもしれない、それでデモ者を支持しなかったかもしれない。言い換えれば法律を変えずに選挙が実現できたかと思う。

でもこの件で中国と逃亡犯条例を結んでいないことは、香港と中国の司法レベルの差がある中の「最後の砦」としての役割を期待されている。その根本を変えたくないがゆえに香港人が反発し、改正に反対していると思う。

伯―今回の運動がどのように終わるか考えたことはある?

ア―正直デモ者が掲げる「五つの要求」はすべて満たされることはないと思うし、このままだと北京政府が介入する余地を与えてしまう。極端ではあるが、私は一〇年以内に香港が新疆ウイグル自治区のようになってしまい、「警察国家」に向かっていくと思う。

確かに香港には独立した政治体系があって、中央政府も香港に多くの権力を与えてきた。その源にあたる「一国二制度」自体がものすごく特殊なものであるが、これはすべて「一国」が前提条件で、それ以上は国家安全の問題になってくる。親中メディアが報道している通り、中国からしたら香港のデモ活動は独立運動にしか見えない、それだとしたら中央政府も譲歩する余地はなく、少なくとも現行政府では解決は不可能だ。法律上でも一方的な関係だと思う。確かに香港は「基本法」という独自の地方法律を持っているが、米国の地方法律が連邦法律に影響して変化するように、中国憲法を変えることはできない。香港には「法治精神」があり、法律を尊重する立場から裁判所の判決は絶対だ。中国は香港の基本法に対して法解釈権があり、それに基づく判決があれば、尊重し受け入れるしかない。

伯―それでは今回の運動にはハッピー・エンドはないと思っていい?

ア―他の人はわからないが、私にとってのハッピー・エンドは、公平・公開な独立第三者調査で問題の原因を探り、そこで出た結果をもとに改善していくことだ。今の様子ではかないそうにないがね。

伯―二〇四七年に香港がどうなるか様々な推測がある。例えば、独立、完全自治、中国の経済特区、基本法の延長といった説がある中、香港はどうなると思う?

ア―私個人の希望としては基本法の延長だ。でも実際にそうはなりそうにない。現実を見ると香港はすでに変わり始めていて、私が思うに「一国二制度は五〇年変わらない」のではなく、「五〇年かけて変わりなさい」だ。その背景には中国がもう香港を必要としなくなるかもしれないことがある。

これまでの中国は、世界制覇をする心はあまりなかったと思うが、習近平が国家主席になってから中国は、米国に代わり世界王者になろうとしている。香港はもともと中国とその他の国々の窓口で、別の言い方をすると、香港とは中国の制度と西洋の制度が衝突しないためのアダプターだ。でも今、習近平が掲げる「チャイナ・ドリーム」では、中国の方式を他国に押しつければいいという考えで、アダプターとしての香港はこれから中国の計画表から外されるかもしれない。

今の香港は「国に勝る財力」を持っていて、中央政府からも特別扱いされている。でも習近平の下、香港は中国のその他沿岸都市と一緒の括りで巨大な経済圏(英:Great Bay Area、中:大湾区)に加わり、香港の特殊な地位を削ろうとしている。高速鉄道の建設もその布石で、広州とかの都市を中心に、香港は高速鉄道でいけるサテライト都市になっていくと思う。

香港は確かに自分にとってはかけがえのない「家」ではあるが、中国化は避けられないと思う。はっきりいって私は、将来の安全が気になって、香港に住み続けることはできないと思っている。

アンディさんのように中立・政府支持派から転じてデモ支持になった人も多い。一見嬉しい出来事だが、実際には香港の未来に対する不安や絶望を秘めている。香港に住む若者を絶やさないためにも、いかに若者に希望を与え、香港を信用し住み続けてもらえるのかは大きな課題だ。ただ単に住居を与え、就業する機会を与えるのではなく、政治構造上の変化が必要で、最低限五〇年変わらない約束をしっかり守ってもらうことが最優先だと筆者は思う。

13. 香港人は「自由と民主」を失いたくない

香港の歴史を見直し、現状を確認し、そして命をかけて闘っている若者を目の当たりにした。香港人にとって不可欠なものは何か？　筆者が自問自答した結果浮かび上がったのは、「自由」の二文字だった。香港の自由はただ「法律上の自由」のみではなく、制度上の自由、自由な発想などといった何にも縛られない「自由な状態」を意味している。

冒頭で書いた通り、香港は、「クレームの都」で、自己主張が強いが、それよりも、主張できることを香港人は大切にしている。デモも集会も独自な発想で進め、新しいアートや方法を生んできた。香港人が中国人ではないと思うのは、香港人には「自由」があるからだと筆者は思う。しかし今の政府は、これまで香港の自由を支えてきた法制度や自治環境を徐々に削り落とし、自ら香港独自のよさを捨て、中国に合わせようとしている。

中高生がデモに出ていった理由もそこにあると筆者は思う。香港で学生を取材していた際に、彼らの受け答えや考えはものすごくしっかりしていて、ただ「扇動」されてデモに参加したとは思えない。中国に留学したことのある一人の高校生はこう答えた、「せっかく香港には自由や民主などの価値観があるし、私はそういう価値観のほうが好きだから香港にいたい。なくしてほしくないから今日デモに参加した」と話していた。

香港警察の無理矢理な逮捕と暴力的対応、緊急法を使い議会のプロセスを無視した法律を発効させ、自治制度を飛ばし行政長官を任命しようとしている中央政府、若者はこれらを見て判断し、そして怒っている。

逃亡犯条例改正は確かに撤回された、だがそれで目的を達成したとはとうていいえない。条例改正はただの始まりでしかない。「五つの要求」にも書かれた通り、自由を守るためには普通選挙の実現が最終目標となる。それが達成されるまで、多くの壁や災難が予想される。だが若者たちは決して足を止めることはない。ある人は選挙に出馬して制度の内側から変える。ある人は街に出て直接意見を主張する。ある人は国際的連携を求め外国を飛び回る。ある人はネットを通じて宣伝活動を続ける。方法は各々だが、若者たちには信念がある。全員が自らできる最大限のことを尽くせば、香港は変えられると信じている。

何よりも、筆者は現地で彼らの「善意」に触れた。デモの現場では本名を顔も知らないのにもかかわらず、お互いを気にし合い、助け合い、庇い合った。記者として現場に向かった筆者に対しても「頑張れ、真実を伝えてくれ」と声をかけてもらい、催涙ガスの中、最後まで残り、筆者たち取材班一行の退避を手助けしてくれた。これまで香港人は「金以外興味がない」「クレームが多い」「面倒臭い」といわれたが、それをすべて覆すような「善意」が現場にあった。それを目の当たりにし、例えこの先はどれほど絶望が待っていても、この「善意」という希望があるからこそ、一度は香港人に勝利を見せたいと思う。その希望を自分の周りから世界に伝染させれば、必ずそれが実り、何かしらの支援として戻ってくる。筆者が日本で活動しているのもそういうふうに香港にいる自由と民主を愛する方々にエールを送っていると自負している。

14. 日本は何ができるのか？

筆者も日本において様々な講演に招かれ香港の現状について説明してきた。その中でよく聞かれるのは「日本は香港のため何ができるのか？」「香港は国際社会から何をしてほしいのか？」と。無論読者の皆さんに今すぐ香港へ行ってデモに参加してくださいとか、日本でも集会をやってくださいとはいわないし、ましてや金銭的援助などを求めてはいない。まずは皆さんに香港の現状を知っていただくことが一番重要だと思っている。

「知るだけでいいの？」といわれたら違うが、筆者が思うに日本を含む国際社会にはまず関心を持ってもらうことが第一歩だ。民主国家である限り、国民が関心を持つものにメディア、政府は応えないといけない。皆さんが香港に対し知りたいという声があれば、メディアは香港に関するニュースや記事を増やす、やがては地方議員、国会議員、内閣、総理大臣とエスカレートしていく。日本を例にすると、ＮＨＫや民放各局をはじめ、河野大臣、菅官房長官、安倍総理大臣まで香港で起きていることに対しコメントをしている。その根底には「国民が気にしている」ことがあるからだと筆者は思う。日本で行った周庭の記者会見はとても効果的であった。そして今回この文章を書く機会をいただけたのも、皆さんの「知りたい」が大きく関わっている。そのためにまず日本の皆さんにしてほしい第一歩は達成した。

緊急逮捕され保釈ののち、緊急会見を行っている周庭（左）と黄之鋒（右）（2019年8月30日、東区法院前にて筆者撮影）

米国では香港の政府関係者の入国を制限する「香港人権民主法案」が議会審議に入る見通しだ。詳細内容については まだ全部公開されていないが、やがては日本を含む世界各国で同様な法案が審議されるよう願っている。そのために周庭をはじめ、多くの香港人が各国を説得する旅が予定されている。日本には民主国家として、香港での出来事を無視せず、国政レベルで対応をしてほしい。

では一般の方々に対しては、引き続き香港の現状をフォローし、機会があれば周りの方に「香港の若者が頑張っているよ」と声をかけていただきたい。そしてもし香港の若い子を見かけたら、ぜひ一言「香港加油《ホンコンガーヤウ》(香港頑張れ)」と声をかけていただきたい、それだけでも彼らの力になる。

コラム

香港デモの記号学

――パロディ、広東語、ポップカルチャー

小栗宏太

二〇一九年九月、民主派支持の論調をとる地元紙『蘋果日報』が六月以降の三カ月にわたる抗議運動を総括する特集号を発刊した際、その表紙に採用されたのは写真ではなく、黒の背景に白色で書かれた運動のスローガンやキーワードの数々だった。実際、日夜活発な議論が交わされるネット上の掲示板やSNSから、思いを記した付箋が無数に貼られた各地の「レノン・ウォール」に至るまで、六月以降の香港には様々な言葉があふれていた。フランスの五月革命の際、学生街の壁やビラにあふれた様々な言葉に圧倒された記号学者のロラン・バルトは、「五月の事件のエクリチュール」と題された文章を発表し、それらの自由な言葉の氾濫について検討を行っている。彼いわく、五月革命の言葉は、「学生たちの話す言葉（パロール）が、あたりいちめんにあふれ、いたるところから噴き出し、いたるところに伝わって記入された」[1]ものであり、それまでのキャンパスでの発言権を奪われていた学生による「言葉の奪取」でもあった。今回の香港における一連の抗議運動の中でも、その「リー

レノン・ウォールに貼られた「暴徒などいない。あるのは暴政だけ」の文字。もとは7月1日、破壊された立法会の議長席に掲げられた言葉である（2019年9月、大埔にて筆者撮影）

ダーのない運動」としての性格を象徴するように、スローガンやシンボルの多くはネット上で自発的につくられ、拡散されたものである。運動の各段階に、様々な「絵師」たちによって印象的な場面やフレーズをイラスト化した画像が作成され、SNSや掲示板、そしてレノン・ウォールに転載されていった。このような記号の拡散は「文宣（文字の宣伝）」と呼ばれる重要な運動戦略にもなっている。

あふれ出した香港デモの記号たちの特徴の一つは、まさに権力側の言葉を「奪取」してパロディ化するような表現が多く見られることである。六月一二日の警察による抗議者鎮圧は、特に彼らの用いた過剰とも思える武力が国際的な話題を呼んだが、香港内では警察の暴力的な言葉遣いも話題になった。ショッピング・モール内にこもった抗議者に対してある警察官が放った「自由閪（自由バカ）」は、女性性器を意味する卑語・罵倒語である「閪（hai）」に、元来はポジティブな意味である「自由」を組み合わせる斬新な語結合が話題になり、「閪」の字の門がまえの「日」の部分を左右それぞれ「自」「由」に変えた合字[2]がつくられた他、「〝自由閪〟で結構だ」とデモ隊側が肯定的な自称として用いる展開も見られた。[3]

ジャーナリストに対して警察が放った「記你老母（記者が何だこのやろう）」も同様の例である。「你老母（nei lou mou）」は元来は「あなたの母親」を意味する口語表現だが、この前に性行為を意味する卑俗な動詞「屌」を足すとよく用いられる罵倒表現「屌你老母（diu

6月16日のデモへの参加を呼びかける「記你老母」の貼り紙（中央）と「自由閪」の合字シール（右）（2019年6月、金鐘にて筆者撮影）

nei lou mou)」になるため、単独でも罵倒・侮辱の意味を持つ。[4]行政長官が法案の「暫緩（一時停止）」を発表した際には「暫你老母（何が一時だこのやろう）」の書き込みが見られ、翌日のデモ参加者の中にもこの言葉を掲げるものがいた。一〇月一日の中国国慶節の際には「あなた」を「彼」に変更した「賀佢老母（何が祝賀だあのやろう）」が登場するなど、抗議運動の中に広く用いられる「構文」になっている。

「閪」も「屌你老母」も「粗口（cou hau）」と呼ばれる広東語の卑語で、[5]若年層を中心に比較的頻繁に用いられているが、公共の場での使用はまだまだタブーであり、放送禁止用語でもある。雨傘運動などで掲げられた「平和的、理性的、非暴力的」を意味する民主派のスローガン「和理非（和平、理性、非暴力）」に、「非粗口」を付け足して「和理非非」とすることもあり、社会運動での使用にもはばかられるところがあったが、今回の抗議運動では警察側が早々にこの禁を破ったため、広く用いられるようになってしまった。

また、今回の抗議運動の戦略的特徴の一つは、「和理非」を掲げる非暴力主義者と「勇武（jung mou）」と呼ばれる直接行動主義者が、方法的な違いを超えて反体制派としての団結を維持していることであり、「不分化、不割蓆（分化しない、手を切らない）」「兄弟爬山、各自努力（兄弟で山を登るなら、それぞれの方法で努力しよう）」などといったスローガンが運動の初期から使われている。そのような様々な立場を超えた連帯を示すのに「We Connect」という英語もしばしば用いられている。これは林鄭月娥（キャリー・ラム）が二〇一七年の行政

「Keep Calm and Carry On」ポスターのパロディ。林鄭行政長官の英名にかけて「Carrie Off（キャリーやめろ）」と改変されている（2019年9月、香港大学にて筆者撮影）

長官選挙に出馬した際に中国語の「同行」とともに掲げたスローガン[6]に由来しており、まさに公式なスローガンを奪取して権力を揶揄する狙いを持ったパロディ的使用の例だろう。「同行」のほうも、掲示板での議論を経て作詞された運動のアンセム『願栄光帰香港』の一節に「同行兒女、為正義、時代革命（少年少女とともに、正義のために、時代の革命を）」として引用されている。林鄭の掲げた香港人の連帯は、皮肉にも彼女に対する反対運動の中に実現しつつあるようだ。

広東語の音遊びを生かしたパロディも多く見られ、林鄭行政長官をはじめとする政府高官に対しては同音類音を生かした様々なあだ名が与えられている。その多くはこの場で取り上げるのもはばかられるほど汚いものだが、比較的温和な例を挙げれば、保安局長のジョン・リーは、中国語名の「李家超（lei gaa ciu）」が「ピカチュウ」の広東語名「比卡超（bei kaa ciu）」に似ていることから、デモではピカチュウの人形を掲げる参加者の姿もあった[7]。

また七月上旬、大埔に出現した「レノン・トンネル」に一部警察官の写真などが貼り出され、完全装備の警察機動隊が出動してこれを剥がしていった際には、厳重な装備とメモを剥がす行為とのギャップがネット民の揶揄の対象となった。このときは、「紙を破る」という意味の「撕紙（si zi）」が広東語音では「獅子（si zi）」と同音になるため、ちょうど公開間近だった実写版『ライオンキング』のポスターを改変して「撕紙王」に変えたネタ画像がつくられていた。

この「獅子」に、警察に対する蔑称として用いられている「狗（犬）」を足すと日本のアニメ『忍者ハットリくん』に登場するキャラクター「獅子丸」の香港版での名前「獅子狗」となる。このキャラクターの好物が竹輪であったことから香港の俗語では竹輪を「獅子狗」と呼ぶことがあり、紙を破る警察を竹輪に例えるネタ画像も多くつくられた。吉野家香港支社のフェイスブックページは、この流れを受けて、竹輪が「俺を〝獅子狗〟と呼ぶことは許さん」と怒っている画像を投稿したが、これが警察批判と見なされて炎上した。当初はデモ参加者の称賛を集めていたものの、SNS担当者が同投稿を理由に解雇されたことが報じられる（後に香港吉野家は解雇を否定）[8]と一転、デモ隊の攻撃対象となってしまい、以降のデモでは店舗のシャッターに付箋が貼られたり落書きをされたりする事態が相次いでいる。

　これまで言及した事例からもわかるように、アニメや映画などのポピュラーカルチャーからの引用が多いことも特徴の一つである。この種の引用は単なるパロディにとどまらず、デモ隊の戦術となった「Be water」が、ブルース・リーの名言から取られていることはよく知られている。悲壮な響きを持つ「攬炒（死なば諸共）」という言葉ももともとは運動の初期にネット掲示板「連登」に登場したユーザーのハンドルネーム（「我要攬炒」）がもとで広まったもので、同ユーザーのスレッドにはしばしば米国の映画シリーズ『ハンガー・ゲーム』のセリフ「If we burn, you burn with us（私たちが燃えるときは、お前も道連れだ）」が投稿されていた[9]。以降このセリフは「攬炒」の英語版として定着し、デモなどで掲げられるようになっている。

「光復香港、時代革命」というスローガンの発案者で、今回の運動の精神的指導者となっている活動家・梁天琦（エドワード・リョン）もそんな身近な引用を好んだ一人だった。二〇一七年に製作された彼のドキュメンタリー映画『地厚天高』（このタイトル自体ロックバンドBeyond の楽曲『十八』の歌詞から取られている）の中には、彼が聴衆に「バットマンにこういうセリフがありました『夜明け前の暗闇が一番暗いんだ』って。「今の

「我要攬炒」の落書き。左に描かれているイラストは連登のアイコン画像の一つである豚（通称“連登豬”）で、米国のコミックに由来する「カエルのペペ」と並んで本運動の中で頻繁に用いられているマスコットの一つ（2019 年 9 月、油麻地にて筆者撮影）

香港も」確かに暗いですけど、夜明けは必ずきます。光復香港！　時代革命！」と呼びかけるシーンがあった。この「夜明け前が一番暗い」というフレーズは、今回の運動の中でも、ネットへの書き込みやレノン・ウォールへの貼り紙などでもたびたび目にするものである。

　このような決定的な場面で引用されるのが政治家や思想家の名言ではなく映画のセリフである、というのが昨今の香港の若者による政治運動の性格を示しているように思う。ポピュラー文化からの引用を豊富に利用したパロディ的言説は、メディアや消費の自由はあっても政治的な民主はほとんど持たなかった香港らしい戦略だといえるだろう。香港アイデンティティとポピュラー文化消費の深い関連については、香港文化研究ではすでに古くから指摘されてきたテーゼ[10]でもあるから、その発露である抗議運動にそういった記号類があらわれるのも当然かもしれない。いずれにしても、香港における政治運動は民主・自由といった政治的イデオロギーだけでなく、こういったボトムアップな文化の消費／生産にも背景を持っており、だからこそ単純な上意下達の政策では解決できない根の深い問題になっている。

1　ロラン・バルト、花輪光訳「五月の事件のエクリチュール」『言語のざわめき』みすず書房、一九八七年、一九六〜二〇五頁。

2　「合體字」と呼ばれ、「連登」やその前身である「高登」など香港のネット掲示板では盛んにつくられている（『香港網絡大典』「合體字」(https://evchk.wikia.org/zh/wiki/合體字〈二〇一九年一〇月二四日確認〉)。

3　何式凝「林鄭、請你做返個自由閪！」『立場新聞』二〇一九年六月二四日：「モラルを失った警察の口から出た言

太子駅で「死者」の追悼をする人々。現場には時折「光復香港、時代革命」のシュプレヒコールが上がり、駅入口の壁に貼られた付箋の中には「夜明け前が最も暗い（“黎明之前總是最黑暗”）」という言葉もあった（2019年9月太子にて、筆者撮影）

葉とはいえ、『自由閪』という言葉はいみじくも正確にこちら側の理想を言い表していた。（……）『閪』は本来女性の身体に対する侮辱であるが、同性愛者が用いる『queer』や『ゲイ』ももとは同じ由来を持つ」。

4　曾焯文「粵辭正典之『記你老母』」『立場新聞』二〇一九年七月一一日：「広東語には『屌你老母』という罵倒語があるが、「老母」という言葉自体は決して卑語ではない。「老母」は中原の古典においても数千年前から用いられており、管仲、曹操、李白、朱熹らの偉人もしばしば「老母」といっているし、歴代王朝の古典である《戦国策》《史記》《列女伝》《西遊記》《紅樓夢》にも少なからず用いられる。一方で、老母自体が卑語ではないとしても、文脈や当時の状況に鑑みれば、『記你老母！』は明らかに侮辱と脅迫を含んだものだったといえよう」。

5　Kingsley Bolton and Christopher Hutton, "Bad Boys and Bad Language: Chóu Háu and the Sociolinguistics of Swearwords in Hong Kong Cantonese," Grant Evans and Maria Tam eds., *Hong Kong: The Anthropology of a Chinese Metropolis*, Surrey: Curzon Press, 1997, 299–331.

6　選挙当時から、同名のアダルトアプリが存在することが揶揄の対象となってきたフレーズでもある（『香港01』二〇一七年二月四日「【特首選戰】林鄭口號與成人用品 App 撞名　競選辦指是設計師原創」）。

7　『Goldthread』二〇一九年六月一二日「Hong Kong protest: Why Pikachu was at the march」（https://www.goldthread2.com/culture/hong-kong-protests-why-pikachu-was-march/article/3014191〈二〇一九年一〇月二三日確認〉）。

8　「吉野家 fb：小編齊整整　廣告公司：無解僱任何人未回應是否遭解約」『立場新聞』二〇一九年七月一二日。

9　「專訪『我要攬炒』真身：香港人未放棄、我們也不放棄」『立場新聞』二〇一九年七月一九日。

10　吳俊雄、馬傑偉「普及文化與身份建構」廖迪生、張兆和、蔡志祥編『香港歴史、文化與社會：教與學篇』香港科技大學華南研究中心、二〇〇一年、一七七～一九三頁。

9

新界、もう一つの前線

―元朗白シャツ隊事件の背後にあるもの―

小栗宏太

2005年の沙田九約の太平清醮。公共住宅の目の前の空き地に会場が設けられた（2005年10月、倉田明子撮影）

1．はじめに

二〇一九年八月上旬、国際的な経済誌『エコノミスト』の表紙に掲載された香港の写真が局所的な話題になった。写真それ自体には一見、特に変わったところはない。それは白煙を吹き出す催涙弾に傘を構えて立ち向かうデモ隊を写したもので、この年の六月以降の数カ月に、あるいは「雨傘運動」以降の五年間にすでに、香港の人々がすっかり見慣れてしまったはずの光景だった。

話題を呼んだのは、それが新界東部に位置する街、大埔《タイポー》で撮影された写真だったからである。大埔は古くから栄えた市場街だったが、英国領となって以降の香港の政治的・経済的中心からは遠く離れており、戦後になってベッドタウンとして発展した地区である。庶民的な飲食店が立ち並ぶ一方、中心部には大規模商業施設もあり、暮らすにはそれなりに便利だが外部の人間が訪れる特別な理由もあまりないような、要するにごく普通の郊外の街だ。だからこれまで世界的な注目を集めることも、ましてや国際誌の表紙になったことも、おそらくなかったはずである。この表紙を掲載した『エコノミスト』誌のフェイスブックのページには大埔人からの驚きのコメントがいくつも寄せられ、大埔在住者が集うコミュニティ・ページなどにも転載された。

香港は「香港島」、その対岸の「九龍」、そして九龍以北に広がる「新界」の三地域に分けられる。官庁街や金融街のある香港島や庶民的な繁華街のある九龍とは異なり、新界は広大な領域に村落やニュータウンが点在しており、よくいえばのどかな、悪くいえば「田舎」というイメージのつきまとう地域である[1]。そんな辺境としての性格から、雨傘運動をはじめ国際的注目を集める政治活動の舞台となることもなかった。しかし七月以降香港全土に広がった今回の抗議運動は、新界各地の郊外の街を政治的衝突の場に変えてしまっている。大埔にも街の南部に位置する大埔墟駅の地下道の壁に付箋やポスターが貼られ、香港最長の「レノン・ウォール」、通称「レノン・トンネル」となった。香港全土でストライキと授業ボイコットが行われた八月五日には大埔を含む各地で催涙弾が放たれ、ネット上では催涙弾の放たれた地域をビンゴ感覚で穴埋めしていく皮肉な遊びを行うものもいた。大埔で撮影されたこの表紙もおそらくこの日に撮影されたものである。

催涙弾の煙の向こうに見えるのは、雨傘運動を写した写真の背景となってきたようないかにも香港らしい摩天楼ではなく、地味な公共団地の建物群である。路上には傘に混じって、プラスチック製の風呂桶のようなものが落ちている。周辺住民が家から持ち出して、催涙弾に被せて消火するのに用いたものだろう。本当になんの変哲もないただの郊外が、催涙弾の放たれる衝突の場になってしまったのだ。

ある大埔出身の若い国際関係学者は、この表紙を目にした衝撃について、こう綴っている。

> 幼い頃から大埔で育った人間として、中高生の頃から『エコノミスト』を読んでいた人間として、最新号の表紙には本当に胸に迫るものがあり、心が痛んだ。／思いもよらなかった。自分が十数年住んだ小さな町が、毎日通学時に通った歩道橋が、毎回駅行きのバスに乗った通りが、警察と市民の衝突の舞台になってしまうなんて。ましてそれが、ほぼ毎週読んでいた国際雑誌に載るなんて。[2]

しかし、大埔人たちが感じたローカルな衝撃は、国際社会には共有されていないようだ。『エコノミスト』の記事自体[3]は、香港をめぐる米中の利害関係について論じるもオーソドックスなもので、大埔や新界には全く言及していない。そもそもこの写真にも撮影場所を示すキャプションは全くつけられていないため、海外の読者はただ香港のデモを写したありがちな一枚として受け止めたかもしれない。

一連の抗議運動の中で、そんな経験をしたのは、大埔の人々だけではない。新界西部に位置する元朗《ユンロン》では、七月二一日に、白いシャツを着た数百人の集団が駅構内に侵入し、居合わせた市民を無差別に襲撃する事件があった。元朗や近隣の街の住民たちの間には恐怖が広がり、新界各地での新たな襲撃計画についての噂も流れた。翌日は店舗なども軒並み休業し、元朗はゴーストタウンと化した。

この事件は国際的に大きく報道され、日本ではワイドショーなどでも特集が組まれた。それらの報道の中では、襲撃の実行犯と見られた香港の「黒社会（マフィア）」の組織の歴史や、その香港政府や中国共産党とのつながりについては多くの解説がなされたが、舞台となった元朗、あるいは新界特有の事情については、さほど注目を集めてこなかったように思う。

しかしこの事件は、新界でしか、特に元朗でしか起こり得ないような、非常にローカルな政治的・社会的文脈を反映した事件だった。その深層を知るには、香港島や九龍とは異なる新界の特殊な歴史的歩みを紐解く必要がある。

2. 新界の歴史

「新界（New Territories）」という名は、英国による香港統治が始まって半世紀以上がたってから「新しく」獲得された「領土」であったことに由来する。一八四二年に香港島を、一八六〇年に九龍を獲得して香港植民地を築いていた英国は、日清戦争（一八九四〜一八九五年）以降の列強の中国進出の動きを受けて、[4]香港を防衛するための緩衝地帯の獲得を画策し、一八九八年に清朝から九龍北限の「界限街《バウンダリー・ストリート》」以北、深圳河以南の地域および周辺の離島を借り受けた。[5]これが現在に至るまで「新界」と呼ばれている地域である。

面積にして香港全体の九割近くを占めることになるこの広大な領域は、二つの点で香港島、九龍とは大きく違っていた。一つは、すでに強大な組織を持つ有力氏族の村々が存在しており、英国統治への抵抗が予測されたことである。新界西部の元朗から北部の粉嶺《ファンレン》・上水《シェンシュイ》にかけてのエリアには、元朗平原、錦田《カムティン》盆地、粉嶺上水盆地など、山がちな香港周辺地域には珍しい平野部が広がっており、肥沃な米作地帯となっていた。[6]その地域を中心に「新界五大氏族」[7]と呼ばれる錦田の鄧氏、新田《サンティン》の文氏、上水の廖氏と侯氏、粉嶺の彭氏などの氏族が宋、元代から居住しており、市場の運営や官吏の輩出などを通じて一帯に強大な影響力を持っていた。そのため香港政庁は、「新界原居民」と呼ばれる既存の村民に対して、慣習法の維持や独自の代表機関の設立など一定の自治を認める間接統治を採用し、新界には「一港二制度」[8]とも例えられるような香港島、九龍とは異なる制度が残ることとなった。

　もう一つは、清から割譲され原理的には永久に英国領となっていた香港、九龍と違い、新界は九九年間の期限付きで借り受けた租借地であり、一九九七年七月一日に中国に返されることが決まっていたことである。前記の村落社会の抵抗に加えて、いずれ返還される地であるため開発のうまみが少なかったこともあり、租借直後の新界では、東部に九龍市街地と中国側の深圳を結ぶ幹線道路（大埔道：一八九九〜一九〇二年）や鉄道（九広鉄路英段：現在のMTR東鉄線：一九〇五〜一九一〇年）が建設されたのを除いて、大規模な開発はほとんど行われなかった。[9]しかし戦後になり都市部の人口が増加すると、新界に

大埔の街並み。手前の低層住宅の地域が村、奥がニュータウン
（2019 年 9 月、倉田明子撮影）

もニュータウンが建設された。以降の新界は都市からの新人口の流入が増加し、新界原居民は人口の上ではマイノリティとなっている。

このような開発により割譲地との一体化が進んだため、新界を単独で中国に返還することは不可能となり、新界が租借期限を迎える一九九七年七月一日に香港全体が中華人民共和国へ返還されることになった。返還にあたり植民地的色彩の濃厚な「新界」という名称が中国側で問題となったこともあったが、最終的にはそのまま維持された。[10]また新たに制定された香港基本法には「新界原居民の合法的な伝統権益は香港特別行政区の保護を受ける」（四〇条）との規定が盛り込まれ、原居民の権利は引き続き維持されている。一方で、二〇〇三年に香港と大陸の間で経済協定が結ばれ、「自由行」と呼ばれる大陸からの個人旅行が解禁されると、大陸に隣接する地域である新界はその影響を最も強く受けることとなり、ニュータウンを中心に大陸人と香港人の摩擦も目立つようになる。

そんな歴史的背景から新界は、①特権を付与された原居民村落、②ニュータウンの点在する郊外、③大陸からの越境者と既存の香港住民が衝突する「中港矛盾」の最前線、という三つの側面を持っている。例外的権力の残存、郊外としての発展、周辺地域との摩擦というこれらの性格は、いずれも香港の中心部から離れた新界の地理的位置づけに起因し、辺境としてのこの地域の特徴を反映するものである。今回の抗議運動の中では、運動の新界への拡大とともに、このような三つの特徴が新しいものから順に表面化し、埋め込まれた火種が運動全体にも飛び火していくような展開をたどった。

まずあらわれたのは、返還後の中港矛盾がもたらした変化と、失われゆくかつてのニュータウンへの強い愛着だった。

3. 記憶の中のニュータウン

(1) 七月六日、一三日：屯門と上水での「光復運動」

これまでの香港における政治運動の多くがそうであったように、逃亡犯条例をめぐる抗議運動は当初は政府庁舎の集中する香港島で行われており、新界はおろか対岸の九龍地区ですら目立った活動は行われていなかった。しかし七月に入り、運動の「遍地開花」（第1章参照）が叫ばれるようになると、新界地区を含む各地でのデモ活動が続々と計画されていった。

その最初の活動としてネット掲示板「連登」（第5章参照）で呼びかけられたのが七月六日に実行された「光復屯門公園」と名づけられたデモ活動だった。新界西部に位置する屯門《テュンムン》のこの公園では、一〇年以上前からパフォーマンスエリアでのマイクやスピーカーを使った歌唱が騒音問題となっており、周辺住民からの苦情が寄せられていた[11]。パフォーマーの多くは大陸出身の女性だと見られていて、この年の六月一〇日には彼女たちが老人男性を相手に身体接触を含む性的なダンスを披露する動画も話題になっていた[12]。デモ当日、参加者たちは、時に売春婦を意味する「鶏」などの言葉を叫びながら、騒音への不満をあらわにし、当局にパフォーマンスエリアの取り締まりを訴えた。

翌週七月一三日には、新界北部の上水で、大陸からの越境買い物客増加に反対する「光復上水」デモが行われた。上水は大陸に通じる鉄道であるＭＴＲ東鉄線（旧九広鉄道）のうち最も深圳に近い駅[13]がある街であり、「自由行」解禁以来最もその影響を受けてきたため、これまでにもたびたび同様の抗議運動が行われてきた。今回のデモも二〇一二年に行われた「光復上水駅」運動の参加者が結成し、買い物客問題を監視してきたグループが呼びかけたものだった[14]。

つまりは、いずれも以前からくすぶっていた不満が、六月以降の抗議運動の流れの中で再び現れた形だった。どちらの運動にも用いられている「光復」という言葉は、元来「失地の回復」を意味しており、つまりは、大陸からの影響力増加により自分たちの街が奪われているという感情が背景にある。大陸に近い新界では、かねてより越境買い物客の増加による街の混雑や、越境出産や越境通学による病院、学校施設の需要増加などの問題が顕著であり、大陸からの越境者により香港人のリソースが奪われている、という被害者意識につながっていた。これらの問題は、生活上に身近な問題に起因しているだけに、逃亡犯条例改正のような政治問題以上に大陸への直接的な反感を引き起こしやすいイシューである。

新界での光復運動が再発した二〇一九年七月中旬以降に、同じ「光復」という言葉を含む「光復香港、時代革命」という言葉の使用が抗議運動全体で目立つようになった[15]。この二つの時期の重なりは単なる偶然ではないだろう。このフレーズはもともと、「本土民主前線」所属の梁天琦（エドワード・リョン）が二〇一六年に新界東選挙区から立法会選挙に立候補した際に用いたキャンペーン・スローガンであった。本土民主前線は雨傘運動後、新界各地で「光復」運動を行ってきた急進的本土派団体であり、つまりはこのスローガンに込められた思想も、新界の抱えていた問題にルーツを持つものであった。根深い大陸への反感を解き放った屯門と上水の二つの光復運動は、争点が拡大し、中央政府を巻き込みながら、「革命」の色彩を強めていく七月下旬以降の運動の展開の予兆であったのかもしれない。

一方で、ローカルなイシューを扱ったこの二つの運動には、これまでの香港島での抗議運動とは異なる小さなコミュニティへの意識のあらわれを見て取ることもできる。それは光復上水デモの翌日、沙田《シャーティン》で行われたデモとそれに対する反応にさらに濃厚にあらわれてくることになる。

(2) 七月一四日、沙田デモとその衝撃

七月一四日、新界東部のニュータウン、沙田で反逃亡犯条例デモが行われ、主催者発表で一一・五万人が参加した。夜にはデモの終着点となった街中心部で、現場に残ったデモ隊と警察が対峙し、警察に追い詰められたデモ隊の一部は沙田駅に隣接したショッピング・モール「新城市広場（ニュータウン・プラザ）」に入った。まだ買い物客の残る同施設で強制排除を開始した警察に対し、追い詰められたデモ隊が傘などを手に激しく抵抗したため、双方に流血者を多く出す事態となった。翌日の新聞各紙には「浴血新城市（血を浴びた新城市）」[16]などのショッキングな見出しが掲載されている。郊外のショッピング・モールを「『戦場』に変えた」この事件は、逃亡犯条例改正が生んだ波紋が、日常的コミュニティすら侵食しつつあることの一つのあらわれだった。[17]今後、冒頭で言及した大埔をはじめ、同様の光景は各地で繰り返されることになる。

そして、そんな郊外で行われる戦闘は、その街の住民たちにとって、これまでの一カ月に香港島の金鐘などで繰り返されてきた衝突とは全く違う印象を与えるものだった。事件の翌日、オンライン・ニュース・サイト『立場新聞』に寄せられた沙田出身者の手記「沙田、僕が幼い頃住んだ場所[18]」は、次のように結ばれている。

> ニュータウン・プラザでの戦闘というのは、［例えば金鐘《ガムツォン》の］パシフィック・プレイス（太古広場）でするのとは、僕にとっては全くの別物だ。香港島の人はパシフィック・プレイスを自分の家だと思えるのかどうか、僕にはわからないけど、なんといってもニュータウン・プラザだ。なんどもご飯を食べた場所。なんども飲茶をした場所。いくつもおもちゃを買った場所。僕だけじゃない。僕と同じくらいの年代、あるいは少し前や後の世代の沙田人も似たような感情を抱いているはずだ。警察は、警棒を振り下ろすたびに、人々の体を傷つけただけでなく、多くの人の心もまた傷つけたのだ。金鐘や中環とはわけが違う。警

棒によって壊されたのは、香港庶民の平凡な暮らしのイメージだ。壊されたのは、僕の子ども時代だ。

この新城市広場では、四年前の光復運動（〃捍衛沙田〃）の際にも警察による強制排除が行われ、催涙弾が放たれていた。このときも沙田出身者が同サイトに「沙田は私の家」[19]という手記を投稿し、このショッピング・モールへの思いを綴っている。

ただのショッピング・モールのために泣くなんて聞いたら不思議に思うでしょう。でもきっとこう考えるべきなのです。沙田で生まれ育った人々にとって、ニュータウン・プラザは、そして沙田タウンセンターは、もはや「ただのショッピング・モール」を超えた意義を持っているのだ、と。それは私たちの消費の場であり、私たちの成長のよりどころであり、さらには故郷の中心部分だった。この家が警察に、ペッパースプレーに、旅行客に、スーツケースに占領され、蹂躙されるのを目にするのは、本当に心が痛む。この感覚は、政治的立場や、嫌中意識ともあまり関係がない。それは「沙田は私の家だ」という感覚に由来する。きっと沙田こそが私たちの故郷なのだ。

これほど強い郷土意識を喚起する沙田、そして新城市広場とはいったいどんな場所なのだろうか。その背景には、おそらく戦後香港における団地やニュータウンの文化的・社会的位置づけが関係している。

(3) 香港公共団地の社会的意義

戦後、香港では大陸からの断続的な難民流入により人口が増加し、住宅不足が大きな課題となった。これらの難民の多くは、九龍北部の山間の地域などにトタンや木板でバラック（それぞれ「鉄皮屋」、「木屋」と呼ばれた）を建てて住んでおり、衛生や火災のリスクが問題になっていた。一九五三年のクリスマスには、石硤尾の木屋群で大規模な火災が発生し、五万人以上が焼け出されている（〝石硤尾大火〟）。そのため香港政庁は公共団地建設を急ピッチで進めて対応していくことになる。

一九七〇年代に入ると、当時の香港総督マクルホースが、一九七三年から一九八三年までの一〇年間に合計一八〇万人を収容可能な公共団地の建設を目指す「十年建屋計画」を発表している。この計画の肝となるのが、新界のニュータウン開発であった。すでに五〇年代から工業建設が進められていた西南部の荃湾を皮切りに、東部の沙田や西部の屯門で、入江の埋め立てを利用した大規模な宅地開発が行われた。後に伝統的な市場街である大埔（一九七六年）、元朗（一九七七年）、粉嶺、上水（一九七八年）などもニュータウン指定を受け、公共住宅や工業団地が建設されている。都市部の難民バラックや旧式の団地からニュータウンへの移住が進むことにより、新界の人口は一九七一年から一九八一年までの一〇年で倍増した。

公共団地への入居は広東語で「上楼《シェンラウ》（ビルに登る、または階段を登る）」と呼ばれるが、故郷を追われ新天地で不安定な難民生活を送っていた人々にとっては、公共住宅での暮らしは、まさに生活水準の大きなステップアップを意味した。十年建屋計画により多くの人が「上楼」を経験した一九七〇年代は、最も幸福な黄金時代として記憶されている[20]。この時代について分析した社会学者の呂大楽は、そんな公共団地への入居がもたらした安定感こそが、雑多な移民社会であった香港に一つの共同体意識が生まれる大きなきっかけであった[21]、としている。そのため公共団地での生活は、ある種の香港人全体の共通体験として記憶されていて、「実際に住んだことがあろうとなかろうと、［大部分の香港人の］成長体験の一部[22]」となっている。今回の一連の抗議運動の中でも、一〇月はじめに沙田区大圍の公共団地近くで作戦展開中の警察が市民に「団地住まいが何様だ」という暴言を吐いた際には、香港社会に対する無知として激しい反発を招き[23]、自身の団地時代の写真をSNSに投稿する有名人もいた。[24]「みんな団地で育ったのだ」という共通意識は、香港人のアイデンティティ意識を支える重要な文化的遺産となっているのである。

また香港における公共団地は、その多くは住宅棟だけでなく、遊具や球技場、飲食店やマーケットなども併設され、自給自足可能な閉じた空間として設計されている。こういった団地には、それぞれに「〇〇邨《チュン》」、つまりは「〇〇村」という名前がつけられるが、そのような設計のために、それぞれに「ムラ」のようなコミュニティ意識も育まれた。この傾向は、英国の自給自足型ニュータウンをモデルに開発された初期の新界ニュータウン[25]においてより顕著であり、中でも「最もよく計画されて、満足のいく」[26]ニュータウンとして称えられる沙田は、その象徴的な例でもあった。

沙田ニュータウンは、実際に建設に関わった技師の回想によれば、当初から「調和のとれた開発」により、住民の生活が内部で充足することを目指してつくられており[27]、そのため計画段階から用地を「住居」「教育」「仕事」「休憩」などの機能別に分ける明確なゾーニングが行われた。[28]中でも沙田駅周辺の「沙田タウンセンター（沙田市中心）」と呼ばれるエリアには、消費、娯楽、行政関連の施設が集中して設けられ、それぞれの住居エリアと歩道橋などで結ばれており、住民たちはその必要に応じて、ニュータウン内の様々な機能を享受することができる。また街全体の景観にも気が配られており、計画都市でありながら人工的な息苦しさは感じさせない。周囲をなだらかな山々に囲まれた地形のため街の中心部からも緑が視界に入り、ランドスケープにはある種の「田舎らしさ（rural feel）」[29]も残された。また街全体を貫くように、埋め立てされた入江の名残である「城門河」が流れており、毎年端午節に開催される沙田名物のドラゴンボート・レースの舞台ともなっている。

同時期に建設された屯門ニュータウンとは異なり、沙田ニュータウンは九龍地区とは獅子山で隔てられるのみであり、一九六七年に開通した獅子山トンネルを通れば、一五分ほどで九龍の市街地に出ることができる便利な立地にあった。また鉄道も通っていたため、都市部に働きに出る人も多く[30]、実際には計画された完全な自給自足コミュニティというよりは、衛星都市ないしベッドタウンとしての機能を担うことになった[31]。しかしそれでも、特に働きに出る必要のない子どもたちの需要はほとんど沙田内で満たすことができた。幼少期を沙田で過ごした団地写真家の男性は、自身の写真集に寄せた文章に次のように書いている。

周到に企画された八〇年代の沙田ニュータウンの団地は、一つの完全なコミュニティだった。それぞれにモール、マーケット、遊技場、公民館、広場、駐車場、球技場があり、華麗な建築ではないものの、生活上の必要は基本的に完全に自給自足できる。団地とは、一つの独立したコミュニティである――そんな先入観が、知らず知らずのうちに幼い私の心に植えつけられ、私の団地に対する第一印象となった[32]。

先述の沙田出身者による二つの手記でも、この自給自足の設計の意義が強調されている。二〇一九年の手記の筆者は、子ども時代のほとんどを沙田の内部で暮らし、「沙田でなんでもそろったから外に出る必要がなかった」[33]と書いている。二〇一五年の手記も、「沙田タウンセンターに足を踏み入れれば、『自給自足』という言葉の意味がわかるだろう」と述べ、沙田だけを活動範囲にしていた幼少期の「田舎者（〝郷下仔〟）」のような暮らしが自分の郷土意識を形成したのだろうと分析している。抽象的な「公共団地経験」が香港意識を育む一方で、それぞれの個別の団地は、より小さな単位での帰属意識を育んできたのだった。

(4) 沙田の消費文化と中流意識

その沙田タウンセンターのさらに中心に位置する商業施設として住民の多様な需要を満たしたのが、今回「戦場」と化してしまった新城市広場だった。一九八四年にオープンした新城市広場は、香港島の「置地広場（The Landmark）」や「太古城中心（Cityplaza）」などと並ぶ香港の最初期のショッピング・モールの一つである。[34] 九階層からなる巨大な施設であり、多様なテナントが入るだけでなく、三階に設けられたミュージカル噴水や天井部分のアーチ状の天窓など、視覚的に楽しめる工夫も凝らされていた。[35]

入居テナントとして特筆すべきは、ヤオハンの香港第一号店である。開発を担った新鴻基地産の当時の担当者によれば、「永安（Wing On）」「先施（Sincere）」などの地元資本のデパートや、松坂屋や大丸などの大手日系デパートに出店を断られたすえにようやく探し出した出店者だったというが、[36] ヤオハンは、新城市広場ひいては沙田の象徴として親しまれることになった。都会から離れた沙田での成功は本社の上層部にも驚きを持って受け止められ、[37] ヤオハンはこれ以降他の大型店舗が出店を渋ったニュータウンへの展開を主要な戦略としていく。[38] 同社でフィールドワークを行った人類学者の王向華は、そのような経営戦略によりヤオハンは、既存のマーケットやスーパーでの買い物には満足できないが、都市部の外資系デパートへの買い物には手の届かない郊外の新興中

噴水が撤去された現在の新城市広場。アーチ状の天窓は健在（2018年5月、筆者撮影）

間層を引きつけることができた[39]のだと指摘する。

また沙田をはじめとするニュータウンでは、「公屋《コンオック》」と呼ばれる公共団地、「居屋《コイオック》」と呼ばれる公共分譲団地、高価な民間分譲住宅などの異なる経済レベルの住民が住む住宅が併存して設けられていたが[40]、中心部のショッピング・モールは共用だった。そのため、王によれば、ヤオハンは公共団地に暮らす下層の人々が憧れの中間層の暮らしに触れられる場でもあったという[41]。実際に公共団地に入居していた二〇一九年の手記の筆者も、新城市広場の最も印象的な施設としてヤオハンを挙げ、「売っているものは高めだったけど、買わなくても見るだけで楽しめた[42]」と書いている。

そんなニュータウンの空間配置の中で、難民生活を脱出して公共住宅への入居を果たした人々は「公屋から居屋へ、そして最後は分譲マンション[43]」という香港版の「住宅すごろく」を夢見ることができた。そのため沙田を、香港的な中流階級意識のゆりかごとして評価する声[44]もある。

一方でそんな沙田の新城市広場も、返還後は変化しつつあった。ヤオハンは返還の年である一九九七年に撤退してしまった。二〇〇三年には自由行解禁を受けて大規模な改装工事が施され、ランドマークだった三階の噴水も屋外に移転された。以降は旧来の店舗が撤退し、越境客向けの宝石店やブランド店、薬局などの入店が目立つようになる。二〇一五年には、かつて「世界一人の出入りが多い[45]」「一時間あたりの利用者数の世界記録を出した[46]」などの伝説を持つほどに親しまれたマクドナルドも撤退が決まり、閉店を惜しむ市民による送別会が開かれた。このときにネットメディア『香港独立媒体網』に寄稿された記事は、越境客向けのテナントが増加する新城市広場について、「もはや『沙田っ子』のものでも、香港人のものでもなくなってしまっている[47]」と嘆いている。

沙田ニュータウン出身者が、新城市広場への思いを強調して語る背景には、このように、子ども時代を過ごした美しく調和したコミュニティへの郷愁がある。だからこそ変わり果てたその現在の姿に、警察と市民の流血沙汰の衝突の場にすらなってしまったこのショッピング・モールに、彼らは故郷や子ども時代を破壊されたような心の痛みを感じ、涙を流すのだろう。

(5) 映画『点五歩』と沙田ノスタルジーの政治化

屯門、上水での光復運動についての項で見てきたように、こういったノスタルジアは、今日の香港において政治的な動員力も持っている。二〇〇〇年代後半には香港各地で歴史的建造物取り壊し反対運動が起こり、本来は学術用語である「集合的記憶（〝集体回憶〟）」が流行語となった。「保育運動」と総称されるこれらの保全運動は、本土主義運動勃興のきっかけの一つともされる。[48]

沙田ニュータウンへのノスタルジーを政治的文脈に結びつけた例として、二〇一六年に公開された香港映画『点五歩（邦題『あと半歩』）』がある。この映画は一九八〇年代、沙田に設立された香港最初の少年野球チームである「沙燕隊（沙田マーティンズ）」が、翌年日本のチームに勝利をおさめた実話[49]に基づいている。いわば香港版『ＫＡＮＯ』といった趣で、底辺校の生徒たちが鬼コーチの指導を受けながら野球に目覚めていく王道的〝スポ根物語〟でもあるが、ヤオハンや公共団地といった当時の沙田の具体的な生活風景の描写によって、映画には非常にローカルな色彩が与えられている。[50] また、プロローグとエピローグに雨傘運動中の金鐘の様子が描かれ、一九八〇年代の沙田を舞台にした本編が主人公の回想とともに語られることにより、記憶の中の沙田ニュータウンが香港の政治的文脈の中に位置づけられている。

映画の冒頭、テントの建てられた金鐘占領区の路上にいる主人公が「こんなに負けたくないと思ったのはあのとき以来だ」と、三〇年前の試合を回顧していくことで物語が始まる。主人公は沙田の公共団地に暮らしており、映画の中盤のナレーションでは、すでに見たようなニュータウンと社会的上昇への可能性が語られている。

あの年の沙田は、どんどん賑やかになっていった。新城市［広場］の完成、ヤオハンのオープン、最初の城門河ボートレース。引っ越してくる人も多く、また出ていく人も多かった。僕らみたいな団地っ子にとって、団地を出るということは、すなわち成功を意味していた。

主人公が団地を抜け出すことを夢見る一方で、チームメイトにはバラック住まいの家庭もある。物語の終盤には彼がついに夢の「上楼」を果たし、「公共団地に入れるぞ！」と家族とともに喜び合うシーンもあり、まさに公共団地の中間的、過渡期的位置づけが強調されている。

実際の沙燕隊の結成は一九八二年であるが、映画では雨傘運動のちょうど三〇年前の一九八四年に改変されている。それはこの年が、沙田にとっては先述の「新城市広場」がオープンした年であり、かつ香港全体にとっては一九九七年の返還を取り決めた中英連合声明が締結された象徴的な年だったからだろう。映画の中でも、サッチャー首相が声明に署名をする実際の映像が、「あの年、香港ではいろいろなことが起こり、香港が変わってしまったという人も多い」というナレーションとともに挿入されている。

そんな時代の変化は、香港自体の変化ではなく、彼自身の環境の変化を通じてあらわされている。両親は不仲になっていくが、狭い団地の部屋には逃げ場がない。同じ団地の幼なじみは黒社会の世界にのめり込み、野球をやめてしまう。同じ階に住む少女への淡い恋も、ずっと一歩を踏み出せないままに終わってしまった。最後の試合、チームのエースとなった主人公は、そういったどうにもならない変化を回想しながら、「ただ何か一つでも、自分でコントロールできるものが欲しかった」と気合の入った一球を投げ込み、日本チームに勝利をおさめる。チームメイトとともに喜びにわく主人公だったが、結局黒社会の世界に入った親友は抗争により命を落とし、離婚を決意した母は家を出ていってしまったため、彼にとってのこの年の勝利は、悲しい記憶とともに記憶されていく。

僕が育ったこの場所も、だんだんと見知らぬ様子になっていく。一九八〇年代は、香港の最も幸福な時代であり、僕が最も戻りたい時代でもある。あの年、僕は誰も知らない試合に勝ち、大切なものを失った。[51]でも一つ学んだことがある。勝ち負けは重要じゃない。一番重要なのは、この半歩を踏み出す勇気が、あるかどうかだ。

このナレーションとともに沙田の団地の光景を写した映像が、雨傘運動末期の金鐘の様子に切り替わりながら映画が終わる。ここではかつての黄金時代の沙田と今の香港が対比されるとともに、どうにもできない周囲の変化に翻弄された彼の青春と香港の民主化運動の姿が重ねられている。中年になった現在の主人公を民主化運動に駆り立てているものは、新城市広場の変貌に人々が涙を流す理由と同じく、かつて「最も幸福な時代」に過ごした沙田での青年期の記憶である。

(6) コミュニティ化する抗議運動？

体制派が富裕層と貧困層を中心に支持を集める香港において、民主派の支持基盤は広い中間層にあるとされる。[52]そのため『点五歩』に見られるような沙田的な中流階級意識と民主化運動との結びつきはある意味自然なものかもしれない。実際、沙田は、大規模な民主化デモの舞台にこそなってこなかったが、選挙では長らく民主派の重要な票田であった。二〇一六年の立法会選挙でも沙田の属する新界東は九議席中六議席を民主派陣営が獲得し、全八選挙区中唯一[53]過半数を保っている。また沙田区は区議会でも、二〇一五年の選挙で民主派が躍進して普通選挙で選出される「民選議席」三八議席中半数の一九議席を獲得し、一八区のうち唯一民主派が民選議席の半数をおさえる区議会となった。[54] 一四日のデモの際にも沙田レノン・ウォールに「民主之郷」と書く者[55]や、「沙田は〝自由閪〟（自由バカ）[56]を多く輩出してきた」という標語を掲げる者がいた。[57]

こういった主張にあらわれているのは、単なる香港人意識や民主化を求める政治的意識ではなく、自身のコミュニティである沙田へのプライドである。自給自足のニュータウンの中で強い帰属意識を育んできた沙田の人々は、「沙田友（沙田っ子）」を自称し、この街の様々な成功に誇りを持っている。[58] 新城市広場での流血の衝突に終わってしまった沙田デモの翌週には、「沙田友《シャーティンヤウ》」と同音の名を持つザボンの一種「沙田柚《シャーティンヤウ》」の描かれたチラシなどを配り、デモ活動へのコミュニティの協力に感謝を表明するユニークな活動も行われた。活動に賛同を示し、ボランティアたちに「沙田柚」シールを寄贈した民主派区議会委員は、メディアの取材に「沙田住民として沙田区議会議員として誇りに思う」[59]と答えている。

近年の香港の民主化運動の背景には「香港人」意識、「本土（ローカル）」意識の覚醒があるとされているが（第6章参照）、実際にはそのさらに下に、このようなそれぞれのコミュニティへの愛着も存在している。おそらく、そのような「小さな本土意識」を持った人々が、都市部での抗議活動を郊外にある自らの「ムラ」に持ち帰ろうとしたことが、七月以降の運動の「遍地開花」の背景にあるのだろう。ここに雨傘運動後「傘落社区」などの標語を掲げて行われてきた活動の帰結を見ることもできるかもしれない。これは「散落（散って落ちる）」と

「傘落（傘を落とす）」をかけた標語で、まさに各コミュニティに散開して雨傘運動の理想を根づかせることを目指すものである。二〇一五年以降の香港には小社区単位の地名を冠した社会運動団体が、各地で無数につくられていた。

金鐘などに設置されていたレノン・ウォールは、七月上旬頃から各地の駅や団地などに設けられるようになる。新界東部の大埔に大規模な「レノン・トンネル」が誕生したのもこの頃である。一方でこうした抗議活動のコミュニティ化は、沙田での衝突に示されているように、暴力的衝突が日常の生活空間に持ち込まれることにもつながり、レノン・ウォール付近での抗議運動支持者と政府支持者の小競り合いなども起こるようになる。そして、元朗での事件も、そのような地域コミュニティにおける衝突の流れの中で起こってしまった。しかし、この事件では団地やニュータウンの「ムラ」意識ではなく、元来の意味での「ムラ」である原居民村をめぐる問題が表面化することになった。

4．今に生きる村の「伝統」

(1) 元朗事件の勃発と取り沙汰された疑惑

七月二一日、香港島で民間人権陣線による大規模デモが行われたこの日の夜一〇時頃、黒社会の背景を持つと思われる[60]数百人の白シャツ集団が元朗駅にあらわれ、棒などの武器を手に構内に居合わせた市民を殴打した。被害者には黒服を着たデモ帰りの者の他、ネットニュース『立場新聞』の女性記者、新界東選出の民主派議員である林卓廷、さらには仕事帰りにたまたま被害に遭った調理師男性[61]もいた。

この無差別襲撃事件には前兆があった。ネット上には数日前から謎の警告画像が広まっていた。この画像には、元朗駅近くにある原居民村である「十八郷《サプパーッヒョン》」を指すと思われる「18郷」の署名がされていて、「元朗のすべての範囲で、レノン・ウォールを貼ることは許さない」「連登民よ、よく聴け……元朗村民はお前たちを歓迎しない」「マスクをして元朗に侵入したものは、五体満足では帰さない」「元朗18郷は故郷を守ることを誓う」と書かれていた。[62]また、事件当日には元朗区議会議員も事前に襲撃の噂を耳にし、警察に通報している。[63]

しかし警察が現場にあらわれたのは、事件発生から一時間以上がたった午後一一時頃であった。そのため警察は襲撃者と手を組んでいたのではないかという疑惑が取り沙汰されることになる。翌日の会見で香港警察のトップは、対応の遅れは香港島での衝突をはじめ別地域での事案に対応していたためと釈明したが、元朗区八郷《パーッヒョン》地区の指揮官李漢民が、襲撃後、まだ武器を手にしている白シャツ隊の肩を叩きながら談笑する映像も流出し、疑惑を深めた。[64]

また、新界西選出の体制派立法会議員何君尭（ユニウス・ホー）が、白シャツ隊と握手して「あなたたちは私の英雄だ」などと声をかける様子を映した動画も流出した。[65]何君尭は体制派の中でも最も中央政府よりの「西環党」と目される議員だったため、中央政府の事件への関与も疑われた。「西環」は中央政府の香港における出先機関である中央政府駐香港連絡弁公室（中連弁）の所在地である。ロイター通信によるスクープ報道[66]によれば、中連弁新界工作部は事件の数日前に元朗の村民を集めた会合を開き、「デモ隊から街を守る」ことを呼びかけていたという。

こういった疑惑などから、世界各地の新聞が、中央政府、香港政府と「黒社会」とのつながりについて報道した。例えば『ニューヨーク・タイムズ』の記事[67]は、中国黒社会組織の「三合会」が、もともとは国民党に近い組織だったが、返還前に共産党とも関係を改善したこと、雨傘運動などでも三合会関係者と思われる人物によるデモ隊への襲撃事件が起きていることなどに言及している。こういった報道から、「政府と黒社会の共謀」や、「中央の命を受けた愛国分子による民主派へのテロ」というシナリオでこの事件をとらえた読者も多いだろう。そういった疑惑については香港でも十分に取り上げられ、抗議運動参加者の警察、香港政府、そして中央政府への不信を決定づけた。ただ、香港ではもう一つの疑惑が取り上げられていたことは注目に値する。それは、今回の襲撃に新界原居民の組織が関わっているのではないか、という疑惑である。

これについてはいくつかの証拠もある。白シャツ隊は襲撃後、駅周辺の原居民村の一つ、十八郷の南辺圍《ナムピンワイ》に集まっていた。実際に逮捕者の中には、元朗区屏山《ペンサン》の坑尾村の村代表である鄧志学などの村の有力者も含まれている。[68] また先述の何君尭も屯門出身の原居民である。彼は白シャツ隊との握手について「食事後に通りかかったら、知り合いがいた」だけだと話して自身の事件への関与は否定したが、白シャツ隊の中に村人たちがいたことを認め、彼らは元朗を「侵犯」した黒シャツ隊から「故郷と家族を防衛（〝保郷衛族〟）」しようとしただけだ、と襲撃の背景にある思想に一定の理解を示している。

元朗周辺の平野部は、すでに言及した通り有力氏族が古くから居住し、歴史的に村落のネットワークがもともと強い地域であった。また英領となってからも、早々に鉄道が通った東部とは異なり、市街地からも隔絶されていたため、伝統的な村落組織の権力が強く残るとされる地域である。ニュータウン指定を受けて以降も、「新旧融合の成功例」[69] とされるほど、既存の土着ネットワークを残しながら開発が進められてきた。そのような元朗周辺の原居民村の歴史的イメージから、この事件についても一部では、政府の管理の行き届かない無法地帯での事件というイメージで受け止められ、[70] 民主派議員も事件を受けた会見で「元朗はもはや独立したのか？　香港の法律も全く適用されないのか？」とコメントしている。[71]

また、黒社会の影響力を背景に財をなした原居民村の有力者と政府との共謀をめぐる疑惑も近年注目を集めており、「官商郷黒」の癒着として批判を招いていた。財界が体制派の重要な支持基盤となっている香港では長らく「〝官商勾結」と呼ばれる政府（〝官〟）と財界（〝商〟）の癒着をめぐる疑惑が取り沙汰されていた。[72]「官商郷黒」という表現は、これに原居民村の実力者をあらわす「郷紳」と、「黒社会」を足したものである。

六〇〇人ともいわれる襲撃者のうち、逮捕者は事件から三カ月がたった一〇月二一日現在三四人にとどまっており、[73]組織的背景が十分に明らかになっているとはいえない。そのためこれらの疑惑についても確かにいえることもなく、今後真っ当な捜査が行われ、真相が究明されることに期待するしかない。しかし真相がどうであれ、こういった郷紳勢力への疑惑が生まれる背景を理解するためにも、新界原居民をめぐる暴力と自衛の、そして利権と癒着の歴史的背景について整理を試みることは有益であろう。

(2) 自衛の伝統と統治への抵抗

「農村」といえば一般に牧歌的で平和な光景が想像されるかもしれないが、それは華南の農村には必ずしも当てはまらない。海賊の襲撃や「械闘《カイトウ》」と呼ばれる村同士の武力抗争が頻発してきたこの地域の農村には、ある歴史家の言葉を借りれば、「暴力や、暴力の現実的可能性が溢れて[74]」おり、その結果として村々には「長い自衛の伝統[75]」があった。

清初、台湾を拠点にした鄭成功を封じ込めるために沿海部に「遷界令」がしかれると、今日の新界にあたる領域も全域が対象となり、村民は内陸部への転居を余儀なくされた。錦田の水尾村には、このときに放棄された住宅の名残とされる大木に飲み込まれた石造りの壁（〝錦田木屋〟）が残されている。同令の撤廃後、荒廃した沿海部を再開発するための移住が促されると、五大氏族をはじめ以前から居住していた「本地《ブンティ》」人の帰還に加え、新たに「客家《ハッカ》」と呼ばれる新来の人々の流入も進み、新界には両者が混在することになった。[76] その後、英国による租借直前まで、新界では土地や市場の利権をめぐる争いが常態化しており、客家＝本地間に限らず、様々な村落間で械闘が行われた。日本の人類学者、瀬川昌久がフィールドワークを行った本客混在連合の八郷では、一九世紀、隣接する強大な本地連合である錦田と五〇年以上にわたって断続的な抗争状態にあり、八郷側では合計五四名の死者が出たと伝えられている。[77]

この暴力の頻発と、それに対する自衛の伝統は、今日の村の有形無形の構造にも見て取ることができる。最も目立つのは「圍《ワイ》（囲）」と呼ばれる防御用の城壁である。これは建物同士の壁をつないで村全体を囲み外敵の侵入に備えるもので、客家村、本地村ともに見られる特徴である。[78]この特徴的な構造のイメージから、新界原居民村は、実際の壁の有無にかかわらず、しばしば「圍」や「圍村《ワイチュン》」と呼称される。

これらの村落は、さらに近隣の村々と「郷《ヒョン》」と呼ばれる村落連合を築いて戦闘に備えていた。これは新界原居民の代表組織である「新界郷議局」の傘下の「郷事委員会」に再編成されて今日まで存続している。これまで言及してきた錦田、屛山、屯門、八郷、十八郷、上水などは、いずれもこうした「郷」の名称である。

現在の吉慶圍（2017 年 10 月、筆者撮影）

また中心部にある廟に、械闘において死んだ「英雄」たちを祀る郷もあり、「太平清醮」と呼ばれる郷や村の代表的催事にも「英雄」の祭祀が含まれるなど[79]、宗教儀礼にも械闘と同盟の歴史が刻まれている。

このような自衛の伝統があった村落は、英国による統治にも激しく抵抗した。租借直後、広東語の堪能な官吏ジェームズ・スチュアート・ロックハート[80]が村落の調査にあたった際には、錦田の吉慶圍《カッヒンワイ》で村の入り口の門を閉ざされて面会を拒絶された上、腐った卵などを投げつけられている。[81] さらに翌年、大埔で国旗掲揚式典が開かれ本格的な新界統治が開始されると、大埔や元朗の周辺村民は、結託して武装蜂起した。英国軍は兵を派遣して大埔での蜂起を鎮圧すると、さらに西進して元朗方面からの援軍を迎え撃ち、最後は錦田の圍村に立てこもった村民たちを投降させた。この村民蜂起は六日間で鎮圧されたため「新界六日間戦争[82]」とも呼ばれている。このとき、ロックハートは吉慶圍などの鉄門を破壊させ、一年前の恨みをはらしている。破壊された門は後に村民によって大埔まで運ばれ、恭順の証として当時の香港総督に献上された。[83] 防衛の要である圍の鉄門が、村の権力の重要な象徴であったことがうかがえるエピソードである。

(3) 伝統権益の保護と間接統治の確立

そのような激しい抵抗を受けた香港政庁は、「既存の村落組織を最大限活用すべし」というロックハートの提言[84]もあり、蜂起に加担した村落についても厳しい処分は行わず、慣習法を一部認めて懐柔する間接統治の政策をとった。九龍に隣接した獅子山以南地域については「新九龍」として香港島、九龍地区と同様の法律が適用されたが[85]、その他の新界については一九一〇年制定の「新界条例」により、「大清律例」などの慣習法を引き続き使用することが限定つきではあるが認められている。

しかし政府は、税収の要であった土地制度については大幅な改革を行った。複雑な既存の土地契約制度は廃止され、香港島、九龍と同様に、すべての土地を王室所有地とし、政庁が住民に利用権を付与するリース制[86]を採用するための土地登記が行われた。ただし先述の条例により新界については慣習法にのっとった男子のみへの相続(一三条)や、「祖」や「堂」と呼ばれる氏族単位での土地所有(一五条)が引き続き認められている。[87] 一九二三年には宅地開発などにより土地の用途を変更する際に、想定される地価の上昇分を借地権変更料として納めさせる「補地価」の制度の新界への導入が表明されたが、これに反対する村の有力者たちは「新界農工商業研究総会」を結成して政府と団結交渉にあたった。政府は、ロックハートに命じてアイルランドの前総督邸宅に運ばれていた吉慶圍の鉄門を回収させ村民に返還するなど、あの手この手で懐柔にあたったが村民の抵抗を抑えることができず、最終的には同政策の導入を断念している。[88] このときに結成された村民の団体は後に改名され、今日まで存続する「新界郷議局（Heung Yee Kuk N. T.）」となった。この組織は一九五九年の郷議局条例制定により政府の公式機関となり、新界原居民の利益を代表する機関として、時には政府の決定と激しく対立することになる。

また政府による「暴力の独占」も完全には行われず、英領となって以降も村の自衛組織が一部存続した。戦後になっても警察が駐留しない村では「自衛隊」「巡丁」などと呼ばれる村民の組織が治安維持を担っており、一九六〇年代に調査を行った歴史学者や人類学者の著作にも記録されている。自衛組織といっても必ずしも自衛や治安維持に特化していたわけではなく、新田で調査を行ったジェームズ・ワトソンによれば、周辺の弱小村落との従属関係を維持する役割も担っており、郷内の秩序を維持するための郷紳の私兵組織としての側面もあったようである。[89]

当初は政府も警察力の不足を補うためにこれらの組織を利用しており、一部には銃の配備も行っていたが、一九六〇年代後半には一九六七年の左派暴動勃発などにより反乱への懸念が高まり回収している。[90] ただしワトソンによれば、新田では少なくとも一九八〇年代に入ってもそれらの武器は村に残されていたとされ、[91] この「刀狩り」がどこまで徹底されたかは不明である。

昨今でも「陀地《トーティ》」費と呼ばれる保護費、すなわち「みかじめ料」の徴収や、外来者への嫌がらせなど、私兵組織を生かした郷紳の権力乱用の噂も絶えない。[92] 同じ六七年暴動以降他地域では厳しく取り締まられた旧正月の爆竹[93]や花火も、新界の農村では変わらず鳴らされている。

慣習法に由来する独自の法的体系を一部維持し、「郷議局」という代表機関も備え、政府による権力が完全には及ばない地域としての側面を持ち続けている新界は、政治学用語でいうところの「国家の内部の国家（imperium in imperio）[94]」、平たくいえば「無法地帯[95]」としての印象を今日に至るまで持たれ続けている。

(4) 新界土地利権と「官商郷黒」の結びつき

そういった一定の自治は、名目上は「伝統権益」の保護の名の下に認められてきた。そもそも男子相続などの「伝統」についても、一部の人類学者からは歴史的慣行と一致しない「創られた伝統」であるとの指摘もされているが[96]、それ以上に批判を招いているのが一九七二年に導入された「丁権」政策である。

正式名称を「小型屋宇政策（Small House Policy）」というこの政策は、新界原居民に特権的な住宅開発権を与えるもので、当時計画されていたニュータウン開発への原居民の反対を抑えるために導入されたものと見られている。この権利を持つ新界原居民の成人男子は、生涯に一度、村内の所有地に所定の範囲内の大きさの家を建設する権利を認められる[97]。建築に必要な行政手続きが簡易化され、通常の宅地開発に求められる借地変更料や「レーツ[98]」と呼ばれる固定資産税の支払いも免除されるなどの優遇が与えられる[99]。また村内に土地がない場合には市場価格の三分の二の値段で政府所有地を購入することが可能だった[100]。この権利は、租借時から新界に住む住民の男系男子にのみ与えられるため、男児を意味する伝統的な中国語「丁《ディン》」から「丁権《ディンキュン》」と通称され、これを利用して建てられた家は「丁屋《ディンオク》」と呼ばれている。

「地産覇権（不動産覇権）[101]」と形容されるほど不動産の経済的価値が高い香港において、丁屋は莫大な利益をもたらす可能性のある重要な不動産商品となる。錦田で調査を行った建築学者の李浩然とリンネ・ディステファノ[102]

によれば、二〇〇二年段階では、一〇〇万香港ドルをかけて建設した丁屋は、完成時には六〇〇万香港ドルほどの市場価値を持ったという。丁権問題を熱心に取り上げている地元メディア『香港01』の調査によれば、この平均市場価格は、二〇一五年段階で約一三〇〇万香港ドルにまで上昇している。[103]

ほとんどの丁権所有者が最低限のコストで規定ギリギリの大きさの家を建てようとするため建築設計のパッケージ化が進み、村にはかつての伝統的な建築に代わって、似たような地中海風の三階建住宅が立ち並ぶことになった。[104] 屋上への居住スペース建設など規定を超えた違法建築の横行や、土地を持たない原居民が、郷紳らの経営するディベロッパーに丁権を売却して開発を委託する「套丁《トウディン》」と呼ばれる慣行などの違法な商品化の問題もある。[105]

また合法に建設されたものであっても、売却されたり賃貸しされたりすることも多い丁屋は、伝統の保護という名目とは裏腹に、村への外来人口の流入を促している。さらに原居民本人は、この家賃収入を元手に都市部や海外に居住している場合もあるため、「原居民村」に住むのが非原居民ばかりという、ある種の空洞化現象も起こっている。二〇〇〇年に匿名の鄧氏単姓村で調査を行った張少強によれば、村民の半数は都市部や大陸からの移住者などの外来者であり、原居民の鄧氏に属する三九世帯は大半が村外に居住しており、うち一六世帯は海外に生活拠点を置いていた。[106] 今日の新界の属する華南地域は元来華僑の送り出し地でもあり、五大氏族の一つである新田文氏をはじめ、[107] 早期から海外移民を積極的に行ってきた原居民氏族もいた。こうした海外出身の原居民子孫が香港で丁権を申請する事例もあり、「海外丁権」と呼ばれる問題になっている。

また同じ時期、新界には丁権以外の土地利権も生まれている。改革・開放以降、大陸との商品の行き来が増加し、市街地との間に位置する新界の物流拠点としての重要性が高まると、新界農村の伝統産業である農業を放棄して、農地を物流倉庫やトラック駐車場に転用する行為が広く行われるようになった。こういった破棄・破壊された農地は「棕地《ツォンテイ》（brownfield）」と呼ばれ、開発問題を中心に研究や政策提言を行うシンクタンク「本土研究社」の見積もりによれば[108]、二〇一五年段階で一一九二ヘクタール[109]にも及ぶという。大部分は宅地建設に利用可能な土地であり、本土研究社や民主派政党などは、既存の「移山塡海（山を削り、海を埋め立てる）」型の宅地開発ではなく、棕地の活用を優先するよう提言を行っているが、政府が郷紳の棕地利権に配慮して消極的であるとの疑惑がある。

この棕地利権が注目されるきっかけとなったのは、元朗区屛山に属する横洲村への公共団地建設計画をめぐる癒着疑惑だった。政府は二〇一二年に同村の棕地に合計一万七〇〇〇戸分の公共団地を建設する計画を発表していたが、翌年になると村南側の山地への建設へと計画を変更した。緑化地帯かつ斜面であるためより開発コストがかかり、戸数も四〇〇〇戸へと大幅に減少する上に、非原居民村三村四〇〇名の立ち退きも必要になるなど不可解な変更であり、棕地利権に配慮した結果ではないかとの疑いが持たれた。実際、後に屛山郷事委員会主席の曽樹和がこの棕地を利用して巨大な駐車場を経営していたことが発覚している。曽は、この駐車場から毎月、政府による買取価格を大きく上回る七〇〇万香港ドルの利益を上げていたと見積もられている[110]。

先述の「官商郷黒」という言葉は、自決派政党土地正義連盟所属の環境活動家である朱凱廸（エディー・チュー）が、この事件の調査をきっかけに提唱した言葉である。この結託構造は、朱によれば、土地利権を持つ郷紳が黒社会の勢力を利用して反対者を脅迫しながら強引な土地開発を進めて利益を上げ、郷紳の懐柔を狙う政府がこの利権を黙認するという仕組みになっている[111]。この構造の打倒を掲げ、二〇一六年に新界西選挙区から立法会選挙に出馬しトップ当選を果たした朱が、会見の際に選挙中から黒社会から脅迫などを受けていたことを涙ながらに告白したこと[112]で、新界土地利権の背後に黒社会がいることが、改めて世間から認知されることになった。本土研究者所属の地理学者陳剣青も、土地の違法利用を調査しようとした者が棍棒を持った男に追いかけられた事例や、農地放棄を拒否した村民が暴力的な嫌がらせを受けた事例から、黒社会が新界土地産業の「軍隊」としての機能を担っているいると指摘している。[113]

(5)『竊聴風雲3』と映画の中の「官商郷黒」

そんな原居民の利権と暴力をめぐる香港社会のイメージを探るため、ここで『竊聴風雲3』という中港合作映画を取り上げたい。二〇一五年に公開されたこの映画は、まさに「丁権」の制度改革をめぐり政府役人（〝官〟）と大陸資本家（〝商〟）、郷紳（〝郷〟）と、黒社会（〝黒〟）が繰り広げる陰謀を題材としている。フィクションであり、現実の原居民村との異同もあるが、[114]実在する社会問題を思わせる内容になっており「官商郷黒」を理解するための入門映画として薦める記事もある。[115]

映画の登場人物の多くは実在の新界郷紳や黒社会の有名人にキャラクター造形を似せてあり、香港の視聴者は容易にそのモデルを推測することができる。例えば劇中で大陸資本家と共謀し、丁権を利用した大規模な土地開発を進めるフィクサー「陸瀚濤」（演：曾江）は、二〇一七年に亡くなった劉皇発がモデルであると目されている。[116]劉は屯門鼓灘村出身の原居民で、郷議局のトップを一九八〇年から三五年連続で務め、「新界土皇帝」の異名を持つ人物である。郷議局長の座は二〇一五年からは息子の劉業強が引き継いでいる。劉皇発は香港基本法起草委員会のメンバーでもあり、四〇条による原居民の権益保護に影響力を発揮した。[117]不動産開発会社などを複数経営し丁屋開発事業による利益を上げていた他、本土研究者は、棕地の蔓延についても彼の保有する開発会社が一九八三年に行った訴訟により、新界農地の用途変更が合法と認められたことがきっかけであると指摘している。[118]

劉と同じく開発会社を経営する劇中の陸瀚濤は、配下には同じ陸氏の四兄弟を従えており、彼らが村民への恫喝や敵対者の排除などのダーティ・ワークを担っている。そのうち最も目立った活躍をする「陸金強」（演：劉青雲）は、広い額と立ち上がった髪が上水郷事委員会主席の侯志強[119]を思わせる。五大氏族の一つ上水侯氏の血を引く彼は、深圳に近接する新界東北部に広大な土地を所有しており、政府の進める同地域のニュータウン開発計画（〝新界東北発展計画〟）をバックアップしていた。同計画が議論を呼んでいた二〇一二年から二〇一三年にかけて「金をもらえれば祠堂だって売る」「四、五十にもなってなんの不動産を持っていないやつは廃人だ」などの覇気あふれる過激な発言で注目を集めている。[120]映画の中には土地の売却を拒否した老婆が、農地に砂利を流し込まれて破壊されるシーンがあるが、侯は実際に故郷の河水郷の高齢者女性を相手に同様の事件を起こしている。[121]振る舞いも見た目もいかにも親分風の強面な人物である一方で、二〇一九年七月の上水デモの際には、現場にあらわれ「毒は入ってないから安心しろ」といいながらデモ参加者に飲み物を配る[122]など、政府との関係を含めいろいろとつかみ所のない人物でもあり、この映画の悪役のモデルとなっていることについても「俺のほうがかっこいいけどな」と余裕のコメントをしている。[123]

また、方中信（アレックス・フォン）が演じる陸氏兄弟の別の一人「陸永富」は、おかっぱ頭にサングラスをかけた特徴的な姿をしており、明らかに同様のスタイルで知られる「上海仔」こと郭永鴻がモデルである。郭は三合会の一派「和勝和」の元頭目と目される人物である。一九七〇年代から新界の郷紳の運営する土地産業と関連を持っており、劉皇発とも個人的な交流があったとされ、二〇一一年には郷議局に一〇〇万香港ドル以上の寄付をしている。[124]二〇一二年二月には、行政長官選挙に出馬中だった梁振英（CY・リョン）が、侯志強ら郷紳たちと開いた食事会に彼も出席したとの報道がされ、政治腐敗をめぐるスキャンダルとなる（〝江湖飯局〟）など、まさに新界における「官商郷黒」癒着の「黒」の主役として疑惑を持たれている。

映画は、そんな官商郷黒の癒着が生んだ開発による伝統的農村の破壊の批判に主眼がおかれている。映画の序盤、陸氏兄弟たちが酒盛りの場で、一九八〇年のヒットソング『風雲』を歌うシーンがあるが、これはニュータウン開発下の新界の土地開発を扱った同名ドラマ（英題"This Land Is Mine"）の主題歌で[125]、歌詞は皮肉にも「誰が青山を変えてしまったの／こんな俗っぽい顔つきに（"是誰令青山也変／変了俗気的嘴臉"）」と開発による村の景観の破壊を嘆くものである。

土地が生み出す金に目が眩み、悪事に手を染める陸氏兄弟たちの姿は、純朴で実直な下層村民たちの姿と対比的に描かれている。その中でも主役級の役割を与えられた未亡人女性「阮月華」（演：周迅）が語る「田んぼはね、植えるためのものでしょう。売ったり買ったりするためのものじゃないわ」というセリフが、陸氏一族のモデルである郷紳たちに向けられたこの映画全体のメッセージだろう。

(6) 政府との対立と共謀

このように映画にも描かれるほどに注目を集めてきた「官商郷黒」の癒着の構造は、元朗事件について取り沙汰されてきた疑惑の構図とも一致する。しかし、この癒着はあくまでも共通の利害関係に基づく利益共同体であり、事件全体を単純に親政府分子、愛国分子による襲撃とする見方には疑問が残る。「郷事派」と呼ばれる郷議局周辺の政治勢力は、一般に「親政府派」「愛国派」に属すると見なされているが、郷議局の基本的な性格はすでに見てきたような、原居民の利益を代表する圧力団体であり[126]、郷紳たちは自らの利益が侵されていると感じたときには、実力行使すら散らつかせながら政府の決定に激しく反発してきた。

一九九四年に新界の大部分の公共団地が「新界条例」の対象内になっていることが発覚し[127]、改正法案が審議された際には、民主党の女性議員・陸恭蕙が、原居民女性にも相続権を認める改正案を提出したため、郷議局は「保家衛族抗争総部」を設立して抵抗し、集会やデモなどを行った[128]。彼らの抗議活動は、陸恭蕙や当時の香港総督クリス・パッテンの人形を燃やして処刑するなど過激なものであり、彼女への暴行や強姦を宣言する者すらいた。[129] これらの言動は当時大きな注目を集め、都市民には「田舎者」による「野蛮」な振る舞いとのイメージを与えることにもなった。[130] このときに生まれた原居民村へのネガティブなイメージは、「官商郷黒」疑惑や今回の事件の受容にも影響を与えているともいえるかもしれない。

返還後も丁権の規制などをめぐって政府としばしば衝突している。先述の映画『窃聴風雲3』では、土地不足を理由に丁権の受付が停止された世界を描いていたが、これは実際に二〇一一年に当時の開発局長が将来的な丁権の停止の可能性に言及したことを踏まえたものだろう。返還後五〇年不変の期限を迎える二〇四七年の翌年、二〇四八年以降に一八歳を迎える男児には丁権を与えないことなどを提案したものだったが、当然ながら郷議局は激しく反発した。

そしてこの開発局長とは、現在の行政長官、林鄭月娥(キャリー・ラム)だった。林鄭は他にも、丁屋の違法建築問題を厳しく追及するなど郷議局と激しく対立し、村々では陸恭蕙のときと同様、彼女の人形を燃やし、暴力的な報復を宣言するなどの脅迫まがいの抗議活動が行われていた。[131] つまり彼女は新界原居民にとって、民主活動家以上に憎き「敵」だったはずなのだ。

しかし彼女は、二〇一七年の行政長官選挙時には、郷議局の支持を取りつけ、同局成員の保有する二七票を獲得することに成功している。[132] 実際、行政長官の就任後の彼女の対丁権政策には、大きな変化が見られた。二〇一八年の施政演説では、最大の離島である大嶼山(ランタオ島)の東部を埋め立てて一七〇〇ヘクタールの広大な人工島を建設する開発計画「明日大嶼」を発表した。実現されれば宅地不足も当座解決され、新界農村の丁権も延命されることになるため、この計画は原居民への間接的な便宜供与と見ることもできる。

また二〇一九年四月には、新界原居民の男系子孫であるマレーシア人男性一七人が「丁屋」建設申請をして、劉皇発、劉業強一族が経営するディベロッパーに建設権を売却していた疑惑が浮上した。香港居住権を持たない海外在住者が違法に丁権申請をする「海外丁権」の問題と、丁権の違法売買である「套丁」という二つの問題が絡み、さらには郷議局トップの関与も疑われる大スキャンダルだったが、取材を受けた林鄭行政長官は、「行政長官が香港のすべての個別の案件にコメントをするのは好ましくない」として関係部門に一任し、厳しい追及を行わなかった。[133]

そのような変化の中で起こった今回の抗議運動の中でも、新界郷議局は、「林鄭行政長官の法にのっとった統治を支持する」というバナーを掲げるなどして政府を支援しており、襲撃前日の七月二〇日には、ネットメディア『立場新聞』に、そのバナーを題材に林鄭と郷議局の関係改善について考察するタイムリーな記事も投稿されていた。[134] 元朗事件は、このような歴史的な和解の流れの中で起こったのである。

(7) キーパーソンとしての「何君尭」？

郷事派と北京政府の関連も必ずしも明白なものではない。確かに郷事派勢力は返還前から北京と一定の関係を維持してきた。劉皇発は先述の通り香港基本法起草委員に選ばれているし、一九九四年の女子相続権問題の際には、北京政府は一貫して郷議局の伝統権益を擁護し、香港基本法に反する法律が制定されれば返還後撤廃すると香港政庁を牽制していた。[135] 返還時にかつての反英蜂起の舞台である大埔に建てられた「回帰紀念塔」には、郷議局も五〇万香港ドルの資金を提供し、中国による主権回復を祝賀している。[136]

しかし、もともとは原居民村の有力者からなる郷事派とは雑多な勢力の集まりであり、民主建港協進連盟（民建連）系列の新界社団連会に所属し、北京と近い関係を築くものもいれば、上水の侯志強のように香港、北京両政府と一定の距離感を保ちながら「陀地郷事（土着郷事）」として独自の影響力を保つものもいる。[137]

元朗事件後に寄稿された記事の中で、土地正義連盟の梁俊彦は、昨今の郷紳と中連弁の関係強化は、白シャツ隊との握手で今回の事件への関与が疑われている何君堯議員を利用した数年来の工作のたまものだったと指摘している。[138] 同記事によれば、北京政府は、一九八〇年代、九〇年代から民建連系の新北京派政党「新界社団連会」を利用した新界勢力の取り込みを画策していたが、地域ごとに「元朗約」「大埔約」「南約」の三つに分かれる郷議局の勢力のうち、最も伝統的郷事派の力が強く、攻略が難しかったのが元朗約であり、そこで中連弁が目をつけたのが何君堯だったという。

屯門の原居民村良田村出身の弁護士である何は、良田村村代表を務めた二〇一一年に委員会主席の三選を禁止する屯門郷事委員会の規則改訂を行い、四〇年間主席を務めた劉皇発に代わって同会主席の座に就くなど、既存の郷事派に敵対的な姿勢を示していた。林鄭開発局長が違法建築取り締まりに乗り出すと、何は先述の横洲開発などで梁振英政権との癒着疑惑が持たれていた郷事派のタカ派曽樹和と「新界関注大連盟」を結成して明確な反対姿勢を掲げた。以降の何は、曽を通じて政権および中連弁に接近するとともに、同団体を郷議局に代わる郷紳動員のチャンネルとして利用し、違法建築問題に対する劉皇発らの対応を手ぬるいと感じる層を取り込んでいった。彼が初当選を果たした二〇一六年の立法会選挙では、落選した二〇一二年の選挙と比べると元朗の村落エリアでの得票の伸びが顕著であり、郷紳勢力への工作が成功した形だった。一方で、劉皇発に近いと見られていた郷事派候補者の周永勤は、選挙直前に不可解な形で立候補を取り下げており、体制派内のライバルを減らして何を当選させたい中連弁の介入も噂されている。

この記事が描く図式が真実であれば、彼と白シャツ隊の握手の裏にも、中連弁と郷紳勢力の間の、もう一つの歴史的和解があったことになる。つまり今回の元朗事件に関しては、仮に襲撃に絡んだ原居民村勢力、黒社会勢力の背後で、取り沙汰されている疑惑通り、政府や中央政府が糸を引いていたとしても、それは「親政府派が民主デモを妨害した」「北京政府が愛国分子を派遣した」というような単純なイデオロギー由来のものではなく、新界原居民村における長年のローカルな政治的駆け引きの産物だった、ということである。

5. おわりに

『あの夜の明け方、僕は旺角発大埔行きの赤いミニバスに乗った（〝那夜凌晨、我坐上了旺角開往大埔的紅ＶＡＮ〟）』という変わったタイトルの香港映画がある。雨傘運動の半年前、二〇一四年四月に公開されて大ヒットとなった。原作はネット掲示板「香港高登討論区（HK Golden）」で連載された同名のＳＦ小説であり、フルーツ・チャン（陳果）監督が映画化した。物語のテーマは香港消失で、ポスターには「一夜にして香港が消えた」というショッキングな文字が書かれている。

しかし映画の中で実際に消失が描かれているのは「香港」ではなく新界だ。映画の冒頭、タイトル通りに九龍の繁華街の旺角から新界の大埔に向かう赤いミニバスが、九龍、新界の境界である獅子山トンネルを抜けると、そこには自分たち以外の人類が消えたゴーストタウンだけがある。ミニバスの乗客たちはたどり着いた大埔で、謎のガスマスクの集団に遭遇したり、相次ぐ不審死に見舞われたりしながら、人間消失の謎を探っていくことになるが、最後は明確な結論が出ないままに一行が再びバスに乗り新界を離れる場面で映画が終わるため、中途半端な印象の残る作品になっている。

しかしこのラストシーンには、新界という地域の性格にまつわる、重要な示唆が含まれているように思う。香港中心部に対する辺境地域として、表に対する裏として、「城（都市）」に対する「郷（田舎）」として、長らくネガティブな印象を持たれてきた[139]この地域の位置づけを反映するように、この映画の中の新界は、香港の中心部と一線を画す不気味な「異界」として描写されており、九龍や香港島出身の乗客たちは、この「異界」さえ離れればすべての問題が解決するかのように運転手を急かす。一方で、大埔を離れるバスの中、この街に住む乗客たちは、涙を流したり、家族の写真を取り出したりしながら、名残惜しそうに後ろを振り返っている。彼らにとっては、どれほど変わり果てようとも、この場所がかけがえのない家なのだ。

「郷」という中国語には、田舎という意味の他に、故郷という意味もある。本章で見てきたように、香港の辺境であるがゆえに独自の折り重なるコミュニティ意識を育んできた新界は、まさにこの両方の意味で「郷」である。

今回の一連の抗議運動の中でも、そんな新界の性質が何度も衝突を生み、そのたびに運動全体にも大きな影響を与えてきた。七月上旬の「光復運動」は、大陸への直接的な敵意を再び解き放ち、以降中央政府との対決姿勢を強めていく運動の予兆となった。七月一四日の沙田ニュータウンでの衝突は、運動の郊外への展開の背景にある香港の人々の小さなコミュニティへの愛着をあらわにした。七月二一日の元朗での襲撃事件は、それとは似て非なる新界原居民村の伝統的自衛意識を想起させるものであった。またこの事件は、政府と村の有力者との癒着という根の深い問題にも再び注目を向けさせ、デモ隊側の警察や政府への不信感が決定的になる契機ともなってしまった。その意味では新界は常に、危機の最前線であった。

香港の消失を新界から描いてみせたこの映画も、この点において正しかったのかもしれない。白シャツ隊事件の翌日の人の消えてしまった元朗の街や、大埔をはじめ新界各地の郊外に出現した警察機動部隊の「ガスマスク姿」に、映画との不気味な一致を感じた人もいたことだろう。現実の香港は「一夜にして消える」ようなことはなく、幸か不幸か現在の危機はすでに数カ月以上続いている。これがどのような決着を見るのかは執筆段階においては一向に見通しがつかないが、新界という地域が抱えた歴史的な火種は、今後も香港が抱える重要な課題であり続けるだろう。

新界は、忘れてはならない香港危機のもう一つの前線なのである。

---

1 例えば「新界といえば牛」というステレオタイプがあり、しばしば新界人自身の口からも冗談として語られる（小栗宏太「方法としての新界：香港のフロンティア」倉田徹編『香港の過去・現在・未来：東アジアのフロンティア』勉誠出版、二〇一九年、二四二〜二三五頁）。

2 フェイスブックページ『兩分鐘讀好國際關係』二〇一九年八月八日（https://www.facebook.com/koboir/posts/3059828700755985/〈二〇一九年一〇月二四日確認〉）。

3「Chinese troops must stay off the streets of Hong Kong」『The Economist』二〇一九年八月八日（https://www.economist.com/leaders/2019/08/08/chinese-troops-must-stay-off-the-streets-of-hong-kong〈二〇一九年一〇月二四日確認〉）。

4 薛鳳旋、鄺智文編著『新界鄉議局史』當代中國研究叢書、二〇一一年、二〜六頁。

5「展拓香港界址專條」（Convention for the Extension of Hong Kong Territory）一八九八年六月九日。

6 施志明『本土論俗：新界華人傳統風俗』中華書局、二〇一六年、二一頁。

7 Hugh Baker, "The Five Great Clans of the New Territories," Journal of the Hong Kong Branch of the Royal Asiatic Society, Vol.6, 1966, pp. 25-48.

8 劉潤和『新界簡史』三聯書店、一九九九年。

9 鄭寶鴻編著『新界街道百年』（第二版）三聯書店、二〇一二年。

10 前掲書4、『新界鄉議局史』二九五〜二九七頁。

11「中年大媽歌舞團佔領屯門公園逾十年　街坊：由下午2點嘈到6點」『香港01』二〇一八年四月一三日。

12「春光明媚！　性感大媽貼身狂冧　阿伯 high 爆伸脷」『東方日報』六月一〇日。

13 深圳に隣接した羅湖駅では、一般乗客が駅舎外に出ることは認められていない。

14「水貨客成北區長期病　一文看清『光復上水』前世今生」『香港01』二〇一九年七月一三日。

15 張潔平「49天、香港反送中運動如何來到臨界點？」『Matters』二〇一九年七月二八日（https://matters.news/@az/49%E5%A4%A9-%E9%A6%99%E6%B8%AF%E5%8F%8D%E9%80%81%E4%B8%AD%E9%81%8B%E5%8B%95%E5%A6%82%E4%BD%95%E4%BE%86%E5%88%B0%E8%87%A8%E7%95%8C%E9%BB%9E-zdpuB2ZHV88bmbfSc6eK8MLBppUC31RwxVLDZbLpt2QMhwZKT〈二〇一九年一〇月二八日確認〉）。

16『蘋果日報』二〇一九年七月一五日。

17 鍾曉烽「從港式幽默說起――反修例運動中的情感與抗爭日常」『端傳媒』二〇一九年七月二〇日。

18「沙田、我細個住嘅地方」『立場新聞』二〇一九年七月一五日。

19「沙田是我家」『立場新聞』二〇一五年二月一七日。

20 呂大樂『那似曾相識的七十年代』中華書局、二〇一二年。

21 呂大樂『唔該、埋單：一個社會學家的香港筆記』（增訂本）Oxford University Press, 2007, p. 49.

22 前掲書21、六八頁。

23 「公屋、成就香港傳奇」『立場新聞』二〇一九年一〇月四日。

24 「『你住公屋有乜嘢地位?』引爭議 方健儀：我以住過公屋為榮」『香港01』二〇一九年一〇月四日。

25 Roger Bristow, *Hong Kong's New Towns: A Selective Review*, Hong Kong: Oxford University Press, 1989.

26 蔡思行『戰後新界發展史』中華書局、二〇一六年。

27 Richard J. Garrett, "Sha Tin: The Building of a New Town," *Journal of the Royal Asiatic Society Hong Kong Branch*, Vol.55, 2015, 115–133.

28 鄧永成、陳劍青、王潔萍、郭仲元、文沛兒『超越中環價值的歷史地理觀：回溯「沙田價值」』香港浸會大學地理學系（Occasional Paper No. 76, 2007, p. 5）。

29 Garret, "Sha Tin," p. 125

30 Garret, "Sha Tin," p. 121

31 Bristow, *Hong Kong's New Towns*.

32 梁瑋鑫『邨越時光：一種屋邨情懷』三聯書店、二〇一八年、一三頁。

33 前掲18。

34 Tai-lok Lui, "The Malling of Hong Kong," Gordon Matthews and Tai-lok Lui eds., *Consuming Hong Kong*, Hong Kong: Hong Kong University Press, 2001, pp. 23-46.

35 「新市鎮創建里程碑：訪問陳啟銘先生」『沙田 香港』（http://wwwchris.shatin.hk/page.php?main_cat=2&sub_cat=27〈二〇一九年一〇月二六日確認〉）。

36 前掲35。

37 王向華「八佰伴的崛起與香港社會變遷（節錄）」吳俊雄、張志偉、曾仲堅編『普普香港 二：閱讀香港普及文化２０００―２０１０』香港教育圖書公司、一九頁。

38 香港に設けられた全九支店のうち紅磡店と藍田店を除く七店舗が新界ニュータウンにあった。

39 王向華『友情と私利：香港一日系スーパーの人類学的研究』風響社、二〇〇四年、一四七頁。

40 政府規画署の資料によれば、二〇〇一年六月段階の沙田ニュータウンの住宅区分別人口比率は、公共賃貸住宅が三三%、「居屋」などの政府支援の分譲住宅が三四%、その他の民間住宅が三一%とほぼ三分されている（https://www.pland.gov.hk/pland_tc/press/publication/nt_pamphlet02/stn_html/develop.html〈二〇一九年一〇月三一日確認〉）。

41 王向華、邱愷欣「ポピュラーカルチャーを通じて出現した『香港人アイデンティティー』」谷川建司ら編『コンテンツ化する東アジア』青弓社、二〇一二年、一〇一～一二八、一一七頁。

42 前掲18。

43 前掲書28、五頁。

44 前掲書28。

45 前掲18。

46 Garret, "Sha Tin," p. 129.

47 「那些年、我們流連過的新城市麥記」『香港獨立媒体網』二〇一五年四月六日。

48 Sebastian Veg, "The Rise of 'Localism' and Civic Identity in Post-handover Hong Kong: Questioning the Chinese Nation-State," *The Chi-*

na *Quarterly*, Vol. 230, p. 325.

49 この功績を称え、城門河にかかる橋の一つは「沙燕橋」と名づけられている。

50「名筆論語：棒球、公屋、沙田」『星島日報』二〇一六年九月二六日。

51 広東語原語では「輸」(syu) であり、「失う」だけでなく「負ける」も意味する多義語である。

52 倉田徹「香港民主化への厚い壁」倉田徹編前掲書、一〇～一二頁。

53 九龍西でも民主派陣営が六議席中四議席を獲得したが、後に二名が宣誓問題で議員資格停止となり（萩原隆太「香港における『依法治国』の浸透：『参選風波』事件をめぐって」倉田徹編前掲書、二五四～二六四頁）、補欠選挙ではいずれも体制派が勝利している。

54 沙田区では民選三八議席に加えて沙田郷事委員会主席が就任する職業枠が一議席あるため、議会全体では二〇対一九で体制派が過半数を維持している。郷事委員会主席の職業枠は新界の他の区議会にも設けられており、原居民組織の有する特権の一つとなっている。

55『香港01』二〇一九年七月一八日。

56 反逃亡犯条例運動の流行語の一つであり、警察による罵倒語を転用して、デモ参加者が自称として用いているものである。

57『立場新聞』フェイスブックページ、二〇一九年七月一四日。

58 前掲書28、七頁。

59「街坊自發搞沙田友答謝活動　區議員：沙田柚高質」『香港01』二〇一九年七月一八日。

60 警務処処長、盧偉聰の翌日の会見より。

61 公共放送ＲＴＨＫ制作の事件に関するドキュメンタリー『鏗鏘集：７２１元朗黒夜』より。

62「元朗佬話唔比連登仔入城」『連登』二〇一九年七月一八日。

63 前掲61。

64「中年漢：畀我哋趕佢走　八鄉指揮官李漢民：心領嘅、唔使擔心」『立場新聞』二〇一九年七月二二日：この指揮官は事件後、警察の対応を問い詰める記者に対して「時計を見られなかったので［遅れたか］わかりません」と回答したことも批判を集めていた。

65「與元朗白衣人握手　疑似何君堯：你哋係我嘅英雄」『熱血時報』二〇一九年七月二二日。

66「Chinese Official Urged Hong Kong Villagers to Drive Off Protesters Before Violence at Train Station」『Reuters』二〇一九年七月二六日。

67「What Are the Triads, and What Is Their History of Violence?」『New York Times』二〇一九年七月二四日。

68『成報』二〇一九年七月二四日。

69 前掲書26、一三二頁。

70「Explainer: The Yuen Long Mob Attacks and Hong Kong's Triads – Why Do Some Consider the New Territories 'Lawless'?」『Hong Kong Free Press』二〇一九年七月二七日。

71「泛民批警黑勾結『元朗獨立呀？』」『眾新聞』二〇一九年七月二二日。

72 竹内孝之「財閥および財界：『官商勾結』（政財癒着）と制限された自由」吉川雅之・倉田徹編前掲書、一三六～一四〇頁。

73「元朗７・21襲擊　警至今拘 34人　6人被控暴動」『立場新聞』二〇一九年一〇月二一日。

74 R. G. Groves, "Militia, Market and Lineage: Chinese Resistance to the Occupation of Hong Kong's New Territories in 1899," *Journal of Royal Asiatic Society Hong Kong Branch*, Vol. 9, 1969, p. 31.

75 前掲74、三二頁。

76 前掲書６：瀬川昌久『客家：華南漢族のエスニシティーとその境界』風響社、一九九三年。

77 瀬川昌久『中国人の村落と宗族：香港新界農村の社会人類学的研究』弘文堂、一九九一年、四八頁。
78 今日では錦田の本地村、吉慶圍のものをはじめ、半ば文化遺産として観光地化されたものもある。日本の一部観光ガイドなどには、福建の客家土楼との類推からか、この村を誤って「客家の村」と呼んでいる事例も見受けられるが、新界においては「圍」は客家、本地を問わず見られる特徴である。
79 前掲書77、七三頁。
80 Shiona Airlie, *Thistle and Bamboo: The Life and Times of Sir James Stewart Lockhart*, Hong Kong: Hong Kong University Press, 2010.
81 Peter Wesley-Smith, "The Kam Tin Gate," *Journal of the Hong Kong Branch of the Royal Asiatic Society*, 17, 1973, pp. 41-44.
82 Patrick Hase, *The Six-Day War of 1899: Hong Kong in the Age of Imperialism*. Hong Kong: Hong Kong University Press, 2008.
83 前掲81。
84 張小強『管治新界：地權、父權與主權』中華書局、二〇一六年、二四頁。
85 "New Territories (Extension Laws) Ordinance," 1900：新九龍は明確には租借地であり「新界」の一部であるが、現在では行政上も、一般の慣行の上でもこれを除いた地域を「新界」と呼ぶため、本論の対象とはしていない。
86 曽根康雄「財政・税制・土地制度」吉川雅之・倉田徹編『香港を知るための60章』証書房、二〇一六年、一一五～一一八頁。
87 前掲書84、二八頁。
88 前掲書4、一九二頁。
89 James L. Watson, "Self-Defence Corps, Violence, and the Bachelor Sub-Culture in South China: Two Case Studies," James L. Watson and Rubie S. Watson, *Village Life in Hong Kong: Politics, Gender and Ritual in the New Territories*, Hong Kong: The Chinese University Press, 2004, pp. 221-250.
90 前掲書26、二六頁。
91 Watson, "Self-Defence Corps, Violence, and the Bachelor Sub-Culture in South China."
92 「警察制度擴張受阻、埋下新界土地問題」『端媒體』二〇一六年三月一八日。
93 瀬尾光平「反爆竹キャンペーンに見る一九六〇年代香港の青少年」倉田徹編前掲書、二三六～二四一頁。
94 前掲92。
95 前掲70。
96 Selina Ching Chan, "Negotiating Tradition: Customary Succession in the New Territories of Hong Kong," Grant Evans and Maria Tam eds. *Hong Kong: Anthropological Essays of a Chinese Metropolis*. Surrey: Curzon Press, pp. 151-173.; Allen Chun, *Unstruturing Chinese Society: The Fictions of Colonial Practices and the Changing Realities of "Land" in the New Territories of Hong Kong*. London and New York: Routledge, 2014.
97 広さ七〇〇平方フィート（六〇坪）、高さ二七フィート（八・二二メートル）まで。
98 前掲86。
99 建設された丁屋を五年以内に売却する場合には、借地変更料の支払いが義務づけられる。
100 Ho Yin Lee and Lynne D. DiStefano, *A Tale of Two Villages: The Story of Changing Village Life in the New Territories*. Oxford: Oxford University Press, 2002, p. 87.：二〇一九年四月八日に香港高等法院は、この方式での新たな用地取得については、基本法四〇条に定める「伝統権益」にあたらず、違憲であるとの判決を下している。

101 Alice Poon, *Land and the Ruling Class in Hong Kong*, Hong Kong: Enrich Professional Publishing, 2011.
102 *A Tale of Two Villages*, p. 90.
103 「【套丁風雲】40年來丁屋肥肉有幾大？　拋離四大地產商全年盈利」『香港01』二〇一六年三月一一日。
104 前掲103、九一頁。
105 これは表向きには、ディベロッパーが丁権所有者に土地を譲渡し、彼の所有地に住宅建設を行う形式をとるが、裏では密約が結ばれ、丁権所有者は完成した丁屋の譲渡と引き換えにディベロッパーから金銭を受け取るため、実質的には法律上認められていない権利の売却である。二〇一五年一二月には沙田鄉事委員会長ら一一名の原居民がこの契約に関わった疑いで検挙され、詐欺共謀罪で有罪判決を受けた。
106 前掲書84、六三〜六四頁。
107 ジェームズ・L・ワトソン、瀬川昌久訳『移民と宗族：香港とロンドンの文氏一族』阿吽社、一九九五年（James L. Watson, *Emigration and the Chinese Lineage: The Mans in Hong Kong and London*, Berkeley, CA: The University of California Press, 1975.）。
108 『棕跡：香港棕土政策研究報告２０１５』本土研究社、二〇一六年。
109 東京ドーム二五〇個分、ヴィクトリアパーク六〇個分相当。
110 「曾樹和車場料年賺８０００萬　遠超收地賠償」『香港01』二〇一六年九月二八日。
111 「朱凱廸在新界得罪了誰？」『香港独立媒體網』二〇一六年九月八日／「拆解官商鄉黑：如何組成利益共同體橫行新界」『香港01』二〇一七年五月四日。
112 選挙後に黒社会関係者と見られる六人が脅迫やつきまといの疑いで逮捕されている（「朱凱廸遭恐嚇案：消息指警方拘捕６人，部分人涉黑社會背景」『端媒體』二〇一六年九月二一日）。
113 「朱凱廸被暴力威脅背後：一幅跨越中港的發展藍圖」『端媒體』二〇一六年九月一五日。
114 「《竊聽風雲３》中的新界圍村建築」『立場新聞』二〇一八年三月二五日。
115 「立法會選舉前　一部詳解『官商鄉黑』的電影」『８５２郵報』二〇一六年九月一二日。
116 「《竊聽風雲３》講丁權百億生意　發叔講過無興趣睇」『香港01』二〇一七年七月二三日。
117 前掲書4、二九六〜三〇〇頁。
118 「劉皇發留下的新界土地特權」『香港獨立媒體』二〇一七年七月二五日。新界の土地は、租借後の登記の際に「稲田」「荒地」などの用途も記録されていたが、「生發案（the Melhado case）」と呼ばれるこの裁判において、高等法院はこの記録はただの「記述（description）」であり用途を制限するものではないとの判決を下した（Attorney General v Melhado Investment Ltd）。
119 「《竊聽風雲３》疑影射鄉紳　侯志強：咁易稱霸宇宙咩？」『am730』二〇一六年一二月一六日。
120 「侯志強謬論實錄」『香港01』二〇一六年一月二一日。
121 「新界大佬侯志強」『端媒體』二〇一五年八月二三日。
122 「侯志強派水，檸檬茶被丟回　笑言：冇毒嘅唔使驚」『香港01』二〇一九年七月一三日。
123 「侯志強講《竊聽３》：我有型過劉青雲」『蘋果日報』二〇一四年六月七日。
124 「鄉事否認相識　上海仔：唔識咪唔識囉」『明報』二〇一二年三月一一日。
125 Yiu-Wai Chu, "Cantopop as Sonic Memories: Overtones and Undertones in New Hong Kong Cinema," *Found in Transition: Hong Kong Studies in the Age of China*, New York: SUNY Press, p. 165.
126 Lee Ming-kwan, "The Evolution of the Heung Yee Kuk as a Political institution," David Faure, James Hayes and Alan Birch eds. *From*

Village to City: Studies in the Traditional Roots of Hong Kong Society, Hong Kong: Centre of Asian Studies, University of Hong Kong, 1984. pp. 164-177.

127 すなわち原居民村に適応されていた慣習法にのっとり、男性への相続しかできないことになっていた。この事実がニュータウン開発から三〇年以上気づかれないままだったことにも、新界における「一港二制度」的法体系の複雑さがうかがえる。

128 前掲書84、二一一頁。

129 前掲書84、二一一～二一二頁。

130 深尾葉子「遅れてきた革命――香港新界女子相続権をめぐる『秩序の場』について」瀬川昌久編『香港社会の人類学：総括と展望』風響社、一九九七年、三八～七二頁。

131 「村民火爆反取締僭建」『東方日報』二〇一一年一一月二九日。

132 「鄉議局：27票全投林鄭月娥」『立場新聞』二〇一七年三月二三日。

133 「【丁權無國界】大馬男賣丁權　劉業強家族公司涉套丁　林鄭拒評」『香港01』二〇一九年四月一六日。

134 「從丁屋僭建和丁權、看鄉紳與林鄭的交易」『立場新聞』二〇一九年七月二〇日。

135 前掲書84、二一二頁。

136 前掲書9、三〇〇頁。

137 「何君堯和周永勤衝突背後：中聯辦與香港鄉事派的角力」『端媒體』二〇一六年八月二九日。

138 「這些年、激進何君堯如何收編元朗鄉事力量」『端媒體』二〇一九年七月三〇日。

139 前掲書130。

村と祭りと果たし合い――新界の「伝統」から考える元朗の白シャツ集団

倉田明子

白シャツ集団は「三合会」なのか

一連の反逃亡犯条例運動の中でも七月二一日は、香港人と香港に関心を寄せる多くの人々にとって忘れがたい日である。西環で起きたデモ隊による中連弁包囲と国徽汚損事件の深刻さもさることながら、新界の元朗で起こった白シャツ集団による無差別殴打事件は、より広範囲に香港社会に深い衝撃を与えた。

この事件は世界的にも注目を浴びたが、第9章でも述べられていたように、多くの海外メディアはこの白シャツ集団を香港のマフィア「三合会」、またそれと結びつく中国・香港政府と関連づけて報道した。特に三合会についてはその歴史や香港との関わりも詳しく報じられ、日本語ニュースとしては、AFP通信のニュースサイトで八月四日に配信された記事が、比較的詳細かつ慎重な解説を試みている。[1] そこでは、元朗の事件は三合会などの犯罪組織によるものだと断定はできないかもしれない、という識者の言葉も紹介しつつ、一九九〇年代以降、三合会は台湾の国民党よりも中国大陸の共産党と結びつくようになり、一般論として中国政府の「代理人」として犯罪組織が行動している可能性が示唆されている。一方、『成報』の報道によれば、[2] 八月一〇日までにこの事件に関与したとされる容疑者二七人が逮捕されたが、そのうち一四人は三合会系の「和勝和」や「14K」の背景を持つ人物とされている。ただ、マフィアの一員とされている人物も地元元朗に利権を持つ人々で、第9章でも言及があった屏山の坑尾村の村代表である鄧志学もそうであるし、事件の最中に心臓発作を起こして倒れ、目の前にいた救急隊員に救助されたことで一躍有名になったマフィアのボス「飛天南（本名・呉偉南）」も住所は元朗の八郷であった。[3] また、二七人中一三人はマフィアとは直接関係がない地元の住民だった。つまり、三合会系のマフィアの人間が関与していたという事実はあるとしても、この事件はあくまでも元朗という地域内に限定されており、問題の核心は香港全体のマフィア云々ではなく、元朗の「村」にあるのである。

「村勇」の歴史

そのことを端的に指摘したのが、同じ元朗の八郷を基盤とする民主派の立法会議員朱凱迪（エディー・チュー）である。七月二一日の事件発生後、デモ隊の間には強い怒りがわき起こり、翌週末の二七日に「光復元朗デモ」を行う計画が立てられた。この動きに対して、朱は七月二三日に自らのフェイスブックでデモ隊に対し注意を呼びかけた。そこで彼は次のように述べている。[4]

七・二一元朗無差別襲撃事件は、「香港版義和団事件」だ。上にいたのが中連弁、真ん中にいたのが親中派（「保皇派」）の政治的人物（何君尭（ユニウス・ホー）を指す：筆者注）、下にいたのがこの人物と結託したマフィアのリーダーたちだ。マフィアのリーダーは人々の「保家衛族（一族防衛）」の意識を利用し、嘘の情報で村勇とマフィアの仲間を操り、民主派議員が七月二一日に数百人を引き連れて元朗で「騒ぎを起こす」と信じ込ませたのだ。

この記述は、中国政府――香港の親中派議員――マフィアという関係性を指摘しているものの、マフィアを「一族防衛」の意識を持ち、また「村勇」と密接につながる存在として描いている。つまりここでいうマフィアは、村と直結する組織としてイメージされているのである。

もう一つ朱の言葉で注目しておきたいのは、「村勇」である。「勇」は中国語で地方の義勇兵という意味を持つ。歴史的によく使われる用例としては、一九世紀半ばの太平天国の反乱の頃、清軍と太平軍の交戦地域で自衛のために組織された義勇軍「郷勇」がある。郷勇はやがて清政府のお墨付きを得て組織化が奨励されたが、そうした「公認」武装組織は「団練」と呼ばれた。義和「団」は団練である。そして新界でも清末以降、こうした自衛組織が発達した。新界の場合、海賊の襲撃に備えて自衛したといわれることが多いが、実はそれ以上に近隣の村落同士の争いに備えた自衛であったともいわれる。

ここで元朗とその西側に隣接する屯門の村落の配置を確認しておこう。元朗地区は、厦村郷、屏山郷、十八郷、錦田郷、八郷、新田郷の六つの郷から形成される。屯門は屯門郷一つである。郷というのは、現在では郷事委員会が設置される単位であるが、歴史的に一〇から数十の村からなる共同体を形成していた単位と重なる。郷を形成する村同士は同盟＝約を結んで利害を共有する。数村からなる約（屯門では「股」、八郷では「戯」）が複数合わさって郷を形成している場合もある。厦村、屏山、錦田、新田は、主に同姓の一族によって構成される村落共同体である（郷内には小作農民の異姓小村も含まれている）。特に前三者は宋代に錦田に定住した鄧氏一族の村落で、厦村、屏山は錦田から分家して移住した人々がつくった。新田は文氏の村落で、この地域に文氏が定住を始めたのは明代初期といわれている。鄧氏も文氏も新界の「五大氏族」の一つに数えられる有力氏族である。一方、十八郷と八郷、そして屯門は複数姓の村落共同体である。このうち十八郷は錦田の鄧氏から土地を借り受けて小作農をしていた小規模農村の連合体であった。屯門は陶氏という有力氏族を中心としつつ、客家村を含む多くの村から構成される。

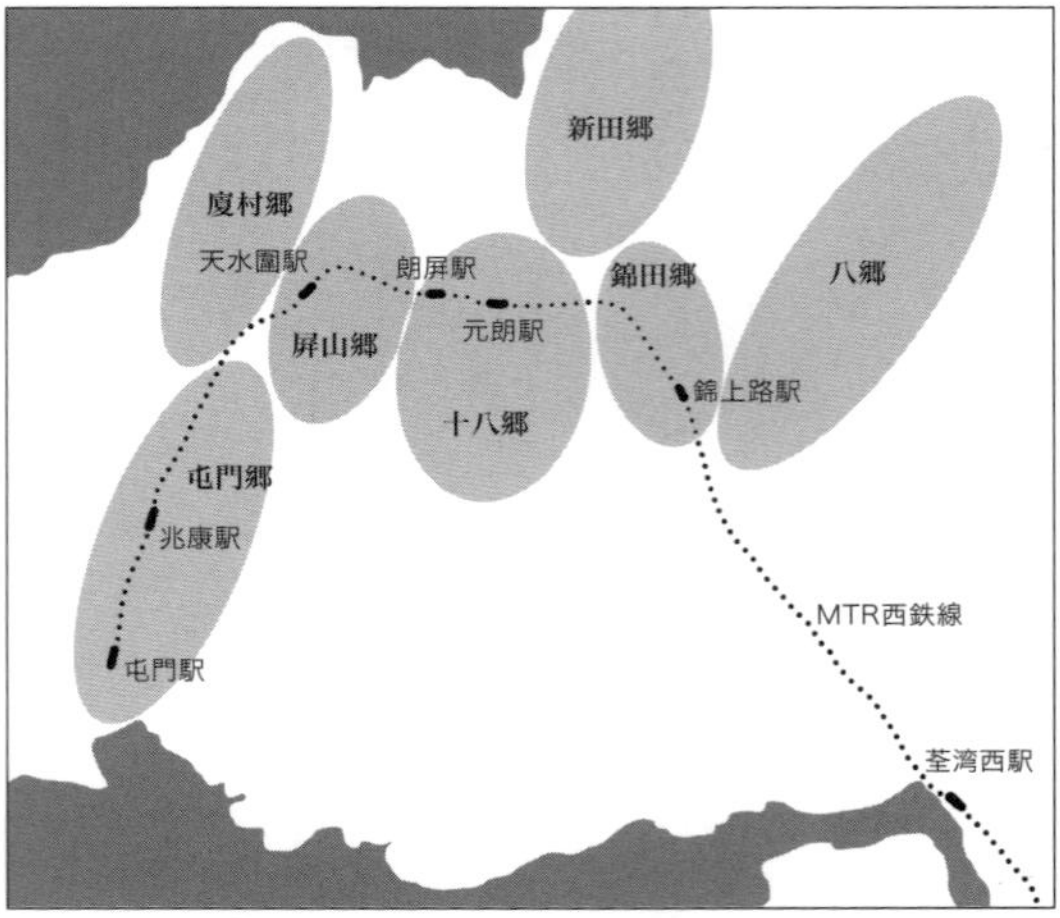

元朗、屯門の「郷」概要図（筆者作成）

これらの郷の間ではかつて、市場や農地の利権などをめぐって激しい争いが起きた。同じ鄧氏であっても厦村と屏山はしばしば鋭く対立し、錦田と十八郷の間でも小作料をめぐる激しい衝突が起こったことがあったという。また、鄭俊徳による廈村での聞き取り調査によれば、十八郷と屯門は廈村を盟主とする約を結んで団結し、「外部」の敵と戦っていたのだという。[5] 武力を伴う村落同士の衝突は歴史的には「械闘」と呼ばれた。そして普段から村落の警備にあたり、ひとたび械闘が起これば実力部隊として闘うのが「村勇」である。一九六〇年代末と一九七〇年代末に新田と廈村でフィールド調査を行った人類学者のジェームズ・ワトソンは、論文の中で村落の自衛組織についても言及している。[6] それによれば、これら大氏族の郷では自衛組織の構成員は必ず一族の中から選ばなければならず、また郷を構成する各村から決まった人数を必ず出すことになっていたという。一つの郷の自衛組織の衛兵の数は二〇人から四〇人程度であった。衛兵になるのは基本的に貧しい家庭の生まれで、成人になっても自分の家を持つことができない三男や四男で、二〇歳から二五歳前後の頃に衛兵になり、三〇歳になると村を出て仕事をするか移民することが多かったという。生涯独身の者も少なくなかった。衛兵たちは、多くの場合郷内の最も大きな祠堂のそばに設置される衛兵隊の本部で共同生活を行い、武器を備え、武術の訓練にいそしんだ。武術訓練には村落内の若者が加わることもあった。また、外部から武術の師匠を招いて村内に滞在してもらい、訓練を受ける場合もあったという。なお、祠堂というのは先祖の位牌を安置する建物で、一族、ひいては郷内の政治をつかさどる場でもあり、一族の威信をかけて建造される。

　複数姓の郷の場合、衛兵たちの氏族構成の規定は異なってくると思われるが、村落を守る自衛組織が存在していたことは確かなようである。なお屯門の場合は、自衛組織を構成していたのは屯門北部に位置する陶姓の五村とその近隣の五村からなる「忠義堂」という称号の共同体であった。これらの自衛組織の歴史を物語るのが、郷の中心となる祠堂や会所のそばに建てられている「英勇祠」などと呼ばれる祠である（すべての郷に必ずあるわけではない）。ここには、かつて郷を守るために闘って犠牲となった「義士」が祀られている。

もちろん、ワトソンが明らかにした自衛組織をめぐる規定や慣習は、一九七〇年代末までの状況である。「丁権」が法律的に保証され、原居民男性「全員」に一律家を建てる権利が保障されたことで、家を持てない若者が結婚もできず、村落の暴力装置になるしかない状況は徐々に解消されていったはずである。ただ、逆にいうと、一九八〇年代にかかる頃までこうした「伝統」が受け継がれており、仮にその後衛兵組織がなくなっていたとしても、少なくとも現在六〇歳前後（一九八〇年に二〇歳前後）より上の年代の男性たちの中には、衛兵の経験者が存在していることになる。

祭りの伝統と今

本来の意味での村落の自衛組織が昔ながらの規定のままに現在も存在し、機能しているかといえば、現在の社会状況を考えると、それはあまり現実的ではないように思われる。ただし、このような自衛組織とかつて密接に関わっており、今なお受け継がれている伝統として村落で行われる祭りがある。

新界の村では、村落共同体それぞれに主神となる神（天后と呼ばれる漁民の間で信仰される女神が多い）があり、それを祀る祠が建てられている。それらの神々にはそれぞれ誕生日があり、その日に合わせて毎年祭祀を行う共同体もある。元朗の十八郷は、毎年大規模な天后誕の祭祀を行っている。[7] また、もっと規模の大きな祭りとしては、五年から一〇年に一回（新界北部の上水

右：十八郷の天后誕のパレード（2005 年 5 月、筆者撮影）
左：前々回の屯門忠義堂の太平清醮。忠義堂の建物の横に祠堂がある（2005 年 12 月、筆者撮影）

郷のみ六〇年に一回）の頻度で行われる「太平清醮」がある。元朗、屯門では、錦田と厦村は郷の単位で現在も一〇年に一回の頻度で開催している。一方、屏山や八郷はすでに郷単位での開催はやめ、郷内の一部の村単位で開催し、屯門の場合は先述の北部の陶氏を中心とする自衛組織「忠義堂」の名目で開催されている。

　太平清醮は、共同体を構成する各村の主要な神々を一堂に集め（祭祀のための特別会場が、臨時で設置される）、数日かけて祭祀を行い、村落の安寧を祈る祭りである。[8]自衛組織との関わりでいえば、厦村や忠義堂の太平清醮では、一連の祭祀の最初の儀式として、過去の械闘で命を落とした「英雄」や「義士」の供養が行われることになっている。ワトソンによる聞き取り調査では、こうした村のために亡くなった人々の魂を鎮めることが、この祭りの由来だとする声もあったという。また、自衛組織と関連するもう一つの要素として、祭りの一環として行われる「行香」という行事がある。これは共同体を構成する各村を、祭祀を取り仕切る道士や「縁首」（神前のくじ引きで選ばれた共同体の代表者。男性のみ）たちが獅子舞や龍舞、麒麟舞などの踊り手と楽隊を引き連れてパレードするものである。共同体の団結力を高め、勢力範囲を近隣の郷に知らしめる意味合いを持っていた。一九六〇年代あたりまでは、この行香の際に敵対関係にあった近隣の郷との間でしばしば激しい衝突が起こっていたという。行香に参加する村同士でも序列争いから衝突に至ることもあった。また、郷の自衛組織はかつて、郷内の各村をめぐって祭りへの参加を強制し、男性村民から参加費を徴収する役割を担っていた。祭りという場で、郷内外に向けて力と秩序を見せつける役割を自衛組織は担っていたのである。

　ワトソン以降も中文大学の蔡志祥らによって続けられている厦村の太平清醮の観察記録を見る限り、村としてこの祭りに参加するかどうかは、村の側に一定の選択権が生じるようになっている。村ごとに出す獅子舞や麒麟舞、太平清醮の組織委員会で出す龍舞などを実際に操ることができる人材の減少も深刻化しているようで、今でも村で演舞チームを維持できているところもあるものの、外部のプロの団体に演舞を依頼する場合も増えているようだ（ただし、プロの団体というのも、もともとどこかの地域を基盤に演舞や武術を磨いていた集団であったり、あるいは演舞や武術の流派をくむ伝承者が創立したものであったりするようだ）。またワトソンは、一九六〇年代以降、行香の際に近隣の村落と衝突を起こす代わりに、太平清醮の期間（またはその後）に劇団を呼んで演劇を奉納させ（生身の人が演じるものもあれば、人形劇もある）、そこで派手な立ち回り＝武闘シーンの多い演目を演じさせるようになってきたと観察している。

このように様々な変化を伴っているとはいえ、他方で村の構成員たちは少なからぬ経済的負担と人的負担を負いつつ、祭りを継続している。廈村の二〇〇四年の太平清醮の場合、郷内の一般の成人男性の祭りの費用負担額は一人三〇〇香港ドル、縁首になると三六〇香港ドルから最高位では四二八〇香港ドルを負担しなければならなかったという。ここに海外に移民した村民を含む内外からの寄付を加えて、祭りは運営されていく。錦田も廈村も屯門忠義堂も、二〇一〇年代の太平清醮をつつがなく実施した。

やや余談になるが、筆者の感覚としては、長洲島の太平清醮を除いて、二〇〇〇年代に入る前までは新界の村の祭りに関心を向けるのは人類学者や歴史学者くらいであった。しかし二〇〇〇年代になって、にわかに都市部の一般の香港人たちが「香港の伝統」としてこれらの祭りに関心を持つようになっていった。毎年各地で開催される種々の祭りや太平清醮に村外からの参観者も多数訪れるようになり、祭りにはこれまで以上に文化的・歴史的価値が付与されている。かつての自衛組織によるようなあからさまな「力」とは別の形で、ある種の強制力や圧力を伴いつつこれらは開催され続けているのであって、そのことが逆に村落共同体の結束力を保つことに寄与しているともいえるのではないだろうか。

七・二一事件と新界の村落社会

さて、以上のようなことを踏まえた上で、あらためて七・二一事件を考えてみたい。冒頭で引用した朱凱迪のフェイスブックでの投稿は、以下のように続く。

今回の事件は、伝統的な郷村の「一族防衛」意識を利用して動員をかけた一方で、世界各地の専制政府が用いる「ヤクザによる統治策」——警察がわざとその場を離れ、ヤクザに政敵を襲わせて恐怖をつくり出す——という手を使ったものだ。……目下のところ、……郷議局と民建連も白シャツの暴徒とは一線を画している。特に郷議局の声明と郷議局主席の劉業強の発言には注目すべきだ。声明では七・二一襲撃事件は「一族防衛」の行動ではない、としている。郷議局の主流派は、元朗のいくつかの村がマフィア勢力に乗っ取られたことで郷議局派全体の印象が悪くなることは避けたいのだ。多くの原居民も、ネット上で自分たちは元朗の村の出身だが、七・二一襲撃事件には同意しないと表明している。……だから我々が警鐘を鳴らしておきたいのは、七・二一事件の暴民に対する怒りを、決して村や祠堂や彼らの先祖の墓などへの攻撃に発展させてはならない、ということだ。……もしデモ隊が祠堂や墳墓を破壊してしまったら、（彼らがマフィアなのか、二一日の殴打事件に参加していたのか否かにかかわらず）その一族の成員すべてに対して宣戦布告をすることになってしまう。そうなれば新界郷議局の下にある二七の郷のすべてのリーダーたちも祠堂や墳墓を破壊された村のために報復し、すべての反逃亡犯条例運動の参加者を敵と見なす以外方法がなくなる。本来全く根拠のなかった原居民たちの「一族防衛」の戦いが、嘘から出た真になってしまうのだ。

やや長く引用したが、朱が用いるロジックはとても興味深い。七・二一事件に参加したマフィアの背景のない村民たちというのは「一族防衛」の意識を利用されて動員されたのであり、新界のリーダーたちの主流派は、この殴打事件に賛同しているわけではない。それなのにもしデモ隊が村で代々守られてきた伝統の核心である祠堂や墳墓を破壊すれば、そのときこそその村だけでなく、「二七の郷」すなわち、新界の村落社会すべてを敵に回すことになる、というのである。新界の村に根づく一族意識と、それが破壊されたときに働く暴力的な激しい自衛意識の存在が非常に明確に表現されている。

七月二七日の「光復元朗デモ」当日、十八郷の南辺圍は村の唯一の入り口が閉ざされ、二階部分の窓までふさがれた。警察隊もこの付近に大量に出動しており、近づくデモ隊に向けて催涙弾を発射した。結局デモ隊が村に入ることはなかったが、元朗の諸郷の壮年たちの間ではこのとき、再び「自衛」が呼びかけられていたのだという。[9] 人数の真偽は定かではないが、ある村民は『蘋果日報』の取材に対し、「二万人近くが呼びかけに応じ」、元朗駅の北側の南辺圍付近一帯だけで「五〇〇〇人」がデモ隊を待ち構えていたと答えている。また、一〇月になって一部のデモ隊によって十八郷郷事委員会事務所が破壊され、「二〇万香港ドル」近い損害が出た。これに対し村民からは「自衛隊」の結成を望む声も上がったとされる。しかし十八郷郷事委員会の主席はそれを拒否し、事態を静観するよう呼びかけているのだという。

　今回の反逃亡犯条例運動は、香港社会の様々な矛盾を白日の下にさらしてきたが、七・二一事件を通して、村に立てこもり自衛組織を結成して「外」の敵と戦う、という械闘の世界までよみがえらせてしまった。そしていったん村落の自衛意識＝仲間意識が爆発すれば、政府も警察もそれをコントロールするのは難しいことも改めて示してしまった。特異な歴史とメンタリティを持つ新界の村落社会を統治するのは、今なお容易なことではないのである。

1　「共産党の宿敵から相棒に?　デモ隊襲撃疑われる香港マフィア「三合会」」AFPBB News、二〇一九年八月四日（https://www.afpbb.com/articles/-/3237252〈最終閲覧日：二〇一九年一〇月三〇日〉）。

2　『成報』二〇一九年八月一〇日。

3　『明報』二〇一九年九月一九日。

4　フェイスブック「八郷朱凱迪」二〇一九年七月二三日投稿（https://www.facebook.com/chuhoidick/posts/2352513064814604〈最終閲覧日：二〇一九年一〇月三〇日〉）。

5　鄭俊徳「１９９４年廈村郷約太平清醮考察報告」蔡志祥、韋錦新編『延続与変革：香港社区建醮伝統的民族誌』中文大学出版社、二〇一四年、二三三頁。

6　以下の自衛組織と械闘に関する記述は、Watson, James L., and Rubie S. Watson, *Village Life in Hong Kong: Politics, Gender, and Ritual in the New Territories*, Chinese University Press, 2004, Chapter11, pp. 251-265を参照した。

7　十八郷ではもともと、郷内の村単位で天后廟を詣でる儀式を行っていたが、交通に支障を来すため、一九六三年以降、郷全体をパレードしながら天后を参拝する方式に変えた（http://www.hkmemory.org/hkfestival/text/index.php?p=home&catId=13&photoNo=0〈最終閲覧日：二〇一九年一〇月三〇日〉）。

8　以下の太平清醮に関する記述は、Watson, *Village Life in Hong Kong*, Chapter13, pp. 311-324および蔡志祥、韋錦新編『延続与変革』第三章「単姓主導的複姓聚落：廈村郷」一六九～二八六頁を参照した。

9 『蘋果日報』二〇一九年一〇月二〇日。

10

共鳴する香港と台湾

―中国百年の屈辱はなぜ晴れないのか―

野嶋　剛

台北市内を行進する香港支援デモの参加者たち（筆者撮影）

1．台湾のひまわりと香港の雨傘

台湾と香港の政治情勢が連動していると誰の目にも映るようになったのは二〇一四年のことだった。中国とのサービス貿易協定に反対する「ひまわり運動」が台湾で三月に起き、「普通選挙」を求める「雨傘運動」が香港で九月にわき上がった。協定の批准を止めて「勝利」に終わったひまわり運動と、選挙の民主化を引き出せずに「敗北」の苦さを味わった雨傘運動は、最終的な結果こそ対照的ではあったが、いずれも若者を中心とする抗議行動がオキュパイ（占拠）方式で展開され、抵抗運動の直接の対象となる現地政府の向こう側に、巨大な「中国」を見ている点でも、共通するものがあった。

以来、筆者は、香港と台湾の動向について関心を持って追いかけてきたつもりであったが、ひまわり運動と雨傘運動の連続発生から五年後の二〇一九年に起きることに、想像は至らなかった。事実は小説より奇なり、との言葉を噛みしめるほかない気持ちである。

現象面から判断する限り、今回の香港問題における最大の受益者は、香港市民やデモ隊ではなく、ましてや、香港政府や北京の中央政府ではなく、台湾の民主進歩党（民進党）政権を率いる蔡英文総統、その人であった。

二〇一八年末まで、蔡英文は顕著な人気低迷に悩まされた。テレビ局「ＴＶＢＳ」が不定期に行う満足度調査では、二〇一六年六月の就任直後は「非常に満足」「まずまず満足」の満足グループと「やや不満」「非常に不満」の不満グループの割合が四七％対一八％だった。二〇一七年五月の就任一年調査では二八％対五六％に逆転し、就任二年の調査でも二六％対六〇％と改善の傾向はなく、二〇一八年一一月に民進党が大敗を喫した統一地方選後は一五％対六四％となるなど、断崖絶壁を一気に駆けおりたような下落で、二〇一六年の勝利があまりにも劇的、圧倒的であったため、なおさら求心力の喪失が際立った印象を与えた。

ところが、二〇一九年一月一一日に行われたＴＶＢＳの同じ調査で満足グループと不満グループの割合は、二三％対五三％と改善の兆しを見せる。後ほど詳述するが、一月二日に中国の習近平国家主席が行った「一国二制度」に関する重要講話に対し、蔡英文が見せた素早い反論が世論に評価されたことが大きかった。二〇一九年五月の就任三年調査になると三六％対五四％とさらに改善が進む。

その頃の台湾では、与党・民進党の総統選予備選が進行していた。民進党は候補者選考で完全世論調査方式を採用しており、香港で一〇三万人デモが行われた翌日の六月一〇日から一二日にかけて予備選の世論調査が実施された。一三日に発表された結果では、蔡英文が対立候補の頼清徳・前行政院長に八ポイントほどの差で勝利を収めた。

蔡英文は、予備選が始まった三月末時点で、「未来の総統候補」と目されてきた人気の高い頼清徳に支持率で大きく差をつけられていた。しかし、予備選の実施のタイミングを当初予定の四月から六月に遅らせることで支持率回復のための時間稼ぎを試みた。また若者に支持層が多い蔡英文サイドは、調査対象に固定電話以外にもスマートフォンも含めさせた。思惑通り、支持率が両者ほぼ並んだところで香港の運動にぶつかり、予想以上の大差がついたと見られる。

このように見てくると、蔡英文は、「二段ロケット」で支持率回復の上昇気流に乗ったと見ることができる。

一段目のロケットは習近平の重要講話、そして二段目は香港の問題である。ライバルである頼清徳のチャレンジによって危機感を感じた蔡英文が、控えめであった指導スタイルを積極的なものに変化させたことや、国民党が党内選挙で総統候補者が乱立して内部分裂が起きたことは、当然、追い風となった。

しかしながら、台湾社会で「小英撿到槍（蔡英文は銃を拾った＝たまたま運よく、戦う武器を手にしたことを意味する）」と呼ばれているように、香港情勢が台湾政治に決定的な影響を与えたのは間違いない。これは過去の台湾政治史で起きたことのない事態で、「香港が台湾を救っている」と蔡英文支持層は喜んだ。

もともと香港と台湾は中国語では「両岸三地（大陸、台湾、香港・マカオ）」と一括りにされることも多かった。「両岸三地」を「三つの中国」（『中嶋嶺雄著作選集5　香港・台湾への視座』）と位置するような見方もあったが、中華民国から中華人民共和国に至るまで「正統中国」の立場から見れば台湾も香港も「一つの中国」に包摂され、国家統合の一部に位置づけられていた。

ただ、香港と台湾の距離は飛行機でわずか一時間強ほどしか離れておらず、人の往来も極めて頻繁であったが、長い間、その両者の間柄はどこかよそよそしく、精神上の距離は「隣人」と呼べるようなものではなかった。ところが、二〇一四年から二〇一九年にかけて、明らかに香港と台湾の政治状況は絡み合い、影響を及ぼし合っていた。その象徴が「今日の香港は明日の台湾」あるいは「明日の香港は今日の台湾」といった広く語られた言葉であるが、まるで合わせ鏡のようにお互いを見つめているのである。

筆者は、その香港と台湾の連動現象を「共鳴」と名づけ、メディアに発表する記事などで用いるようになった。デジタル大辞泉によれば「共鳴」とは「振動体が、その固有振動数に等しい外部振動の刺激を受けると、振幅が増大する現象」だと定義され、「振動数の等しい二つの音叉（おんさ）の一方を鳴らせば、他方も激しく鳴りはじめるなど」とある。この五年間の香港と台湾はまさに「二つの音叉」のようではないだろうか。

過去、香港と台湾について、両者をつなげて系統的に論じる作業はさほど行われてこなかった。だが、逃亡犯条例の改正問題のきっかけとなった香港人による台湾での殺人事件の解決が難航したことにも、中国と香港・台湾の複雑性が投影されており、香港と台湾の関係を丁寧に押さえておく必要性は過去にないほど高まっている。香港と台湾の両地で生活や仕事を経験した筆者がその一端を担うべき任務であるとも感じている。

なお、本書が刊行される直後の一月一二日に総統選・立法委員選の同日選が台湾で行われるが、校了時点の一二月上旬において、各種世論調査で再選を目指す民進党の蔡英文が国民党の韓国瑜・高雄市長に対して、一〇〜二〇ポイントの差をつけてリードしている状況にあることを前提に本稿は執筆されている。

2. 台湾・故宮博物院が保管する南京条約の原本

二〇一一年、筆者の前職である新聞社の特派員記者として台湾に駐在していた時期から、中国と台湾に一つずつ存在する故宮博物院の問題に関心を持ち、しばしば台北郊外にある故宮を見学に訪れた。その中でもこの展示を見たときの衝撃は今なお忘れることはない。当時、故宮では「百年伝承　走出活路外交　中華民国外交資料特展」という特別展が開催中で、展示されていたのが南京条約の条約原本であった。

一八四二年の南京条約は香港の生みの親ともいえるものだ。アヘン戦争に敗北した清朝が香港島の英国への割譲をここで認め、香港史は事実上、この条約から始まった。展示では「最も古い不平等条約　中英江寧条約（南京条約）」と記されていた。

条約は締結当事国が一通ずつ原本を保管する。清朝の条約原本は中華民国に引き継がれ、国共内戦で敗北した国民党は外交文書をまるごと台湾に持ち去った。文書の所有者はなお外交部だが、台湾で最も安全だといわれる、岩盤をくりぬいたトンネル型の倉庫を有する故宮に管理が寄託されている。

香港の運命を決定づけた南京条約の原本が台湾にあることが、香港と台湾の不思議なつながりを直感した最初の体験であった。

しばらく時が経って、二〇一九年七月二六日、香港の抗議行動が広がる中、台湾の日刊紙『自由時報』に、香港の抗議側によるものと思われる「保衛台灣 重奪香港」というタイトルの広告が掲載された。「香港人のために南京条約を保存している台湾人に感謝を」「かつて李登輝総統は、法理上、英国が香港を返還するにあたり、合法的な継承者は自然に南京条約の継承者である中華民国であると述べた」という説明があり、中華人民共和国に香港支配の正当性はない、ということをアピールするものだった。李登輝発言の有無は筆者の調査では確認できていないが、南京条約が台湾に存在することは香港と台湾の「結節点」になることを示唆していると感じさせた。

台湾の『自由時報』に掲載された広告（『自由時報』ホームページより）

もとより、中国大陸の南端にある香港と、東南の端からさらに海峡を挟んだ海上に浮かぶ台湾は、どちらも中国王朝の支配が及ぶのか及ばないのか古くは定かではないような「辺境」の土地であった。

香港島は一八四二年に英国へ、台湾は一八九五年に日本へ、それぞれ清朝が戦争で敗北した結果、その代価として割譲されたものだ。香港も台湾も中国を父とし、それぞれ英国と日本という異なる母によって近代化を成し遂げられた。香港と台湾は中国の没落が産み落とした異母兄弟なのである。そして、その「百年の屈辱」と呼ばれる歴史をいかにそぐかが、近代中国の革命と建国における根本価値であり、中華民国も中華人民共和国もその点では意見に相違はない。

第二次世界大戦末期、米国のルーズベルト、英国のチャーチル、中国の蔣介石が集ったヤルタ会談で、中国による台湾の接収はすんなり決まった。だが、日本が占領した香港については中国への返還の上で「国際的自由港」とする主張をしたルーズベルト、蔣介石に対して、チャーチルは絶対反対の姿勢を崩さなかったとされる。日本の降伏時に英国艦隊は香港に再入港し、中国も国内情勢への不安を理由に英国の香港再支配に反対しなかったとされる。植民地から脱した台湾と、植民地にとどまった香港との間で運命はいったん分かれる。

国共内戦後の台湾は蔣介石・国民党政権による「大陸反攻」の拠点となり、毛沢東が試みた武力統一は米国の介入で絶望的となった。蔣介石の大陸反攻も実現せず、中台分断が冷戦の中で固定化されていく。

英国主権下の香港には、中国から共産党政権を嫌った大量の難民・移民が流れ込み、人口が急増した。台湾にとって情報収集や政治工作の拠点として高い価値を有し、国共が謀略を展開する状況も見られた。

例えば、一九五五年のカシミールプリンセス号の爆破・墜落事件は、当時の中国の周恩来首相が搭乗する予定であった同号を、国民党の情報機関が航空機事故を装って墜落させようとした要人テロであったといわれている。国民党政権は認めていないが、香港当局は買収された空港職員が飛行機に爆弾を仕掛けたものと断定した。実際には、周恩来は同号には手術を理由に搭乗しておらず、謀略を察知したため搭乗を回避したとも指摘されている。

台湾の国民党政権は、香港の言論界や政財界にも一定の影響力を有しており、今、親中メディアの代表格である『星島日報』も親台湾系のメディアとして有名だった。こうした親台湾系の勢力は香港社会では「右派」と位置づけられ、親共産党系の「左派」と対比される一大勢力を構成した。香港の新界東部にある調景嶺という場所は、国民党兵士が逃げ込んで集落をつくっていたことで有名だった（一九九七年の返還前に取り壊された）。

一九六〇年代に香港領事を務め、のちに危機管理の専門家として名をはせた佐々淳行は著書『香港領事動乱日誌　危機管理の原点』の中で、当時中国で起きていた文化大革命について、台湾系の関係者から得られる文革情報が巷では「国府特務の流すデマは信を措けない」といわれていながら、「後でわかったことだが国府系の情報の多くは真実だった」「所詮は同根同種、北京の内情はどこからどう伝わるのかはわからなかったが、台湾は北京の内情をよく知っていたのだ」と回想している。

また、佐々が所属していた香港総領事館調査室が、中華人民共和国の建国記念日である一〇月一日と中華民国の建国記念日である一〇月一〇日に、香港各地で五星紅旗（中華人民共和国の国旗）と青天白日旗（中華民国の国旗）のどちらが多いかを数えて歩き、記録に残しておく「フラッグ・カウンティング」を毎年行っていたエピソードを明らかにしている。

しかし、一九七〇年代以降の香港では親台湾派の存在感は次第に弱まっていく。一九七九年には中国で改革・開放を掲げる鄧小平指導部の下、台湾の武力統一に代わる平和的統一の手段として初めて「一国二制度」が提唱され、それから間もなくして香港の運命が決まる中英交渉が始まった。

一九八四年の中英共同声明に対しても、兪国華・行政院長が「香港・九龍は、中国領土の一部であり、当然にわが中華民国に返還さるべきものである。ところが英国は、こともあろうに中共とのあいだで、いわゆる『香港の将来』にかんする『合意』に到達し、五百五十万香港住民の意思を完全に抹殺して、自由な香港同胞を共産独裁の奴隷化のもとに投げ入れようとしている」（中嶋前掲著）と述べている。また、一九八四年に中英共同声明が交わされるときには「香港の忠貞愛国同胞の帰国を助ける」などの声明を台湾の外交部が何度か出した。中英共同声明が出た一二月一九日にも、台湾の外交部は「中共は反乱団体であり、中国と中国人民を代表して外国といかなる協定も結ぶ権利はない。英国と香港問題でいかなる合意があっても、等しく無効であり、中華民国政府は一切承認しない」という公式声明を改めて発している。

この頃、台湾はまだ戒厳令下にあり、報道機関も基本は党営・国営が中心。香港返還をめぐる中英交渉の詳細はほとんど報じられなかった。台湾の国力では英中交渉に何らかの影響も及ぼせないという現状認識も関係したであろう。口頭では反発してみせても、香港返還問題に主体的に関与しようという意思は見えてこない。

一九九七年の香港返還については、台湾側の反応はさらにロー・プロファイルであった。李登輝総統は返還式典前日の六月三〇日に記者会見を開き、「もし対岸が香港方式で将来の台湾統一をしようというのであれば、それは楽観的すぎる願いであろう。中華民国の民選総統の立場をもって、台湾は香港ではないとはっきりと表明する、台湾における中華民国二一五〇万人民の民主と自由を守る決意と成果は絶対に否定されてはならない」(『聯合報』一九九七年七月一日)と述べている。その前の年に圧倒的支持で台湾初の直接選挙によって選ばれた総統となった李登輝の目指すところは「中華民国在台湾(台湾の中華民国)」であり、中華民国の統治権は大陸を含むという前提を形骸化させる政治目的に邁進していた時期だ。この李登輝発言は、台湾への統一工作へ香港を利用する中国の思惑に釘を刺した、という意味合いが強かった。

3. 台湾本土化でさらに広がる距離

一九九〇年代から二〇〇〇年代前半にかけて、香港返還の準備とその後の祝賀ムードもあり、天安門事件を経たとはいえ、中国への民主化の期待もしぼんでおらず、総じていえば、中港の距離が縮まった時期である。これに対し、台湾では民主化と同時に台湾本土化と呼ばれる動きが顕在化し、対中国の立場としても香港と食い違う部分が多くなり、両者の距離はさらに広がった。

個人的な話になるが、筆者は、一九九〇年前後、香港と台湾の両地に連続して留学するという比較的珍しい体験をしている。留学先は香港中文大学と台湾師範大学で、いずれも語学を学んだのだが、当時の香港の学友は台湾に向かう私に対して「台湾は何もないのになぜ行くのか」「香港のほうが国際的だ」と見下すような態度をとった。一方、台湾の人々は「香港は狭いから三日で飽きる」などとこれも香港に対して、ネガティブな姿勢だった。両地の間に流れるよそよそしい雰囲気を、知識不足の若者なりに感じ取ったことを覚えている。

その後、台湾は二〇〇〇年の政権交代で民進党政権が誕生し、ますます大陸からの離脱志向を強めていった。香港で吹き荒れた香港基本法二三条の法制化をめぐる反対運動直後の二〇〇三年八月、総統を退任した李登輝の影響が強いシンクタンク「群策会」がシンポジウム「一国二制度下の香港」を開催した。香港からは民主派の知識人や研究者が招かれ、台湾側の出席者と対話するもので、基調演説を行った李登輝は、こう語った。

「香港が中国に回帰し六年の発展を見ると、どうも一歩ずつ香港が受け入れた一国二制度の限界性と構造性の問題があらわになっている。（中略）いわゆる『二制度』はつまるところ『一国』の展開の枠組みに服属するしかない。『二制度』のまぼろしが、主体的アイデンティティと自主性の目標の追求を曖昧にしてしまう。過去、香港は中国経済に依存すれば発展が維持できるとした人々は、香港を、珠江デルタの入り口にすぎない土地に陥らせる。彼らは香港の発展を中国の発展に任せざるを得ないので同時に香港人が自分でアジアの宝石になろうとする意志と努力を喪失してしまうからだ。過去に『二制度』の維持に希望を託そうとした人は、最後は中国の中央の『一国』がまさに香港人民の自由意志を蝕むことを目にするだろう。香港人が『二制度』を望むほど香港の自由と民主を求める意志とチャンスを失っていく」（『群策叢書003一國兩制下的香港』國際研討會論文集）

「一国二制度」に対抗して総統在任中の一九九九年に「二国論」を打ち出した李登輝が、自分の路線を肯定するために語った点は割り引いて考えてみても、一六年前の指摘に今日の香港が重なる感覚は否定できない。

台湾側の悲観的な香港観に対して、香港側の出席者からは異なる意見が提示された。時事雑誌『九十年代』の編集長を務めたコラムニストの李怡は「もし香港に自由がないなら、なぜ五〇万人がデモに参加できるのか」と香港基本法二三条反対デモを例に挙げて反論し、元ジャーナリストで民主派の立法委員であった劉慧卿（エミリー・ラウ）が「香港の民主は台湾に及ばないが、法治は黒金（腐敗）がはびこる台湾よりもマシだ」と皮肉ったことが当時のメディアに報じられている。この議論からわかるように、香港では建制派（親中派）どころか、民主派ですら一国二制度と香港の将来には楽観的であり、台湾の民主化勢力と異なる認識を有していた。

4. 結びつく香港と台湾の知的交流

二〇〇三年以降、中国との間で「中港矛盾」が深まり、不協和音が目立つようになった香港と、台湾アイデンティティと呼ばれる「台湾は中国ではない」「自分は中国人ではなく、台湾人である」という考え方が主流化した台湾との間では、両者の価値観が次第に近づき始めた。

台湾の国立政治大学選挙研究センターが歴年行っている台湾の人々のアイデンティティに関する調査において、「台湾人」「中国人」「中国人でも台湾人でもある」という三つの選択肢のうちで、台湾人を選ぶ人々の割合は五〇～六〇％に達することが、二〇一〇年以降の調査結果から明らかになっている。

これに対して「中国人」の選択は三％にとどまっており、調査対象としては意味を有さないレベルになっている。一方で、「中国人でもあり、台湾人でもある」という層も三〇％程度は維持されており、台湾において「台湾人」というアイデンティティを「中国人」のサブ・アイデンティティまたはダブルアイデンティティと受け止めている人も少なからず存在していることがうかがえる。

しかし、台湾社会やメディアにおいて、一九九〇年代までは見られた「我々中国人は」という言語表現はすでに死語化している。政治家の演説でも民進党、国民党を問わず、「台湾人」が連呼され、「中国人」という自己定義を公の場で語ることはほぼあり得ない。

一方、香港においても、香港民意研究所（旧・香港大学民意研究計画）の「香港人」「中国の香港人」「香港の中国人」「中国人」という四つのアイデンティティを選択する歴年の調査で、二〇〇〇年代中頃までは二〇%にとどまっていた「香港人」の割合が、次第に増加を続け、二〇一九年の調査では五割に達した。これに「中国の香港人」を加えると七割を超えるのが現状で、「香港アイデンティティ」の拡大現象も進行していると見る向きは少なくない。かつて「Hong Kong people」などと書くことが多かった香港人の英語表記に最近は「Hong Konger」という用語がしばしば使われるようになった。

2019年9月、香港・コーズウエイベイの抗議行動で『香港人加油（頑張れ）』の横断幕を掲げる参加者たち（筆者撮影）

台湾における「中国人」と「台湾人」のアイデンティティが二者択一的な要素が高いのに対し、香港における「中国人」と「香港人」のアイデンティティは並立的な感覚も強く、この二つの統計を単純に比較することは難しいところもあるが、香港も台湾も次世代を担っていく一〇～二〇代の若者については、独自のアイデンティティ意識はとりわけ強いのは確かだ。

台湾では、こうした若者たちが先天的に台湾は中国ではないという意識を有することから「天然独」と呼ばれている。二〇一六年の台湾総統選では初めて投票に行った若者の六～七割が民進党の蔡英文総統に投票したといわれ、政治の趨勢を左右するキャスティングボートを握っている。前述の民意研究所の統計でも若い世代ほど「香港人」を選択する割合は高い。

両地での香港人意識・台湾人意識が高まった共通の要因として、福田円・法政大学教授は「中国人や中国社会と接触する機会が増加したことによって、中国人との価値観や生活習慣の違いを頻繁に感じたこと」「中国との経済関係が、若者の就職、不動産購入、格差の是正などを難しくしているという認識も存在する」「中国資本の社会に対する影響力が増すことによって、自由や民主が奪われるという危機意識も強い」という三つの要因を挙げている（『香港の過去・現在・未来』勉誠出版）。

筆者もほぼ同感であり、基本的に直接の交流を持たない「中国」の意味するものが「歴史中国」「文化中国」であった時期は、負のイメージの拡大は内的な憧憬や尊敬によって抑え込まれていたが、人的接触を伴う交流が始まると、具体的な「証拠」を伴って対中観が逆転する状況が生まれたのは確かだ。

一九四五年以降、中国からやってきた外省人を腐敗ぶりから台湾人が「ブタ」と呼んだように、香港人は大量に押し寄せる中国人を評して「イナゴ」と呼んだ。それは、明治維新後に中国との本格的接触を経た後、憧憬から軽蔑へと対中観が反転した近代日本の経験に照らしても、十分に理解し得る心理的反応である。

こうしたアイデンティティの変動に最も敏感であったのはアカデミズムやメディアで活躍する知識人たちであった。皮肉なことに、香港返還後の普通語教育の普及で、かつては存在した台湾との言語の壁が取り払われたことも、香港・台湾間で知識人の交流が促進された見逃せない要因である。

その代表格の一人が、ナショナリズム研究者で評論家としても人気のある台湾の中央研究院副研究員・呉叡人である。二〇一七年一二月、香港中文大学の学生会が主催するシンポジウムのゲストに招かれて、香港の入境ビザを申請したところ発給を認められなかった。

実は筆者は、その直前に台湾から日本に向かう飛行機でたまたま呉叡人と乗り合わせた。彼は「一二月に香港に行くのだが、ビザが下りるかどうか、ちょっと心配だ」と不安を漏らした。台湾から香港への入境を拒否されるのは主に政党関係者や活動家だったので、筆者は「学者だから大丈夫じゃないですか」と答えていたが、甘い見方だった。

入境を拒まれた呉叡人は台湾メディアの取材に「雨傘運動の後、香港と北京の両政府は民主化への抑圧を決意し、香港と海外の社会運動組織の連帯を断ち切るだけでなく、ブラックリストがすでに学術圏にも拡大して香港の政治的自由が急速に縮小し、香港はもはや『世界の香港』ではなくなってしまっている」と現状を憂えた。

雨傘運動の前後、台湾ナショナリズムと台湾アイデンティティの双子のような相関関係を意識した「台湾模式」を香港に当てはめる形で、呉叡人は香港の学生たちに連帯を呼びかけ、影響を与えていたと目されている。

二〇一四年六月の講演では「香港民主運動の一環の中で、香港ナショナリズム（Hong Kong nationalism）が次第に生起し、運動の未来の方向に深い影響を生んでいる」と指摘している。

呉叡人によれば、香港ナショナリズムの基礎にあるのは香港人の強力な香港アイデンティティであるという。「新宗主国」が辺境的領土に対して核心的な利害やアイデンティティに関わる脅威となった結果、ナショナリズム運動を生み出していくという、政治社会学者のポール・R・ブラスの「Ethnicity and Nationalism」（一九九一）の議論を参照しながら、「北京が香港に対して実質的に採用しているのは漸進的だが全面的に同化、吸収を目指すオフィシャル・ナショナリズムであり、香港の特殊性を消し去って一国内に整合させることだ。しかしながら、この本質的に侵略性をもった国家と民族の再建プロジェクトは香港本土の固有の資源分配、社会体制、価値観、文化アイデンティティに厳しい衝撃を与え、本土社会の抵抗と反撃を生む」と述べている。

返還後の二二年間の展開、特に目下の香港で起きている現象は、呉叡人の整理した歴史展開に近づいていると認めざるを得ない。

台湾と香港の歴史を共有する意識は、今回の香港の運動の中でもしばしば目撃されている。例えば、台湾で戦後の戒厳令下で起きた「白色恐怖（白色テロ）」を香港メディアでは盛んに用いている。台湾の民主運動の転換点となった美麗島事件（一九七九年の言論弾圧・大量逮捕）による民主活動家の大量逮捕を、雨傘運動でのリーダーたちの逮捕になぞらえ、台湾のように弾圧経験者が将来の政治運動のリーダーになっていくことを期待する未来への想像をかきたてている。運動参加者たちは、戦後の台湾で専制政治を敷いた国民党とその被抑圧者である台湾民衆に、中国共産党と香港民衆の関係をなぞらえて理解しようとしているのである。

香港の旧宗主国である英国への評価が近年相対的に上昇している現象も、台湾の旧宗主国である日本の評価が国民党への悪評の結果上昇したことと類似しており、「新旧宗主国」をめぐる現地住民の心理的サンプルとしても興味深い。

5．香港と台湾の政治的共闘

ひまわり・雨傘両運動以後、香港と台湾が政治的に「共闘」を図ろうという動きは強まった。ただ、香港に対する入境において、台湾の市民活動家や政治リーダーたちが制限されている現状では、交流はもっぱら香港から台湾へ行く形になる。

時代力量の主催したシンポジウムに参加する香港の雨傘運動関係者たち（筆者撮影）

最初は運動から政界参加を果たした人々の交流が目立った。二〇一七年一月、台湾で前の年の立法委員選挙で議席を獲得したひまわり運動出身者が立ち上げた政党「時代力量」が、これも雨傘運動出身者による香港の「デモシスト」の黄之鋒（ジョシュア・ウォン）、羅冠聰（ネイサン・ロー）などを台湾に招き、「自決の力―台湾・香港新世代議員論壇」シンポジウムを開催した。その際、黄之鋒らが香港国際空港、台北の桃園国際空港でそれぞれ愛国団体から暴力を受けそうになる一幕もあった。

その後、交流は台湾の伝統的な政治勢力である民進党・独立派との間にも広がっていく。二〇一九年九月に黄之鋒が台湾を訪問した際は、台湾の政府関係者こそ面会はしなかったが、与党民進党は、党主席や秘書長が面会する特別な対応を見せている。その場には台湾・ひまわり運動のリーダーで民進党の副秘書長になった林飛帆も同席していた。

台湾で講演する香港民族党の陳浩天（筆者撮影）

さらに二〇一九年九月末には、台湾で香港支援のデモ「九・二九台湾大行進　香港支援反全体主義」が開催され、香港から「香港民族党」の代表である陳浩天（アンディ・チャン）らが招待された。デモに先立って行われた講演で陳浩天は「中国の下で警察の暴力が香港の若者に振るわれている。台湾で同じことが起きないという保証があるでしょうか。中国に抵抗する戦いの共同戦線で、台湾も時代革命を戦ってほしい」（筆者の現場録音より）と語っている。

台北のデモには、今年、逃亡犯条例の改正を恐れて香港から台湾に移住した銅鑼湾書店の元店長・林栄基が参加していた。雨傘運動で指名手配された一部の若者は台湾に身を隠しているとされる。かつて香港は国民党の圧政から逃れる台湾人知識人たちの「避難港」であり、古くは国民党に追われながら台湾の独立運動を組織した廖文毅や邱永漢など活動家の逃亡先となっていたが、現在は逆に台湾が香港人の避難港の役割を果たしている。

そのデモでは、前述の呉叡人が演説し、「香港の返還はもともと中国の内政問題ではなく、香港問題ははじめから国際問題であり、台湾問題も当然国際問題で、国際問題は国際的に解決すべきだ。北京が全世界に全体主義を輸出する中で、台湾と香港はその侵略の最前線であり、我々は抵抗しなくてはならない」「頑張れ、友人たち。いつか水は洪水になる。帝国は滅び、香港は、そして、台湾も自由になる」（筆者の現場録音より）と叫んで大きな拍手を浴びた。「水」は今回のデモの象徴となった「Be water」のことで「帝国」とは中国のことである。このような香港と台湾を連結させるオピニオンリーダーを生むことも、香港と台湾のかつてない接近がもたらした副産物の一つであろう。

それでも、香港と台湾との間に、本質的な制度上の違いがあることを無視してはこの論考も十分な説得力を持たない。重要なのは、制度上の違いと、精神上の連携を区別した上で、香港と台湾が直面する中国との関係をどのように描き出すかということになる。

香港の主権は一九九七年の返還によって中華人民共和国に属する形になり、香港で独立派が仮に強力な世論の支持を得たとしても、主権・領土問題に極めて厳しい現中国の体制が香港の独立を認める可能性は想定できない。

一方、台湾に対して中国の統治は及んでおらず、米国の台湾関係法や日米安全保障条約によって台湾に対する西側社会のコミットメントは事実上保証された形である。この中で、中国が台湾の統一を実現させる可能性は、現実的には台湾の世論が完全にイエスといわない限り、短期的スパンでも、あるいは一〇～二〇年という中期的なスパンでも非常に低いといえるだろう。

つまり、北京の強制力が、香港には及ぶが、台湾には及ばない、という決定的な違いがあることは議論の余地のない現実である。

選挙についても、台湾は有権者が自らの指導者と議会メンバーを選ぶ作業を一九九〇年代から続けており、民主主義がすでに定着している。軍事的にも一定の対抗力を保持しており、事実上の独立国家の体裁を有している。一方、香港においては、民主制度は英国時代から一度も完全な形で実施されたことはない。現在、香港の民主派などが求めている要求が最大限通ったとしても、それは一国二制度の中の行政長官と立法会のダブル普通選挙（双普選）であり、香港の中国への帰属の変更は議論できない。

しかし、制度上の差異から「できる、できない」だけを第三者的に論じてもあまり意味はない。なぜなら、香港と台湾は、中国政治と国際社会から割り当てられた「一つの中国」という枠組みからは抜け出せないという境遇を共有しており、中国といかに向き合うかという同じ問題を突きつけられているという精神上の連帯意識が「共鳴」を生み出し、現実の政治状況に影響を与えているからだ。

6. 信頼を勝ち得ない一国二制度

その中で、やはり関心を持たざるを得ないのが、習近平体制下でますます強大になる中国が提唱し、実施している一国二制度がどうしてうまく機能せず、香港でも台湾でも現地住民の信頼を勝ち得ないのか、という問題である。それは中国という国家のあり方そのものを問うものであり、同じように中国との付き合い方に悩みを抱える日本にも通じる部分を有している。

「一国二制度」については、一九八〇年代初頭から、文化大革命後の鄧小平率いる中国指導部が最初は台湾に、次は香港・マカオへの適用を唱え始めたものだ。どうして「二制度」が必要だったのかといえば、英国の下にあった香港や、日本とその後の国民党政権下にあった台湾は、社会主義を掲げて近代化の途上にある中国と相容れない相違があったためだ。その相違をブリッジさせるためのいわば便宜的な方法が一国二制度の本質であった。

しかしながら、考えてみると、この一国二制度の「発明」こそが香港と台湾の「共鳴」の始まりでもあった。なぜなら、香港に適用された一国二制度がうまく進んでいれば、台湾人の間で一国二制度の信用度が高まり、ひいては中国への信用度が高まるからであり、香港が台湾のショーウインドーと呼ばれる所以である。

昨今、香港というショーウインドーが悪見本のようになっているため、台湾での一国二制度の信用度は、株価に例えれば「底値」を更新し続けている状況にある。もとより台湾では一国二制度への支持率は一貫して低い。台湾の行政院大陸委員会が二〇一九年三月に行った世論調査では、「一国二制度に賛成しない」という割合は七九％に達している。

つまり、台湾に対しては、中国が一国二制度を掲げて統一を持ちかけても、現状では民意が賛成することはなく、中国に融和的な態度を見せていた馬英九政権でさえ一国二制度に言及することはなかった。

その代わりに馬英九政権から提出されたのが「九二年コンセンサス」であり、台湾社会が一定程度これを受け入れられたのは、「一中各表（一個中国、各自表述）」という用語を用いて「一つの中国への理解には中華人民共和国、中華民国とも違い（各表）がある」というグレーゾーンを設けることで、台湾の主体性を尊重する中台関係の構築に成功したと思われたからだ。中国も「各表」にあえて異議を唱えなかったのは、台湾の民意にかなり気を使った台湾政策を展開した胡錦濤時代の特色であった。

ところが、習近平時代になるとこの九二年コンセンサスの「各表」は薄められようとしている。前述のように、二〇一九年一月、習近平は「台湾同胞に告げる書」の発表四〇周年を記念する会合で重要演説を行った。「台湾同胞に告げる書」とは台湾への平和的統一が最初に提案された中国の声明であり、二〇一三年の就任後、系統的な台湾政策を発表しなかった習近平が満を持して持論を展開する場となった。

習近平演説の特徴は「一国二制度」を突出させると同時に、従来は中台間で「各表」の曖昧さの空間をできるだけ狭めて、一つの中国の下で「一国二制度」によって国家統一を台湾と中国が共同で実現すると明確にしたところにある。

前述のように胡錦濤時代には一国二制度を前面に出さず、主体性を求める台湾の世論と中国との関係強化のバランスをとった。だが、習近平はかなりはっきりと中国と台湾の一体性を強調し、「両岸は同じく一つの中国に属し、共同で国家統一を求めて努力する」と語っている。これを東京外国語大学の小笠原欣幸准教授は「習近平流」と指摘している。

だが、この「習近平流」が、民進党の蔡英文政権に反転攻勢の機会を与える形となった。二〇一六年の就任後、蔡英文は中国との対決回避を模索してきた。陳水扁政権時代に中国へ強硬姿勢をとって「トラブルメーカー（麻煩製造者）」と米国から認定されて大敗を喫した二〇〇八年の総統選挙の失敗を意識してのことであったが、蔡英文は二日の習近平重要談話の直後、記者会見を開き、それまでの慎重姿勢をかなぐり捨て、このように述べている。

「我々は終始『九二年コンセンサス』を受け入れておらず、根本的な原因は北京当局が定義する『九二年コンセンサス』はつまり『一つの中国』であり、『一国二制度』であるからだ。改めて私は、台湾は決して『一国二

2019 年 1 月の蔡英文記者会見の様子（中天テレビ画面より）

制度』を受け入れず、絶対的多数の台湾民意もかたく『一国二制度』に反対しており、これが『台湾コンセンサス』である」

これほどまで習近平の発言を一刀両断にしたのは、蔡英文が二〇一六年五月に就任して以来、一度もなかったことで、蔡英文の「対中軟弱姿勢」に失望していた民進党の支持層を団結させる効果を発揮した。

一国二制度への「習近平流」のこだわりは、二〇一七年に行った香港返還二〇周年の記念演説からはっきりとその姿をあらわしていたといえるだろう。そこで習近平はこう語っている。

「一国は根。根は深くして葉が茂る。一国は大本。大本が固くして初めて枝が生える。一国二制度の提案はまず国家統一の実現と維持のために行われた。（中略）一国原則を固く守り、特別行政区と中央の関係を正確に処理しなくてはならない。国家の主権や安全に危害を及ぼし、中央の権力や香港基本法の権威に挑戦し、香港を利用して内地に破壊活動を進めるなど、ボトムラインに抵触するものは絶対に許されない」

「習近平流」とは、一国二制度において、二制度は一国に従属するもので、一国抜きには二制度はあり得ず、一国を揺るがすことは認めない、という強い姿勢だということが、この演説からは浮き彫りになる。中国にとってみれば、米国と肩を並べる世界の大国になった今、自らの意向を通すことができる立場になったということの表明であろうが、香港において、その強い姿勢こそが「一国一・五制度」と揶揄される原因になり、今も中港の分断は広がるばかりで、逆効果を生んでいるのが現実である。

7. 強国の夢を共有できない香港、台湾

中国には「大国」と「強国」を区別する考え方がある。日本人には似たようなものに思えるが、大国はあくま

で規模の大きさを指し、中国は大国ではあっても実力が伴った強国ではないという自己認識を持っている。中国の習近平が掲げるいわゆる「中国の夢」は「中華民族の偉大なる復興」という言葉が示しているように、アヘン戦争以来失われた強国の地位を取り戻し、どの国からも見下されない存在になることだ。その「中国の夢」の完成に欠かせない二つのピースがある。香港と台湾である。

巨大な中国から見れば、香港と台湾はまるで豆粒のように見えるほど小さい。しかし、中国が政治、軍事、経済でどんどん強国に近づくほど、その求心力に逆らって、香港と台湾は遠ざかっていくように見える。経済成長を遂げて自他ともに認める影響力を有した中国が、香港、台湾をうまくマネジメントできない。これはいったい、どういう現象であり、どのように理解すればいいのだろうか。

その原因は、中国人が生きている社会のルールと香港人や台湾人が生きている社会のルールが全く異なっており、さらに、思い描く未来のビジョンも違うことに尽きるのではないかと筆者は考えている。一国二制度の本質は、共同体＝社会のルールやビジョンが異なっていることを埋めるためのもので、「一国二社会」と言い換えてもいいからだ。

香港の抗議行動に対して、国務院香港・マカオ事務弁公室や『人民日報』などを通して出される談話は「カラー革命の恐れがある」「外国の陰謀」「国家分裂の企ては許されない」など紋切り型の全面否定が繰り返されるばかり。共産党の公式見解とはいえ、その言葉は香港の人々に届くことはない。

習近平は一〇月に訪問先のネパールで、「中国を分裂させようとするいかなる企ても妄想にすぎない。最後は粉々になるだけだ」と語ったとされる。香港を念頭に置いたかどうかは別に、「国家分裂」と見なす勢力には一切の妥協はないとの決意が伝わってくる。

だが、強権的な取り締まりで香港の人々の口を一時的に塞ぐことが仮にできたとしても、一国二制度をめぐる中国と香港との間に生じた軋みを直す根本治療にはならない。むしろ問題の根がより深く張られることになるだけだ。それを中国側がくみ取れないのは、共産党の統治に一切の異論は許さないという中国のルールと、賛否両論の中にコンセンサスを見つける自由社会・香港のルールが、かけ離れてしまっているからである。

本来であれば、「一国二制度」の運用においてここまでの混乱を招いた習近平自身を含めた指導部の反省が示されてこそ、香港や台湾の人々に対して、中国の善意と寛容が伝わろうというものだが、大躍進政策や文化大革命、天安門事件の失敗や反省も党としては行わない「共産党無謬説」というルールに立ち、むしろ「粉々」にしてでも力で抑え込もうと考える。そんな強硬なイメージばかりが、香港、台湾、そして世界へ拡散されていく。

将来へのビジョンのズレもあまりに大きい。

かつては香港も台湾も、中国が豊かになれば、共産党の独裁も言論への制限も、次第に緩んで民主的で開かれた社会へ漸進的に向かっていく期待を持っていた。「五〇年の高度な自治」という保証も、本来は、中国と香港、台湾との差異を、お互いの歩み寄りによって解消する時間的な猶予をつくる発想から生まれたはずだった。

ところが、いつのまにか、この五〇年という時間は香港が中国の国家体制に融合するための時間的猶予という発想にすり替わってしまったかのようである。それは結局のところ、現状の自由や民主のある暮らしを維持しながら、中国とは一定の距離をおいて付き合っていきたい香港や台湾と、中国と一体になってこそ香港や台湾の未来があると考える中国とでは、思い描くビジョンが違うということに行き着くのであろう。

中国と親しくなれば経済的なメリットがある、という手法にそれなりの有効性があるのは確かだ。香港では経済界を通じて影響力を行使する「商人治港」が一定の役割を果たし、鄧小平が「馬は走り続け、ダンスは踊り続ける（馬照跑、舞照跳）」と述べた通り、返還後も香港の経済的繁栄は続いた。

台湾でも二〇〇八年に対中融和姿勢の馬英九・国民党政権が誕生し、ホンハイ（鴻海）グループの郭台銘（テリー・ゴウ）元会長や旺旺中時メディアグループの蔡衍明会長など親中派の有力経済人があらわれ、中台間の距離がぐっと縮まったかに見えた。

しかし二〇一四年の雨傘・ひまわり両運動によって、香港や台湾において単なる「経済的利益」の提供だけではどうしても解決し得ない問題があることは明らかとなった。中国の改革・開放が進む前より、両地とも一定の生活水準に達しており、中国との経済関係は国家や企業にとっては重要だが、個人としては文化的で、自由で、尊厳のある生活を守りたい意識は強い。中国が国内で権威主義的な政治を行い、メディアを封殺し、活動家を投獄しても、香港や台湾で血を流すデモが起きることはないが、自らの生活や価値観が脅かされると感じたときに香港や台湾の人々は立ち上がりし、抵抗や不服従を始めるのである。

それが香港における今回の抗議行動や、台湾での蔡英文政権への急激な支持回復が示しているものなのである。それは彼らの自己防衛行動であると同時に、強国を目指す「中国の夢」というビジョンを共有しないという意思表明であろう。中国の成長や国力を「すごい」と思うことはあっても、現状の中国は「同じようになりたい」と尊敬できる対象には香港、台湾の人々の目には映らない。

ルールやビジョンを共有できないまま、中国が香港、台湾で「大中国」を唱えても、敵をつくることにしかならない。台湾については「両岸一家親（中台は一つの家族）」というスローガンを習近平時代になって使い始めているが、台湾では定着していない。家族や兄弟というのではなく、まずはお互い干渉しない友人になろう、というところから始めるのが、時間はかかるにせよ、香港や台湾の人々の心を取り戻す近道であろうが、習近平体制の一連の対応からそんなスタンスは見てこない。

そうだとしたら、今後も中国が強くなればなるほど、香港や台湾の人々の心は離れていく悪循環をたどる可能性が高い。つまり、主たる対象である香港、台湾で信頼を失いつつある一国二制度は明らかに危機に瀕しているのだ。そうした認識を、今回の香港や台湾の事態から中国は学ぶべきである。

香港と台湾を連帯させたのは、歴史に対する名誉回復を求める中国の執着であり、皮肉なことに、その解決のために提案された一国二制度だった。その運用において習近平政権の非寛容な強国姿勢が続く限り、「百年の屈辱」が晴らされることがないだけではなく、香港、台湾と中国の亀裂はさらに広がり、両者の共鳴はいっそう高く響き続けるのではないだろうか。

（文中敬称略）

月	日	
	6	体制派立法会議員、何君尭が男に胸部を刺される事件が発生。
	8	体制派新聞の『星島日報』、『文匯報』が第1面に24日の区議会選挙停止を訴える市民広告を掲載。朝、3日の集会後負傷していた学生の死亡が確認され、各地で追悼集会が開催。夜、7名の民主派立法会議員が5月の反逃亡犯条例審議中の議事妨害を理由に逮捕される。
	11	ストライキが呼びかけられ、早朝から各地で道路の封鎖が行われる。香港島の西湾河では交通警察がデモ参加者2名に発砲、うち胸部を打たれた1名は重傷に。デモ隊と口論をしていた男性が可燃性の液体をかけられ全身に火傷を負う事件や、デモの様子を撮影していた日本人観光客が殴打される事件も発生。
	12	前日に引き続き各地で道路封鎖が行われる。香港中文大学に集まった抗議者は隣接する新界東の幹線道路を封鎖。警察がキャンパス内に侵入し強制排除を試みたため大規模な衝突が発生。
	13	香港中文大学は年内の授業を停止に。他大学でも休校措置がとられ、教育局は翌14日以降香港全土の学校を休校にすると発表（19日まで継続）。夜、政府高官が緊急会合を開催。夜間外出禁止令や区議会選挙の中止が議題かとの憶測を呼ぶ。
	14	習近平が抗議運動について公開でコメントし、秩序を回復することが逼迫した任務だと述べる。同日、『環球時報』英語版がSNS上で「香港政府、週末にも夜間外出禁止令発表の見通し」との投稿を行ったがすぐに削除。
	16	香港中文大学などのデモ隊はこの日の早朝までに撤退。各地で路上に設置された障害物の清掃活動が行われ、九龍塘では人民解放軍に所属する男性数十名が「自発的」に清掃活動に参加。
	17	警察がデモ隊の残る香港理工大学を包囲。火炎瓶などで抵抗するデモ隊に対し、警察は実弾発砲で応じると警告。
	18	警察による香港理工大学包囲が継続。午後、香港高等法院が覆面禁止法に違憲の判決を下す。夜には学生救出のために一部市民が香港理工大学に集結。
	19	アメリカで香港人権民主法案が上院を通過。
	24	区議会選挙実施。70%を超える過去最高の投票率となる。民主派が8割超の議席を獲得し、全18区中17区で過半数を得る歴史的圧勝。
	27	アメリカで香港人権民主法案がトランプ大統領の署名を受け成立。中国は内政干渉だとして反発し、報復を警告。
	29	香港理工大学で最大1000人以上いたとされる抗議者の制圧が完了し、17日から続いた警察による封鎖が終了。

（作成：小栗宏太、2019年11月末現在）

月	日	
10	7	覆面禁止法施行後初の平日。多くの中高生がマスクをつけて登校。夜、新界東部・馬鞍山のショッピング・モールに警察が集結。モール関係者は拒否するも警察はこれを突破して強硬に侵入し、逮捕行動を行う。馬鞍山警察署周辺に抗議者が集結し、催涙弾で排除される。
	8	北米バスケットリーグ（NBA）ヒューストン・ロケッツのGMが香港を支持する内容のSNS投稿を行ったことに対する抗議として、中国中央電視台が同リーグの放送を停止。
	9	2016年の旺角騒乱で収監中の梁天琦らの上訴審が行われ、裁判所周辺に支援者が集結。もともと彼の選挙スローガンであった「光復香港、時代革命」などの標語を叫ぶ。夕方、8日に警察侵入を阻止したショッピング・モール職員が公務執行妨害で逮捕される。
	10	中華民国建国記念日。台湾で行われた式典で、蔡英文総統が、香港での「失敗」に言及して「一国二制度の拒否は台湾人民最大のコンセンサス」と語る。香港でも各地で青天白日旗を掲げる活動が行われる。夜、香港中文大学で学長と学生の対話イベントが行われ、女子学生1名が実名で警察による性暴力被害を告発。
	11	『蘋果日報』が一連のデモに参加していた15歳の少女の自殺について報道。警察により偽装された自殺ではないかとして話題になり、各地で追悼集会が行われる。
	16	立法会が再開。林鄭の施政報告演説は民主派議員の妨害を受けたため実施できず、テレビ中継での発表に。夜、民陣の召集人である岑子杰が4、5人組の男に襲撃される事件が発生。アメリカでは香港人権民主法案が下院を通過。
	18	香港中文大学学長が声明を発表し、逮捕者の留置所での扱いについて警察を非難。
	20	尖沙咀で無許可のデモが行われる。警察の放水車の放水により九龍モスクの一部施設が汚損。警察は声明を発表して釈明し、翌日には林鄭や警察トップが同モスクに赴き謝罪。
	23	逃亡犯条例改正のきっかけとなった事件の被疑者・陳同佳が刑期を終え出獄し、台湾に赴き自首する意思を表明。立法会で逃亡犯条例改正案が正式に撤回される。
	31	中環の歓楽街蘭桂芳で覆面禁止法などに反対するハロウィン集会が計画されたが、警察は同エリアを事前に閉鎖し、集まった参加者を強制排除。
11	3	各地で集会と衝突が発生。香港島太古では民主派区議会議員が男に耳を噛みちぎられる事件も。新界東南部の将軍澳では警察による強制排除中に香港科技大学の学生が高所から転落し重体に。
	4	林鄭が上海で行われたイベントに出席し、一連の抗議運動勃発後はじめて習近平国家主席と面会。

月	日	
9	21	何君尭が呼びかけたレノン・ウォールや標語の撤去を行う活動「清潔香港活動」が行われる。屯門では2度目の「屯門公園」光復デモが開催。
	24	民主派議員の鄺俊宇が天水圍で3人組の男に殴打される。
	26	湾仔で厳重警備の中、林鄭と市民の対話イベントが行われる。抽選で選ばれた発言者の多くは警察の権力乱用について苦言を呈する。
	28	民陣が、雨傘運動の発端となった催涙弾を用いた抗議者の強制排除から5周年を記念した集会を開催。集会後、警察は放水車を出動させて現場に残る抗議者を排除。
	29	「全球反極権大遊行」と題するデモが世界各地で呼びかけられ、日本でも駐東京経済貿易代表部へのデモ行進が行われる。台湾のデモには香港出身の歌手・活動家の何韻詩が参加し、囲み取材中に頭にペンキをかけられる。香港各地で衝突が発生し、インドネシア人記者が警察のゴム弾を右眼に受け失明。
10	1	国慶節。中華人民共和国建国70周年。民陣が「国慶ではない、ただの国殤だ」と題したデモを計画していたが警察が反対。MTRは午前から段階的に47の駅を封鎖、多くの商業施設も閉店する厳戒態勢の中、各地で衝突や、駅施設、大陸資本の店舗、親政府派議員の事務所への破壊行為が発生。荃湾で起きた衝突では警察の発砲した実弾が18歳の男性の胸部に命中し、一連の抗議運動ではじめて実弾による負傷者が出る。
	2	前日の実弾発砲に対する抗議運動が荃湾を中心に各地で発生。駅施設や大陸資本の店舗などが破壊される。
	3	MTRが会見を開き、この日までに83の電車駅と42のライトレール駅が被害にあい、800以上の改札、500以上の券売機が損害を受けたと発表。
	4	11月24日に予定されている区議会選挙の立候補受け付けが始まる。午後、政府が緊急法を適用して立法会審議なしで「覆面禁止法（“禁止蒙面規例”）」を制定し、5日午前0時から施行すると発表。これを受けて夕方から深夜にかけて各地で抗議活動・破壊行為が発生し、MTRは全線運休に。(翌日まで継続)。元朗で起きた衝突では非番の警察がデモ隊に取り囲まれ、火炎瓶などで攻撃を受けて実弾を発砲、14歳の少年の太ももに命中する。
	5	各地で引き続き抗議運動が発生。午後2時、林鄭がテレビ講話を発表し、デモ隊による破壊行為を非難するとともに市民に暴徒と手を切るよう呼びかける。MTRの終日運休などを受け、スーパーやコンビニなども臨時の営業停止、閉店時間の前倒しなどの対応をとる。
	6	香港島、九龍でデモ活動が行われる。夕方、タクシーがデモ隊の人混みにつっ込み、巻き込まれた女性1名が重体。運転手はその場でデモ隊に取り囲まれて激しく殴打され、病院に搬送される。他にもデモの様子を撮影していた親政府派の芸能人がデモ隊に殴打されるなど、各地で衝突が発生。夜、九龍の人民解放軍兵舎の屋上で監視を行っていた人物に対してデモ隊がレーザーを照射。解放軍は一時、違法行為をやめるよう警告する旗を掲げる。

月	日	
9	3	林鄭がロイター通信の音声について会見を行い、自分の発言だと認めた上で辞任の意思は否定。
	4	午後、林鄭が全人代香港代表や政協委員、行政会議員メンバーや親政府派の議員と面会。夕方、テレビ談話を発表し、正式に法案「撤回」の動議をすることや既存の警察監視委員会の機能強化、市民との対話促進などを含む「四つの行動」を表明するも、五大要求のうち撤回以外の4つの要求には応えず。
	6	太子駅で8月31日の監視カメラ映像の公開を要求する抗議集会が行われ、周辺の旺角駅や油麻地駅の改札やエレベーターなどの施設が破壊される。
	7	再び空港への「圧力テスト」が計画されるも、一部エアポートエクスプレス駅の閉鎖や警察によるバス乗客への取り調べなどにより頓挫。
	8	アメリカ領事館に「香港人権民主法案」制定を請願する集会が行われる。MTRがセントラル駅を閉鎖したため、抗議者による出入口への放火などの破壊活動が行われる。夜には湾仔駅でも破壊活動が行われた他、九龍側の太子駅、旺角駅などでも衝突が発生。
	9	早朝、各地の中学／高校で生徒や卒業生が人間の鎖をつくる集会が行われる。同日、大富豪の李嘉誠が「香港の未来の主人公に寛大な処置を」と訴える。
	10	MTRが8月31日の太子駅の監視カメラ映像から静止画20点あまりを公開。夜、銅鑼湾の香港大球場で、サッカーW杯アジア予選、香港代表対イラン代表の試合が行われ、観客が「願栄光帰香港」などを合唱。
	11	民主派議員・毛孟静が8月31日太子駅に関連した消防の通話記録を公開し、重傷者数の減少などいくつかの疑問点を指摘。律政司司長・鄭若驊が会見を行い、政府が「覆面禁止法」制定を検討していることを明らかにする。夜、各地のショッピング・モールで「願栄光帰香港」を歌う集会が行われる。
	13	中秋節。香港島側の太平山と九龍側の獅子山をそれぞれライトアップして人間の鎖をつくる活動が行われる。
	14	新界西北部・天水圍での「親子デモ」が計画されていたが、警察の反対により小規模な開催に。
	15	民陣がデモを計画していたが警察の反対により開催せず。反対を無視して集まった抗議者はデモを強行。北角では包丁などの武器を持った白衣や青衣の男性が対峙する事態も発生。現場に居合わせたバプティスト大学の学生記者がテーブルナイフを所持していたとして武器所持容疑で逮捕される。
	16	政府が「対話オフィス」を設置。バプティスト大学では前日の逮捕への抗議が行われる。
	18	政府が10月1日国慶節の花火の中止を発表。親政府派議員・何君尭の所有する競走馬が出走予定だったレースに対してネット民が抗議集会を呼びかけ、ジョッキークラブは安全上の理由からレースを中止。

月	日	
8	18	民陣が集会を開催。170万人が参加。デモには警察から許可が出なかったため集会のみでの開催となったが、民陣がいくつかの駅に分散して解散する「流水式」解散を呼びかけたこともあり、集会参加者が路上にあふれ、実質的にはデモ行進となった。
	21	元朗駅で事件から1カ月を記念する座り込みが行われる。夜、警察が駅構内に侵入して抗議者を強制排除。
	22	『人民日報』が、香港の鉄道運営会社MTRが「暴徒専用列車」を提供している、と非難する記事を掲載。
	23	バルト三国独立運動「バルトの道」30周年を記念して、香港各地で抗議者が手をつないで列をつくる「香港の路」が開催される。一部参加者が獅子山に登りライトアップを行ったことも注目を集める。
	24	観塘でデモ。警察の許可を得たものだったが、MTRは事前に周辺駅を封鎖。
	25	荃湾・葵青でデモ。警察がはじめて放水車を出動させて抗議者を排除。
	26	連登に、運動歌『願栄光帰香港（香港に栄光あれ）』についての投稿がされる。歌詞を審議した後に合唱版が作成され31日にユーチューブにアップロードされると徐々に浸透し、各地の活動で歌われるように。
	29	民陣召集人の岑子杰が刀や鉄パイプ、バットを持った2人組の男に襲撃され、かばった友人が負傷。午後には7月27日の元朗デモの発起人・鍾健平も警察での取り調べ後に何者かに襲撃される。
	30	香港衆志の黄之鋒と周庭が6月21日の警察本部包囲に絡む罪状で逮捕されたのをはじめ、複数の民主派議員や活動家が一連の抗議に関連した非法集会や襲警罪などで逮捕。
	31	雨傘運動のきっかけとなった八・三一決定の5周年記念の抗議活動が各地で行われ、警察との衝突に発展。MTR太子駅では警察が駅構内・電車内に侵入してデモ参加者を警棒で殴打して制圧。その後2時間あまり記者・救急隊員を排除して駅を閉鎖したことなどから、死者が出たのではないかとの疑惑が強まり、以降同駅および隣接した旺角警察署で連日抗議活動が行われ、MTRに対しても防犯カメラ映像の公開を要求する抗議や駅施設の汚損・破壊活動が相次ぐことになる。
9	1	空港への交通機関の「圧力テスト」と称した活動が行われ、エアポートエクスプレスの運休、空港出入口の封鎖などにより旅行客に影響が出る。公共交通機関の麻痺した空港から抗議者らを撤退させるための有志の自家用車での移送が多数展開され、一部メディアは「香港版ダンケルク」と命名。
	2	新年度が始まり、大学や200以上の中学／高校で授業ボイコットが行われる。ロイター通信が、林鄭の非公開会合での「もし私に選択肢があるならまず辞任して謝罪したい」という発言について報道。

月	日	
8	4	新界東南部の将軍澳や香港島西部で抗議者が突発的な行動を起こし警察と対峙。
	5	事前に呼びかけられていたストライキ、ボイコットが実行される。航空業界にも及び、250便以上が欠航に。各地で抗議集会や非協力運動が行われ、警察は催涙弾などで排除。北角などでは白服や青服の男が抗議者を襲撃する事件も発生。
	6	港澳弁が会見。7月後半から目立つようになった「光復香港、時代革命（香港を取り戻せ、時代の革命だ）」について、一国二制度の「一国」に挑戦するものとして批判した他、「火遊びするものは火によって滅びる」と警告。夜、香港バプティスト大学学生会の会長がレーザーポインタを購入した直後に警察の取り調べを受け、武器所持の罪状で逮捕される。数百人が抗議のために深水埗警察署を包囲。
	7	港澳弁主任と中連弁主任が深圳で座談会を開催し、香港選出の全人代代表ら550人が出席。夜、前日の逮捕への抗議のために、尖沙咀でレーザーポインタで夜空を照らす集会「星を見る会（“観星夜”）」が開催される。
	8	「和你飛」運動の第2弾として、空港で来港客を出迎える集会が開催。以降11日まで毎日継続。
	10	新界東部の大埔でデモが開催。平和裡に終わるも、散会した参加者の一部は沙田、大圍、尖沙咀などで警察署を包囲。
	11	九龍西北部の深水埗と香港島東部でデモが開催され、香港島・九龍各地で衝突が発生。葵芳駅では警察が駅構内で催涙弾を発砲、北角ではデモ参加者と赤い服を着た集団が一時衝突、尖沙咀では警察の放ったビーンバッグ弾を目に受けた女性が失明。
	12	前日の女性の失明に抗議する「警察目を返せ」集会が呼びかけられ、1万人以上が空港に集結。空港当局は午後から翌日早朝にかけての300便近くを欠航に。同日、港澳弁が会見し、「テロリズムの苗があらわれ始めている」とデモ隊の行為を批判。
	13	再び空港に集結した抗議者が出発ゲートの妨害などを行い前日に引き続き370便以上が欠航。中国共産党機関紙『環球時報』の記者がスパイ扱いされ殴打される事件も起こる。空港当局は裁判所に臨時の禁制令を取得。以降、乗客以外のターミナル入りが制限される。同日、トランプ・アメリカ大統領がツイッターで「中国政府が軍を香港との境界に送り込んだ」と発言。
	14	日本の外務省が、香港への渡航に関して、はじめて治安を理由とする危険情報（危険レベル1「十分注意してください」）を出す。
	17	九龍東南部の紅磡、土瓜灣を中心に大陸観光客増加に反対するデモ「光復紅土」が開催される。

月	日	
7	22	政府トップが会見を行い、前日の西環、元朗での事件を非難。元朗の事件をめぐる警察の対応について記者が厳しく追及。警察トップは襲撃に三合会が関わった可能性を認めた上で、警察と彼らの関係をめぐる疑惑を否定。
	23	屯門にある何君尭の父母の墓が何者かに破壊される。
	24	地下鉄を対象にした非協力運動が実行され、通勤時間帯の電車に運休・遅れが出る。
	26	香港国際空港で航空会社職員らによる抗議集会「和你飛」が開催。1.5 万人が参加。同日クイーンエリザベス病院、香港中文大学などでも医療関係者、大学関係者による抗議集会が行われる。
	27	21 日の事件を受けた元朗でのデモが計画されていたが、一連の運動ではじめて警察が認可せず、「反対通知」を出す。様々な理由をつけて元朗に入った抗議者たちは行進を行い、一部は警察と衝突。以降、警察がデモへの許可をほとんど出さなくなり、非合法デモの開催とその後の大規模な衝突が常態化。
	28	上環で、21 日の抗議運動鎮圧時に警察がゴム弾を発砲したことに抗議するデモが開催され、衝突に発展。
	29	中央政府・国務院の港澳事務弁公室（“港澳弁”）が一連の事件を受けてはじめて会見を行い、行政長官と警察への支持を表明するとともに、香港市民に暴力行為から街を守るよう呼びかける。同日、2016 年の暴動罪で収監中の本土派活動家・梁天琦が獄中からの書簡を発表、抗議者に声援を送るとともに復讐にかられないよう自制を呼びかける。
	30	28 日の衝突で逮捕された 44 名が最高刑が禁錮 10 年と重い暴動罪で起訴することが発表され、彼らが連行された新界西南部の葵青警察署に抗議者数百名が集結。排除しようとした警察と衝突が発生し、警察官が抗議者に長身銃を向ける様子が大きく報道される。
	31	人民解放軍駐香港部隊が SNS 上にデモ鎮圧訓練の映像を公開。広東語で「後果自負（どんな結果になっても自己責任だ）」と呼びかける映像も含まれており、デモ隊への間接的警告として話題に。
8	1	非合法化された独立派政党・香港民族党の発起人・陳浩天ら 8 名が武器や爆発物の所持で逮捕。夜、セントラルで金融街関係者が集会を行う。
	2	公務員による集会と医師・看護師による集会がそれぞれ開催。
	3	旺角から尖沙咀までのデモが行われる。尖沙咀の商業施設・ハーバーシティで掲揚中の中国国旗が降ろされ海に投げ込まれる事件が起こる。九龍東部の黄大仙では警察による逮捕行動に抗議した市民が警察車両を取り囲み、衝突。部屋着姿の市民たちが、キッチン用品を用いて催涙弾に対処する光景が話題を呼ぶ。

月	日	
7	1	返還記念日。政府は厳重警戒の中で式典を行う。民陣は毎年恒例の七・一デモを開催し、同デモ史上最大の55万人を動員。一方、一部の抗議者はデモ開始前の昼頃から立法会のガラスを破壊し突入を試みる。夜になり突入に成功した抗議者は、歴代主席の肖像を破壊したり、政治的メッセージを落書きするなどの破壊活動を行った後、「香港人抗争宣言」を読み上げ、五大要求のうち「林鄭の辞職」を「行政長官、立法会議員選出の普通選挙実施」に変更した要求を発表。以降これが新たな五大要求として定着し、雨傘運動以来の要求である普通選挙が再び俎上に。政府および親北京派は立法会破壊を非難。民主派議員と民陣は合同で声明を発表し、政府による要求黙殺が若者を絶望させそのような行為に駆り立てたと指摘。
	6	新界西部の屯門で、公園での大音量での歌唱を取り締まることを訴える抗議運動「光復屯門公園」実施。
	7	大陸観光客の多い九龍地区・尖沙咀を出発点にするデモが行われ、23万人が参加。以降、香港島以外の各地でのデモが計画される。
	9	林鄭が記者会見を行い、修正法案は「死んだ」と表明。
	10	7月上旬以降、新界東部の大埔墟駅に隣接した地下道に大規模なレノン・ウォール（通称レノン・トンネル）がつくられるようになる。この日の深夜には大勢の武装した警察が警察官の個人情報に関する貼り紙を捜索する光景が目撃され、ネット掲示板などで揶揄の対象となる
	12	香港吉野家がSNSに10日の大埔レノン・ウォールに関連する警察を揶揄する投稿を行ったことが問題化。一部メディアが、同社が問題の投稿を行ったSNS担当者を解雇したと報道し、デモ支持者からの反発を招くように。
	13	新界北部、深圳に近い上水で、大陸からの買い物客増加に反対する「光復上水」デモが開催。
	14	新界東部のニュータウン沙田でデモ開催。11.5万人が参加。デモ終了後、買い物客も残る街の中心部のショッピング・モール「新城市広場」で警察と抗議者が衝突。
	17	シルバー世代（“銀髪族”）による沈黙の行進が行われ、数千人が参加。
	20	親政府派による集会「守護香港」開催。31万人が参加。
	21	民陣がデモを開催し43万人が参加。事前に警察によりルートが短縮されていたが、一部参加者はこれを越えて直進し、夜には西環にある中央政府出先機関・中連弁を包囲し、国旗を汚損するなどする。一方、新界西部の元朗では数百人の白シャツを着た集団が駅構内・電車内に侵入し、デモ帰りの者や居合わせた一般人、報道関係者、民主派議員らを無差別に殴打する事件が起きる。親政府派立法会議員・何君尭や地元警察が襲撃後の白シャツ集団と談笑する映像も流出し、様々な疑惑を残す。

月	日	
6	4	毎年恒例の天安門事件追悼集会が開催。過去最多タイとなる18万人が参加。
	9	反対デモに返還後最大となる103万人が参加。政府は声明で12日からの本会議審議入りを改めて表明。
	12	立法会周辺が警察推計4万人の抗議者に包囲され会議は開催不可能に。警察は催涙弾やゴム弾、ビーンバック弾などを用いて鎮圧し、内外の注目を集める。
	15	林鄭月娥行政長官（以下“林鄭”）が会見を行い、法案審議の一時停止（“暫緩”）を発表。夕方、「条例を完全撤回しろ、我らは暴動ではない、学生と負傷者を釈放しろ、林鄭やめろ」などの抗議のスローガンを掲げた男性がショッピングモールの屋上から転落死。
	16	民陣のデモに、亡くなった男性の追悼も兼ねて多くの市民が黒服を着て参加。以降黒服が運動のユニフォームに。民陣は、参加人数を同男性も加えた「200万人＋1人」と発表。天安門事件時のデモを超え、香港史上最大のデモとなる。民陣はデモ後に男性が掲げたものと似た、①条例の完全撤回、②12日の抗議を暴動と定義した見解の取り消し、③抗議運動参加者の訴追停止、④警察の責任追及のための第三者委員会（独立調査委員会）の設置、⑤林鄭の辞任の5つの要求を掲げる。これらの要求は、以降「五大要求（“五大訴求”）」として定着。政府は声明を発表し法案が招いた混乱を謝罪。
	17	雨傘運動に関連した罪で収監されていた黄之鋒が刑期を終え出獄。
	18	林鄭が会見。再び謝罪をするも法案の撤回等の要求には応じず。
	21	五大要求への回答期限が過ぎたとして、一部抗議者が警察本部の周りを取り囲むなどの行動を起こす。15日の死者の初七日でもあり、現場となった金鐘のショッピング・モール周辺では追悼活動も行われる。
	24	ネット掲示板「連登」でG20開催に合わせて世界各国主要紙へのオピニオン広告掲載の資金集めが呼びかけられる。わずか1日で400万香港ドル近くの資金が集まり、27日以降、日本の『朝日新聞』をはじめ各国紙に広告を掲載。
	26	G20参加国の領事館に陳情書を提出するデモが行われる。
	27	大阪でG20開幕（～28日）。日本の安倍晋三首相が習近平国家主席に対して一国二制度下での自由が香港の繁栄に重要だと伝えた、と報道。しかし香港は直接の議題にはならず。
	29	女子大学生が団地の壁に五大要求などを書き残して飛び降り自殺。翌30日にも抗議の文言を書き残した自殺が新たに1件報道される。以降ソーシャルワーカーらによる自殺志願者の捜索が熱心に行われるようになる。
	30	警察支持者のデモおよび集会が開催。16.5万人が参加。

2005年	3月、行政長官の董建華が辞任。6月、曾蔭権が行政長官に就任。
2007年	フェリーポートの歴史的建造物取り壊しに反対する抗議運動が起こる。抗議者との交渉にあたった新任の開発局長・林鄭月娥が強硬な態度を貫いて政府の開発計画を進め「好打得（武闘派）」とあだ名される。
2012年	梁振英が行政長官に就任。徳育・国民教育科導入に反対する抗議運動が起こり、政府は導入計画を実質断念。
2014年	8月、2017年の行政長官選挙に普通選挙を導入しないこと全人代常務委員会で決定される（“8・31決定”）。9月、雨傘運動勃発。
2016年	2月、旺角で屋台取り締まりに反対した本土派の若者が警察と衝突（“旺角騒乱”／“魚蛋革命”）。10月、立法会で一部議員の宣誓が問題になり、後に本土派／民主派議員6名が議員資格を停止される（“宣誓風波”）。
2017年	7月、林鄭月娥が行政長官に就任。
2018年	2月、香港人男性が旅行先の台湾で交際女性を殺害する事件が発生。男性は香港に逃げ帰ったが、香港・台湾間に身柄引き渡しの取り決めがないため殺人罪での逮捕・起訴が行えず。
2019年	2月、政府が逃亡犯条例改正を提案。6月、逃亡犯条例改正に反対する100万人、200万人デモが勃発し、大規模な抗議運動に発展。

2019年反逃亡犯条例運動クロニクル

月	日	
2	12	香港政府保安局が容疑者の台湾への身柄引き渡しを可能にすることを理由に逃亡犯条例改正を提案。マカオや大陸への身柄引き渡しも可能にする内容であったため批判を招く。
3	12	台湾立法院が台湾と香港の間限定の協議を求める議案を可決し、逃亡犯条例改正による事件解決を拒否。
	31	民間人権陣線（以下“民陣”）が最初の反対デモを実施。1.2万人（主催者発表；以下同）が参加。
4	3	政府が立法会に条例改正案を提出。
	17	条例改正案の委員会審議が開始。
	28	2度目の反対デモが実施され、雨傘運動後最大となる13万人が参加。
5	22	民陣が本会議審議入り直前の週末である6月9日の大規模デモ開催を宣言。学生団体、教員団体、同窓会や宗教団体を通じた反対署名運動も広がる。

1949年	中華人民共和国成立。香港との自由な往来が不可能になるも以降も大陸からの難民／移民流入は続く。
1950年	朝鮮戦争勃発により中国への禁輸措置がとられ、中継貿易が打撃を受ける。以降経済の中心が軽工業に移行。
1953年	12月、石硤尾の難民バラックで大火事が発生し5万人以上が焼け出され、住宅政策見直しのきっかけに。
1956年	中華民国国慶日の10月10日に国民党支持者と共産党支持者が衝突を起こす（“雙十暴動”）。政府は緊急法を発動して鎮圧。
1966年	スターフェリーの値上げに反対する暴動が起こる。
1967年	共産党支持者による大規模な暴動（“六七暴動”）が起こり、政府は緊急法立法を5回発動し強硬に鎮圧。
1972年	新界原居民男子に家屋建設の権利を与える「小型屋宇政策（“丁屋政策”）」始まる。
1973年	石油危機勃発。政府は緊急法を発動して照明の使用やガソリン販売を制限する規制を設ける（返還前最後の緊急法発動）。新界の沙田、屯門のニュータウン開発が始まる。
1974年	警察の汚職を取り締まるための独立の部門、廉政公署が設立される。中国語（中文）が英語と並ぶ公用語に。
1978年	中国で改革開放政策が開始。香港の製造業の広東省への移転が始まる。
1980年	大陸からの不法移民に条件付きで居住権を与える「抵塁政策」が廃止され、大規模な人口流入が停止。
1982年	イギリス首相のサッチャーが北京を訪問し、返還に向けた交渉が本格化。
1984年	中英共同声明が発表され、新界租借期限の1997年7月1日での返還とその後の一国二制度実施が決定。
1989年	北京で天安門事件勃発。香港でも民主化支援の運動が起こり、150万人規模のデモなどが実施される。
1990年	香港基本法が中国全国人民代表大会（全人代）で正式に可決される。
1992年	最後の総督としてクリス・パッテンが就任。大幅な民主化を進め北京政府の反発を招く。
1997年	7月1日、中国に返還。中華人民共和国香港特別行政区に。
2003年	SARSが流行。6月、大陸からの個人旅行解禁などを定めた「中国内地と香港の経済貿易緊密化協定」が締結。7月1日、香港基本法23条に定められた国家安全条例に反対する50万人デモが勃発し、政府は9月に同条例案を撤回。

香港年表

先史時代	新石器時代から青銅器時代にかけて非漢族系民族のものとみられる遺物・遺跡が各地に残されている。
秦・漢	秦による百越征服と番禺県の設置により中原文明の統治下に入る。以降、イギリスによる植民地化まで現在の香港の領域は番禺県（331年まで）、宝安県（756年まで）、東莞県（1572年まで）、新安県の管轄に。
唐・五代十国	唐代、広州の貿易での発展とともに海上交通の要所である現在の香港西部にも屯門軍鎮（“屯門”の名称の由来）などの官営施設が置かれる。南漢時代には、大歩（現在の“大埔”）で真珠採取が行われたことが記録に残る。
宋・元・明	1277年、元による臨安陥落後、南宋の親王一派が広東に逃れ、香港の領域にも足跡を残す。 また中原の混乱により漢族の南下が進み人口が増加。新界の五大氏族もこの頃に流入。
清初・清中	清初の遷界令では香港の領域も対象になり、清中にかけて客家の流入も進む。 海賊の増加などにより防備のために村を壁で囲む「圍村」もつくられるように。19世紀初頭には海賊・張保仔という海賊が勢力を振るい、現在の長洲島、ラマ島などに遺跡・伝説を残す。
1841年	アヘン戦争の最中、イギリスが香港島を占領。
1842年	南京条約により香港島がイギリスに割譲され、イギリスの王室直轄領となる。
1851年	太平天国の乱が勃発し、以降1864年の鎮圧まで多くの避難民が香港に流入。
1860年	北京条約により香港島対岸の九龍地区がイギリスに割譲。
1898年	展拓香港界址専条により、九龍以北・深圳河以南の地域と周辺の離島が7月1日から99年間イギリスに租借される（いわゆる“新界”）。
1899年	4月、イギリスが正式に新界地区の統治を開始、村民との間で短期間の武力衝突が起こる（“6日間戦争”）。
1910年	新界条例が制定され、村民（=“原居民”）の習俗と伝統的権益の保護が定められる。
1912年	中華民国成立、清朝滅亡。香港華人住民の間でもナショナリズムが高揚。
1922年	船乗りの大規模なストライキが発生（“海員大罷工”）。政府は「緊急情況規例條例」（通称“緊急法”）を制定して鎮圧。
1937年	日中戦争が勃発し、以降香港にも大量の避難民が流入。
1941年	12月、日本軍が香港を占領し「3年8カ月」の日本占領期が始まる。
1945年	日本が降伏し、イギリスによる統治が再開。

まれ。東京大学大学院人文社会研究科博士課程単位取得後退学。論文に「『香港人』はどのように語られてきたか：一九四〇年代後半の『新生晩報』文芸欄を中心に」（『アジア遊学』234、2019年）、「香港における入境管理体制の形成過程（一九四七～五一）：中国・香港間の境界の生成と『広東人』」（永野善子編『帝国とナショナリズムの言説空間』御茶の水書房、2018年）、「交錯する国歌、反転する望郷の歌：映画『不即不離』に見る歴史的記憶とマレーシア華人のアイデンティティ」（『マレーシア研究』第7号、2019年）ほか。

小栗宏太（おぐり・こうた）

東京外国語大学博士後期課程在学中。国際基督教大学アジア文化研究所・研究所助手。専攻：香港と東南アジアの文化人類学・文化研究。1991年生まれ。米オハイオ大学学術修士（政治学）、女性学／ジェンダー・セクシャリティ研究準修士。論文に「方法としての新界：香港のフロンティア」（倉田徹編著『香港の過去・現在・未来』勉誠出版、2019年）、「ホラー映画と想像の地理：香港南洋邪術映画を題材に」（『言語・地域文化研究』第26号、2020年刊行予定）ほか。

小出雅生（こいで・まさお）

香港中文大学・香港公開大学非常勤講師。1967年奈良県生まれ。慶應義塾大学在学中に、学生YMCA委員長。以後、歌舞伎町でフランス人神父の始めたバー「エポペ」スタッフ。印刷出版の営業を経て、2001年に香港移住。NGO勤務を経て、2006年から中文大学で教える。関心事は、ジェンダー・スタディーズ、留学生教育など。

伯川星矢（はくがわ・せいや）

1992年日本人と香港人のハーフとして香港で生まれ、18歳に進学のため日本へ帰国。現在は一般企業に勤めながら香港に関する講演・執筆などの活動を行っている。獨協大学外国語学部卒。共著に『香港バリケード：若者はなぜ立ち上がったのか』（明石書店、2015年）がある。また『日本×香港×台湾 若者はあきらめない』（太田出版、2016年）、『18歳からの民主主義』（岩波新書、2016年）では通訳・翻訳を担当。

野嶋剛（のじま・つよし）

大東文化大学社会学部特任教授。1968年生まれ。朝日新聞社入社後、シンガポール支局長、台北支局長、国際編集部次長、AERA編集部などを経て、2016年からジャーナリスト活動を開始、2019年から現職。著書に『ふたつの故宮博物院』（新潮選書、2011年）、『ラスト・バタリオン：蔣介石と日本軍人たち』（講談社、2014年）、『認識・TAIWAN・電影：映画で知る台湾』（明石書店、2015年）、『故宮物語』（勉誠出版、2016年5月）、『台湾とは何か』（ちくま新書、2016年5月、第11回樫山純三賞受賞）、『タイワニーズ：故郷喪失者の物語』（小学館、2018年6月）、共著に『二重国籍と日本』（ちくま新書、2019年10月）など。

【執筆者紹介】（編者、以下掲載順）

倉田徹（くらた・とおる）……※編者

立教大学法学部政治学科教授。専門は香港政治。1975年生まれ。2003～06年に在香港日本総領事館専門調査員。2008～13年金沢大学国際学類准教授などを経て、現職。著書に『中国返還後の香港』（名古屋大学出版会、2009年、サントリー学芸賞受賞）、共著に『香港：中国と向き合う自由都市』（岩波新書、2015年）、編著に『香港の過去・現在・未来』（勉誠出版、2019年）、共編著に『香港を知るための60章』（明石書店、2016年）ほか。

倉田明子（くらた・あきこ）……※編者

東京外国語大学総合国際学研究院准教授。専門は中国・香港近代史。1976年生まれ。2015～16年東京外国語大学総合国際学研究院講師を経て、現職。著書に『中国近代開港場とキリスト教』（東京大学出版会、2014年）、共著に『はじめての中国キリスト教史』（かんよう出版、2016年）、論文に「都市・チャリティ・動物：動物虐待防止条例の成立からみる「香港社会」の形成」（倉田徹編著『香港の過去・現在・未来』勉誠出版、2019年）ほか。

廣江倫子（ひろえ・のりこ）

大東文化大学国際関係学部国際文化学科准教授。専攻：香港法。一橋大学法学研究科博士後期課程修了。博士（法学）。主な著書・論文に『香港基本法解釈権の研究』（信山社、2018年）、『香港基本法の研究』（成文堂、2005年）、「香港終審法院による香港基本法解釈要請：コンゴ民主共和国対FG　Hemisphere社事件―」（『大東文化大学紀要〈社会科学〉』第53号、2015年）、「香港基本法の解釈基準としての国際人権法：ヨーロッパ人権裁判所における法概念を中心に」（北川秀樹他編著『現代中国法の発展と変容：西村幸次郎先生古稀記念論文集』成文堂、2013年）ほか。

澤田ゆかり（さわだ・ゆかり）

東京外国語大学総合国際学研究院教授。専攻：現代中国社会保障論。1961年生まれ。大阪外国語大学中国語学科卒。東京外国語大学修士。アジア経済研究所、神奈川大学を経て、現職。著書に『高まる生活リスク：社会保障と医療（叢書 中国的問題群10）』（岩波書店、2010年、飯島渉氏との共著）。編著『植民地香港の構造変化』（アジア経済研究所、1997年）。『ポスト改革期の中国社会保障はどうなるのか』（ミネルヴァ書房、2016年、沈潔氏との共編）ほか。

村井寛志（むらい・ひろし）

神奈川大学外国語学部教授。専攻：中国・香港現代史、マレーシア華人現代史。1971年生

香港危機の深層

「逃亡犯条例」改正問題と「一国二制度」のゆくえ

二〇一九年一二月二五日　初版第一刷発行
二〇二〇年　五　月　八　日　第二刷発行

編　者　倉田　徹　倉田明子
発行者　林　佳世子
発行所　東京外国語大学出版会
東京都府中市朝日町三-一一-一　郵便番号一八三-八五三四
電話番号　〇四二（三三〇）五五五九
FAX番号　〇四二（三三〇）五一九九
e-mail　tufspub@tufs.ac.jp
装丁者　桂川　潤
印刷・製本　株式会社　精興社

ISBN 978-4-904575-79-6